东亚文明史新论

아시아종교연구원 총서 08

东亚文明史新论

金 勳(김 훈)

박문사

自序

　　东亚文明宛若星河，其光璀璨，渊源悠长。从华夏文明的礼乐典章，到扶桑的和风雅俗，从海东绽放的思想之花，与大陆文明的交融互鉴——东亚这片土地上文明从未贫寂，始终在碰撞、交融、裂变与重生中展示其魅力，延续其强劲的生命力，并且，始终显示出统一的精神气质和文化风貌，呈现出独有的精神文化魅力。

　　六十初度，霜鬓未减其志；书斋静夜，青灯犹照初心。回首平生所寄，尽在世界文明浩渺烟海之中游荡。今将本人正式发表的散见于学术期刊、会议论丛之旧文中与东亚文明相关的学术论文，缀辑成帙出版。为尽可能保留作者学术探索的原始足迹和学术活动原貌，作者自己中日韩三种语言写就的论文，保持原样刊载，尽管显得有些杂乱，然应具纪念意义。拙作以"新论"为名，非标榜创新，实乃试图以多棱镜视角观照东亚文明机理，更不敢谓集大成之作，实乃治学旅途之浅浅的印记，亦是对过往粗浅思考的一次重访与对话。

　　本书所辑文章二十五篇，时间跨度三十余载，内容涉猎思想史交锋、宗教哲理与文化、审美艺术与嬗变、文明交融与互鉴等诸多领域。虽篇目分散，然内在理路始终如一：始终基于作者提出的人类文明演进的"巫——理双螺旋结构"为理论与方法，努力深度挖掘东亚文明演进内在规律和根本特质。研究过程中试图打破"民族国家"与"文化本位"的叙事窠臼，在跨域、跨文明的动态网络中理解东亚，诸如《道教对古代日本文明的影响》、《佛教的中国展开与古代韩国佛教——元晓《大乘起信论疏》为中心》、《佛教"无常"理念与日本人的美意识》等，或宏观考察和反思文化基因之迁徙，或微观考辨一器一物之流变中捕捉历史回响，或于文本褶皱间窥见思想暗流，或尝试揭示文明交流中"看似接受实为重构，表面同质内藏异质"的复杂图景。

付梓之际，尤怀感恩。感谢指引我走入学术之门的师长，他们的严谨与智慧让我深知学海无涯；感谢诸多学术同行之间的辩难与启迪，思想总是在碰撞中迸发火花；亦要感谢不同文明中的先贤先哲，他们的文字与遗存始终是我研究路上不竭的源泉。最后，谨以此书献给所有对东亚文明怀有温情的观察者与思考者——文明的研究终须超越书斋，指向对人类共同命运的深切关怀。

囿于个人学力，书中疏漏难免，恳请方家不吝指正。惟愿此集能如一滴水，折射出东亚文明长河的些许光芒；亦愿它成为一块砖，引来更多对东亚文明未来图景的玉论。

乙巳年秋于圆明园花园大然斋

目录

韩文部分

日文部分

中文部分

第一章

东亚文明的精神根脉
——以巫文明认识为中心

1. 引言

在远古时代，人类开始作为智人活动，人就是文化的主体，人开始创造文化，同时被文化所创造，越是回溯人类社会早期所创造的文化越感到弥足珍贵，因为它是人类发自灵肉的最原初、最真切的诉求和呐喊的回馈。远古时代艰难而漫长的与大自然的抗争中形成的自然宗教信仰逐渐与一个人、一个族群的生物基因特性相结合，铸就了一个伟大文明的精神特性和文化心理——巫(萨满)。古朴的巫信仰，大约新石器时代早期基本上覆盖了北半球广大地区，原始自然宗教维系人类漫长的早期启蒙阶段的精神文化生活。从现代宗教观来概括的话，巫(萨满)，是一种以神灵信仰为核心的原生性宗教信仰的总称。巫(萨满)信仰，可以说是人类史上最早发生，持续时间最长，涉及领域最广，影响范围最深远的精神信仰体系。

远古人类对自然、社会和精神现象的认知和解释大多源于巫精神信仰过程。也就是说，精神信仰与生活的统一构成了早期东亚文明的哲学基础，并在个人和社会生活的各个领域孕育了东亚文明的诸多核心要素，并构筑了一系列伟大的人文传统，在世界的东方形成了人类文明史上独有的"巫文明圈"。

长期以来，各国学界(包括中国、韩国、日本)对巫(萨满)持有的态度极为复杂，多数学者持消极看法，个别学者甚至持歧视或全面否定的态度。这不仅严重影响了巫(萨满)的文明价值的客观而深入的学术探讨，更是直接阻碍东亚文明历史与特质的全面认识和阐发。本稿依据考古学、人类学、历史学、宗教学等学科的相关研究理论与方法，结合笔者长期实地调研与思考，将全面审视和探讨"巫文明"在东亚文明史上的历史地位及其影响。

2. 研究现状及其问题

在国际学界，萨满(Shamanism)研究始于17世纪，西方旅行者们发现了北方通古斯人的宗教信仰的一些特性并加以研究。狭义的萨满教是指以西伯利亚为中心的东北亚地区各民族，特别是以通古斯民族中所流传的民间信仰为典型。广义的萨满则是指从西白令海峡至斯堪的纳维亚半岛以及包括北美、澳大利亚在内的所有原始民间宗教信仰。目前，国际学界通用的萨满教概念是指广泛意义上的萨满文化现象。国际著名萨满教研究专家伊利亚德(Mircea Eliade)的《Shamanism: Archaie Techniques of Ecstasy》(《萨满教——古老的入迷术》)一书是萨满教研究史上的里程碑意义的著作。它不仅改变了以往的萨满教心理学研究趋向，把萨满教引入宗教学、人类学的研究领域，依据所创造的萨满教研究的原型，开展各个文化语境和不同宗教类型的研究，掀起了世界萨满教研究的热潮。然而，这一潮流未能有效推动东亚文明范畴内萨满信仰研究。因为国际学界尚不很清楚，在东亚文明语境下萨满与巫的内在关联与区别。在中国学界大多数学者依旧保持萨满与巫关系的模糊的认识；日本学界的研究尚未触及到萨满与巫的区别问题；韩国学界有部分学者已敏锐地发现了萨满与巫的宗教内涵的不同，但尚未深入开展二者内在关联性与区别的系统而深入的研究。需强调的是，这不仅仅是对某一原始文化形态和特点研究的问题，这是直接关系到能否准确认识和解读东亚文明起源与演进的问题。

伊利亚德的研究方法的益处在于能揭示作为社会文化现象的萨满教和某个历史阶段萨满教的典型特征，能推动萨满教研究的规范化，但如果把这些"特征"作为判定萨满教性质的绝对标准，就会有失偏颇。因为东亚文明研究视野内"巫"所指称的范围和内函远比伊利亚德萨满研究宽广而复杂。

从发生学上讲，巫(萨满)是人类发祥早期的精神信仰形态，经漫长的历史进程，新石器时代晚期渐趋成形，可以称之为原始宗教信仰的一种普遍形态。从人类的发祥与迁徙的研究成果来看，新石器中晚期农业正在形成，开始栽培黍、粟等作物，可以推测这一时期人类生活在"多源同质"的巫(萨满)精神信仰阶段。在这一时期，巫与萨满没有分别，巫即萨满，萨满即巫。[1]　而且，有一项生物遗传学的重要研究结果[2]，认为东亚的中韩日三个主要民族同源于辽河西部农耕地域，并于新石器中晚期迁徙到朝鲜半岛和日本列岛。

在这里必须关注的是，在东亚的北方伴随农业的形成，导致与游牧业的逐渐分离，导致农耕为背景的巫与游牧业为背景的萨

---

[1] 据生物遗传学家研究，这一时期(新石器中晚期农业正在形成)北方华北人种陆陆续续进入了朝鲜半岛和日本，而进入到朝鲜半岛和日本的早期人类承载的正是农耕背景下的巫精神信仰模式。

[2] Robbeets M, Bouckaert R, Conte M, et al. Triangulation supports agricultural spread of the Transeurasian languages[J]. Nature, 2021, 599(7886): 616-621.

满分道扬镳。巫信仰在农耕文明的稳定的生活环境中逐渐深化理性化内涵，并开启了人文化进程。在巫文明的直接影响下青铜器、陶器、文字等人文文明成果陆续出现。

而北方广袤的草原上，游牧业背景下的萨满信仰(shamanism)影响着北方广大地域的诸多游牧民族，延续着几近原生态的萨满精神信仰。后来在北方游牧民族间逐渐形成了组织化了的萨满教，甚至到了元代、清代与佛教一同成为了中国的国教，直到清代在中国大陆十分活跃，然而其基本的信仰内涵和宗教形态基本未有任何改变。因此，我们目前还依旧可以到通古斯各民族生活的地域亲眼目睹"原生态"的萨满信仰面貌。

开启人文化历程的巫，在东亚农耕民族间广泛传播，一次一次传入韩半岛和日本列岛，尽管与当地各民族固有文化相交融，但可以推知巫成为信仰生活的主要形态发挥作用。巫在东亚各国发展过程中生成的某些观念和规约，特别是思维方式和行为规范，时至今日在东亚社会具有广泛而深远的社会影响力。人在自然界中的地位，人与自然、人与神灵，个人与群体之间的关系，以及人类自身各种活动的意义等的认识，促使形成了统一和谐的宇宙观和世界观，以人为中心的人本主义思想，注重现世生活的处世态度，群体本位的共同体意识，长幼有序的等级观念等等，而这些依据于巫孕育的理性认识成果和宗教信念，在东亚地域内形成了伟大的文明的大传统(儒教和道教)和小传统(各类民间信仰及其相关民俗文化)。也就是说，巫与萨满的内在关联和区别的清晰认识成为东亚文明研究的大前提。

各国学界围绕巫(萨满)信仰有很多称谓。有人称其为巫俗，那是因为没有看到其民俗性小传统表现背后的宏大的哲学和智慧的一面，特别是形而上的认识层面，如宇宙，"自然"、"天道"等理性化成果；而有的学界以巫术加以概括，则特别关注了其占卜、方术等"术"特性的一面，这当然也是片面的。目前国际学界尽管普遍使用"萨满"称谓，但实际上，萨满一词出现较晚，学者们使用时所指的内涵和外延不尽一致。哈佛大学张光直教授曾在其《考古学专题六讲》中提出"萨满式文明是中国古代最主要的特征"，这一论断在充满偏见的巫信仰研究领域射进了一束阳光，具有重要的启发意义。

本研究基于巫文明基本内涵与历史演进的基本特征，依据现代宗教学理论(格奥尔格　西美尔　Simmel.G.)，特别从生命哲学出发，将宗教解析为"宗教"与"宗教性"两个部分。宗教指称一种外在的客观的教义和机构，是后天建构的结果，而宗教性则指称一种内在的生命特征，是先天的灵魂品性，亦叫灵魂的根本属性，即灵性。宗教性是宗教的核心，宗教是宗教性外化的结果，也是建构世界图景和规整生命内容的另一种整体性方式。客观上讲，按现代宗教学标准，巫(萨满)文明在历史上未能发展成"成熟的宗教"，至多只能称其为"准宗教"，然而，仰赖人类原初的纯"自然"的巫"宗教性"所确立的宇宙观、世界观以及由此萌发的道德原则成为东亚各民族文明进化的精神特性，社会特性的根源性原因。

3. 何谓巫？

东亚文明自远古至今呈现出一种"连续性"状态，从未发生过断层，如同一条长链环环相结，而巫文明就是这条长链的始端。

1. 甲骨文 巫图

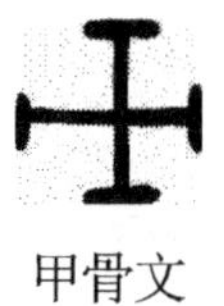

甲骨文

2. 各种文字巫图

巫 巫 巫 巫

金文　诅楚文　小篆　古文

　　古人试图用这种图示性象形文字说明"天地通达，时空穿越"的"宗教性"存在的"自然"属性和"巫"的基本功能。这应是人类早期对巫的内涵和境界的最好的认识和解读。小篆中画有两个跳舞的小人，说明人在天地时空中联通中的重要地位和作用，并明确何谓巫。也就是说，巫是具有"通达天地，穿越时空"能力的人。

　　"巫之兴也，其在草昧之初乎！人之于神祇灵异，始而疑，继而畏，继而思所以容悦之，思所以和谐之，思以人之道通于神明而求其安然无事。巫也者，处于人神之间，而求以人之道通于神明者也。"《释巫》

　　而其舞蹈活动可能与仰天祈雨相关，很多文献记载中祈雨祭祀活动就是这般形态，祈雨与农耕民族生活休戚相关。在万物有灵观念通行的远古时代，经历了漫长的人人为巫、家家有巫史的历史阶段。到了颛顼的"绝地天通"，才结束了家为巫史的局面，"民神异业，敬而不渎"，形成巫觋系统。即帝巫—大巫—巫—小巫，通常女的叫巫，男的称觋。有关巫的出现，一种解释认为，因人、神、鬼各处三界，没有交往直接见面的可能，于是，为了让人可以向神许愿，向鬼祈祷，而出现了一个灵魂间中介者——巫师。

　　"民之精爽不携贰者，而又能齐肃衷正，其智能上下比义，其圣能光远宣朗，其明能光照之，其聪能听彻之，如是，则明神降之，在男曰觋，在女曰巫。"《国语·楚语》

　　在远古社会，巫师是知识和智慧的代表，因巫师能够连接天道与人道，因此社会地位崇高，人人敬仰。巫师的社会功能很多，主要以卜筮、医病、天文历法、文字记录，甚至还参与军事等，为人祈福消灾。

那么，巫精神信仰是如何形成的？下面从宗教人类学视角做一说明。在人类刚刚从动物界脱离出来的童年时代，人类的思维尚普遍处于感知阶段，人类只能用想象和自我感受来推知自然物，认为：日月的升移、寒暑的更替、昼夜的交迭、草木的枯荣等自然现象皆因万物内在灵性存在所致。因此，只有积极与他们沟通，崇祀它们，才能给人类除祟祛灾，赐福降惠。然而，他们并非崇奉所有的自然力，只是奉祀那些与自己的生存关系密切的某些自然物，以实现自然造福人类的最终目的。在漫长的历史进程中人类与大自然的认识经历了从"人自然化"到"自然人化"的过程，逐渐形成形而上学的"自然"价值，最终提升为具有哲学意义的天道"自然"。从认识论上讲，人类的意识具有简化和统摄物理因果链的作用，人类智能体现在可以将物理世界的因果链重构为意识世界的因果链，得益于意识的简化和统摄作用，生命主体在物理世界中的自由得以彰显，从而确立人类的自我意识。

巫的精神理念和实践的依据在于"自然"。那么，何谓"自然"？"自然"作为巫文明的本体意义的概念，首先不是指自然界，或是某种原始状态，而是一种值得追求和向往的原则，或理想，或状态，是人类文明社会的一种可能的理想状态和秩序。为加深理解，在此借用老子《道德经》中所用的"自然"进一步加以说明。《道德经》中有这样一段话，"人法地，地法天，天法道，道法自然"(第25章)。在这里，"人—地—天—道"逐层向上铺排，最后则是道法"自然"，这就将"自然"推到了最高的位置。显然"自然"不是客观存在物，而是道要取法、体现或实现的对象。我们知道，老子作为巫文明人文化的代表之一，最关注的是人的本性和百姓的命运，他以人的天然本性与合理的生存状态为"自然"，因此，"自然"是老子所推崇、所追求的最高价值"道"的目标，在道家哲学体系中"自然"确实是形而上的最高本体性存在，而非"道"。《道德经》作为老子将先古诸先贤思想成就集大成的伟大结果，同时作为当时代"大巫"，推崇"自然"为最高存在无可非议。老子指出，"以辅万物之自然而弗敢为"(《道德经》64章，"自然"是圣人辅万物所要达到的目标，不可与自然之性丝毫的违背)。君王做得好了，"百姓皆谓我自然"!(《道德经》17章，极高赞誉!)。通常遵道尊德，夫莫之命而常自然。(《道德经》51章，不是谁命令万物这样做的，而是万物本然状态而已。)。希言自然(《道德经》23章，圣人不言之教，还是少说为妙!)显然"自然"高高在上，是"道"效法的对象，也是实现的目标，因此可以说，没有"自然"就没有"道"。

那么，"自然"是不是"道"效法的更高对象呢？为便于讨论在此介绍学界的若干观点，有人认为，老子将道、天、地、人(王)视为"四大"，若"自然"高于"道"，那就应该有"五大"。因此，这里的"自然"常不被当作名词，并非指自然界、山水自然、天地自然、自然状态，而是指"自然而然""自己如此"，可谓"人文自然"(刘笑敢)。此外，还有将"自然"作为形容词，形容"道"生万物的无目的和无意识(冯友兰《中国哲学史新编试稿》)。"道法自然"还被解释为：道性自然无所法(河上公)、道不违自然(王弼)、道以自己为法(张岱年)、道纯任自己的自然(陈鼓应)，等等。但也有论者表示，"道法自然"应理解为"道遵循万物的自然"(万物自己成就自己)，"自然"指万物、百姓自身的活动方式，而非道的本性(王中江《根源、制度和秩序》)。

笔者在这里提请读者注意，老子在提及"道法自然"前先描述了"道"的特性："有物混成，先天地生。寂兮寥兮，独立而不改，周行而不殆，可以为天下母"(25章)。"道"先天地而生，为"天下母"。"道生一，一生二，二生三，三生万物"(42章)。若"道"涉及宇宙万物的本原，"道"所依循的"自然"就跟万物的本原有关，而不仅仅指涉人类社会或万物的活动方式。将"自然"看作副词或形容词，无法充分展现"自然"的丰富内涵。

那么，如何实现"自然"呢？巫以其特有的宗教性方式体现"自然"，实现"自然"。而老子认为，实现"道"的目标"自然"的根本途径和实践原则是"无为"。在《道德经》中，老子多次将"自然"与"无为"放在一起使用，"无为自然"，"自然无为"等，这符合"自然"之根本特性，实际上也明确指出了人类文明实现的最高目标和最高精神境界。"自然"是源于人与生俱来的赤子之心的天然觉性的原初精神信仰的理性根基。依此跃动的觉性能量，巫与天地间的灵性存在互动交感，开启美妙的人生旅程。总之，由"自然"到"巫"，由"巫"到"道"，在能够"通达天地，穿越时空"的老子内心世界应经历了将巫特有的神人合一、天道与人道合一过程中的非理性化"宗教性"表现逐渐过渡到"道"的理性化塑建的艰难历程。

4. 巫孕育的古代文明理念与"宗教性"

巫文明的根本特征在于作为现象的人与作为本体的人之间的内在灵性关系的信仰结构，这种信仰结构要求理性的纽带加以维系。在漫长的历史进程中巫文明孕育了诸多文明要素，逐渐构筑起坚实的理性基石。中国学者闻一多曾说到，"我常疑心这哲学和或玄学的道家思想必有前身，而这个前身很可能是某种富有神秘思想的原始宗教，或更具体一点讲，一种巫教……"[3] 西方宗教学家弗雷泽(James George Fraze)也认为人类精神是由巫文化发展到宗教，再发展到科学。事实上，中国的文化传统无一不受巫文明的直接或间接的影响。巫文明经夏商周三代和春秋战国开始正式开

---

3 《闻一多全集》卷九，P448。

启人文化大幕，德国哲学家雅斯贝尔斯(Karl Theodor Jaspers)称这一时代为"轴心时代"。荀子则曰"君子以为文，而百姓以为神"(《荀子天论》)。巫文明的人文化选择了两条路径，其一是提炼富于理性的文明要素并加以体系化，其二是巫积极传播"宗教性"相关的知识和经验。上文已介绍过"道出于巫"，下面简要介绍若干源于巫的主要文明要素。

1) 巫孕育的古文明要素

(1) 由巫到礼

中国古代宇宙观最基本的三要素是天、地、人，《礼记·礼运》称："夫礼，必本于天，肴于地，列于鬼神"。《史记·礼书》也说："上事天，下事地，尊先祖而隆君师，是礼之三本也"。近代中国国学家王国维从《说文解字》"礼，履也，所以事鬼神致福也"的解释出发，认定礼源于祭神仪式，因为礼的核心内涵是敬，敬神致富。另一位国学家刘师培更认定礼就源自祭礼，他的文字考订的做法与王国维一致，"观于字从示从豊，益足证上古五礼中仅有祭礼，若冠礼、昏礼、丧礼，咸为祭礼所该"，由此可知，一切古礼都来自祭，而祭由巫主持，祭巫本不分，而礼是巫的行为规范和道德准则，由此可以断定礼源自巫。学者李泽厚也认同"由巫到礼"这一说法，在其《己卯五说》(中国电影出版社1999)"说巫史传统"一文中也作了较详细地论述。源于祖先信仰的祭，作为巫术的礼仪使社会的、政治的、伦理的一切秩序得到了明确的等差安排，而由"礼"建立的人际世间关系便具有了神圣性。

(2) 由巫到仁

学者李泽厚认为，巫的外在理性化，行为规范和准则就外化为"礼"；巫的内在理性化，就归为了"仁"。将巫化为礼的，乃是周公，制礼作乐乃是将人文要素进一步理性化的体制建制；把礼归于仁的应为孔子。李泽厚说，"总而言之，周公'制礼作乐'是对原始巫术的外在理性化，孔子'归礼于仁'则是承继周初的'敬'、'德'而将之内在理性化了，即"内圣"化了。这也就是'由巫到礼''释礼归仁'。"了。(李泽厚著《由巫到礼，释礼归仁》人民文学出版社2022)

(3) 由巫到德

据说周初所谓的德，最初也是在巫的活动中出现的一种魔力，后来成为国王的行为的力量或魔力，最后才变成内心的道德，据说，德字里面的心是后来加上去的。最初所指的是巫术活动中作为大巫的国王的力量和魔力。巫在祭祀过程中"与神灵合体"，了解神灵的真正的意图，巫就成为了人类和神之间的"中介者"，而人们认为这个"中介者"肯定拥有魔力的心灵，一种不可企及的道德和品格，这就是从巫到德的过程。其实"德"首先经过了"巫的王权化"，后逐渐演化成为普世万民的道德品格。

(4) 由巫到情

巫的非理性或无意识的强烈情感的暴露和展现，因需要与严格形式规范的仪式相结合，逐渐表现为一种包含想象、理解、认知诸因素的内在情感状态。"情深而文明"这句话，本出自《礼记·乐记》："情深而文明，气盛而化神，和顺积中而英华发外，唯乐不可以为伪"。礼的节奏、韵律和美感，就是乐的一面赋予的，礼并不是干瘪的规仪，而是理性与感性始终为一的。这就意味着，"礼乐相济"的远古传统当中，礼与理相伴，乐与情相系，"乐也者，情之不可变者也。礼也者，理之不可易者也。乐统同，礼辨异，礼乐之说，管乎人情矣。穷本知变，乐之情也，著诚去伪，礼之经也"(《礼记·乐记》)也就是说，须知礼本身也是含情的，否则就无法与乐通，乐就是和谐，所以谈到礼的起源，一定是与乐搭配而来的。实际上，东亚人有以"情"为人性的根源和人生的基础的倾向，因此，"合情合理"成为东亚文明的重要特征之一。

人通常情不自禁就会唱或舞。从词源上说，"巫"与"舞"这两个字，本身就有一定的关联性。巫者，往往也是舞者，也就是通过一定的身体语言来进行叙事，这是"有情"的与生俱来的生命本能。当然，在原始巫术仪式当中，一定的舞蹈均与祭辞伴行。我们还可以例举很多源于巫的文明理念，因篇幅所限，在此省略！

2) 巫的"宗教性"知识和经验

首先，巫信仰理想型的标志性"宗教性"存在是神人、仙者、真人，这些都有什么特点呢？

神仙信仰既是巫文明的基本信仰，又是后来道教直接继承的核心内容。神是指神祇，包括天神、地祇、地府神灵、人体之神、人鬼之神等等。其中天神、地祇、阴府神灵、人体之神一类的"神"，是先天存在的真圣，按照《抱朴子》的说法，属于神异类，"非可学而得"。仙指仙真，包括仙人和真人。《汉书·艺文志》中说，"仙者，所以保性命之真，而游求于其外者也。聊以荡艺平心，同死生之域，而无怵惕于胸中"。神和仙这两类的区别在于，由天而人是神，由人而天谓仙。神是先天的，仙是后天的。比如道教最高神"三清"就是直接由道气所化。追求长生不死是仙人信仰的根本特征。通过后天努力成为仙人，因此，仙人又有高下品位之不同。晋葛洪把仙人分为三等，称："上士举形升虚，谓之天仙；中士游于名山，谓之地仙；下士先死后蜕，谓之尸解仙。"还有很多种类的仙，不计其数。真人属于广义"仙"的范畴。"真人"是存养本、悟得大道之人。庄子曰："有真人而后有真知。"就是说有真知的人就是真人，而"宗教性"是根本。庄子所讲的"真知"即所谓"知天之所为，知人之所为"，"天之所为"即天道，"人之所为"即人道，真人是明天人之理，晓天道与人道之关系的人。道教尊庄子为"南华真人"，列子为"冲虚真人"，文子为"退玄真人"。仙人与真人本质区别在于，仙人追求的目标是长生不老亦不死，而真人"不知说(悦)生，不知恶死"，认为"死生一如"，追求精神的永恒，不关注肉体的长生。神人、仙人、真人成为日后道教得以形成的核心宗教资源。

上古神话中的三皇五帝均成就于神、仙、真，大巫之作为也！此外，在三代时期巫文明进一步向巫、祝、卜、史的职业化推进，进而渗透到民间，形成种类繁多的精神信仰团体，极大地丰富和发展了民间信仰。

三代乃至春秋战国的诸多圣人均与巫有密切的关联，很多都表现出超群的神力。"巫而圣"首先集中体现巫人文化过程中的巫君合一的政治体制，进而扩展到大巫与圣人合一。学者李泽厚指出"圣是巫的延长和放大"，圣人是在自己的精神世界实现了"自然"的人。因此，笔者认为，"与天地合其德，与日月合其明，与四时合其序，与鬼神合其吉凶"，"通神明之德，类万物之情"的老子、列子、墨子、庄子为当时代的"大巫"自不必说，且看孔子的自述，"战而不达于数，则其为之巫，数而不达于德，则其为之史，……吾与史巫同途而殊归也。"(马王堆帛书《要》)

5. 巫文明与宗教传统

传统是一个文明存在和发展的方式，笔者习惯上将文明分为大传统和小传统加以探讨。一般认为"大传统"具有经典性的宇宙观和人生观和宏大价值体系，并具有官方权威性。"小传统"指在民间流行的、表现为民俗信仰的种类繁多的精神信仰文化。"大传统"如大江大河，波澜壮阔，而"小传统"如地球上无处不在的湿地，无声无息地滋润着大地，规模上远超过"大传统"。大传统引导文化的大方向，小传统作为民间真实文化的素材和民俗性信仰，更真切地回应民众的宗教性诉求。

1) 巫文明与儒教传统

中国历史上，儒教又称"孔教"或"圣教"。在先秦被称为道教，战国时代早期的思想家墨翟曾称儒教为"道教"，因为儒者们奉行着"道"。这让我们不由地想起孔子三次叩见老子求道问学的情形。汉代末年，一部中国佛教著作《牟子理惑论》中，也称孔子的教为"道"教。据传到了晋代，皇帝在征召儒者到朝廷服务的诏书中，依旧称儒教为"道"教。后为与崇尚黄老列庄等道家思想的新兴道教相区分，从南北朝开始叫做儒教，与佛教、道教并称为三教。古代中国人把儒教又叫做"圣教"。因为儒教是如前文所述，上古巫精神文化的直接承继者。儒教是中国特有的宗教传统，很多朝代都以孔子为教主，儒教为国教。儒教利用宗法制政教结合的优势得以成为国教，儒教的神权与皇权融为一体，商周的巫君体制得以延续 。下面结合儒教是否为宗教的问题进一步分析。儒教是否为宗教的问题，直接关涉东亚文明根本特性解读的不可忽略的一个重要问题。在此暂且依据西方宗教学的标准作一分析。宗教首先应有信仰对象。我们知道，道教和佛教都有一套完整的神祇体系，这也是宗教的标志，那么，儒教信仰体系如何呢？

《易经》云：大哉乾元，万物资始，乃统天。乾就是天，儒教以天为尊。

天的正式名称叫做昊天上帝，是巫文明通达的最高神，《通典·礼典》：所谓昊天上帝者，盖元气广大则称昊天，远视苍苍即称苍天，人之所尊，莫过于帝，托之于天，故称上帝。

也就是说，上帝一词来源昊天上帝，后来有传教士翻译成基督教上帝，以至于现代人只知道西方有上帝，而不知道东亚古老的昊天上帝。接受儒教，并根深蒂固的韩国，就有明确的上帝意识和称谓(HANANIM)。儒教还有地位稍次于昊天上帝的第二类神。就是以农耕文明为背景，以社稷为代表的诸神，所谓江山社稷，社就是土地神，稷就是五谷神，此外还有山川河海，井路门灶等一系列神需要一一祭祀。儒教中的第三类神，就是百家祖先神，百家姓氏的始祖，所谓列祖列宗，没有这些祖宗，哪来的我们这些后人？所以祭祀祖先也是儒教的核心内容之一，是宗法制赖以确立和存续的根本依据。儒教中的第四类神，就是为民族和社稷做出突出贡献的忠义烈士等。可谓儒教作为宗教的神祇体系相当完备。

儒教作为宗教的仪轨的核心在于礼制，前面已提到"礼源于巫"，礼后来成为一种普遍的制度文化，儒家六经之义都贯彻了礼的精神，礼的重要功能是协调各种关系，特别是维护宗法制。宗法制在西周政治上与分封制捆绑在一起，形成了宗法礼制。宗法制作为一种宗教体制，其核心在于依据儒教的"宗教性"形成的宗法礼制，包括依据血缘纽带形成的祖先信仰的祭祀、丧葬(丧服等)、宗祠、婚姻、膳制、族谱等等。儒教在礼制的核心设立了"天地君亲师"这一套人文宗教系统，这是一个典型的祭政一致的体制。

皇帝是天子，是天地的代表，垄断着对天地的祭祀权。祭天地源于自然崇拜，中国远古以来以天为至高神，主宰一切，以地配天，化育万物，祭天地有顺服天意，感谢造化之意。夏王朝、商王朝就是中国历史上最早的祭政一致(巫政一致)的国家。这一时期的祭就是巫祭，可谓完备宗教仪轨，确立一整套宗教建制。

在中国宗祠家庙就是儒教作为宗教的活动场所，其总的规模和数量绝不亚于道教宫观和佛教寺刹。据传，伏羲是最早建立宗庙的人。他在陕西省榆林市靖边县境内建立了伏羲庙，用来祭祀自己的父亲轩辕黄帝和母亲燧人氏。进入周代，在较完善的宗族制度下，制定了宗庙制度，据《礼记·王制》记载："天子七庙，诸侯五庙，大夫三庙，士一庙"。这里的庙，就是宗庙的意思。只有士以上的人才能建立宗庙祭祀祖先，庶人只能在自己的寝室里祭祀祖先。民国初年以来康有为的孔教运动倡导儒教和国家官僚组织分离，按基督教模式允许人人祭天，允许人人祭孔。近代革命人士主张不再尊儒，而康有为、陈焕章等人成立孔教会，呼吁将孔教定为"国教"，并得到大总统袁世凯的支持。近代以来儒教在中国命运多戕，受到多方打压，一落千丈，改革开放以后正在努力恢复中。历史上，以宗法制为核心的祭政一致的政体和"宗教性"浓厚的儒家意识形态支配的国家宗教体制下，道教和佛教只能陪伴左右了。

众所周知，传入韩半岛的儒教根深蒂固，影响深远。儒教较早传入韩国，并与文物典章制度一起渗透到社会各个领域。在东亚世界韩国的以"孝"理念为核心的宗法制最为发达，历史上尽管佛教信仰盛极一时，然而人人被捆绑在宗法制的链条上，无论所持何种精神信仰，均脱不开儒教"宗教性"的强大约束力，朝鲜朝时期儒教登上主流意识形态的宝座，终于实现了国家宗教(内圣外王)的目标，其国家和社会的内生动力主要仰赖于"宗教性"的"圣"，儒教理念无孔不入，影响广泛而深远。因此，甚至有些西方学者称目前的韩国的佛教为"儒教式佛教"，韩国的基督教为"儒教式基督教"。

日本自古至今延续"祭政一致"(巫君一致)社会政治体制，因此，从表面上看，儒教应无所作为。其实，在日本"忠出于巫"，对最高神灵的精诚信仰就是对天皇的绝对忠诚，因此，早期日本的巫贤们努力借鉴儒教的理念，确立"忠"为中心的神灵信仰体系和社会价值体系。日本民族摄取外来文化养分的主要方法是"习合"。通过神儒习合，"求忠臣于孝子之门"的途径，逐渐构筑"忠"的宗教信仰体系和政治体系，将全民族无一例外地纳入神道教宗教信仰系统之中。在日本村村有神社，家家有神龛，没有一个人生活在神道教之外。在日本，人与神、生与死的界限始终没有截然划开，而毋宁是连贯一气，始终相互作用着。也就是说，在日本全民族精神生活依赖巫文明宗教性质的"神社"，祭的是"八百万神"，而非自己的祖先。因此，在日本血缘关系显得没那么重要，祖先信仰自然也没那么发达，再加上"万世一系"的"祭政一致"的政体下，儒教根本无法确立其强有力的宗法制，宗法制只是一种较松散的自发式的社会存在而已，儒教在日本失去了作为宗教得以存在的可能性了。

总之，儒教依据巫孕育的文明理念构筑，并积极倡导"内圣外王"、"修齐治平"。在学界里儒家思想是否内涵宗教性经常成为争议的话题。笔者在前文已提到"巫而圣"，此中的"圣"正是"内圣外王"的"圣"，是指巫的宗教性生命内涵的最高灵性——"自然"，因此认为圣人是内心世界已实现"自然"的人。应该肯定，儒家圣人们作为人文大传统所提出的要求还是很高的。儒家学说作为治理世界所设定的最高目标是"修齐治平"，而"平"就是"自然"，是巫文明指向的最高理想的目标——"自然"。

2) 巫文明与道教传统

源于"自然"的巫文明，为道教的形成提供了坚实的哲学理念和丰厚的宗教性资源。道教的渊源，谁都讲不清楚，不得不追溯到远古。传说中的颛顼的"绝地天通"的宗教改革开始，巫、祝、医、卜的事情少数人专司，在古代社会这些神职人属于有知识、有权力的上层阶层，受到当时人们的敬仰、膜拜，甚至畏惧。颛顼所处的时代是原始社会的末期，氏族制度面临着解体，巫文明开始人文化与世俗政治相对应，于是，社会便进入了巫君合一的状体制，从这里可以窥见道教的胚胎和未来的影子。

夏商周三代以前的社会，礼乐与政教法规都寓于风俗民情之中，既未尝分裂，自然也就不存在矛盾和对立。因民情而成风俗，因风俗而成自然的礼仪节文和法规，所以，这一时期礼乐政教虽然简单，却能达到高度的和谐大治。

殷商时期，巫风盛行，当时人们崇尚鬼神，处处流行祭祖敬神的风气，尊奉鬼神成了最重要的宗教社会文化活动。在表面上敬神祀鬼的社会，其内实却孕育了丰富而高超的文明，原生文字甲骨文就是这一时期的文明成果。创造原生文字作为人神沟通的桥梁，为令神明容易识读发明了象形文字。甲骨文多为记录祭祀事件，或记载占卜结果，甲骨文是殷代巫文明的重要成果之一。

《易经 象上传》曰，"圣人以神道设教，而天下大服矣"

这个神道，"神"与"道"的结合是天的认识达到理性化高度的天道与智慧的人道高度结合的文明成果。而此中"圣人"正是人人敬仰的内心"通达天地"的"自然"境界的大巫。历史上看，春秋战国时代因"礼崩乐坏"而激扬起的理性，非但没有成为精神信仰的对立物，反而使精神信仰升华，人类因理性的激扬而具有更高的主体意识，更明确地表现为对天人和谐与秩序的自觉追求。

春秋时代，东周势弱。旧的诸侯秩序被打破，旧有的意识形态和信仰体系遭到冲击，巫的地位便开始衰落，社会整体精神状态和秩序出现混乱，以至于后来出现了百家争鸣的局面，引来了中国历史上第一次思想文化大爆发。虽然如此，但巫风并未中断，春秋战国之中楚国为首的一些国家继续信奉巫。浓烈的祭祀色彩，载歌载舞的表现形式，浪漫与奔放的楚国巫风文化是中国历史上巫文明的一朵绚丽的奇葩。所以我们会看到屈原的《天问》中至高神乃是东皇太一，而在诸子百家中以老庄的道家直接承续巫信仰，因为老子主张通过复古能解决当时的社会危机。换句话说，老子是上古时代巫教的原教旨主义者，正因为如此道家保留了如周易八卦、鬼神信仰、风水占卜、巫道医术、兵法奇要等许多上古巫文化。这个时期巫没有统一个组织，众多散落的小团体各自收徒，主要做的是祭祀敬神，后来发展到立庙，所以古代称巫也叫做庙祝，并一直被道教延用，甚至将许多仪式、文化内容、神话传说都传承遗留给了道教。

　　道教又是"重人贵生"的生命宗教。因此，道教起源也可以追溯至中国古人渴求长生不死的心理和行为中。战国时期，人们又多相信东海中有蓬莱、方丈、瀛州等神山，"诸仙人及不死之药皆在焉"，并由此出现了许多以追求不死成仙为务的方士，被称作"方仙道"。战国时期，又有不少人依托黄帝、老子之名来阐发养生、治国理论，被称作"黄老"。"黄老"学说，实已不仅限于老子道家，而是还"采儒墨之善，撮名法之要"，吸收了儒、墨、名、法诸家之长；这种融诸家学说于一炉的"新道家"，在秦汉时期的影响也很大，同样属后世道教的前身之一。

　　东汉末年，张道陵在西南蜀中称得太上老君(老子)"授以三天正法，命为天师"，并造作道书二十五篇，从而创立了天师道(俗称五斗米道)。在中原地区，也有张角创立了太平道，宣称"苍天已死，黄天当立"，组织民众举行反抗东汉王朝的起义。天师道和太平道的出现，令道教开始成为有严密思想体系和组织制度的教团，故人们多视其为成熟宗教形态的道教之正式形成的标志。由上可知，道教形成过程中，巫文明不仅是道教的母胎，全方位推动道教的形成，没有巫就没有道教。

　　因为巫带有浓厚的原始社会的一些属性，因此在秦始皇统一全国后，对巫文化加以禁止和废除，焚书坑儒中也焚毁了大量的巫文明书籍，遭受一定打击。而巫文明从来拥有广泛而深厚的民众基础，在培育道教的同时，还孕育了难以计数的多样的民间信仰群体，可以说，其触角伸向了所有灵性存在的人类生活领域。

　　日本学者福永光司在《道教と日本文化》(《道教与日本文化》)中对道教下的定义是："道教是 以中国古代以来萨满式的咒术信仰为基础，重叠复合地采入了儒家的神道与祭祀的思想与仪礼、老庄道家的'玄'与'真'的形而上学、佛教的业报轮回与解脱以及济度众生的伦理与仪式等等，在隋唐时代大致完成了作为宗教的教团组织、仪式方法、神学思想，以与'永恒的道'合为一体为终极理想的中国民族(汉族)自己的传统宗教。"[4]　尽管有些表述不甚完整，但基本上符合道教形成的历史实际。福永所指的"永恒的道"盖指"永恒的自然"吧!

3)　巫文明与民间信仰传统

从源头上讲，远古的巫应始于民间信仰，民间信仰是巫文明赖以生存的根基和主要活动平台。历史上，民间信仰形态的巫和萨满伴随农业文明的出现开始在不同的地域营运各自的信仰生活。在漫长的历史进程中，巫和萨满在中国大陆频频相遇，走出了多彩的巫文明史。中国的历史上，北方少数民族建立的王朝的有，前秦(公元350~394)、北魏(386~534)、东魏(534~550)、北齐(550~577)、辽朝(916~1125)、西夏(1038~1227)、金朝(1115~1234)、元(1271~1368)、清(1636~1912)。值得关注的是，统治过中国大陆的这些少数民族无一例外地全部信奉萨满信仰，由此可知，巫(萨满)信仰在中国大陆从未断裂，有其连续性和交融性。

《三朝北盟会编》中载："珊蛮者，女真语巫妪也，以其变通如神。"。历史的长河中，在各民族大融合的背景下，巫与萨满在中国大陆一次次地相遇、深度交融。其结果，中原及东北大部地域巫与萨满信仰融合较普遍，表现出一种全面融合的状态。供奉的神祇有融合，祭祀的方式有融合，巫萨满的称谓有融合。这与该地域历史上政权的不断更迭，不同民族间通婚、驻军频繁交替、以及其他各种精神文化的冲击等因素直接相关。而居住于北部大草原和大兴安岭森林的鄂伦春族、鄂温克族、赫哲族等依旧保持原

4　「道教とは、中国古来のシャーマニズム的呪術信仰を基盤とし、その上部に儒家の神道と祭祀の儀礼・思想、老荘道家の『玄』と『真』の形而上学、さらには仏教の業報輪廻と解脱、ないしは衆生済度の教理・儀礼などを重層的・複合的に採り入れ、階唐の時代において宗教教団としての組織と儀礼と神学とを一応完成するに至った、"道の不滅"と一体になることを究極の理想とする中国民族[漢民族]の土着的・伝統的な宗教である。」(『道教と日本文化』P246)。

始萨满信仰风貌。中国南方广大地域基本延续传统巫信仰，有些地区还保留有巫信仰的远古风貌，如湖北省一些地区还保留春秋战国时期楚国的巫信仰习俗，据学者们研究，楚国的巫信仰中留有不少夏朝的精神文化印迹。

在中国大陆，改革开放之前，巫文明较长时间受到禁止和迫害，因此，巫文明资源大量消失，目前所剩无几，目前很多内容即使想恢复都找不到踪迹了，这是惨痛的历史教训！

韩国巫文明史的展开有其特色，也有与中国类似之处。新石器中晚期大量进入朝鲜半岛的群体为主体，逐渐与来自各方的族群共同形成了韩民族，并构筑了国家——朝鲜。《山海经》中就多次提起"朝鲜"这一国名，本文在前面提到，早期韩半岛的主体族群来自北方，而且拥有巫精神信仰。目前无法得知巫信仰早期的情况，只能通过史料获得巫信仰在朝鲜半岛的仙道相关的一些情况。仙道应是巫文明与韩半岛地域文化融合的最早产物。在道教传入前，仙道经人文化过程已自成体系，成为社会主流意识形态盛行，影响广泛。据《三国史记》记载新罗有花郎道(亦称风月道、风流道)建立于新罗真兴王三十七年(576年)。崔致远在为花郎徒所撰《鸾郎碑序》中，有如下描述，

"国有玄妙之道，曰'风流'。设教之源，备详仙史，实乃包含三教，接化群生。且如入则孝于家，出则忠于国，鲁司冠之旨也；处无为之事，行不言之教，周柱史之宗也；诸恶莫作，诸善奉行，竺乾太子之化也。"

从"风流"的称谓，"仙史"的表述，"接化群生"的宗教使命看，花郎道应是古代韩国仙道(巫道？)的延续，崔致远开篇称其为"玄妙之道"其意思很明了！

《三国遗事》记载，道教最早通过高句丽传入韩半岛，这里需指出的是，早期高句丽属于北方萨满系文化范畴。高句丽之所以较早积极接受道教或与萨满教信仰背景不无关系。韩民族创世神

话——檀君神话的出现也与北方萨满系文化不无关系。笔者曾赴中国东北满通古斯地域文化考察，发现目前中国的55个少数民族中留有熊图腾神话和传说的民族，包括达斡尔族、赫哲族、鄂伦春族、鄂温克族、蒙古族、满族、维吾尔族等12个民族。而这12个民族均属北方阿尔泰系民族。同一地域的人类发祥、同质的原始精神信仰、亲缘关系的语言系属，这一切绝非偶然！有趣的是，日本最古老的原住民阿伊努民族也是一个典型的熊图腾信仰的民族。概而言之，熊图腾与古代东亚很多民族创世神话直接相关，更为重要的是均以萨满信仰的形态出现。

在这里我们发现，来自南北不同方向的巫和萨满在半岛相遇了。巫和萨满本是同根生，相逢何必曾相识，从今往后携手同行，各司其职。以农耕文明为背景的巫，与人文化了的大传统融合在一起，而以游牧文明为背景的萨满因其依旧保持原始信仰形态，在韩半岛特定的历史文化环境下，更多在小传统层面寻求生存空间。然而。令人惊讶的是，其旺盛的生命力和广泛的社会影响，绝不亚于大传统的宗教系统，且延续至今。这说明巫(萨满)文明自远古就深深地植根于韩民族心灵深处，成为韩民族精神文明的根源与发展的原动力。

下面简要回顾日本巫文明展开的历程。首先，不得不提日本的神道教。本文之所以将神道教置于民间信仰层面加以探讨，是因为神道教民间信仰性质浓厚，且其影响局限于日本民族，对其他地域和民族未曾产生影响，再加上，教理主张和修行方式等与民间信仰区别不大。

日本的神道教起初没有正式的名称，一直到公元5世纪至8世纪，汉传佛教经朝鲜半岛百济传入日本，渐渐被日本民族接受，为了与"佛法"一词分庭抗礼，平安时期的思想家们借引中国古典，启用"神道"一词来区分日本固有的传统信仰(巫)与外国传入的佛法。在《日本书纪》(用明天皇纪)的"天皇信佛法，尊神道。"中，首次出现了"神道"这个称谓。

实际上，汉字传入日本后，"神"字被用来表示日语中的"か み"(kami)。当时的日本人称已逝的人之亡灵为"かみ"，亦将认为值得敬拜的山神及树木、狐狸等动植物的灵魂称为"かみ"。"かみ"还包括一些令人骇闻的凶神恶煞。其后，作为人物神的历任天皇、幕府将军、功臣、武士等也渐渐被作为膜拜对象，形成较为完整的神明体系。很显然，以上早期的信仰形态就相当于原始自然宗教的起始阶段。

佛教初传入日本时，神道教信徒甚为反对。由中国渡来的有力氏族，例如苏我氏，支持佛教。日本本土的氏族，物部氏和中臣氏拥护神道，反对佛教。佛教僧侣具有中国先进的知识，天皇因此支持佛教。一时神道失势，然至8世纪末，佛教僧兵的权力亢进，天皇欲制衡佛教的势力，因而神道再度得势，两种宗教逐渐互相交融(神佛习合)。日本百姓逐渐普遍信仰两宗教。于是佛教寺院和神道的神社，两者浑然。例外的是伊势神宫，供奉天皇的祖先，属于古神社。德川家康的儒臣林罗山提出神道即尧舜之道，皇祖皇宗的正道，主张与儒教的精神统一(神儒习合)。江户末期，国学派本居宣长为代表反对神儒习合，主张复古神道。国学派开始重新挖掘《古事记》中的精神文化资源，当然包括浓厚的原始宗教性，由此阐发日本民族性的深刻内涵和日本文明的特质，具有明显的国粹主义倾向。

日本因其古代史上民族相对单一，未发生与外来势力的大规模战争，历史没有断层，因此，巫文明在日本的展开阻碍不大，相对顺利。有关巫的较早的记录是，邪马台国的女国王卑弥呼(弥生时期，公元前300年—公元250年，相当于中国战国末年至秦汉)"事鬼道，能惑众"的记载。

"倭国乱相攻伐历年，乃共一女子为王，名曰卑弥呼，事鬼道，能惑众。年已长大，无夫婿，有男弟佐治国。自为王以来少有见者。以婢千人自侍，唯有男子一人给饮食传辞，出入居处，宫室楼观城栅严设常有人持兵守卫……"(《三国志·魏志》卷三十)。

这是弥生时代的情况，从中可以看出日本民众的基本信仰状态和巫政一致的政治体制。前面已提到历史上巫信仰很早传入日本，而日本的巫文明的展开过程，就是神道教逐渐形成的过程。日本的自然宗教到人文化过程从两个途径同步推进：其一由韩半岛源源不断地输入文明要素(四世纪开始直接派人赴大陆)，另一个是在国内与其他文明体系"习合"(神佛习合、神儒习合等)。但是无论哪一步都极其小心翼翼地推进。，这一方面为努力确保《古事记》创世神话中天照大神的宗教权威性，另一方面就是极力维护"祭政一致"的政体。这就是巫文明在日本展开顺利的原因之一。另外，日本民族的虔诚的信仰实践也是巫文明在日本根深蒂固的重要原因。《日本书纪》记载：

有一日神武天皇与天照大神梦中相见，得到了神谕。神谕的内容是，崇神天皇执政期，国内疫情严重，大物主神告知，让崇神天皇儿子主持祭祀，疫情将消退。日本最早的古文献《古事记》和《日本书纪》中，有关巫的神话还有很多。

樱井德太郎教授(1987)认为，日本最早的君王都是巫王(shaman king)，也就是说，日本王权的起源与萨满教直接相关。以巫为母胎的神道教确立的过程正是巫文明在日本人文化的过程，东京大学末木文美士教授认为，日本神道教盖于江户中期才得以真正形成。神道教的真正形成标志着巫文明人文化的完成，神道教作为大传统正式登上历史舞台。东京大学崛一郎教授认为，真正萨满的谱系贯穿整个日本历史，虽然卑弥呼没有作为神政女王而登上历史舞台，但当下几种新的宗教运动的教祖在人格上承继了其谱系并实际起着作用。如天理教的中山美伎(1798~1887)，大本教的出口直(1836~1918)等，也就是说，自古至今日本的小传统从不消沉，异常活跃。在日本学界巫和萨满不分，常用"巫女"等称谓，目前日本学者使用的"萨满"一词沿用西方学界的称谓，实际上指的就是"巫"，因为在日本寻不到北方萨满活动的任何踪迹，这与日本历史实际相符。

另外，我们研究民间信仰，有一个不可回避的重要问题。那就是成为民间信仰主要宗教要素的巫文明与社会大传统(儒教、道教、佛教等)和社会制度间的张力问题。本文前面已论证，东亚社会大的文明传统均源于巫文明，然而这些大传统无论作为形式或文化框架一旦确立，便获得了自身固定的"同一性、逻辑性与合法性"，就和创造自身的精神动力保持一定的"距离"，并在不同层面上成为自己的母胎"巫文明"生命力量的"磨难"。据了解，在中国不用说，在韩国和日本的历史上打压巫文明的事情也频频发生过。一个伟大的文明，其生命具有普遍的意义，也应允许以种种"个性化"方式表现自己。社会上需要冷静甄别其表现的性质，不应武断粗暴地对待。在生命和形式之间构成表面的不和谐在所难免，生命永远在不断地突破旧形式创造新形式，由之也就形成了不断演进的文明的历史。

最后，值得关注的是，现代社会环境下大传统(儒教、道教、佛教等宗教大传统)出现日益世俗化的迹象，小传统也不无萎缩的趋势，然而，现代文明(动漫、游戏、人工智能等)以特有的方式不断挖掘、激发宗教性(灵性)，巫文明不再沉寂，跃跃欲动。韩国和日本新宗教的发展也表明，巫文明在现代社会不仅不会消失，具有强劲的内生动力，在现代社会可能回归与复兴，为重构现代人的精神信仰有所作为。

6. 结语

本研究是从"巫文明"的视角对东亚文明的历史和基本特质解读

的一次尝试。通过以上考察可知，东亚文明历经如下四个发展阶段。(1)天命阶段(人类发祥至距今一万年)：人类敬畏上天，以谦恭的态度相信天命，遵循上天的意志去生存。(2)天道阶段(距今一万年前至夏商周三代)：天命强调的是上天的意志，而天道则指上天宇宙的运行规律和法则。人类对上天的虔诚的祈祷开始转向冷静的观察与思考，开始努力依照天道认识和营运自己的生活。(3)天道向人道过渡阶段(三代至春秋战国(公元前770——公元前221年)：人类由天道开始探寻普遍的自然法则，进而探寻生活在自然中的人类自身的存在价值和意义，百家争鸣，人才辈出，"哲学突破"，逐渐开始形成人文传统，西方学界也叫"轴心时代"。(4)人文传统得以完善、传播与影响的阶段(轴心时代——至今)：各类大传统逐渐完善，形成儒教传统、道教传统，而佛教的传入更是锦上添花。难以计数的小传统，以及大传统与小传统间的深度交融，同频共振，汇成了和谐的交响，东亚文明繁荣发展，争奇斗艳，巫文明伴随东亚各民族形成和发展的始终，并形成了人类文明史上独有的东亚"巫文明圈"。

史前的人类发祥至"轴心时代"是人类文明由"自然"的"无规则时期"逐渐进入"创造新人文传统"的时期。智人祖先们较早孕育了自然信仰形态的巫(萨满)，这一信仰形态曾遍布北半球广大地区，后经漫长的人文化过程，在东亚地域逐渐形成了富于人文情怀和深奥哲理的精神文化体系，铸就了化石般的东亚文明的深厚古层，创出了独具特色的"巫文明"。这一文明在形成和发展过程中逐渐向周边辐射，特别是与中国社会，韩半岛、日本列岛等地域的固有的民族文化与地域风土相交融，共同培植了东亚文明的深厚而坚实的精神根脉。可以说，"文明"乃"自然"的"生命"体现的人类认识世界和自身的某种"形式"。"巫文明"所承载的人类的终极目标"自然"(天人合一)的灵魂品性(宗教性、灵性)，历久弥新，在新时代成就"不然之大然"(元晓)。一言以蔽之，巫是东亚文明的根源与发展的原动力。

巫文明研究领域极其宽广，诸如巫与正历经本土化的佛教、基督教等世界性宗教的关系问题、巫与新宗教的问题、巫在现代城市中的变迁与功能、巫与重构现代人的信仰世界等问题，留待今后进一步讨论。

(3rd World SangSaeng(相生) Forum International Conference, "How Can Religions Help the World Solve Its Civilizational Crises?"2025.11)

第二章

"巫性文明"在东亚文明史上的历史地位
——基于"巫—理双螺旋结构"理论

1. 引言

巫文化作为史前文明的重要遗存，在全球各早期文明中普遍存在，然而唯独在东亚文明中形成了贯穿数千年历史的"巫传统"，并成为文明延续的核心要素之一。西方文明从巫术走向了宗教与科学的分途，而中国文明则经历了"由巫到礼"、"化巫为史"(李泽厚)的转化过程，形成了独特的文明路径。张光直教授进一步通过连续性文明与突破性文明的比较，强调了中国古代文明通过巫术实现人与神的沟通。

近年来，随着考古发现与跨学科研究的深入，巫性文明研究逐渐从宗教人类学领域拓展到文明史整体视角。学者们注意到，巫性传统在东亚不仅是一种信仰体系，更是一种思维模式、文化基因和组织原则，渗透于政治制度、伦理价值、知识体系和艺术表达等各个层面。刘悦笛提出的"巫的理性化、政治化和文明化"过程，以及巫性文化中"畏天与知命、媚神与渎神"的二律背反结构，为我们理解巫性文明的复杂内涵提供了新视角。

本文作者第一次提出人类文明历史演进的"巫—理双螺旋结构"理论，试图突破传统研究的线性叙事和二元对立，将巫性文明视为一个动态演进的复杂系统。这一理论认为，巫性(非理性)因素与理性因素并非简单替代关系，而是相互缠绕、相互转化的双螺旋演进上升结构，共同推动东亚文明的演进与发展。通过这一视角，我们能够更加全面地把握巫性文明在东亚的历史地位，也为理解人类文明多样性提供新的理论工具。

2. "巫—理双螺旋结构"的理论内涵

"巫—理双螺旋结构"理论是一种旨在解释东亚文明演进动力的创新模型。该理论借鉴了生物学中的DNA双螺旋结构模型，将巫性元素(神秘主义、直觉思维、信仰系统)与理性元素(经验知识、逻辑思维、实用主义)比作两条相互缠绕的链，通过互动、制衡与融合，推动文明向前发展。这一模型突破了传统二元对立思维，强调了矛盾双方的共生性与转化性。

从哲学基础看，双螺旋结构源于《周易》的"阴阳互根"思想，阴阳二者既相对又相成，既斗争又统一。双螺旋结构的动态机制主要体现在三个方面：一是"互动性"，即巫性与理性始终处于相互影响、相互渗透的状态；二是"制衡性"，当一方过度扩张时，另一方会产生约束作用，保持系统稳定；三是"共生性"，两者在矛盾中相互依存，共同构成文明发展的内在动力。这种机制使东亚文明既避免了纯粹巫性的迷狂，又防止了工具理性的异化，保持了文明的中道平衡与持续发展。

从历史演进看，双螺旋结构并非静态不变，而是呈现节律性波动。在文明早期，巫性维度占据主导地位，理性维度处于萌芽状态；到轴心时代，理性维度迅速成长，实现对巫性的超越与转化；在文明成熟期，两者形成相对平衡的耦合状态；当文明面临转型时，两者又会进入新一轮的动态调整。这种节律性运动使文明既保持稳定性又具有创新性。

"巫—理双螺旋结构"理论为深入解读东亚文明发展规律提供了一种整体视角，突破了传统西方中心主义的文明演进模式，强调了东亚文明发展的独特性和连续性。下面各节将以此理论为基础，深入分析巫性文明在东亚不同历史时期的表现形式与转型过程。

3. 史前巫文化的本源与特质

东亚史前巫文化是理解巫性文明起源的关键阶段。考古证据显示，早在红山文化、良渚文化、仰韶文化时期，巫觋活动已相当发达，形成了具有一定规模和影响力的信仰体系。这些巫文化不仅体现了先民的精神世界，也是社会复杂化进程的重要推动力量。

史前巫文化的信仰体系以天人沟通为核心特征，巫觋作为专业通灵者，承担着连接人神的重要职能。李禹阶指出："在中国史前社会复杂化进程中，主持宗教祭祀的巫大都为男性。他们既是氏族、部落中掌握神权、军权的首领，还是聚落秩序及原始道德的维护者及知识文化的掌握者。"这种"巫君合一"的现象并非中国独有，但在东亚文明中得到了最为充分的发展和延续。巫觋通过祭祀、占卜、舞蹈等仪式活动，实现与超自然力量的沟通，为共同体寻求福祉和秩序。

巫性文化的内在结构具有二律背反特性，即"畏天与知命、媚神与渎神"的矛盾统一。一方面，先民对神灵充满敬畏，通过祭祀活动表达顺从；另一方面，又试图通过巫术手段影响甚至控制神灵，体现了一种积极的能动性。这种矛盾张力构成了原始人类认知世界的基本框架，也成为后世哲学思维的深层基础。

从社会功能看，史前巫文化不仅是信仰体系，更是社会组织和知识传承的重要机制。巫觋集团通过垄断人神沟通渠道，获得了社会支配权力，逐步构建起等级化的社会结构。随着颛顼"绝地天通"的宗教改革，原始宗教逐渐演变为等级化、家族化的"宗自为祀"的祭祀礼制，实现了从原始信仰向国家宗教的初步转型。这一过程促进了早期分层社会向早期国家的转型，为文明起源奠定了制度基础。

东亚史前巫文化的主要考古证据与特征，公元前4700~前2900年的红山文化，公元前3300~前2300年的良渚文化，公元前5000~前3000年的仰韶文化，公元前2500~前2000年的龙山文化得到较充分的历史资料。

如，玉器在史前巫文化中具有特殊地位，体现了物质与精神的有机结合。玉文化经历了从"巫玉"到"王玉"再到"民玉"的发展阶段。在史前时期，玉器主要是巫觋通神的法器，通过玉质与天象的视觉相似性，建立起物质与精神的象征关系。这种"玉器通灵"信仰不仅是一种宗教现象，也是类比思维的早期表现，成为后世艺术创造和哲学思考的认知原型。

史前巫文化中的知识体系呈现出巫理交织的特征。巫术活动中的"伪技能"与实用理性共生，其中的接触律、相似律等感应机制，演化出人类早期的类比思维模式。虽然这些知识形式带有神秘色彩，但包含了先民对自然规律的观察和总结，为后世科学技术的发展奠定了最初的基础。甲骨占卜代表了一种重要的历史转折，它标志着"初始的神灵思想"转向以宇宙某个代表物"占卜为依据的理性思想"，这一转变在华夏文明理性化进程中具有决定性意义。

史前巫文化的这些特质，为东亚文明后续发展奠定了深层基础，使巫性传统成为文明演进中的持续性要素，而非被彻底超越的阶段性现象。这种连续性正是东亚文明区别于其他文明的重要特征，也构成了"巫—理双螺旋结构"的历史起点。

4. 从巫到礼：巫性文明的理性化转型

殷周时期是东亚巫性文明转型的关键阶段，经历了从"尊神事鬼"的巫觋精神向"尊礼敬德"的宗法精神的深刻转变。这一转型并非简单否定巫文化，而是通过理性化、伦理化和制度化的方式，实现了对巫性传统的创造性转化，形成了独具特色的礼乐文明。

殷商时代，巫性文化仍然占据主导地位，凡事"先卜而后行"，形成了浓厚的鬼神崇拜氛围。然而，即使在这样一个"尊神事鬼"的时代，理性因素已经开始在巫性传统中萌芽。汪德迈所称的"占卜理性"在这一时期逐渐形成，表现为甲骨占卜的程序化、系统化和专业化。甲骨占卜不再单纯通过祭祀乞知神灵，而是发展出一套复杂的符号系统和解释体系，体现了理性思维的初步发展。张光直认为，这一时期的巫术已经是一种具有了宗教基本体系的"巫教"，为后续转型奠定了基础。

周代商而立，进行了一场深刻的"宗教革命"，实现了从殷商时代的"帝"向周代的"天"的概念转换。与殷人崇拜的具有血缘崇拜特点和民族祖神形象的"帝"不同，周人的"天"或"天命"不再具有人格神特征，而是一种"无亲无常"的抽象道德主宰。"皇天无亲，惟德是辅"的观念表明，天命取决于人德，即"以德配天"，而人德又表现为具体而严苛的礼法制度。这一转变标志着伦理理性对巫性传统的渗透和改造，为巫性文明注入了新的精神内涵。

周初统治者制定的"瑞玉""以等邦国"，制"器""以祀天地四方"，以玉体现王权第一、神权居其次、神权服从王权的理念和规范。这种政治理性的提升，使巫性传统从单纯的宗教仪式转变为国家治理的重要工具，实现了巫术的政治化转型。李泽厚将这一过程概括为"化巫为礼"和"化巫为权"，揭示了巫性文明理性化转型的本质特征。

春秋战国时期，随着周王朝"礼崩乐坏"，孔子又用内在的"仁"来充实和改造外在的"礼"，并将"仁"解释为内在于人性之中的爱人之心和忠恕之道。孟子则进一步将与生俱来的人性善端作为安身立命之本，将向内发掘"仁、义、礼、智"等善端作为实现人生价值和社会理想的基本根据，从而将周代尊礼敬德的宗法精神改造成儒家内在自觉的伦理精神。这一发展完成了从外向内的敛聚过程，实现了巫性文明的伦理化转型。

值得注意的是，这一理性化转型并非简单排斥巫性元素，而是实现了巫与理的辩证综合。刘悦笛指出，从《周易》到孔子有双重突破：一方面是从"巫"到"数理"的突破，另一方面是从"史"到"伦理"的突破，这是对"占卜感性"与"占卜理性"的双重超越，也终成"占卜德性"的升华。占卜的感性与理性二者始终是合一的，从而构成了中国人原始的"情理结构"，这是《周易》对华夏文明的深层巨大贡献。

这种理性化转型的独特路径，使东亚文明避免了西方文明那种宗教与科学的彻底分途，而是形成了一种包容性更强、连续性更好的文明形态。巫性传统没有被彻底否定，而是被超越性地保存在文明体系中，与理性因素形成了动态平衡的双螺旋结构，为文明长期稳定发展提供了深层动力。

5. 巫史传统与东亚文明的内在联系

巫史传统作为东亚文明的核心特征，深刻影响了政治结构、知识体系和思维方式的发展路径，形成了与西方文明迥异的文明模式。李泽厚先生认为："西方由'巫'脱魅而走向科学(认知，由巫术中的技艺发展而来)与宗教(情感，由巫术中的情感转化而来)的分途。中国则由'巫'而'史'，而直接过渡到'礼'(人文)'仁'(人性)的理性化塑建。"这一判断精准把握了东亚文明发展的特定历史时期的独特轨迹。

在政治领域，巫史传统促进了"巫君合一"和"巫政合一"的政治形态的形成。史前时期的巫师兼首领的贵族群体以神权和王权的力量，逐步占有并控制公共资源，促进了早期分层社会向早期国家的转型。这种政治模式并非简单的神权政治，而是神秘信仰与理性治理的奇特混合。商周时期，虽然专门的巫师、贞人群体逐渐分化为巫、祝、卜、史等角色，但王权本身仍然保留着浓厚的巫术色彩，天子作为天人沟通的唯一合法媒介，垄断了祭祀天地的权力，形成了"垄断性"的天人沟通机制。这种政治传统使东亚文明保持了"一个世界"的宇宙观，避免了超越性上帝与世俗世界的截然二分。

在知识领域，巫史传统促进了实用理性的发展。巫术活动中的"伪技能"虽然带有神秘色彩，但包含了先民对自然规律的观察和总结。卜兆的标准化工作是理性化的媒介，是一种先进的、足以为中国表意文字之创造开辟道路的理性。这种理性形式不同于西方的科学理性，它不是通过假设和实验来验证理论，而是通过经验积累和类比推理来形成实用知识。《周易》八卦的形成过程典型体现了这一特点：从原始骨占到龟卜占的转变，进而是龟璺规范成卜，之后从卜形变数到筮占数字，最后应该是从原数字卦成为易经之重卦。这一过程既是占卜技术的发展和完善，也是理性思维的进步和升华。

巫史传统对东亚思维模式的塑造尤为深远，形成了类比思维为主导的认知方式。巫术活动中的接触律、相似律等感应机制，演化出人类早期的类比思维模式，成为审美直觉的原型。这种思维模式不同于西方的逻辑分析，它强调事物的相互关联和相似性，通过象征和隐喻来把握世界。《周易》中的"观物取象"和"立象尽意"正是这种思维方式的集中体现。侯敏指出，《周易》哲学体系中的'气'概念，本质是巫性感应的哲学化呈现。原始巫术中将'气'视为联通天人的介质，在哲学发展中演变为万物本原的抽象概念，最终形成'气韵生动'等美学范畴。

巫史传统还促进了天人合一观念的形成，成为东亚文明最核心的价值观。这种观念源于巫觋的通天功能，但在历史发展中被赋予了丰富的哲学内涵。甲骨文记载的占卜活动中，通过灼烧龟甲产生的裂纹(气脉显现)进行吉凶判断，这种操作蕴含着将物质现象转化为精神意象的审美机制，揭示了巫性判断如何演变为审美价值判断。这种天人合一观念既不是纯粹的神秘主义，也不是单纯的理性主义，而是包含了情感与理性、信仰与知识的复杂混合，体现了双螺旋结构的动态平衡。

巫史传统的深远影响表明，巫性元素并非文明发展的落后因素，而是文明独特性的重要组成部分。东亚文明之所以能够保持数千年的连续性，与其包容和转化巫性传统的能力密切相关。这种文明发展模式为人类文明多样性提供了重要案例，也为思考当代文明走向提供了历史借鉴。

五、巫性思维的现代嬗变与文明价值

在现代性语境下，巫性思维并非简单的遗存现象，而是经过创造性转化，融入现代文明建构的活跃因素。巫性文明与现代性的相遇，既带来了挑战，也孕育着新的可能性。在科技理性主导的时代，巫性思维以其独特的认知方式和价值取向，为克服现代性危机提供了宝贵资源。

巫性思维在当代的首要转化是从神秘信仰向象征体系的转变。随着科学世界观的普及，传统的巫术信仰逐渐失去其神圣性，但巫性思维中的象征结构和类比模式却得以保留，并转化为文化创造的重要资源。侯敏指出，巫性文化中"吉凶意识"的优先性导致中国古代美学始终与伦理价值紧密关联，形成"尽善尽美"的审美理想。这种伦理与审美相结合的价值取向，在当代艺术和文化建设中仍然发挥着重要作用。甲骨文记载的祭祀乐舞，既包含取悦神灵的功利诉求，也发展出节奏韵律的形式美感，印证了巫性文化在中华审美意识中的历史连续性。

其次，巫性思维为生态文明建设提供了深层文化资源。巫性传统中的"天人合一"观念和万物有灵思想，与现代生态理念有着内在契合。巫性思维强调人与自然的亲密关系和相互渗透，而非对立和征服。这种思维方式对于克服人类中心主义、构建人与自然和谐共生的新型关系具有重要启示。陈涛提出的"生存-信仰双螺旋"模型强调物质实践与精神意义的动态共生关系，这为理解生态文明的整体性提供了新视角。在环境危机日益严重的今天，巫性思维中的生态智慧正在获得新的现实意义。

第三，巫性思维为科技发展提供了另类思路。巫性思维中的类比模式和直觉把握，与科学思维中的逻辑分析和实证研究形成鲜明对比，但二者并非绝对对立。许多科学发现都得益于直觉和类比思维的启发。巫性思维中的整体观和有机论，对克服还原论科学的局限、推动科学范式的转型具有参考价值。陈满铭构建的"阴阳双螺旋系统"试图通贯科学、哲学与神学，这种努力本身就体现了巫性思维与理性思维的创造性结合。在人工智能、量子物理等前沿领域，巫性思维中的某些元素正在以新的形式获得生命力。

第四，巫性思维为伦理重建提供了传统文化资源。巫性传统中的"畏天知命"观念，虽然源于对超自然力量的敬畏，但转化为对自然和生命的尊重，成为伦理建设的重要基础。巫性文化中"畏天与知命、媚神与渎神"的二律背反结构，包含了深刻的辩证智慧，对于克服功利主义伦理的局限、构建更具包容性的价值体系具有启发意义。晚年孔子知《易》行《易》所实现的"化巫为仁"，正是伦理化转化的典范，这一历史经验对于当代伦理建设仍有参考价值。

最后，巫性思维为文明对话提供了共同话题。巫文化作为人类文明的普遍现象，是不同文明共享的文化遗产。通过巫性思维的比较研究，可以发现不同文明之间的深层联系和差异，促进文明间的相互理解和尊重。张光直提出的连续性文明与突破性文明的比较模式，为理解中西文明差异提供了框架，也为文明对话开辟了空间。在全球化的今天，这种对话对于构建人类命运共同体具有重要意义。

总之，巫性思维并非文明发展的落后因素，而是包含丰富智慧和创造力的文化资源。通过现代诠释和创造性转化，巫性思维可以为当代文明建设提供独特贡献，帮助人类应对现代性带来的各种挑战。这种转化不是简单回归传统，而是在吸收理性思维优点的同时，保持巫性思维的独特价值，实现双螺旋结构的新的平衡和发展。

6. 结论：巫性文明的历史地位与未来启示

本文通过"巫—理双螺旋结构"理论，系统考察了巫性文明在东亚文明史上的历史地位与作用机制。研究表明，巫性传统并非简单的原始文化遗存，而是贯穿东亚文明史的核心线索，通过与理性思维的动态互动，形成了独具特色的文明发展路径。这种文明演进模式既不同于西方的宗教超越路径，也不同于纯世俗的理性化道路，而是保持了神秘与理性、信仰与知识的辩证统一。

巫性文明在东亚的历史地位首先体现在它是文明连续性的基础。通过对巫性传统的理性化、政治化和伦理化转化，东亚文明实现了从史前到现代的平滑过渡，避免了文明断裂和重建。李泽厚指出，中国文明"续存了巫史传统，并以自己的智慧将之进行了深度转化"。这种转化不是简单否定，而是创造性超越，使巫性元素以新的形式保存在文明体系中。张光直强调的中国文明的"连续性"特质，正是源于对巫性传统的这种创造性转化能力。

其次，巫性文明塑造了东亚文明的独特价值。"天人合一"的整体观念、"阴阳平衡"的中道思维、"尽善尽美"的价值追求，都源于巫性传统与理性思维的相互作用。这些价值观念不仅塑造了东亚文明的传统形态，也为当代人类面临的生态危机、技术异化等问题提供了重要启示。陈涛在"生存-信仰双螺旋"模型中强调的物质实践与精神意义的动态共生关系，正是对这种独特价值的理论表述。

第三，巫性文明展示了文明演进的另一种可能。西方主流的文明演进理论强调从巫术到宗教再到科学的线性发展，将巫术视为必须被超越的初级阶段。然而，东亚文明的经验表明，巫性传统可以通过转化而非否定的方式融入现代文明，形成更加包容和平衡的发展模式。这种模式为思考人类文明的未来提供了重要借鉴，特别是在科技高度发达但精神危机深重的当代世界。

"巫—理双螺旋结构"理论不仅是对历史经验的总结，也是对未来发展的启示。这一理论表明，文明健康发展需要保持各种因素的动态平衡，避免单一因素的过度扩张。今天，面对工具理性的泛滥和精神价值的失落，重估巫性传统的价值，促进理性与神秘、科学与人文的对话融合，具有特别重要的意义。陈满铭试图通贯科学、哲学与神学的努力，正是这一方向的有益尝试。

总之，巫性文明在东亚文明史上占据核心地位，是理解东亚文明独特性和连续性的关键。"巫—理双螺旋结构"理论为理解这一现象提供了新视角，也为思考人类文明的未来发展提供了新思路。通过创造性转化巫性传统，促进多元文明的对话融合，人类可以构建更加平衡、包容和可持续的文明形态。

第三章

东亚文明的崛起
——兼谈东亚文明认识的若干问题

　　亚洲是人类文明的重要发祥地，在数千年的发展历程中，亚洲人民创造了辉煌的文明成果。东亚，不仅是一个地域，亦是一个多种文化融汇的"边界"。东亚还被视作一种视域，乃至方法。在东亚，史前的人类发祥和早期文明铸就了化石般的东亚文明的古层。以此为底蕴，东亚的精神文化较早发端于古代中国社会，并逐渐形成了富于哲理和人文情怀的思想文化体系。中国的这一精神文化在逐渐向周边传播的过程中，与朝鲜半岛、日本等国家和地域的固有的民族和地域文化相互融合，培育出东亚精神文化的坚实的根脉。东亚文明经漫长相互交往整合型塑越发显示出统一的精神气质和文化风貌，呈现出独特的精神文化魅力。历史上曾经的东亚"汉字文化圈"是全世界最有活力的地带，今天，曾经的世界"文明中心"相继显现疲软，在"东升西降"大趋势下，东亚地区是全世界经济发展最迅速的地区，也是社会整体文化发展变化最为剧烈的地区。事实上，东亚文明丰富的内涵和充满自信的开放姿态，早已吸引了近代以来人类所创造的几乎所有思想及其潮流汇聚东亚，交融、创新、发展。全球化时代东亚地区又是环太平洋文化圈的重要政治、文化策源地，相信东亚文明将重建和引领人类精神文明，因此，全面系统而深入地开展东亚文明精神价值的研究显得十分重要、十分必要、亦十分迫切。

1. 东亚"道文化圈"

说到这个"东亚文化圈"的话题，我们首先需要讨论的是中国作为东亚文化的核心成员向周边进行文化辐射前，北方游牧民族与朝鲜半岛和日本的文化的密切关系。一直以来，学界对前"轴心时代"的语言、自然宗教、民族生成等问题的关注不多，成果较少，这对深入讨论东亚地区"轴心时代"文明不无影响。据考古材料表明，公元前4世纪以前，这一地域内的生产和文化活动具有游牧文化的特色。众所周知，长期以来朝鲜半岛和日本与北方游牧民族具有千丝万缕的内在关联，无论从种族的人类学特征，还是历史语言学视角的古代朝鲜语、古代日本语与阿尔泰语系之间的亲缘痕迹，乃至神话、精神信仰，特别是北方影响深远的萨满信仰文化都能证明这一点。公元前4世纪以后，来自大陆中原地区的文化影响逐渐切断了朝鲜半岛、日本的北方游牧文化渊源，日本和朝鲜逐渐倾向于中原文明，为后来的东亚特色文化圈形成奠定了基础。公元前三世纪以降，东亚社会进入一个快速发展的阶段：大陆地区出现帝国，而半岛及岛屿地区几乎跨越青铜文明而直接进入铁器时代，出现了剧烈的社会变革；在精神文化层面上，巫术、祭祀等宗教性活动支配着日本人的原初的社会生活，这一过程中形成了东亚地区各自的原初文明形态。

日本原初文化的萌发和形成经历了漫长的历史时期。从迄今关于绳纹、弥生和古坟文化的研究来看，日本原初文化是早期日本人在与外部自然斗争、在寻求和丰富自身物质生活的过程中产

生的，并且一旦相对封闭的岛国日本与外界取得联系，外来先进
文化便立即被导入，成为日本文化的生长激素，促进了社会的进
步。由于中国大陆先期发展，与朝鲜和日本发展不共时。所以，
如果要与强大的大陆文明对抗，确立自己的独立性，就必须拥有
像中国文明那样的历史，这便需要编写具有主体意识的本国历
史。日本天武天皇于681 年下令，经过三十九年，终于在720 年完
成了《日本书纪》三十卷。《日本书纪》的历史观强调日本的天皇是
"天命所授正统之天皇"。中国的历史观中，"天命"即以黄帝为首，
受天命而历代相传的天子。《日本书纪》的历史观中，"天命"则是天
照大神最初授予其孙天津彦彦火琼琼杵尊的。此神从天上降临至
南九州的高千穗峰，其曾孙神日本磐余彦尊——神武天皇，于公
元前660 年在橿原宫继位，成为日本历史上第一位天皇。由此可
知，日本社会发展已摆脱"万物有灵"阶段，"神"不仅成为有意志的
"上天"，同时也成为了社会聚合的对象。因此，《日本书纪》的"天
命"尽管借用大陆式表述，然而实际上是极富宗教色彩的"神命"，
这样，基本规定了日本固有的"神治"文明的性质。这种原始信仰特
征的文化为后日的日本民族宗教——神道教的形成提供了厚实的
宗教文化土壤。

据《日本书纪》记载，日本列岛居民与亚洲大陆的交往是在日
本建国后经历了相当长一段时间才开始的。7世纪以前几乎没有与
中国官方的正式接触，可以说，日本建国完全没有受到亚洲大陆
的影响。《日本书纪》之所以要如此撇清与外来文明的关系，正是
为了证明日本文明从未受到中国大陆文明的影响，至少汉字传入
之前(有少量器物的传入)应是如此。日本原初的文明有其原发性，
这一点是不可否认的，而且经过历史的洗炼和提升，形成了自己
的民族文化特质。东亚的中国古代，同样经历漫长的"万物有灵"时
代，逐渐形成了独具特色的自己的文明。经殷商周以及先秦诸子
百家争鸣，文明体系渐趋成熟和完备，其中道家思想不仅为华夏

民族的文明特质的形成奠定了重要的哲学基础，为日后的道教的形成和发展提供了理论依据。道家思想和道教就文明类型而言，与日本神道不无相似之处。而七世纪中国道教正式传入朝鲜半岛之前，朝鲜半岛也早已盛行原初仙道，其文化形态与中国道教、日本神道教多有相近之处，通过研究发现中日韩"道文化"的很多内容极富同质性(日本文化研究所已开展专项研究，取得初步的成果)。也就是说，在当时生产力水平相对低下和交通很不发达的条件下，世界各地不同文明中心之间的交流还很少，正是这一时期形成了基于各民族原初文化的东亚道文化的特质和底蕴。这样，七世纪以前东亚文明的深层矿脉业已形成，绵延至今，本文称其为东亚"道文化圈"。因此可以说，"道文化"是东亚文明的原初形态，是化石般的文明基石。

如上所述，东亚"道文化圈"的历史存在是客观的，不过，由于"道文化"亲近自然，又深深扎根于民众生活之中，并与各种民间信仰混然相生，显现"杂而多端"，又清静无为，与人无争，因此，历史上东亚"道文化圈"处在或隐或显的状态，常为其他宗教或社会思潮所掩盖，时至今日被社会和学界所忽略。在此借用日本文部科学省在其《宗教年鉴》对神道所下定义则是，"所谓神道，是日本民族固有的对神、神灵信念为基础发生、发展起来的宗教的总称。广义上讲，神道不局限于神、神灵的信念或传统的宗教实践，它还包含广泛地传承于生活中的态度和生活方式。"由此可知，神道不仅仅是一个日本土生土长的宗教，其理念已渗透到日本民族的血脉之中。下面再来说中国道教。道教作为中国本土宗教，是在中国古代鬼神崇拜观念基础上，以黄、老道家思想为理论依据，承袭战国以来的神仙方术衍化形成的以"道"为最高信仰，积极追求生命价值，完善自我和兼善他人的宗教。中国"道文化"的影响范围之广之深，其他的宗教与文化类别不可企及。历史上东亚三国的道文化系统，既没有儒教那样的政治强势，也不及佛教那样的"高大上"的显荣，所以在东亚"道文化圈"的存在和价值未能得以充分彰显。然而，以"尊道贵生"，"返朴自然"，"道通真境"为人生价值追求的精神文化纽带，成为东亚人相互聚同的心向往之的文明境界。

2. 东亚"汉字文化圈"

众所周知，汉字最初传入日本主要是通过两种渠道：一种是随着来自中国的器物传入日本；另一种则是由来自朝鲜半岛的所谓的"渡来人"直接传入日本。就中国器物传入日本的事实可从现今的日本考古发现中得到印证。其主要物品，如在日本福冈御床松原遗址及新町遗址出土的代表弥生时代后期的文物中有刻有小篆体"半两"字样的铜钱。另外，在山口县及长崎县发掘的同样代表弥生时代后期文化的遗址中又发现了大量分别刻有"五铢"、"货泉"字样的铜钱。"半两"和"五铢"钱是我国秦汉时期通行的钱币，而刻有"货泉"字样的铜钱则属于王莽新朝时期的钱币。除了钱币之外，由中国而至的器物还有刻有汉字的铜镜、刀以及印绶等物。这些应该是日本人见到的最早的汉字。但是，对于当时的日本人来说应形同图画或装饰而已，可能引发日本人对同一时期出现在日本本土的刻在陶器上的图画和符号的联想，因此，汉字不具传递信息的功用或任何象征意义。

后来，据《后汉书·东夷传》，"建武中元二年(57年)，倭奴国奉贡朝贺，使人自称大夫，倭国之极南界也，光武赐以印绶"的记载表明，公元一世纪东汉光武帝时期由汉光武帝授予金印于"倭奴国"。印中写有"汉的委奴国王"等汉字，("委"字是"倭"字的略写)。还有，从日本使臣自称"大夫"来看，汉字已开始成为双方沟通的有效媒介。由此可知，中国古代正是通过朝贡和册封的制度建立了一种以中国为中心并以松散交往为媒介的东亚世界的国际关系，这种政治策略客观上推动了东亚区域内文明的传播与交流。

汉字是中国古代文明的代表性符号，作为表意文字，内涵丰富，功能多元。在此有必要讨论一个问题。在国内学界"中日同文同种"、"日本是儒教国家"的观点流行已久，究其依据通常是汉字较早传入日本，日本人识汉字，用汉字，因此，自然接受了儒学价值观念，这是值得商榷的。汉字带去了中国的文物典章制度，也包含儒学思想，这不可否认，但汉字所承载的内容和功能，随所处社会文化环境而有所不同。在中国历史上，汉字承载的内容极为丰富，可以说无所不包。因此，对汉字交流媒介功能的狭义的理解，不仅导致上述文化解读的误区，甚至错误。日本历史上，汉字除了直接用于官方历史文献的记载，汉字融进日本固有语言系统，承载的内容极其丰富。奈良、平安、室町、镰仓等漫长的历史时期，汉字为佛教的受容和推广做出了极为重要的贡献。当然。而儒学相关内容则或在上层贵族群体内部流行，或在寺院的识字课和教养课程中有所体现而已。儒学未得以官方或知识界的广泛推崇和普及。在日本历史上儒学真正得到官方的全面肯定和推广，则是日本最后一个武士政权——德川时代。

在朝鲜半岛，佛教传入三国后，经统一新罗、高丽时期大乘佛教得以广泛传播和研究，其代表性业绩之一则是编辑出版了汉文《高丽大藏经》。朝鲜官方尽管推崇儒学价值，但儒学成为社会核心价值理念乃进入朝鲜朝以后的事情。也就是说，汉字的传入并不意味着儒学的全面接受，三国，统一新罗、高丽时期佛教始终占据社会精神生活的主导地位，这与日本的情形基本一致。因此，汉字的历史贡献功不可没，但不同历史时期所处不同社会文化环境中的汉字所承载和传播的内容需具体分析。在东亚汉字为不同民族的历史自觉和文明进步做出了重要贡献。

3. 东亚"大乘佛教文化圈"

佛教发端于印度，但在传入中国过程中，中国知识分子们与外来学僧们合作，将佛教经典大量译成了汉文，在此过程中经过与中国传统文化的融合，在隋唐时期形成蔚为大观的中国佛教诸宗派，将大乘佛教发展到了崭新的高度。中国佛教传到朝鲜半岛、日本，经过漫长的本土化过程，在朝鲜半岛形成独具特色的大乘佛教文化系统，其传统绵延至今，韩国人口的约三分之一信奉佛教。在日本则经过长时期的所谓"神佛习合"逐渐形成了日本特色的佛教并延续至今。

回顾大乘佛教在东亚的传播和发展历史，之所以佛教为广大东亚地区所接受，应有如下几个方面的原因。首先，"道文化"的底蕴为接受"高大上"的佛教打下了文化心理基础。佛教约在两汉期间从西域传入中国。汉武帝通西域，中国与中亚的商路打通，佛教从西域经过丝绸之路传到东亚。佛教传入较早时期，中国人理解佛教通常以道家哲学为知识背景，把佛教作为一种可以延年益寿的方术，与黄帝、老子及其他本土神灵一起崇奉。两汉时期道教在民间盛行，使佛教在中国的传播十分迅速，汉魏依托的仍是本土固有的长生不老宗教，魏晋佛教更在玄风大畅的背景下在社会上层广泛流传，到了隋唐达到巅峰。尽管佛教传入中国过程中不无理解上的分歧、争议和社会的各种阻力，但总的来说，中国社会表现出对异文化受容的开放的胸怀和姿态。佛教从中国传入朝鲜半岛和日本同样上述"道文化"因素起了重要作用。韩国的原初仙道、日本的原始神道为佛教的收容提供了良好的文化土壤。此外，业已形成的"汉字文化圈"功不可没，在大陆翻译出来的大量的汉文佛典陆陆续续流入朝鲜半岛和日本。此外，佛教在传播过程中东亚各国之间既相互密切交往，又各自个性化发展，这种互动与共同提升促进了东亚"大乘佛教圈"的早日形成。自从日本佛教僧侣们跟随遣隋使、遣唐使入华求法开始，每一个时代都有大量求法僧往来于中日之间，架构中日文化交流的黄金通道，影响深远。朝鲜半岛新罗时期开始大量求法僧入华，经统一新罗、高丽时期入华求法人数多达数千人，不少有成就者终其一生于中国，为中国佛教的发展做出了贡献，如玄奘大弟子圆测、九华山道场开拓者金乔觉、经海路远赴印度求法的慧超等等。在长时期的互动与共同发展过程中，逐渐形成了一个以大乘佛教理念为核心的东亚"大乘佛教文化圈"，已故中国佛教协会会长赵朴初将东亚中日韩佛教之间的这种特殊的互动关系和途径比喻为东亚佛教文明传布的"黄金通道"。佛教为东亚各民族的历史自觉与社会进步做出了重要贡献。但需指出的是，东亚佛教相互联系密切、自成一体，因此，学界应将东亚佛教作为整体纳入研究视野。在目前的学术界，不无将中国佛教史、朝鲜半岛佛教史和日本佛教史视为不同的学术领域加以区隔的倾向，在东亚佛教研究领域走在世界前面的日本学术界同样有不少学者将三者明确区别开来。虽然日本有宇井伯寿的《佛教泛论》、平川彰的《印度·中国·日本佛教通史》等将东亚各国佛教纳入考察的视野，但在上述著作中，各地区的佛教仍然被作为独立板块存在，也就是说，东亚内各国佛教之间的内在联系并没有得到应有的重视。究其原因，不得不说研究者缺乏"大乘佛教圈"的整体学术视野。当然，自20世纪90年代以来，日本佛教学者高崎直道和木村清孝提出了佛教学研究中的"东亚佛教视野"问题，并组织相关学者编写了五卷本的《东亚佛教》，这一成果值得加以重视，这是因为佛教在东亚的传播与发展，与东亚"道文化圈"自发而独立形成不同，具有积极互动与共同提升的特点。

4. 东亚"儒教文化圈"

　　儒教文化的历史应有近2500年，儒教在历史长河中不断演变和发展，到了南宋朱熹为代表的儒学家们构筑的理学思想体系，对此后的中国社会以及朝鲜半岛和日本的影响极其深远。朱子学在很多方面进一步发展了原始儒学的思想，原始儒家学说缺乏哲学思辨性，没有对存与灭、名与实、真与假、认识论以及世界本原的哲学探讨。朱子学因为受到魏晋玄学、佛教、道教思想的影响，加强了哲学思辨性，进一步完备了儒学的哲学体系。由此宋后的中国社会儒教居上，佛、道式微，直至现代反帝反封建的"五·四运动"。公元13世纪初，朱子学开始传入朝鲜半岛和日本。日本亦步亦趋地学习和吸收中国文化，作为新儒学的朱子学也不例外。朱子学传入日本后，寺院中熟读儒学经典的学僧中一部分人倾心于这一新儒学思潮，脱掉袈裟，走出佛门，投身世俗社会的变革实践之中，将朱子学确立为德川幕府的官方统治理念。自汉字传入日本以来，日本儒学终于有机会抛头露面，迎来了自己的"盛世"，直至经漫长的"神儒习合"的过程，到了幕末儒教逐渐被边缘化。

　　13世纪初朱子学的传入，使得长期受佛教势力压制的朝鲜的士大夫阶层如获至宝，潜心研究，积极实践。到了15世纪初在统治阶级的倡导下，朱子学在朝鲜取得了长足的发展。特别是李退溪、栗谷为代表的一批儒学者们将中国的朱子学大大向前推进了一步，朱子学成为朝鲜民族精神文化的一部分。可以说，朱子学在朝鲜半岛所产生的影响，不逊于其在中国本土的影响，延续至今。朝鲜朱子学还通过退溪学对日本思想界产生了极大影响。当然，此后传入朝鲜和日本的阳明学的影响亦不可低估。历史上长期作为官学延续的儒教经这一阶段(中国的宋明清、朝鲜的朝鲜朝、日本的德川时代)的广泛普及、深入研究和发展，成为了东亚地区各个社会的核心价值理念，至此，可以说，东亚"儒教文化圈"终于得以形成。不少学者常笼统地断言日本属于"儒教文化圈"，其实，在东亚范围内形成"儒教文化圈"(在此暂忽略越南)，只能说远远晚于"道文化圈"，晚于"大乘佛教文化圈"，而且，不应简单在"汉字文化圈"与"儒教文化圈"之间划等号。近代以来儒教在东亚各自社会的命运和影响也不尽相同。

5. "东亚文化圈"

日本历史学家西岛定生于1962年在其《6—8世纪的东亚》一文中，首次提出了"汉字文化圈"的概念。6—8世纪正处于中国历史上的隋唐时期，西岛所说的"汉字文化圈"是指自中国皇帝那里获得册封的周边民族，以汉文为媒介，将中国文化引入本地并加以发展，进而确立自己自立的区域，这也是西岛"东亚世界论"的基本构架。对于战后的日本学界而言，所使用的"东亚"的概念，有意识或无意识地都在西岛东亚世界论的影响下，大多都依据该理论，或是从其基础框架中派生出来的观点。在这里西岛犯了一个的错误，试图用制度文明代表和确立"东亚世界"。也就是说，以大陆帝国的政治朝贡体系为基本结构确认"东亚文化圈"。2000年，早稻田大学教授李成市出版了《东亚文化圈的形成》一书，提出了"东亚文化圈"的概念。从西岛定生到李成市均沿用传统的朝贡册封论来试图完成从"汉字文化圈"、"儒教文化圈"到"东亚文化圈"的演变。事实上，依据制度文明历史特点来构筑东亚文化圈不无问题。南开大学李卓教授指出：日本对中国文化是有选择地吸收，其学习吸收的方式包括，积极模仿、先学后弃、吸收改造和拒绝不受四种类型，即便是对唐代的班田、户籍、科举、历法等中华制度文明的引进也是建立在其固有社会秩序基础之上的，经历短暂辉煌后也逐渐销声匿迹。另，这一成果对东亚文明深层矿脉的"道文化圈"、曾长时期主导东亚精神文明的"佛教文化圈"等代表东亚的文明形态也没有给予足够的重视。精神文化不同于制度文化，通常超越制度文化存在，而且具有长时期传承、延续的特征。还需指出的是，对东亚文明内部各民族文化之间差异性关注不够。强调"东亚文化圈"的构筑不能一味强调共性，忽略差异性。东亚地区历史上形成一个相对稳定的文明区域。在这个区域中，各个不同地区既经历着其自身的文化演进，同时又与其他地区发生密切的文化交融，正视这样的历史事实和交往规律，正是划定文化圈的意义所在。因此，我们有必要认真对待东亚各国之间的彼此文化差异和相互认识的价值，有时认识各国社会不同历史进程与文化差异比仅仅认识其共同之处更为重要，分辨异同，共同提升，恰恰是我们构筑"东亚文化圈"的目标。英国著名历史学家阿诺德·约瑟夫·汤因比研究历史，一反国家至上的观念，主张文明才是历史的单位。他曾认为，文明与文明之间的关系通常有一定亲缘性，存在母体与子体的关系，比如古代中国文明就与古代朝鲜文明、古代日本文明是母与子的亲缘关系。其中任何一个文明都距离理想状态甚远，所以没有一个文明可以自傲或轻视另一个文明。强调文明的历史地位，强调文明之间的关联性，强调文明的价值的文明观，对"东亚文化圈"的确认和推动具有重要现实启发。

总而言之，"东亚文化圈"是以东亚固有的"道文化"为底蕴，汉字为重要媒介，佛教为精神超越，儒教为人间道德的层层叠加、深度交融，各显神通，共同超越的文明体系。到了近代，受到西方文明对东亚社会的冲击和影响，东亚社会出现严重裂变，各奔前程。毋庸置疑，东西方文明的冲突与交融成为这个时期东亚各国的主要课题，"中体西用"、"东道西器"、"和魂洋才"的口号，未能有效阻挡西方文明的强势渗透，(明治维新以来)经一百五十余年的冲突与交融，"东亚文化圈"在既有结构基础上又叠加和融入了厚

重的西方文明要素，因而显得更加多元而丰满，有关东亚的"西方
文明圈"的问题，将另文做深入系统探讨。在漫漫历史长河中，人
类历史上代表性的文明陆陆续续远道奔袭来到东亚，与东亚代表
性文明交融，提升东亚文明的精神层次和境界，未来人类文明的
雏形已隐约可见。人类历史上各大文明的汇聚，令东亚独享盛
世，而进入二十一世纪东亚的崛起备受全世界的关注，相信东亚
内部的互动将更加积极，东亚与世界各地文明的交流将更加活
跃，东亚文明的价值和精神魅力将更加彰显，将为构筑人类命运
共同体做出极为重要的贡献。

(《世界宗教评论》第一辑，宗教文化出版社，2015年)

第四章

论元晓的和诤思想

长时期以来，人们普遍地认为，宗教是远离现实的虚幻莫测的社会存在。其实，只要撇开种种偏见，还其本来面目，就能懂得宗教是人类社会发展的一定历史阶段的产物，是人类思想文化的重要组成部分。发端于印度的佛教，经中国传入朝鲜半岛、日本成为了东亚文化中极为重要的精神要素。历史上这一佛教文化为主要内容的交流途径被称为"黄金通道"。

中朝佛教关系始于公元四世纪间。新罗位于朝鲜半岛东南部，在半岛三国中佛教传入较晚，然后来居上，高僧辈出，在佛教思想领域取得了辉煌的成就。其中，最具代表性的人物就是一代伟大思想家元晓(617~686)。本文将依照佛教在东亚，特别是在新罗历史发展的实际，集中探讨和诤思想的历史渊源和和诤思想的基本特征，并简要介绍元晓和诤思想的代表作《十门和诤论》以及对中国、日本佛教的影响。

1. 中道思想与和诤

　　佛灭度后，围绕如何理解佛陀的教说，出现诸多分歧，由于各方纷争愈演愈烈，出现了教派的分裂，其中上座部和大众部的对立为其代表。在众多分歧中法体是实有还是空无，成为了争论的焦点。上座部认为"三世实有，法体恒存"，而大众部则认为，涅槃与现象界没有什么区别，其属性皆是空。在这样对立的紧张气氛中，印度思想家龙树站了出来，为和会分歧，提出了中道理论。龙树在《中论》中开宗明义地说："不生亦不灭，不常亦不断，不一亦不异，不来亦不去。"这就是被称为"八不中道"的中道思想的核心。"八不"是由生灭，断常，一异，来去四个范畴组成。在龙树看来，这是众生烦恼的根源所在。因此，都是必须破除的对象。否定这样的现象，意味着解脱，即证得了空。龙树所讲的空，不是一无所有之真空，是就无自性而言的。"八不"要求众生破除一切自性执，即破一切法，否定一切法的真实性。只有这样才能悟入毕竟空。这是佛教大乘学说的核心思想。

　　这种否定中求超越的中道思想传入中国后，其影响非同寻常。中国的佛教思想家们，不仅积极接受中道思想，而且进一步把它应用到了佛教实践的诸领域。隋天台智频就是这一方面颇具代表性的思想家。其时，江南涅槃学派与成实学派盛极一时，北地地论学派气势高扬。面对这样的现实，智频以《法华经》为根据创建自己独有的教学体系。早在陈代他已著有法华义疏，他不仅没有承继成实学家光宅法云的教学体系，相反继承了北齐的惠文禅师和南岳的惠思禅师。由此可以看出，他的思想不仅注重教学，更重视开创新的实践佛教。为此，他和会了南三北七教判，开创了五时八教判。智题的教判思想是中道思想在中国佛教实践中之具体运用，是中国佛学的一大思想成就。

　　佛教传入新罗后，同样不可避免地出现了众多学派和宗派。无谓的相争阻碍了众生的解脱实践。由于初期新罗佛教是在中国佛教的直接影响下成长起来的。因此，新罗佛教界内诸多宗派都是留唐僧返国后，承继中国佛教宗派的传统建立起来的。宗派之间的对立和纷争不亚于中国佛教界内的对立，甚至把无自己宗派者蔑视为散宗。于是，元晓以"和百家之诤"为己任，创立了和诤思想体系。度图从理论和实践上会通诸诤论。如《东文选》记载："矛盾相争者有年，受乃晓公，挺生罗代，和百家之异诤，合二门之同归"。[1]

元晓和诤思想的最直接的来源是《楞伽经》《起信论》一系思想。而《楞伽经》《起信论》一系思想，特别是《起信论》思想，从根本上说，是中道思想在中国佛教发展过程中的具体体现和发展。智频对南北教判的和会，重视佛教的实践，同样是中道思想在中国佛教实践中的具体运用。元晓的和诤思想是在这样一个佛教思想成果的基础上形成和发展起来的。但和诤思想不等于中道思想。元晓在《起信论别记》中指出，和诤应是"无所不立，无所不破"，但"如中观论十二门论等遍破诸执，亦破于破，而不还许能破所破，是谓与而不夺论也。其瑜伽论摄大乘等，通立深浅判于法门，而不融谴自所立法，是谓与而不夺论也"。也就是说，元晓认为中观论的理论缺陷在于破而无立，而瑜伽论等则立而不破，由此看，和诤是在肯定与否定的辩证关系中，即立破无碍中求超越的哲学思想。和诤思想在理论上丰富和发展了中道思想，在实践中克服了智频教判思想不彻底的一面。

2. 大体大用，无二无别

在佛教看来，现实充满了矛盾对立和是非纷争。真与俗，染

---

1 《东文选》27卷。

与净，理与事，空与有，人与我，生死与涅槃等等，无一不困扰着众生。尽管众生皆有佛性，但由于众生生活在充满矛盾对立的世界中，故不知解脱。因此，为众生指出克服对立、超越现实的途径和方法成为佛教经典需要解决的根本问题。元晓在《涅槃宗要》中指出：

"欲明如来所证之道，体周无外，用遍有情，广苞远济，莫是为先，依莫先义，故名为大，大体大用，无二无别"。[2]

也就是说，"广苞远济"是首要任务。这也是和诤思想的根本宗旨。因此，元晓用"大"来概括大乘佛教的根本精神。如来所证之道是广荡无边的大体，同时其之所以"大"是由于其用遍有情。而且，在元晓的思想中"大"潜含着对儒道等世学思想的态度。因此，可以说元晓是用"大"来概括了和诤思想的根本特征。

作为实践原理，和诤的方法极为丰富。随和诤的对象和内容不同，其方法自然亦不同。如宗要、开合、比量等无一不是和诤的典型的方法。为进一步了解和诤方法论的基本特征，下面介绍一下元晓对和诤的思想方法的一段说明。

"若诸异见诤论兴时，若同空执而说，则异有执，所同所异，弥兴其诤。又复两同彼二，则自内相诤，若异彼二，则与二相诤。是故，非同非异而说，非同者，如言而取皆不许故；非异者，得意而言，无不许故。由非异故，不违彼情，由非同故，不违道理。于情于理，相望不违"。[3]

2 《涅槃宗要》《韩国佛教全书》第一册。
3 《金刚三昧经论》入实际品。

　　这种会通圆融的立场、相对的认识理论和在肯定与否定中寻求超越一切的论证方式，对于众生解脱实践具有重要的指导意义。

　　这样一个"大用"是以"大体"为目的的。即和诤是以无诤为根本目的。否则，和诤则不过是一场戏论。无诤在佛教思想中是一个极重要的概念，是指佛陀证悟的最高境界。韩国李钟益教授对此做了较为详细的考察。[4]　他认为佛教经律论三藏中皆讲无诤法。如五分律中讲"灭诤犍度"。龙树著有"迴诤论"，修证道中有"无诤三昧"。《金刚般若波罗密经》中载："佛说，我得无诤三昧，人中最为第一"。密教以无诤义为最上之道理。如《仁王护国般若经陀罗尼念诵仪轨》中认为"由知一切法清净故，即悟一切法无诤。……由知一切法无诤故，即悟一切法本来寂静"。可见无诤法是本来清净法的又一名称而已。无诤就是如来所证之道，因此，其根本特征是"大体大用，无二无别"。元晓在《无量寿经宗要》中指出：

　　"秽土净国本来一心，生死涅槃终无二际，然归原大觉，积功乃得，随流长梦，不可顿开。所以圣人垂迹有遐有迩，所设言教，或褒或贬。至如牟尼世尊观此婆娑，戒五恶而劝善，弥陀如来御彼安养，引三辈而道生。斯等权迹不可具陈"。[5]

　　在无诤的境界中，秽土净国，生死涅槃都是无二无别的。但由于众生随流长梦，不知解脱，因此，如来开显佛法，救度众生。这说明和诤是以无诤为根据的。又，元晓在《法华宗要》中也指出：

4 《元晓研究论选集》卷九，P334。
5 《韩国佛教全书》第一册，P553。

"妙法莲花经者，斯乃十方三世诸佛出世之大意，九道四生咸入一道之弘门也。文巧义深，无妙无极，辞敷理泰，实而带权。理深泰者，无二无别也：辞巧敷者，开权示实也"。[6]

此中，理深泰者，就是指佛法大体，实而带权。开权示实就是大用，而二者正是无二无别的一道弘门。

总之，"大体大用，无二无别"是无诤思想的根本特征。而和诤思想这样一个特征极好地体现了大乘佛教的根本特征。无论作为原因，还是作为结果莫不如此。作为原因，和诤作为正确指导众生解脱实践的认识手段和方法，用遍有情；作为结果，众生得度，获得广大无边的"大体大用，无二无别"的无诤真理。

3.《十门和诤论》

元晓的《十门和诤论》是集中阐释上述和诤思想的著述。因此，学界历来把它当作元晓的代表作。该书分上下两卷，现海印寺寺刊藏经中有《十门和诤论》上卷中之第九、第十、第十五、第十六、第三十、第三十一张。此中第三十、第三十一张有严重破损，几乎无法辨认，韩国崔凡述教授做了复元缺损文字的工作。复元后的内容已收入到《韩国佛教全书》第一卷。从该残简木板的规格、形式、行数、字数、字体中可以认定为高丽时代刻本。但由于是残简，无序文或跋文等内容。因此，有的学者曾对其是否为元晓著述提出过疑问。但《誓幢和上塔碑》的发掘以及后人的引用中可以确定其作者为元晓。

元晓完成这一著作后，该著作很快传播到唐和日本，影响很

---

6 同上，P487。

大。据传由印度入唐的陈那门徒把它译成梵文，也传到了天竺。

1937年赵明基博士第一次发表了《元晓宗师的十门和诤论研究》，但由于当时尚未发现前述残简，因此，没有受到足够的重视。残简发现后，李钟益先生发表了《元晓的根本思想——十门和诤论研究》。文中依据元晓现存著述的有关内容，为恢复十门名目作了可贵的努力。但是，元晓所说的十门是否确指哪十门呢？就十门是确指还是泛指出现了不同意见。赵明基先生认为十门之十是众门之意，非确指。李钟益先生则主张十门是指元晓从佛教理论中挑选的十个确定的范畴。无论怎样，李先生的《十门和诤论》复原[7]工作将有助于我们理解元晓的和诤思想。

李先生复原的十门是：

名目	典据
1. 三乘一乘和诤门	《法华经宗要》
2. 空有异执和诤门	《十门和诤论残简》
3. 佛性有无和诤门	《十门和诤论残简》
4. 人法异执和诤门	《十门和诤论残简》
5. 三性异执和诤门	《起信论疏》
6. 五性成佛和诤门	《在其他文献中引用的和诤论》
7. 二障异义和诤门	《二障义》
8. 涅槃异义和诤门	《涅槃宗要》
9. 佛身异义和诤门	《涅槃宗要》
10. 佛性异义和诤门	《涅槃宗要》

由上复原名目中可知，《十门和诤论》几乎包括了佛教发展过程中出现的最重要的理论分歧。因此，《十门和争论》是元晓著述

---

[7] 《元晓研究论选集》第一册，P322。

中最重要的著述之一，是研究元晓和诤思想不可多得的珍贵的资料。[8]

下面简要介绍和分析《十门和诤论》残简的内容。

1）对空有的和诤：

残简第九、第十张着重论述了空有的问题。

有，此所许有，不异于空，故虽如前而非增益，假许是有，实非堕有；此所许有，非不堕有，故虽如后而非损减。前说实是有者，是不异空之有，后说不堕有者，不堕异空之有，是故俱许而不相违。由非不然，故得俱许，而亦非然，故俱不许。此之非然，不异于然，喻如其有，不异于空。

开头"有"之前是欠缺部分，从文中内容上看，此处是论述空有中着重论述有的部分。也就是说，首先可以认定有的存在。但其前提是与空无有不同。即便承认有的存在，也不执着于有。这实际上是承认假有，而不承认实有。由于"许有"而"不堕于有"，因此，空有"俱许而不相违"。

元晓接着说："是故虽俱不许，而亦不失本宗。是故四句并立，而离诸过失。"因此，即使皆不予肯定也不失其"本宗"。有、无、非有、非无并立也不犯任何过失。

日本的镰田茂雄教授就上述元晓对空有的论述，与吉藏的《二谛义》作了比较研究。[9] 他认为《十门和诤论》中，空有的观点盖受吉藏的影响。文中"不异空之有，不堕异空之有"是《二谛义》中早已成形的句式。《二谛义》中"大师曰，假名说有，假名说空，假名说有为世谛，假名说空为真谛。既名假有，即非有为有。既名假空，即非空为空。非有为有，非异空之有；非空为空，非异有之

---

8 《韩国佛教全书》第一册，P838~840。
9 《十门和诤论的思想史意义》《元晓研究论选集》卷十，P196。

空。非异空之有，有名空有；非异有之空，空名有空。有名空有，
故空有即有空；空名有空，故有空即空有也”。

吉藏所说的大师指兴皇寺法朗。该文是吉藏为破传统的成实
学派的二谛相即理论，以确立自派的二谛相即论而引的文字。而
吉藏的二谛相即论的特点是，不是约理，而是约教为中心展开
的。即"明二谛是教义，摄岭兴皇以来，并明二谛是教"(正藏四五
86上一中)

又，在《大乘玄论》中："二谛者，盖是言教之通诠，相待之假
称，虚寂之妙实，穷中道之极号"。

镰田认为这是法朗以来三论学派把二谛作为教门，看作如来
说教的一贯立场。而元晓确立自己的空有说，受其影响的可能性
很大。为充实根据，镰田把元晓的"指月"的比喻与《二谛义》中的相
关部分作了比较。

《十门和诤论》中说："我寄言说，以示绝言之法，如寄手指，
以示离指之月。"[10]

《二谛义》中说，以上可以认为吉藏与元晓二谛论的结构都是
依空说有。镰田的这样一个研究思路，为探明元晓空有论乃至和
诤思想的形成提供了很好的线索。

让我们回到《十门和诤论》中进一步考察一下元晓对空有的会
通。

问："虽设微言，离诸妨难，言下之旨，弥不可见。如言其
有，不异于空。此所引喻，本所未解。何者？若实是有，则异于
无，喻如牛角，不同兔角。若不异于空，是非是有，喻如兔角，
无异于空。今说是有，而不异空，世间无类，如何得成？"[11]

文中说，即使作了如上说明，也无法根本上解决各种疑问。

10　同[8]。

11　同[8]。

若说实有，那么，与无就不一样。因此，可以喻如牛角与兔角之不同。若说有与无没什么区别，而二者皆存在，那么犹如兔角，就与空相对了。因此，问难者说，有不异于空，在世间找不到如类之物，如何成立？

元晓答道：

"汝难巧便。设诸妨难，有难言说，不及意旨。所引譬喻，皆不得成。何以故，牛角非有，兔角不无故。如汝所取，但是名言故。我寄言说，以示绝言之法，如寄手指，以示离指之月。汝今直尔，如离取义，引可言喻，难离言法，但看指端，责其非月。故责难弥精，失理弥远矣！"

元晓认为所引比喻不成立。为什么呢？因为"牛角非有，兔角不无"。元晓指责对方，只取名言，不取言旨。并指出，设问难越精巧，则离根本之理越远了。

元晓要对方看的是月，而非手指。因此，提请注意"以用代体"的倾向。对言说概念不能只停留在其表面意义的理解上，更不应执着于言说。当人们把言说只当作解脱之方便时，才能悟得有就是无，无就是有的道理。

以上是元晓依空说有，下面元晓换了一个角度，即依有说空。

元晓说："凡夫邪想分别所取故，喻遍计所执诸法，虽无所有，而计异空故。能容受事，不异虚空，非诸凡夫分别所了故，喻依他起相诸法，虽实是有，而不异空故。"

"又彼计所执自性，非无所独自成立，依他起相为所依止，……菩萨若离妄想分别，除遣遍计所执相时，便得显离言之法。而时诸法离言相显，喻如除遣诸色相等，随其除处，离色空显"。

由于遍计所执自性并不是独立成立，而有所依持，是依他起相。因此，菩萨破除妄想分别，离遍计所执相时，便得离言之法。

以上，我们考察了元晓对空有的和诤。元晓在依空说有和依有说空中，和会了空有之诤。但由于残简内容所限，无法作更为全面的介绍。

2) 佛性有无之和诤

《十门和诤论》现存第十五第十六张集中讨论了佛性有无的问题。佛性有无是涉及到能否成佛的极为重要的问题。在佛教教理发展史上，五性成佛与否成为了大小乘，各派争论的焦点。五性是指菩萨定性，缘觉定性，声闻定性，三乘不定性，无性有情。此五性中"无性有情"能否成佛，成为了众家矢地。元晓对这样一个重要的理论问题当然不会熟视无睹。新罗见登的《大乘起信论同异集本》中说：

"涅槃云阐提之人，未来成佛力故，还生善根，具如香象教分记及丘龙十门和诤见之"。

丘龙是指元晓。遗憾的是《十门和诤论》残简前后残缺较多，仅凭此二张残简很难把握元晓佛性论的全貌。但我们依然能够看出元晓的总的立场和思想方法。

残简十五中说：

"又彼经言，众生佛性不一不二，诸佛平等，犹如虚空，一切众生同共有之。又下文云，一切众生同有佛性，皆同一乘一因一果，同一甘露，一切当得常乐我净，是故一味。依此经文，若立一分无佛性者，则违大乘平等法性，同体大悲如海一味。

"又若立言定有无性，一切界差别可得故，如火性中无水性者。他亦立云，定皆有佛性，一味平等可得故，如诸粗色聚悉有大种性，则有决定相违过失"。

上文中"彼经"指《涅槃经》。所引内容来自《涅槃经》如来藏品。元晓通过引经据典来表明了对佛性有无的根本立场。众生不仅有佛性，而且与诸佛平等。因此，皆可得常乐我净。若有人主张众生有佛性；那将有违于大乘平等法的精神。若有人一定要主张众生无佛性，那么，同样有违于大乘平等法性。元晓提出了这样一个决定相违的二比量，并在下文中集中论破此二过失。

"执有无性论者通曰：经言众生悉有心者，凡举一切有无性未得已得诸有情也。凡其有心，当得菩提者，于中简取有性未得之有心也。设使一切有心皆当得者，已得菩提者亦当得耶。故知非谓一切有心皆当得也"。

元晓认为"经中说众生皆有心"的心中，包括了有情，无情，已得和未得菩提者，是对众生的泛称。而说"一切有心皆当得者"是指有性中未得成佛之有心。意指并非一切众生皆得菩提。

这是因为："又言犹如虚空一切同有者，是就理性非说行性也。又说一因一果乃至一切当得常乐我净者，是约少分一切，非说一切一切，如是诸文皆得善通"。

认为一切众生皆有佛性，与诸佛平等，是约理而言，非谓已经成佛。又说一切众生当得常乐我净是就一切的部分而言，并不是说一切的一切皆如此。就是说，在道理上可以说"一切如同虚空"，但对于芸芸众生来说理想并不等于现实。等待他们的是艰难的解脱实践。

我们再来看一下元晓对有性的分析。

"执皆有性论者通曰：彼新论文，正破执于先来无性，而后转成有性义者。如彼文言，谓不应言于现在世，虽非般涅槃法，于余生中可转为般涅槃法故"。

"今所立宗本来有性，非谓先天而后转成，故不附于彼论所破。又彼教意立无性者，为欲回转不求大乘之心，依无量时而作是说，由是意故不相违"。

"新论"是指《显扬论》，此中所说的有性论者是指主张"先来无性，而后转成义者"。即持有这一主张者认为，人并非生来就有佛性，而在"余生中可转为般涅槃法"。元晓认为《显扬论》根本上是主张众生本来具有佛性。之所以取无性转为有性的说法，是为了使主张无性论者回心转意，皈依大乘佛法。并非说实有无性。以上元晓由"众生皆有佛性"的立场出发，逐一论破了主张佛性有无说者的种种邪见。同时他敏锐地发现，"众生皆有佛性"的论断有可能导致众生对佛性之执着。因为对佛性有之执著也是有违于大乘平等法。因此，对佛性的本质作了进一步阐述。

佛性之体，非因非果，而亦不非因果性。所以其体作因作果。……众生佛性非有非无，所以者何。佛性虽有，非如虚空，虚空不可见，佛性可见故。佛性虽无，不同兔角，兔角不可生，佛性可生故。是故，佛性非有非无，亦有亦无。云何名有，一切悉有，是诸众生不断灭，犹如灯炎乃至菩提，故名有。云何无，一切众生现在未有一切佛法，是故名无。有无合故是名中道，是故佛性非有非无。

元晓认为佛性本质上是非有非无。有是由于众生不断灭，无是因为众生尚未得一切佛法。其根本立场依然是"众生皆有佛性"。

以上，我们对《十门和诤论》残简作了简要介绍。尽管原文残缺不全，无从把握《十门和诤论》思想全貌。但仍然可以发现其思想倾向以及思想方法与现存其他著作的思想的一致——和诤其根本目的在于"开佛意之至公，和百家之异诤，遂使扰扰众生，归无二之实性，梦梦长睡并到大觉之极果"。[12]

综上所述，和诤是元晓思想的根本特征，是以龙树中道思想和天台观、华严的相即圆融无碍的思想为理论基础，在"归一心源，饶益众生"的实践中形成并发展起来的哲学思想。它要求众生离有无、真俗二边、归一佛乘，体得"大体大用，无二无别"一味之真实。和诤是理想与现实，目的与手段高度统一的世界观、方法论，是佛教思想发展和众生解脱实践的现实要求的必然产物。它

12　同[2]，P524。

丰富和发展了佛教大乘哲学思想。为众生解脱提供了通往一道佛法弘门的钥匙。

4. 元晓与中国佛教

元晓的佛学思想不仅在韩国具有崇高的地位，而且，对中国的佛教思想界也产生了重要的影响。宋《高僧传》义湘传中记载了元晓与义湘为寻求佛道结伴入唐，而中途元晓放弃入唐之念，毅然返国的故事。由此看，一方面，元晓对中国佛教的发展持肯定和仰慕的态度，另一方面，我们也可以看出元晓以寻求佛教真谛为根本的坚定的求道姿态。

回到鸡林(今韩国庆州)的元晓，开始对所能接触到的佛教经典不分大小乘、经律论一一作疏、撰宗要，表现了非凡的研究热情，被誉为"百部论主"。在其著述中可以发现，它在大量引用中国佛教的研究成果的同时，从和诤的立场出发，对中国佛教存在的问题作了剖析和批判。元晓的主要著述皆传入中国，如《十门和诤论》《华严经疏》《起信论疏》《金刚三昧经论》等等。由于元晓的思想成果及时地传到了中国，正在形成中的唐朝佛教诸宗派都不同程度地受到了其影响。受元晓佛学思想影响最大者要首推华严宗的实际创始人贤首法藏。元晓的《大乘起信论疏》传到中国，被誉为"海东疏"，受到很高的评价。法藏在此疏的影响下，撰写了《大乘起信论义记》。并在《义记》中多处直接引用了"海东疏"的内容。另外，法藏的《华严五教章》中断惑义是在元晓《二障义》影响下写成，而《华严五教章》中空有论受《十门和诤论》的影响，其教判受元晓《华严经疏》的影响等等。因此，日本的著名佛学家镰田茂雄甚至说，没有元晓思想的影响，法藏的华严教学将难以成立，这决非言过其实。

除法藏外，受元晓影响较大者还有慧苑、澄观、慧沼、李通玄，[13] 良卉、湛然等。慧苑、澄观在其著述中引用了四教判，净法寺慧苑说，华严业的诸学者在疏抄引证元晓学说时，皆称元晓为海东，而不论其名。并说："身在东夷，然其德盖唐土，可谓不世出之伟人。"良卉、宗密，还有宋代知礼等的著述中皆有受其影响的痕迹。宋代永明延寿是主张佛教诸宗派会通的一个著名学者，他在《宗镜录》中介绍了元晓的悟道颂，并盛赞其为大彻大悟者，说道：

元晓师"智日月该，识人天贯，正法大全得，真如密洞悉，师乃大彻大悟者。"[14]

据载义天把元晓著述赠与辽皇帝道宗，道宗在其《释摩河衍论通玄钞引文》中就引用了元晓的著述。[15] 还有，元晓的《十门和诤论》《华严宗要》不仅在中国留下了深刻的影响，而且在中国翻成梵文传到了印度。高仙寺《誓幢和上塔碑》载：

"华严宗要……赞叹婆娑，翻为梵语，便附西人，此书言其三藏重宝之由也。"

据十三世纪流传于日本的《元晓疏抄》记载：

"元晓和尚诤论制作，陈那徒唐土来，取彼论归天竺国。"[16]

元晓的《大乘起信论疏》《金刚三昧经论》的影响暂且不说，元晓的《游心安乐道》等著述时至今日仍在中国南方的佛教寺院流通。总之，元晓思想是中韩文化交流的结晶，它对中国佛教发展作出了重要的贡献。

13 闵永圭《元晓论》杂志《思想界》1953.8。
14 金相弦《元晓名号考》。
15 《大觉国师文集》卷八。
16 《大日本佛教全书》卷九十二，P103。

5. 元晓与日本佛教

  从中国传入到韩国的佛教，逐渐传到了日本。这是一条思想交流、文化交流的黄金通道。八世纪初，元晓的大部分著述已传到了日本。据统计，日本奈良时代在日本流传的元晓的著作多达47种。审祥(?~742)的《经疏录》中就收录有32种。日本佛教史上著名的学者善珠(723~797)，愿晓(729~708)常腾(740~815)，寿灵(757~791)，藏俊(1104~1140)凝然(1240~1321)，良忠(1199~1287)，了惠(1203~1290)等的著作中皆可以发现元晓思想的痕迹。据金相弦博士考证，日本佛教著述中，仅对元晓的尊称名号就有多种，如丘龙大师，海东法师，元晓菩萨，元晓圣师，陈那菩萨后身等。称元晓为丘龙是把元晓比作飞龙化身，潜居青丘。时人称元晓为丘龙，法藏为香象。二人并称为龙象硕德。对此，八世纪中叶，新罗的见登和日本的智憬都有记载。

  据《三国史记》薛聪传载，元晓的玄孙薛仲业作为新罗使臣一员，于惠恭王15年(779)访问日本时，日本的上宰得知薛仲业为元晓玄孙，感慨万分，写下了赞颂元晓的诗文。

  "世传日本真人赠新罗使薛判，诗序云，尝览元晓居士所著金刚三昧论，深恨不见其人，闻新罗国使薛郎，居士之抱孙，不见其祖而喜遇其孙，乃作诗赠云"。

  然其诗已失传。《续日本书记》中也记载有相同的内容。由此可以看出《金刚三昧经》在日本的影响。

  明惠(1173~1232)和凝然是日本镰仓时期华严宗的代表人物。凝然主要致力于教学的研究，明惠则热衷于宗教实践。明惠在京都创建了高山寺。他在该寺曾讲授元晓的《菩萨戒本持犯要记》，并依托著名画家成忍，创作了叫《华严缘起》(六卷)的画卷。该画卷的主人公是元晓、义湘和善妙，现作为日本的国宝收藏。凝然是日本佛教史上的大撰述家。据传著有125部1200余卷。在其编撰的

《华严经论藏疏目录》中收录有元晓的著述27部46卷。凝然在其著述中引用了元晓的十多部著述。

到了近代日本著名佛教思想家村上专精(1815~1929)专门从事佛教会通的理论和实践。他著有《佛教统一论》《佛教唯心论》等著作。他在《佛教统一论》中试图会通佛教不同思想，在《佛教唯心论》中进一步提倡超越不同宗派的偏见，复兴和建立新的佛教。村上专精熟知元晓的思想，并特别推崇元晓的《大乘起信论疏》在其著作中多次引用该疏的内容。村上的会通佛教思想，后来为宫本正尊所继承。宫本正尊不仅是一位佛教思想家，同时也是宗教实践家。他在日本掀起了佛教统一运动。尽管这一努力未能达到预期的目的，但促进了日本佛教宗派间的相互理解。

总之，元晓思想是超越时代，超越民族的具有普遍意义的存在。它为东亚各国文化交流，特别是佛教文化的传播和发展做出了重要的贡献。

(《日本语言文化研究》第四辑，学苑出版社，2003年)

第五章

元晓的儒道观

著名诗人歌德曾说："只懂一种语言的人，其实什么语言也不懂。"看似平淡无奇的这么一句话，在学术研究上，特别是思想，宗教研究领域，掀起了一场革命。那就是冲破门户之见，果敢地向不同思想，不同宗教发起挑战，通过相互接触，相互吸收，取长补短，超越对方，超越自己，以求更高的发展。事实上，这种思想方法是人类开始思维以来，所具有的极普遍的认识方法。甚至可以说，整个人类文明发展史就是一部互通有无，共同超越的历史。元晓的和净思想就是对人类这种具有普遍意义的思维方式的历史的、现实的理论总结和升华。

元晓的和净思想的形成有其深刻的历史文化背景。韩国的三国时代是从神话时代走向历史时代，从部族联盟时代走向确立王权为中心的古代国家体制的时代。这一时期的主要特征是固有文化与外来文化相互接触，相互吸收。此中的"外来文化"主要指的是儒释道。儒释道三教的相继到来，给以本土文化为中心发展起来的三国文化注入了无限的生机。据《三国史记》记载："二年夏六月，秦王苻坚遣使及浮屠顺道，送佛像经文。王遣使回谢，以贡方物，立太学教育子弟。"[1]

从这一事件来看，恐怕儒教比佛教的传入早得多。因为立太学需要官方和民间较长的思想准备期。因此，儒教的传入盖于三国前。

儒佛教传入三国后，未见与本土文化发生激烈的冲突，且被作为同等资格的思想接受了下来。不仅不予区别对待，而且把它们融会了起来。新罗真兴王时期(534~576)著名的圆光的"世俗五戒"就是其中很有代表性的一例。

道教传人三国为儒佛之前，因为道教是以民间为主要传播途径的。中国从汉代以来，道教发展迅猛。而中韩接壤，交通发达，因此，三国时代，特别是高句丽不会不受其影响。而据史料记载，高句丽早已有五斗米教盛行。而道教正式传入乃是后来的事。《三国史记》载：宝藏王二年。

"苏文告王曰，三教譬如鼎足，阙一不可。今儒释并兴，而道教未盛，非所谓备天下之道术者也，伏请遣使于唐，求道教以训国人，大王深然之。奉表陈请，太宗遣道士叔达等八人，兼赐老子道德经，王喜，取僧寺馆之。"[2]

这是道教传入的正式记载。此中说，道教未盛盖指宫廷，而非指民间。从取《道德经》放入"僧寺馆之"来看，高句丽并未把道教作为对立于佛教的思想来对待。"备天下之道术"，应该说是三国接受外来文化的总的立场和态度。这说明三国的传统文化是具有广大包容性的富有弹性的文化。传入到高句丽的儒释道很快传到百济和新罗。朝鲜半岛三国分立，但由于其民族血统的同一性与文化的同质性，对外来文化的态度也极为相近。最终，三国中，文化发展相对落后的新罗急起直追，超越高句丽，百济统一

---

1 《三国史记》，卷18高句丽本纪第六。
2 《三国史记》，卷21宝藏王二年条。

了半岛。元晓正是生活在新罗文化的复兴和新罗统一三国的重要时期。元晓的思想是在这样一个历史发展的大潮中形成和发展起来的。

长期以来，学术界对元晓的评价可谓独断，理解偏狭。韩国佛教的理念是由元晓缔造并加以实践，对佛教的发展做出了巨大贡献。但这只是元晓思想的一个重要的方面，而元晓对佛教之外的思想，特别是儒道思想的吸收和融会，也是其思想的不容忽视的重要的组成部分。若我们只知其一，不知其二，那就难免犯认识上的错误，得出的结论自然是以偏概全了。

赵明基博士指出："元晓精通儒学，乃当时代之大文豪。唐人谓之'雄横文章，彼士谓万人之敌。'这是大师的天性与努力的结果。元晓约用十八年时间钻研百家学说，最终皈依佛门"。[3]　③赵博士尽管没有进一步论证元晓与百家学说之间的具体关系，但元晓精通儒学这一观点是符合历史事实的。而朴性焙博士在《元晓思想展开中之问题》一文中，分析了学界研究和诤思想上之弊端之后，明确指出，"元晓的和诤非以佛教一家中之是非为其对象，而是包括儒教，道教在内的，对所有是非纷争的和诤"。[4]　这为长期以来闭门造车的元晓研究界，敲响了警钟。

本文挖掘元晓思想的这样一个被冷落许久的角落，当然不存在为元晓改籍贯，迁户口之意，只是为了从学术上更加客观而全面地展现元晓思想形成和发展的过程，以准确地把握和诤思想的实质，还元晓思想以本来面目。

3　赵明基著《新罗佛教的理念与历史》，P91，经书院，1962。
4　《东西哲学的诸问题》，P64，苕严金奎荣博士花甲纪念论文集，1979

1. 元晓与儒教

在前面已谈到元晓思想是和诤思想，和诤是对立统一与超越的理论。元晓的儒教观也是紧紧围绕着对立统一与超越来展开的。

现存高仙寺，誓幢和上塔碑碑上刻有《十门和诤论》原文(残片)。这是我们研究元晓儒教观的不可多得的珍贵资料。

碑文载：“王城西北，有一小寺□谶记□□外书等见约于世□，就中十门论者，如来在世赖圆音众生等雨骤，空空之论云奔，或言我是；言他不是，或说我然，说他不然，遂成河汉矣。大山而投迥谷，憎有爱空，犹舍树林以赴长林。譬如青兰共体，冰水同源，镜纳万形，水分通融，聊为序述，名曰十门和诤论。众莫不允，金曰善哉。”[5]

遗憾的是，极为关键的“外书”前有漏字，而无法得知确指何书，朴性焙博士认为前一个字应为“看”或“作”，外书前两个字应作“杂文”来认。不管怎样，好在它无碍于从整体上理解大意。

正如朴博士指出，我们从碑文中可以找到两个极重要的线索。其一是元晓著述中占有重要地位的《十门和诤论》，在这里，与外道相提并论，甚至可以说被划入外道之列。其二是元晓的和诤思想与儒教思想在内的外道有着直接、密切的关系。首先，在碑文中非常自如地引用了“青蓝”，“冰水”之喻。这一比喻来自于《荀子》的劝学篇。

“青，取之于蓝而青于蓝。冰，水为之而寒于水。”

后人多用此句来比喻弟子胜过老师。元晓在此用来说明事物的对立统一与超越关系。青、蓝表面上虽不同，但其本质相同。冰水尽管不同形，而依然没有离开水之性质，是水的不同形态而

---

5 葛城末治《关于新罗誓幢和上塔碑》，青丘学报5号，1931。

已。镜纳万形是在古典中随处皆拾的比喻。如《庄子》曰："至人用心如镜，不将不迎，应而不藏。故能胜物而不伤。"

这是庄子用"镜"与外物之间主客对立统一关系来说明人生态度的一段话。达到理想境界的人，用心如镜，对于外来的一切尽显无余，但都不送不迎，照进来不使其在心中停留，不为所动，处之泰然。这是无伤无害，逍遥超然的人生境界。水自有其动静，水的性质是"合"而无分，但即便分开了又何尝不是水呢。真乃"开合自如"也。

如上在阐述元晓和净思想的关键处，如此大胆地引用大量外道之道理，在佛教立场上看，岂非"离经叛道"！碑文把《十门和诤论》与外道相提并论，则不足为怪了。但是重要的是不管其出自何道何门，时人"众莫不允，金曰善哉。"也就是说，和诤思想已成为新罗众道众门所能接受的，具有普遍意义的思想。这在元晓的宗教实践中体现的更是淋漓尽致。

元晓的求道生涯中，有一个令人难堪的"破戒"事件。对此，佛教界和学界始终褒贬不一，议论纷纷。

《三国遗事》卷四，元晓不羁条记载：

"唯乡传所记有一二段异事，师尝一日风颠唱街云'谁许没柯斧，我斫支天柱'。人皆未喻。时太宗闻之曰'此师殆欲得贵妇产贤子之谓，而国有大贤，利莫大焉'。时瑶石宫有寡公主，敕宫吏觅晓引入。宫吏奉敕将求之·已自南山来过蚊川桥，遇之，佯堕水中湿衣袴。引师于宫褫衣晒眼，因留宿焉。公主果有娠，生薛聪。聪生而睿敏，博通经史，新罗十贤中一也。以方音通会华夷方俗物名，训解六经文学。至今海东业明经者，传授不绝。晓既失戒生聪，已后易俗服，自号小姓居士。"

从传统佛教立场来看，元晓确实是破戒不羁。但问题在于元晓为何破戒。我们来分析一下元晓"破戒歌"和"破戒"所蕴含的内容。

元晓这首破戒歌来源于儒家"五经"之首的《诗经》。《诗经》豳风
伐柯篇载：

"伐柯如何，匪斧不克，取妻如何，匪媒不得。"

《诗经》是把"斧"和"媒"联系到一起，比喻见周公之难，以说明
媒介的重要作用。元晓正是借用了此中"斧"的喻义，以引发这次破
戒的结果。但《诗经》中"斧媒"的含义，到了元晓那里，赋予了新的
蕴义，成为了阐发元晓和诤思想的工具。

也就是说"斧"已有"媒"义。然而，为何用"没柯之斧"来砍"支
天柱"呢："没柯斧"岂能砍倒"支天柱"?我们发现"斧"与"柱"是对立
的关系。是一对矛盾。男与女亦是对立的关系，也是一对矛盾。
元晓在这里之所以用"没柯"之斧，"支天柱"，这样的语言表述，在
某种意义上是在有意夸大斧与柱的对立性。但矛盾的对立面是相
互联系的，斧与柱也有其内在联系。斧之功用在于砍树，把树砍
来作材料又必用斧。因此对斧赋予"媒"义是合适的。矛盾的内在对
立与联系都清楚地摆出来了。那么，又由谁，用什么办法解决这
一矛盾呢?元晓说：你"许没柯斧"，我"斫支天柱"。但是你给我的
是没有把的斧子，我怎么能砍断大树呢?这样，斧失其功用而依然
存在，树自亦安然。既没有否定斧的功用，又没有砍大树，问题
得到了解决。这就是元晓"破戒歌"的"深所以"之所在。

元晓精心设计的"破戒"剧中的另一个主人公瑶石公主是何许人
呢?正如《三国遗事》载，是一个丧夫之寡公主。这样一个寡公主深
居于宫中是一个再自然不过的事。但是，一旦与元晓发生关系则
没那么简单了。我们来分析一下瑶石这个名字。从字面上看，瑶
指美玉。瑶与石亦可看作一个合成词，若把二者分开来，瑶是美
玉。石有坚固之义。这是一般的解释。在笔者看来，此中瑶与摇
为谐音，有动义，石亦有动义。《诗经》邶风篇云：

"我心匪石，不可转也，我心匪席，不可卷也。"

言石可转，我心不可动，席可卷，而我心不可卷，通常说石

是坚定不可动摇，但此中却说石可以动摇。不管寡公主是否住瑶石宫，而此名可谓美妙。实际上以此来暗示寡公主之美丽和其心为元晓所动。这是元晓"破戒"之必备条件之一。这样，万事具备，只欠东风了。而更令人赞叹不已的是元晓与瑶石公主的结合生出了一个超越元晓和瑶石公主的万人敬仰的新罗十贤之一的韩国儒教鼻祖一薛聪。

此中不可忽视的一个重要的问题是凭元晓的学识和表现力，用其它的方式也足以表现其思想，但为什么偏偏引《诗经》的比喻，破戒的形式来表现这样一个深刻的思想。首先，元晓对《诗经》有极为深刻的认识。正如孔子所说，"不学诗，无以言"。在元晓看来，《诗经》是思想性与艺术性高度结合的，表现和诤思想的不可多得的经典。

《诗经》是周初(公元前十一世纪)到春秋时期(公元前六、七世纪)产生的诗歌总集。共收诗三百零五篇。大约于公元前六世纪编定。《诗经》分风，雅，颂三部分，而各篇都可以合乐歌唱，甚至可以唱时连乐带舞。《诗经》在其内容上，具有多方面的认识价值，正如刘勰所言："《诗经》主言志。"而"言志"却不拘泥于形式，情志交融，表现得淋漓尽致。《诗经》另一个重要特点是"声言之道，与政通矣"。《诗经》内容不仅没有背离现实，而以其极为凝练，优美的艺术形式，揭露社会的各种矛盾，极富感染力。男女爱情也是《诗经》表现的主题之一。《国风》中收录了大量以民歌形式表现男女诚挚，热烈，纯补情感的许多爱情故事。如《召南·野有死麕》中描述了"吉士"在林中猎得獐和鹿，又砍了柴草，遇到一位如花似玉的姑娘，获得她的爱情。再如《溱洧》写了在河水涣涣的春天，青年男女嬉戏的欢乐。而《诗经》表现这样的主题时是健康而严肃的。亦如孔子所说：《诗》"乐而不淫，哀而不伤"。这是《诗经》的主要特征。由此，我们不难理解元晓喜爱并引用《诗经》的原由。

　　我们再来分析一下元晓的"破戒"。"破戒"是对于佛教而言的，而新罗是一个以佛教为国教的国家。在社会制度上，新罗社会是严格的等级社会，各阶层之间等级分明，障碍重重。新罗又面临实现三国统一的政治大业，亟待冲破阶层间障壁，在国民中灌输开放的思想，造就和谐的气氛，为统一和统一后作准备。由于王室贵族占据了佛教的领导权导致越来越远离佛教大乘教义。而信奉佛教的善男信女们，又为严格的，徒有形式的戒律所禁锢，不敢大胆求解脱，这极大地阻碍了佛教的发展，乃至于社会的发展。这样，元晓的"破戒"剧中第三个人物便出场了。那就是太宗。太宗武烈王即指金春秋。金春秋乃一代贤君明主，是统一三国的文武王之父。而此剧中太宗是以通晓儒家经典的元晓的"知己"出现，以促成"破戒"。这样，"破戒"的意义则不言自明了。破的是思想之戒，政治之戒，宗教之戒，立的是和诤的思想，开明的政治氛围，实现和诤而无诤的天下太平的理想世界。可谓"人皆求福，己独曲全"，此"圣人之勇"也。

　　这样，元晓的远大的志向和深邃的思想，通过《诗经》和"破戒"的绝妙的结合，得到了充分的体现。这为沉闷、毫无生机的佛教界和新罗社会打开了天窗，并在儒教思想的吸收，佛教思想的肯定以及在二者有机统一过程中和诤思想不断得到充实和发展。

　　我们在探讨元晓的儒道思想的同时，切莫忘记元晓是佛教的高僧。看来元晓自己也没有忘记这一点，那么，元晓的世界里，佛教与儒教是怎样一个关系呢?元晓在《大慧度经宗要》中说："所以无上法王将说是经，尊重波若亲自敷坐天雨四华以供养，地动六变而惊喜，十方大士最在边而远来，二界诸天下高光而遐至，常啼七岁立之不顾骨髓之摧河天一座闻之便得菩提之记至如唐虞之盖天下，周孔之冠群仙而犹诸天奉而仰信，不敢违于佛教。[6]"

6 《韩国佛教全书》，第一册，P480。

意思是说，古之贤圣唐虞，周公，孔子尽管是不寻常的群仙之冠，但还是依天设教，遵循天则行事，而对法王波若真典，连诸天神，也不敢相违，皆信奉，顺应佛之教示。这是元晓盛赞佛教般若智的一段话。

而此中，诸贤圣皆服从于天神所设之教的说明，是元晓引自于《周易》的内容。《周易》的风地观卦的象辞中道："观天之神道，而四时不忒，圣人以神道设教而天下服矣。"[7]

这也说明，元晓对《周易》的卦爻象辞也极为熟悉。

综上所述，元晓不仅熟知儒家经典，而且，吸取了儒家思想中的精华，以用于深入浅出地解释佛教道理，从中概括，提炼，以丰富和诤思想，使其成为和诤思想的有机组成部分。同时，我们也看到，元晓对儒家思想积极肯定和吸收的同时，作为佛教信奉者，犹独钟于佛教的真挚的求道者的姿态。

2. 元晓与道教

道家思想是先秦思潮中发展起来的重要的思想流派。它与倡导人本主义的儒家思想不同，崇尚自然，超越现实，比起其它思想流派更倾心于宇宙根本问题的探索。被人奉为道家始祖的老子就是这样一个思想的代表人物。老子试图从自然本身来阐释宇宙中的一切。他把自然看作一个整体，由自然界的有序性中引出了"道"这一哲学范畴。用道来反映整个自然及其运动变化的规律。道是一切事物的本原，道生成天地间的万物，天地万物是道按照自然规律变化的结果。

老子以道为核心的宇宙观亦表现在人生观和社会观上，它要

---

7 《周易》，上经，观卦象辞。

求人们，顺乎自然，与自然无争，以无为而无不为为生活准则。任何一个违背道和自然规律的行为都将徒劳无益，以失败而告终。因此，必须遵从自然规律，而且，认识方法上就要损之又损，返璞归真以达到超越一切的道的理想境界。老子这种认识世界的思维方式和主张，无疑是古代中国哲学的最高思维成就之一。

从印度传入到中国的佛教，一开始就与道教发生交涉，这两种思想是在相互对立、相互吸收的交融过程中丰富和发展起来的。而且相互影响，共同发展的结果，佛教向中国化的方向发展，派生出新的学派和诸多新的宗派。道教也补充和完备了自身体系，佛道二教，各得其所，成为了中国文化的有机组成部分。

元晓作为一个思想家对道家这样一个重要的哲学思想不会熟视无睹。元晓不仅通晓道教的根本经典《道德经》，而且在其著述中，随处引用，发挥其思想成果来解决理论和实践中的问题。

"阴阳"是中国古代哲学的基本结构。日本的愿晓在《金光明最胜王经玄枢》卷十中，引用了元晓对阴阳二气的详细说明。

"晓亦述云，言二气者，所谓阴阳，大分一岁不过阴阳。前六月阳气用，后六月阴气用，二气各有三时差别，谓正月二月阳气始秀，三月四月阳气中日，五月六月阳气终成，是谓阳气三时差别，七月八月阴气初起，九月十月阴气中用，十一月十二月阴气终成，是为阴气三时差别"。[8]

用阴阳原理分析现象结构是元晓哲学中的重要组成部分。元晓对《起信论》结构的理解亦不乏其影响。此类例子甚多，在此从略。

元晓对《道德经》甚是喜爱，从其思想以至于文体，在元晓著

8　金相弦《从历史中读到的元晓》，P202，高丽院，原文引自《金光明最胜王经玄枢》卷十，新修大藏经56，P699。

述中，运用自如，发挥极致。下面来看一下元晓《大慧度经宗要》大意文中的一段话：

"夫波若为至道也，无道非道无至不至，萧焉无所不寂，泰然无所不荡……是知实相无相故无所不相……实相般若玄之又玄也。贪染痴暗皆是慧明而五眼不能见其照，观照波若损之又损之也。"[9]

又"所言经者，常也，法也。常性无所有故先贤后圣之常轨也。法相毕竟空故反流归源之真则也"。

波若亦叫般若，是知实相的智慧，汉译作大慧度。在元晓看来，"波若是至道，是萧焉无所不寂，泰然无所不荡……玄之又玄也"。而要真正认识它，就必须"损之又损之"。这真是把《道德经》中，用语、文体、思想以及认识方法整个拿过来，说明佛教般若智。令人弄不清，般若是道，还是道是般若。这样的例子在元晓著述中绝非个别。我想不必一一例举。下面就以众所周知的元晓代表作"海东疏"来考察一下元晓的道教观。

有关"海东疏"的《疏》和《别记》的关系，在第二章中作过介绍。《别记》是元晓研究《大乘起信论》的研究笔记，是如实地反映元晓思想真实面貌的未加修饰的原始资料。这为我们研究元晓的道教观提供了一个重要的线索。《别记》中最为集中体现元晓思想的是宗体文中对大乘之体的别具特色的描述。在第二章我们是从佛教立场对此作了论述。在本章，我们要从道教立场作一下具体分析。为方便起见，录《别记》宗体文于下。

"佛道之为道也，萧焉，空寂，湛而冲玄，玄之又玄之，岂出万像之表，寂之又寂之，犹在百家之谈。非像表也，五眼不能见其躯，在言里也，四辩不能谈其状。欲言大矣，入无内而莫遣，欲言微矣，苞无外而有余。将谓有耶，一如由之而空，将谓无

耶，万物用之而生，不知何以言之，强为道。

其体也，旷兮，其若大虚而无私焉，荡兮，其若巨海而有至公焉。有至公故，动静随成，无其私故，染净斯融。染净融故，真俗平等，动静成故，升降参差。升降差故，感应路通。真俗等故，思议路绝。思议绝故，体之者乘影响而无方。感应通故，祈之者超名相而有归。所垂影响，非形非说，既超名相，何超何归，是谓无理之至理，郴然之大然。自非杜口开士，目击丈夫，谁能论大乘于无乘，起深信于无信者哉。"10

道是道家思想的核心概念。通常亦可从广义上去理解，即道理等，但宗体文一开头元晓把佛道与道联系到了一起，即"佛道之为道"，实际上这是元晓暗示读者佛教之道与道教之道并非两回事，而根本上一致。紧接着元晓用了在《道德经》体道篇中用以说明道之体的"玄之又玄之"来描述佛道之深奥，然后，进一步用"大"与"微"来说明佛道的本质特征。而巧的是《道德经》三宝篇中也用"大"与"细"说明道的特征。如"天下皆谓我道大似不肖。夫唯大，故似不肖。若肖久矣其细。"《道德经》中之道，不仅有大和细的特征，更重要的是具有生成论意义。《道德经》专用篇中说"天下万物生于有，有生于无"。此中"无"当然指道。因此，在道他篇中说"道生一，一生二，二生三，三生万物"。这是道家的生成论。而元晓说明的佛道也是"将谓有耶，一如由之而空，将为无耶，万物用之而生"，也就是说，有生于无，而万物用"无"而生。这两句的用语和内容与道家之道一样皆为万物之本源，是为万物之母。到了概括佛道的时候，元晓索性将《道德经》"吾不知其名，字之曰道，强为之名曰大"中，连"强为之"的句式也借用了过来。《别记》中说，"不知何以言之，强为道"。我们发现佛道前之佛字已被去掉了。应该说，元晓对佛道与道的会通使命就此完成。我们为充实根据再

---

10 《韩国佛教全书》，第一册，P677。

作进一步的对照考证。众所周知，"寂兮"，"寥兮"，"恍兮"，"惚兮"是老子惯用的句式。如"忽兮若海，漂兮若无所止"。[11] 元晓所用的"旷兮，其若大虚……，荡兮，其若巨海……"与老子的此二句比较，概不会说是偶然的巧合吧。

如果说以上分析强调了字面上的一致或内容上相似的话，下面我们从思想方面作一下比较。元晓所说的"思议路绝"是一种极高的佛教境界，在佛教中亦可以用"空"或"无"来说明这个境界。而道家也用"无"来说明其最高境界。对此不作详述。同时，道家提出了达到这样一个境界的认识方法。那就是《道德经》忘知篇中"为道曰损，损之又损，以至于无为，无为而无不为"。元晓曾以"法身无为"[12]来说明其"清净"。同时也用有为、无为来说明法身之动静。"晓云，非有为故非行，非无为故非非行。"[13]又在《别记》中说，"体之者乘影响而无方，祈之者超名相而有归"，这不也在说明法身之无为而无不为吗?元晓在结束《别记》中对大乘之体论述时，引用了"杜口大士"和"目击丈夫"两个比喻。这是元晓和诤思想核心之所在。

"杜口大士"之喻引自《注华严经题法界观门颂》卷下，"摩竭掩室，毗耶杜口。"摩竭掩室是指佛陀成道之初三七日闭口不说法，如同闭门不外出，以此来比喻佛法之深奥。毗耶杜口是指维摩诘在毗耶里城患病时，诸菩萨前来各讲其不二法门，文殊菩萨向维摩诘鲜不二法门之深旨，而维摩诘终不开口示法，以此来说明不二法门是非言语所能表达。而"目击丈夫"之喻是元晓引自《庄子》的田子方。有一日，孔子见了温伯雪子。

"仲尼见之而不言。子路曰：吾子欲见温伯久矣。见之而不言，何邪?仲尼曰：若夫人者，目击而道存矣。亦不可以容声矣。"

---

11 《道德经》，异俗篇。

12 金相弦《辑逸金光明经疏》，P279，《东洋学》24，檀国大学东洋学研究所，1994。

13 同上，P266。

孔子会见温伯雪子时，缄口默言是表明道是"以心传心"的，不可以用言语表达。以此来说明道之深奥莫测。至此，儒家之道、佛家之道、道家之道"会三归一"了。

由上可知，元晓对儒道思想的吸收和融会，不仅没有"离经叛道"，相反，更加丰富和发展了佛教大乘理论。从中形成和发展起来的和诤思想，为新罗佛教，乃至整个新罗文化注入了生机。为新罗文化的复兴和政治上统一三国打下了坚实的理论基础，为韩国文化的健康向前发展提供了思想保证。和诤思想揭示了东方文化发展的内在规律和总体特征—融合。他的远见卓识已为东方文化的历史发展所证明。

综上，我们考察了元晓的儒道观。元晓对儒道思想的吸收和论述，在其著述中，俯拾即是。对《皇帝内经》等汉方医学的论述，更是比比皆是。一篇小论，难以面面俱到，浅尝辄止，有待进一步研究。在结束对元晓儒道观的第一阶段考察时，为今后进一步深入开展这一方面的讨论，有必要分析一下元晓思想中儒道等重要因素被历史和现实的思想界所忽略的原因。从历史上看，元晓生前常为当时的思想界，宗教界拒之门外。如召开百高座会就不许元晓参加。而讲《金刚三昧经》，非元晓莫属，则只好请去了。[14]　在韩国佛教发展过程中，除义天，知讷等几位高僧大德外，很少有人倡导和诤思想。这种倾向一直延续到不久前。而当今思想界，除在元晓著述中较难找到有关儒道等思想论述的资料等一般的客观原因外，部分学者心中颇有余悸，不敢越雷池一步。

和诤思想给予我们现代人类的启示非同寻常。和诤是综合。它告诉我们，人类文化中任何一个思想体系都不是封闭的，一成不变的。是可以解析，以至于可以重构的。儒释道三种思想有其

---

14 《宋高僧传》卷四，皇龙寺元晓传。

自身发展的内在规律和发展方向，但由于每一种思想都是其结构和整体功能的许多复杂要素组成的系统，因此在解析过程中，绝不能用一种一成不变的标准，而应与其它文化的多种模式的比较中进行。其标准自然是多元的。但这种多元的文化观并非不讲原则，通过审慎的筛选过程，把过时的，落后的要素剔除，吸收其它文化中合理的，有生命力的因素，以完成自身思想体系的新陈代谢。

和诤不仅为某一种思想体系的完善和发展注入了生命力，而且它具有更广泛而普遍的指导意义。和诤思想从形成到发展过程中，积极地发展佛教大乘教义的同时，不仅没有排斥儒道等"外道"思想，反而肯定、吸收和融会了其有价值的因素。和诤绝非以调和佛教之内是非纷争为唯一的对象，而是通过消除对人类认识活动过程中产生的矛盾对立和分歧，最终，建立一个自然的、圆融无碍的、大同的、无诤的理想世界为其根本使命。因此，和诤是创造。和诤对思想，文化的综合，不是为综合而综合。综合是一种精神创造，新的精神又为更高一级的综合提供了条件。这种认识的辩证发展正是人类从必然王国走向自由王国的正确途径。尽管文化具有其民族性、时代性，但只要我们以开放的胸襟，和诤的态度，取长补短，就完全能够创造出新的思想，新的文化。真理是超越民族、超越时代的存在，是人类共同的财富。在当今改革开放的世界大潮中，思想、文化的综合和创造是时代赋予我们的共同课题。这也正是我们探讨元晓和诤思想的意义所在。

(《KOREAN STUDIES 코리아학연구》总第五期，

民族出版社，1995年)

第六章

中国佛教史上金乔觉法师及其地位[*]

1. 引言

　　中国佛教的发展史上，有许多域外僧侣或文人非常活跃，做出了很多重要的贡献。除印度僧和西域僧之外，我们不难接触到新罗留唐僧在华求法和修行的踪迹。中国佛教史上很多重要文献记录在册的人物不在少数，如慈藏、义湘、圆测、无相、慧超、金乔觉等等。入华留唐新罗僧中，金乔觉在中国佛教上影响尤大，形成了安徽九华山地藏菩萨道场的信仰。本文以中国佛教界的基本历史文献及赴九华山地藏道场实地考察的田野资料为依据，就金乔觉法师在华的求法和修行活动加以较详细的介绍，并对其在中国佛教发展中所做出的重要历史贡献作一评价。

15　1993年，作者应邀赴韩国庆州参加新罗文化祭国际大会，并在大会上作为特邀嘉宾发表学术演讲，介绍了金乔觉法师与九华山地藏道场，引发韩国学界和佛教界的广泛关注和极大反响，掀开了中韩建交后两国佛教文化交流的新篇章。后将演讲的主要内容整理成《中国佛教史上金乔觉法师的地位》一文，登载于东国大学《新罗对外关系史研究》第15集(1994)。今将论文韩文版译成中文，内容略作增删，以此纪念2021首届九华山佛教论坛胜利召开。

2. 隋唐佛教与留唐新罗僧

汉晋以来源起于古印度的佛教经西域与南洋，由陆海两途传入中国。无数高僧大德行走其间，或横涉流沙，或渡海鲸波，将十方三世诸佛之教法，传入中土并陆续译为卷帙浩繁的汉文三藏。隋唐之后，汉传佛教形成诸多宗派，加速了佛教中国化的进程，标志着佛教中国化的基本完成。一方面，汉传佛教与中国文化原有之旨充分融合，并进一步丰富和影响了中国文化的衍进方向；另一方面，中国汉传佛教进一步传入朝鲜半岛、日本、越南等地，逐渐构筑了东亚大乘佛教文明圈。近百年来，汉传佛教开始进入西方文明界的视野，开始向西方传播开启了东西文明交融的路径。这就是中国佛教史发展的基本脉络。

隋唐时期是中国佛教发展的盛世。隋高祖文皇帝在建立统一国家时，为摆脱北周武帝灭佛带来的影响而统一了南北佛教，并以此为开端，试图实现从印度式佛教到中国式佛教转变，在复兴大乘佛教方面取得了巨大成就。李唐王朝290年的国家政策和佛教界的积极参与使佛教得到了长足的发展。这是中国式佛教宗派的形成与发展的重要时期，对中国社会的政治、经济，乃至整个社会生活产生了深远的影响。佛教经过漫长的在中国的传播与发展过程，到隋唐时期，进一步对不同地区、不同时代众生根性的了解与适应，成功实现与中华文明的交融，初步完成了大乘佛教中国化历程。

隋唐时期，中国与高句丽、百济之间曾发生些许冲突，唐罗联盟也有一段曲折的过往，但却始终维持着长达200年的睦邻友好关系。这也是新罗统一朝鲜半岛三国，在政治、经济、文化方面实现了前所未有的发展和繁荣的缘故。两国佛教文化的发展也带来了文化交流的盛况。日本著名入华求法僧圆仁(794~864)在他的《入唐求法巡礼行记》中记述，在山东半岛的赤山，有新罗人寺庙法华院，驻僧二十九人，常年用韩语讲解《法华经》和《金光明经》，听众达250人之多。据朝鲜李能和所著《朝鲜佛教通史》的记载，自从6世纪前半期到10世纪初的380年左右期间，入唐求法的新罗高僧共有64人(其中包括赴印度求法的高僧10人)。据日本学者中吉功在其《海东的佛教》(1974)中的统计，隋初(581)至唐末(907)来唐求法的高僧有66人。而根据中国社会科学院黄心川教授在《隋唐时期中国与朝鲜佛教的交流》(1989年)中的统计，则有117人入唐求法，其中20余人并未载入韩国史料中。并且根据笔者近期所搜集的资料，初步预测其数量远不止于此。以上数据仅仅是隋唐时期中韩佛教交流繁荣景象的一个侧面而已。由此可见，金乔觉法师(696~794)(金乔觉一名始于元末清初，为通用名，因此本文选用金乔觉这一名称)踏上求法之路并非偶然，也绝不是个例，不过是千万有志求法的新罗留学僧中的一人。然而，金乔觉法师为中国佛教发展，为中韩佛教交流做出了具有里程碑意义的历史贡献。

3. 金乔觉法师的生平事迹及思想

迄今为止，无论是在中国或韩国都难以找到有关金乔觉法师生平的完整详细的历史记载。目前有据可查的相关历史文献有费冠卿的《九华山城寺记》、宋朝赞宁的《高僧传》、明朝的《神僧转》、明清时期的《九华山志》等，较详细地记载了可供探讨金乔觉生平事迹的部分内容。除此之外也有若干短片历史资料保留了下来，但大多都引用了上述资料，并无重要的文献价值。其中费冠卿与金乔觉是同一时代的人物，费氏居九华山下，因此他的记载是最为可靠宝贵的历史记载。关于费冠卿其人，《全唐文》和《九华山志》上均留有记载。《全唐文》记述如下。

冠卿字子军，青阳(现安徽省青阳县)人。元和二年进士。母丧庐墓，隐居九华少微峰。长庆三年，御史李仁修举孝节，召拜右拾遗，辞不受。[1]

这些记载更是凸显出费冠卿对九华山和金乔觉的记录所具有的资料价值。下面将以上述这些历史资料为中心，探讨金乔觉研究相关的几个重要问题。

1）金乔觉出家说

关于金乔觉入唐前在新罗的事迹，中国方面的记载仅仅有"新罗王子""新罗王族"或"新罗王子，金氏近属"等寥寥数字。学者们结合《三国史记》新罗本纪做出了各种推断。其中一些人推出出家动机说，大胆推测，金乔觉在入唐之前曾作为唐朝守卫出入长安，期间接触儒教文化和佛教文化，回到新罗后因家庭不和走上出家求法之路。这只能说是依据于想象和臆测的剧本而已。

首先，这个问题该依据历史文献加以推断，其一说法是，金乔觉是新罗圣德王的长子金守忠。《三国史记新罗本记》中记载圣德王有五个儿子，分别是长子金忠守，次子重庆，三子承庆，四子宪英，第五子的名字并未留下记录。持上述主张的学者们指出："其中金乔觉的出生年代和身世与金乔觉出家前的情况类似。因此，可以推断金守忠正是金乔觉。"[2]　金守忠身为王子，但他作为长子却并非是圣德王正室的儿子，故未能像重庆或承庆那样先后登上太子之位，圣德王十三年被派往唐朝当宿卫。十六年左右，唐玄宗授予他太监一职，回国之后他发现重庆已被委任为太子，成贞王后则遭到冷遇，他决定放弃王族身份和生活踏上出家求道之路。然而在这一问题上值得我们去参考的正是上文所提到的费冠卿的资料以及韩国古代史史料。据费冠卿记载，他是"新罗王子

金氏近属"，宋代《高僧传》中记载为"新罗国王之支属"，而根据近期朱采堂先生的论文(《金地藏研究》)，在九华山南阳村文昌阁发现名为《灯油会碑志》(清咸丰三年刻)的碑文，上面刻有"地藏王新罗国之储王贰也"。即金乔觉是圣德王的次子金重庆。对此，韩国古代史料中尚未找到相关对应记载，因此，这个问题，需要结合历史文献和当时社会历史状况加以进一步探讨。

第二，金乔觉生前并没有留下太多文字，但唯有两首诗歌相传至今。这被视为是金乔觉研究的重要资料。因此，下面将简单介绍该诗作，并讨论相关问题。

送童子下山

空门寂寞汝思家，礼别云房下九华。

爱向竹栏骑竹马，懒于金地聚金沙。

添瓶涧底休招月，烹茗瓯中罢弄花。

好去不须频下泪，老僧相伴有烟霞。

该诗收录于《全唐诗》[3]，这毫无疑问是金乔觉的作品，而且，其中还揭示了有关金乔觉研究的一些重要内容。

酬惠米

弃却金銮衲布衣，修身浮海到华西。

原身自是皇太子，慕道相逢吴用之。

未敢叩门求地语，昨叨送米续晨炊。

而今餐食黄精饭，腹饱忘思前日饥。

这首诗《酬惠米》常作为金乔觉"王子学说"的依据被引用。然而

---

3 《全唐文》卷八〇八，1983年，第9122页。

作者是金乔觉这一点仍有许多难以令人信服之处。该诗收录于《青阳县志》(清光绪17年)、明朝《嘉靖池州府志》以及《全唐诗外编》。并且据传该诗第一次是被收录于唐朝后期编纂的《吴氏宗谱》。诗作中的"慕道相逢柯用之"一句尤其成为了问题的焦点。这是因为自古以来，九华山上就有吴、柯、刘、罗四大姓氏依次拓展势力，其中柯氏强烈主张诗中语句应该是"柯用之"，而非"吴用之"。因此，该诗曾收录于九华山志，时而则遭到过冷遇。这样的家族势力间纠葛引发矛盾，不禁让人怀疑作者身份的真伪。因为吴氏很有可能出于家族利益考虑，借用金乔觉的名号。就结合诗歌内容与作者身世问题，如果说金乔觉毫不掩饰且自豪地向世人透露自己的王子身份，同时表现出了对"吴用之"深深的感激之情，那么这似乎与金乔觉这一抱有坚定信念的求道者形象颇有违和。他曾以白土为食，得"枯槁众"之称，地藏菩萨是如此精进于苦行之人，反倒是《送童子下山》这首诗更能贴切地表达出金乔觉的心性与情感。因此，无论是从吴、柯两家族间的纠葛，还是从诗歌本身内容的角度，《酬惠米》很大可能上并非是金乔觉所做，而是一首伪作。

第三，应将金乔觉研究与当时新罗社会文化发展状况结合分析。在金乔觉研究方面，至今很难寻找关于他身上新罗文化要素的研究。虽然没有金乔觉早年的相关资料，但仍旧可以探讨宏观的文化背景。738年唐玄宗派邢璹为使节前往新罗，并对邢璹说："新罗号为君子之国，颇知书礼，有类中华"，可见当时新罗文化的发展状况。"新罗既信封佛教，人争归信，知世之可化"(《海东高僧传》)，对于拥有这样一背景的金乔觉来说，不论他出身王族或是平民百姓，构成新罗文化的中流砥柱的佛教文化对其造成的影响是不容忽视的。因此，从佛教信仰在新罗的地位和佛教传授行迹的角度出发去考察他的身世和出家动机似乎显得更为妥当。笔者主张，与其苦苦寻求其出家的世俗原因，不如从佛教的精神魅力视角探讨更合适。

2) 金乔觉与九华山道场

　　年24岁入唐的金乔觉想必是一位深受新罗文化熏陶的血气方刚的有志的求法者。从入华求法僧们的较有规律的活动轨迹可以推断，金乔觉自入唐后遍访名师、游历四方，学习和考察中国文化，尤其是佛教发展情况后，形成了较为成熟的思想，渴望经历独到的修行实践，因而选择了僻静的九华山。当然，这是一个极为艰难的选择，实践过程中必定会遭遇种种苦难。从入华求法僧无相禅师或慧超的行迹当中也不难看出这一点。过去的资料和叙述往往忽视了这一过程。因此，虽记载金乔觉入唐后不顾千里之途奔赴九华山，但仍有不少地方需参照历史事实予以补充。金乔觉的诗《送童子下山》多少弥补了这部分空白。对于"金地藏"的坚定信念和"老僧"这一表述可知，仅从时间上就显示出他遍历四方的人生阅历和成熟思想，描述寂寥的佛门生活的诗句则在暗示此时的九华山尚未作为佛教道场所广为人知。因此可以推断九华山道场的形成则可能是金乔觉晚年的事情。

　　从开拓九华山道场直至金乔觉圆寂期间，据过去的资料和传说，金乔觉的辛勤努力和信徒们的虔诚信仰使九华山迎来了史无前例的盛况。金乔觉独自一人来到山水秀丽的九华山，在山深无人处发现一处洞穴，便住下来潜心修炼。那时有一位老乡人诸葛节见金乔觉孤坐石室，以白土为米而食，大为动容，于是和村民们一起为金乔觉建造了一座寺刹。此外，金乔觉向九华山山主闵让和讨要一块立足之地便于供奉佛像和修行，金乔觉袈裟一展，闵公便予以他袈裟所覆盖之地(整座山)。不仅如此，闵公还让自己年幼的公子随其出家，后来他自己也出家为僧。至今伴随九华山地藏菩萨圣像左右的随侍者，即为儿子道明和山主闵让和。从此有更多清官廉吏和周边百姓皈依佛门，有关金乔觉的消息甚至远传到新罗，于是有许多新罗僧前来皈依。有一则传颂至今的故事，金乔觉的两个叔父闻言，便不远万里赶到九华山试图劝其回归新罗。但未曾想却被金地藏的坚固的意志和苦行所感动，不仅没有回新罗，还成为了备受当地百姓敬重的山中僧侣，二人看守山门，圆寂后老百姓为纪念他们修建了二僧殿。为纪念此二僧，甚至当地形成叫"二僧会"的民俗节日，颇为盛行，延续至今。

金乔觉日座南台，诵四部经，修道参禅，时而下农田，时而种茶。贞元十年(798)，金乔觉忽然召集弟子告别。据费冠卿记载，其示寂时"山鸣石陨，扣钟嘶嘎，群鸟哀啼，地出火光其肉身置函中经三年"，仍"颜色如生，兜罗手软，罗节有声，如撼金锁"，因此认定金乔觉即地藏菩萨示现。从此以后他被称为地藏菩萨或金地藏，肉身供奉在神光岭，称之为肉身宝殿。由此，九华山逐渐成为地藏道场，作为中国地藏信仰的圣地，声名远扬。

3) 金乔觉的佛教思想

金乔觉属哪一门宗派，秉持什么样的佛教思想或修行主张？现存资料中很难找到这些问题的答案，也因此出现了各式各样的推论。其中有人根据金乔觉曾抄写四部大经且诵读过华严经这一记录，便认定金乔觉属于华严宗；有人则认为地藏菩萨超越宗派，不属于任何宗派；也有人主张，在考察金乔觉之后的九华山历代高僧时可发现其大多属于禅宗或净土宗，故认为金乔觉属于禅宗、净土宗亦或是"禅净兼修"。隋唐时期是佛教宗派形成和发展的历史时期，分宗立派的倾向极为浓厚，因此金乔觉必然是属于某宗或某派，这亦不免有些武断。另外值得关注的是，从金乔觉的种种事迹和传说中可看出他对中国文化积极靠拢，深刻的理解，诗作为证。在民间，他甚至被称为"九华姥爷"，这也很好地佐证了上述观点。

如前文所述，笔者认为在金乔觉研究中必须考虑到金乔觉出身自新罗这一事实，即不能忘记金乔觉是承载新罗文化活跃于中国文化环境的留唐新罗求法僧之一。并且结合留唐新罗僧们的生平事迹和贡献来看，他们大多都独辟蹊径，基于创新思维探索宗教思想，开展宗教修行活动，这是他们的较共同特征。早在三国时代，僧郎、圆光、慈藏便是如此，新罗时期的义湘、圆测、无相、慧超也不例外，我想，此与出身域外的留学生身份不无关系。从中不难看出中国文化要素和新罗文化的复合性作用。如果从他们的思想当中去掉新罗文化的要素，那他们必定会埋没在中国佛教发展的历史浮沉当中。因此这与文化发展的一般原理有着互通之处，当异质文化相互接近时，不断冲突与融合过程将孕育出全新的文化和力量。如果一句话概括留唐新罗僧们的功绩，那就是通过全方位接近中国佛教，"打破中国繁冗至极的宗派传统，建立总和佛教(赵明基《新罗佛教的理念与历史》1962)"。这样的思想得到新罗伟大的高僧元晓(617~686)的进一步深化，形成"和诤"哲学，进而形成通佛教传统。

但这并不仅限于回归新罗的僧侣，入华僧侣也不例外。金乔觉之所以没有留下学术贡献或许是出于针对"教宗"之反动？与禅宗的和主张和形成颇有异曲同工之妙。他在偏僻的九华山开拓道场，一心精进修行，因此也从未离开过九华山，然而值得关注的是，与新罗的往来却未曾中断过。九华山不仅聚集了全国各地的万千僧侣和香客，而且还是一个新罗僧"东僧云集"之地，化成池娘娘塔的美好传说也印证着这一点。因此，可以说，金乔觉的目标是建立以佛教大乘教义为中心的庄严莲花佛国——地藏道场。

4. 中国佛教地藏信仰与金乔觉法师

金乔觉法师最大的功绩是促使地藏信仰在中国得以生根、发芽、结果。佛教传入初期，弥勒信仰成为佛教民间信仰的中心，隋唐时期观音信仰广为兴盛，直到唐朝中期玄奘翻译的《地藏十轮经》和实叉难陀翻译的《地藏菩萨本愿经》开始在民间流传起来。虽然地藏菩萨信仰相比其他信仰流传时间较晚，但却深受中国民众的喜爱。地藏菩萨发"地狱不空，誓不成佛"的宏远，深深触动千万善男信女的菩提心。不仅如此，其中还包含着救父母于苦难的孝道思想，因此，对于有着儒教伦理基础的中国佛教信徒们来说趋之若鹜。再加上生活在水深火热之中的普通民众往往追求现实利益，他们渴望地藏菩萨出现在自己身边，将他们从轮回的无尽苦痛中解救出来。金乔觉在九华山的苦行，对于众生的态度以及示寂后的灵迹，民众便觉他如同经书中传颂的地藏菩萨完全一致。不仅如此，入寂后以真身应化，应验了"众生度尽，方证菩提；地狱未空，誓不成佛"的宏大誓言。因此，人们认为金乔觉正是翘首期盼的地藏菩萨，称颂其为"金地藏"，九华山也成为地藏信仰的神圣道场。这一新罗王子远赴中华大地开辟了中国佛教史上四大佛教名山之一的九华山菩萨道场，为中韩佛教文化交流留下了不可磨灭的历史业绩。

5. 结语

作为地藏菩萨道场的安徽省青阳县的九华山，与五台山、峨眉山、普陀山一起并称中国佛教四大名山。但与其他菩萨道场不同的是，地藏道场是以唐时的韩国新罗僧人金乔觉应化事迹为基础发展而成的。正是因为新罗僧人金乔觉的赴中土求法修行使得古代中韩佛教文化友好往来达到顶峰。虽然目前所掌握的史料还不足以使我们清晰地确定金地藏之行状及思想，但其振锡九华之功绩和地藏信仰对后世影响之深远，永载史册。本文尚有很多问题未能进一步深入挖掘和分析，遗留不少问题，这些内容留待今后进一步研究，也有待学界同仁们的新的研究成果问世。

人类的一切优秀文明成果都是相互交流，相互吸收的结果。宗教文化的交流与研究应以更开阔的胸襟，吸收在不同国家和地域发展的优秀成果，学术界的国际交流显得尤为重要。历史上，大乘佛教传入朝鲜半岛，进而传播到日本，形成东亚大乘佛教文明圈，大大推动了东亚各民族历史自觉和社会发展。而东亚中韩日三国的宗教文化的历史交流和良性互动使得东亚文明整体建立起与西方文明相抗衡的文化自信。当然，在汲取他人优秀研究成果的同时，必须警惕反大乘佛教发展成果的逆流，日本的少数学者主张的"批判佛教"就是一例。因此，更加积极地推动国际交流，形成对佛教发展的历史共识，共同推进佛教文化的健康发展，占据国际佛教界和国际学界的主动权、话语权。

中国是佛教的第二故乡，作为舶来品的佛教早已与中华文化血脉交融，成为中华文化国际传播最重要力量之一。佛教在中日韩均与民族文化深度融合实现了各自的本土化，这种本土化经验与时代化的特性使佛教更利于克服不同地域间的文化落差，不偏不倚的中道之法使佛教能够在不同文化背景人群间构建跨文化传播的桥梁，对多元文化的适应与随机成为中国汉传佛教在新时代不断开拓的重要优势。总之，推动佛教文化交流的国际化将有力促进佛教中国化，佛教中国化必将要求深化国际化，与世界佛教共叙胜缘！

本文译者：金灵，北京大学外国语学院日语系20级翻硕研究生

（《佛学研究》2002 第1期）

第七章

道教对古代日本文明的影响

1. 引言

古代亚洲是人类文明的重要发祥地，在数千年的发展历程中，亚洲各民族共同创造了璀璨的文明成果，使得人类的精神世界更加丰富而多彩。在东亚，史前的人类发祥、前"轴心时代"文明铸就了化石般的东亚文明的古层。东亚的精神文化较早萌发于古代中国社会，并逐渐形成了富于人文情怀和深奥哲理的思想文化体系。中国的这一精神文化逐渐向周边传播，其影响广泛而深远，特别是与朝鲜半岛、日本列岛等地域的固有的民族文化和地域风土相交融，培植了东亚文化的深厚而坚实的精神根脉，绵延至今。代表东亚文明主干的中国文明、朝鲜半岛文明、日本文明长期相互交往，文明互鉴，整合型塑，越发显示出统一的精神气质和文化风貌，呈现出独特的精神文化魅力。道教为其代表性的文明形态。

习近平主席曾在亚洲文明对话大会上明确指出，亚洲各国"应对共同挑战、迈向美好未来，既需要经济科技力量，也需要文化文明力量"，"我们要加强世界上不同国家、不同民族文化的交流互鉴，夯实共建亚洲命运共同体、人类命运共同体的人文基础。"人类的每一次进步，都离不开哲学社会科学的知识变革和思想先导。世界上伟大的哲学社会科学成果都是在有效回答和解决人与社会面临的重大问题过程中创造出来的，这正是东亚文明精神价值的研究意义所在。我们从学术上探寻东亚文明的精神根脉，就是精神还乡，就是还自己的初心，就是为人类创造文明的新价值。

东亚文明发端于何时、何地、何种形态，有何深刻内涵？其发展经历过怎样的历史曲折？这些问题牵系东亚各民族根脉，事关"何以东亚"，事关文明定义和认定，事关做好东亚"古代文明理论"体系的构建。我们将研究引向深入，找到开启东亚文明宝库的的密码，让沉淀着的历史烟云、凝结着先贤智慧的文化遗产、各类文明元素"活起来"、"热起来"，活化历史场景，增强历史可信度，传递出穿越时空、直抵人心的文化力量，让世界更好地读懂东亚的过去、现在与未来，理解东亚文明的根本精神和智慧，确立东亚文明在世界文明史上的历史地位，引领人类文明向前迈进。

道教的信仰中具有中华民族古代宗教意识的特点，是中国传统文化的重要组成部分。道教是殷商开始北方的萨满教和南方的巫傩文化在中原汉化形成的。道教中的道士，方士、术士，除了追求长生不老，也有与萨满教相同的驱鬼捉邪的一些巫术，还有星象、天气、预言、解梦、占星这些都同于萨满教，可以说它们都属于一个范畴。有学者认为，道教是从萨满教中分离出来的，之后自成一体。至于何时分离出来的还有待考证。教团道教形成于东汉时期，五斗米道和太平道的成立道教为标识，距今已有两千多年历史。千百年来，道教对中国的历史文化、科学技术、社会发展、生活习俗产生了广泛而深远的影响。直到今天，仍然影响着中国人的精神生活和生活日常。

　　本课题是长期为学界冷落的重大研究课题。就中日文化交流史而言，道教对日本的影响，远比儒教的影响和佛教的影响深远。鲁迅曾指出，"中国文化根柢全在道教"(《致许寿裳》《鲁迅全集》第九卷285页)。英国的著名中国科技研究学者李约瑟1956年曾指出:"中国道学，就像大树，如果没有道教就等于没有根一样"(潘吉星主编《李约瑟文集》辽宁科学技术出版社1985年版255页)。道教是中国文化的集大成者，它几乎涵盖了哲学、文学、音乐、美术、建筑、医学、药学、化学、生物、天文、服饰、膳食、体育、方术、习俗等所有的方面(李约瑟《道家与道教》)。虽然道教中不免包含一些在现代科学面前站不住脚的糟粕，但是作为中国土生土长的宗教，其思想地位和文化价值不容忽视，对世界文明是的贡献和未来可能性的探讨具有重要的现实意义。日本的道教研究及其问题道教的研究在中、日、韩三国一直没有像儒家思想或佛教研究一样得到应有的重视。

　　日本在道教研究方面，可以说在三国之中居于前列。在明治时期时，主要由佛教界人士作为一种附带课题研究道教，其研究尚不够体系和深入。1950年，日本成立了道教学会并创办《东方宗教》会刊。自此，道教研究开始出现了一线生机，开始吸引了不少学者，特别是20世纪80、90年代取得了不俗的业绩。据秋月观瑛主编《道教研究的进展》(1986年)所载，仅道教与中国文学一项的论著就达八千余种。在上个世纪二十年代，日本道教研究形成了两个方向:

　　一个方向以津田左右吉与和辻哲郎为代表，认为道教虽然一再到日本，但那并不是道教本身，而仅仅是道教的基本组成成分神仙思想影响到日本，而且，虽然有影响，但未必对日本人的生活、信仰等方面产生影响。津田认为神仙思想是文学上的问题，既不会超出于此，也不会低于此。因此，它的影响局限于通晓文字的贵族的逸趣生活的范围之内。其次，和辻认为神仙思想是在加入日籍的所谓"归化人"中间的思想问题，在日本人那里未必是思想问题，丸山真男亦如是。

另一个研究方向以黑板胜美为代表，认为"道教的内容已经完全传入日本，而不仅是神仙思想的传入。同时，他甚至认为不仅是思想上的各种各样内容影响到日本，而且道教作为一个教团，作为宗教组织的教团，也传到了日本"。《齐明纪》中的田身岭的两概宫，不仅是宫殿或离宫，也是道观。而且在同一篇《齐明纪》中记载着象唐朝人似地穿着青衣的人在空中从葛城山向住吉飞行，那正是道士。以大和的田身岭和葛城山为中心，在围绕着大和盆地的群峰上分别筑有道观。其代表性论文是《我国古代的道家思想及道教》。基本赞同黑板胜美的研究发现的有小柳司气太、妻木直良、黑板昌夫、媚河纳、那波利贞、下出积舆、吉港义丰、福永光司等。这些人中，小柳司气太是尤为卓著的。他进一步发展了前边提到的黑板说。他分析了道教和日本的佛教及神道的关系。他不仅采用所谓道教融合于佛教、神道教之中的抽象理解的方法，而且以道教的具体内容去分析真言密教或神道教。从他开始，日本才正式从学术角度研究道教。

道教对日本文化的许多方面都产生过较大影响的观点，逐渐取代津田说。下出积舆著《神仙思想》、《道教——其行动和思想》、《日本古代的神抵和道教》、《道教和日本人》，水野裕著《古代社会和浦岛传说》，福永光司、上田正昭、上山春平著《道教和古代日本天皇制》，重松明久著《古坟和古代宗教》和福永光司的《道教和日本文化》、千田稳的《中国道教在日本》等，都是这一趋势中有代表性的专著。

何谓神道？村上重良在《国家神道》中指出，"神道"一词，首次出现于8世纪编纂的《日本书纪》。其《用命纪》载："天皇信佛法，尊神道。""所谓神道，是指基于日本民族的神观念而发生于日本，主要在日本人中间展开的传统宗教实践，以及支撑它的生活态度和理念。除了个别的两三个教派以外，神道属于没有教主的自然发生的宗教，是主要在日本人中间传播的民族宗教。村上重良在《国家神道》中指出，神道是作为共同体的祭祀而产生的民族宗教，因此，并没有可称作教义的思想体系。原始神道所谓的"产灵""斋戒"和"祓禊"等观念也不过是根据巫术的作用而形成的、原始的宗教思想。神道有了可称为教义的体系，乃是神道受了佛教、儒教、道教等外来宗教的巨大影响之后的事情。神道由于与这些外来宗教，特别是与佛教的融合，才得以形成具备意识形态的宗教实体，因此，学者们对神道的形成意见不一致。而日本文部省《宗教年鉴》中对神道所下的定义是："所谓神道，是以日本民族固有的对神、神灵信念为基础发生、发展起来的宗教的总称。广义上讲，神道不局限于有关神和神灵的信念，或传统的宗教实战。它还包含广泛地传承于生活中的态度或思维方式"。

2. 道教研究现状

中国的道教研究开始于20世纪初，大致可分为两个阶段：20世纪前80年可说是道教学研究的序幕，可称为第一阶段。

从20世纪初到建国前，多为非道教学专业的学者兼及道教研究，论著署名160余人。从总体上看，虽然涉及到许多问题，但主要还是集中在探究《道藏》源流、道教历史和外丹术几方面。据粗略统计，本阶段关于道教学研究的论文约有200多篇，专著约10多部。主持编修本世纪第一部宫观志《白云观志》的学者是日本学者小柳司气太(1870~1940年)。他于1921年来中国考察，曾进白云观当道士。通过实地调查和文献研究，在中国道士的帮助下，于1927年编成七卷本的《白云观志》，历史资料价值甚为宝贵。一些学者对宫观的碑刻及出土文物进行考察。建国后到文革前，道教学的研究仍属于兼职研究状态，内地出版的专著较少，著名的如《太平经合校》，论文大约50多篇，比较冷落。台湾省和海外华人学者的成绩超过内地，专著约十余部，论文百篇以上。1961年11月，中国道教协会研究室成立，搜集整理道教文献资料，研究和编写中国道教史。1962年8月《道协会刊》创刊，为教内不定期刊物，出了4期。

1969年研究工作中断。内地道教学研究真正开展起来，是1977年至今二十多年的事，此为第二阶段。道教学被确定为国家高等教育科目，道教学被正式纳入国家科研项目，国家道教学研究机构的成立，道教学专业研究人员的出现，道教学杂志的公开发行，全国性道教学术会议的召开，现代影印本《道藏》的问世，都是本阶段的新事物。本阶段，将道教学作为主要或重要研究课题的研究机构与团体，经常刊登道教学成果的杂志，如雨后春笋般出现。前者如中国社会科学院世界宗教研究所，四川大学宗教学研究所、上海社会科学院宗教研究所、中国道教协会研究室、中国道教文化研究所、台湾成功大学历史系道教研究室、吴真人研究会、湖北省道教学术研究会、泉州市市区道教文化研究会、中国鹿邑老子学会等，后者如《中国道教》《世界宗教研究》《宗教学研究》《上海道教》《三秦道教》《道教文化》《东方宗教研究》《大陆杂志》《东方杂志》《道教学探索》《道家文化研究》《道教文化研究》《河北道教》《福建道教》等。

道教学术会议也经常举行，如第三次国际道教学术会议、道教科仪及音乐国际研讨会、全真道教斋醮仪式国际讨论会、亚非学术会议、中国道协道教文化研讨会、第一届妈祖研究国际学术讨论会、中国道教音乐研讨会、西安中国道教文化研讨会、武当山中国道教文化学术研讨会、道家思想、仙话与民间文化研究会、龙虎山道教文化学术研讨会、海峡两岸道教学术研讨会、道家与道教学术研讨会、道家文化国际学术研讨会等东亚人文国际论坛等。

关于欧美学界的道教研究，可参考朱越利主编的《理论视角方法——海外道教学研究》(齐鲁书社，2013.06)。

3. 道教的起源及其形成

1) 中国道教的起源

一般认为，道教是中国本土宗教，道教以道为最高信仰，在古代鬼神崇拜观念基础上，以黄老道家思想为理论依据，承袭战国以来的神仙方术演化而来的(教科书概念)。而且认为，"道教真正起源于东汉末年张鲁的五斗米道和张角的太平道。"这是成立宗教为前提的，推断有些唐突，也不够客观，道教有其形成发展的清晰脉络。

知名道教学者傅勤家、日本学者伊秩敏彦等学者主张道教的萨满教根源说。李泽厚、陈来均对巫与道教形成的关联性加以肯定。

随着各部族规模的逐渐扩大，到族群的形成，到夏、商、周朝代的建立和更替，萨满教除了在教化百姓方面起作用以外，也开始逐渐成为统治者行使治理权力、控制民众思想、约束人们行为的工具，开始演化为了统治者手中的神权法思想。

《尚书》记载：有扈氏上不敬天、下不敬官长，上天因此要断绝其命。因此，夏启奉天之意惩罚有扈氏。《礼记·表记》说："殷人尊神，率民以事神"。中国人传统的敬天法祖思想就是萨满文化最直接的痕迹。伴随着东亚人种由发源地西伯利亚向南迁徙到中华大地的过程中，道教也被认为是萨满教在这片土地上演化出的一种形式。不难理解，人类在跨入文明时代的历史门槛之前曾经历过一个漫长而又充满神秘色彩的巫祝文化阶段，"对于野蛮人一切都是宗教，因为野蛮人恒常"都是生活在神秘主义与仪式主义的世界里面。中国古代文化是胚胎于夏、商而形成于两周，其主要特征是萨满式的文化，也就是说夏、商、周三代文化是以巫祝文化为其主要特征(虽然两周时期人文主义已经萌芽)。儒家文化就是在这样的文化背景下产生的。以孔子为代表的儒家就直接来源于巫祝卜史，他们是三代文化的继承发展者。尽管儒家文化在新的历史时期与已往三代文化有所不同。即有其新的人文的一面，但从其来源以及其主观上对三代文化的追求、推崇，使巫祝文化又表现出强大的生命力。

周朝，依旧把天命作为统治的一种思想武器，提出了"以德配天"、"敬天保民"。即便是周礼，也是对夏、商传统的礼仪习俗进行整理、修订和补充，而建立的一套以宗法等级制度为核心的典章制度和礼仪规范。而后，神权法中的礼法部分经儒家学派传承和发展，在国家治理层面逐渐演化为政府规定的行为规范、礼仪规范、道德规范；在家族治理层面，逐渐演化为家法族规和家风、家训。而神权法中神灵崇拜和巫术部分被后来形成的道教收容其中，并与佛教逐步整合在一起，成为影响华夏各地民族生活习俗的道德标准和行为规范。

萨满教是古老而影响广泛原生宗教(广义上几乎覆盖前轴心时代人类活动地域；狭义上亚洲北方广袤的地域)，非创生的，经过漫长整备而得以自成一体，影响广泛而深远。一般认为道教形成过程中与战国时期楚、宋、燕国的萨满教息息相关，此三个国家曾盛行萨满信仰，是北方萨满信仰的组成部分。道教的星象、解梦、占星等在古萨满教随处都能找到。

著名学者李泽厚的《说巫史传统》(李泽厚著《己卯五说》中国电影出版社，1999)一文中也关注巫文明的精神价值及对三代的影响。

2) 中国道教的发展

魏晋时期，道教分化为上层士族丹鼎道教和下层民间符水道教。茅山道人葛洪将道教神仙方术和儒家纲常名教相结合，构建了一套长生成仙体系，为上层士族丹鼎道教奠定了理论基础。老庄玄学盛行，促进了道教理论的发展。北魏太武帝时期，封建史上第一位被皇帝承认的的天师——寇谦之。

隋朝实行佛道并重政策，隋文帝使用道教名词"开皇"作为开国年号，苏元朗开启了内丹学说，隋朝是道教发展的转折时期。唐朝尊老子为祖先，奉道教为国教，采取措施大力推崇道教，提高道士地位。唐高祖规定"道大佛小，先老后释"，唐太宗重中"朕之本系，起自柱下"，搜集晋魏时期隐流、秘传的道书，普传大道。唐高宗尊奉老子为"太上玄元皇帝"。但有几位唐朝皇帝及达官贵人可能死于服用丹药中毒、死亡。

北宋统治者继承了唐朝崇奉道教的政策，宋太祖和宋太宗为此奠定了基础。宋真宗和宋徽宗掀起了两次崇道热潮，编修道藏，大建宫观，册封神仙。北宋时期符箓道法兴盛，以高道众多的茅山宗实力最强盛。而内丹学经过全真教的陈抟、张伯端等真人的发扬而流行，陈抟在易学、黄老、内丹三方面都颇有建树，全真道南宗祖师张伯端的《悟真篇》是修炼术上一部承先启后的重要经典。

元朝前期，全真龙门派祖师丘处机真人以74岁的高龄，自山东昆嵛山西游35000里，在中亚机遇"一代天骄"成吉思汗，成就了"一言止杀"的历史性创举与汉蒙佳话，获得成吉思汗崇奉而呼之为"神仙"，拜之为国师，掌管天下道教，为全真道的大发展奠定了基础。

明朝诸帝都对道教采取了尊崇的态度：明太祖推崇城隍和土地，在全国各地建设了成千上万座城隍庙和土地庙；明成祖自诩为真武大帝的化身，对全真道士张三丰及其门派极为尊崇。

民国时期最著名的道教学者是全真龙门派居士陈撄宁，他提出了独树一帜的"神仙学"理论，意在促进道教与时俱进。

新中国成立后，在法律和政策上保证了人民的宗教信仰自由。

1957年，中国道教协会在全真龙门派祖庭北京白云观成立，道教第一次有了自己的全国性组织。

3) 道教的全球分布

道教在明朝时期正式传入台湾地区。根据2012年台湾地区行政内政部公布的数据，台湾共有15211座登记在案的庙宇，其中道教宫观占78.3%，约有1.2万座，台湾的道教(含一贯道和民间信仰)信众超过1000万人。

香港道教在明朝开始活跃。1961年成立的道教联合会，是香港最大的道教组织。香港道教有先天道、全真道、纯阳派三大派别，供奉的神灵人气最旺的是黄大仙、吕祖、妈祖。香港道教(含民间信仰)信众超过200万人。

我国的少数民族信仰道教为主的有壮、瑶、白、苗、彝、羌、黎、土家、布依、纳西等二十余个，信众超过1000万人。

道教也传入朝鲜半岛、日本、东南亚、欧美等国，在越南、新加坡、马来西亚等拥有大量的信众，道教全真教成为名副其实的世界道教主流。道教在海外华人所到之处均留有深厚的宗教文化印迹。

可以说，"没有一个中国人生活在道教文化之外"。

4. 道教对日本的影响

1) 道教对日本文化的影响

中国道教思想与信仰的传入对日本宗教文化的形成和发展有很大的影响，特别是对作为日本现代宗教思想中心的天皇思想或信仰的形成有着亲密的联系。从政治层面来看，日本学者很早就留意到道教与天皇制的关系，津田左右吉就指出：“天皇御号之所以被我国采用，是由于它包括着宗教学的意义。它的直接出处在道教，依据上述调查，殆无可疑。”日本学者还指出，不只天皇称号，连天王、神道、惟神、神宫、神社等词语皆来自道教。对道教与天皇制关系研讨的总结性论文是福永光司于1981年做的研究演讲《日本文化与道教--从以天皇为思想信仰谈起》。该论文从7个方面系统地总结了道教神学对天皇思想或信仰所给予的庞大影响

(1)“天皇”、“真人”

日本古代史上初次出现“天皇”一词，是在公元607年，尔后，天皇一词便在日本文献中经常出现，关于天皇思想和信仰也逐渐发展起来，并确立了它的位置。与“天皇”一词关系密切的“真人”一词，从7世纪后半叶起出现于日本文献上。在中国宗教思想史上，“天皇”作为宇宙最高神的意义，首次出现是在公元前1世纪，比日本早700年。中国的“天皇”概念是把北极星神格化，是宇宙最高神，亦称“天皇大帝”。东汉以来，把在紫宫中伺候天皇大帝的仙界初级官僚称为“真人”。

(2)“镜”和“剑”

意味天皇地位的两种神器——“镜”和“剑”来自道教。据《日本书纪》《养老令》等载，象征天皇地位的镜和剑两种神器在天皇传位时作为玉玺授予新天皇。关于天皇大帝高尚威望的象征是镜与剑两种神器的记叙，最早见于中国梁朝道教巨匠陶弘景的著作中。

(3) 崇尚紫色

日本天皇和皇室注重紫色是受道教的影响。天皇宫殿的门称为紫门，只要最上位的官吏才敢穿紫色的衣服，紫色在往常的日

本皇室中仍受尊重。这和中国古代以为天皇上帝住在公开神仙世界的紫宫中以及道家将紫色视为正色的思想是一致的。

(4) 将天皇视为人神

如在汉天师张道陵的传记里，就记载着道教神仙太上老君从天上神仙世界降临到地上世界的故事，并且授予道士张道陵以"天师"的称号和"正一明威之道"的教义。太上老君就被称做"神人"，既是人又是神的具有，也就是所谓的"现人神"。可见日本古代把天皇当做现人神的思想是受中国道教的影响。

(5) 祈愿祝词

祈愿天皇长命的祝词是移植中国道教的祝文。日本古代宫廷每年6月和12月举行"大拔"的仪式，宣读祈祷天皇长寿的祝词。祝词中出现的皇天上帝、三极太君、东王父、西王母等神名，全都来自中国道教的神谱。

此外，在佛教传入中国以后，神道之教作为中国固有的宗教信仰或思想，用于与外来的"佛道之教"相对立。从宗教上说，中国古文化中的神道，便是对道教教义和仪礼的总摄，日本借用神道一词，最早出现在《日本书纪》中，当时作为与外来的"佛法"一词相对置的概念，这时的"神道"不再是中国道教的总摄，而是指在佛教传入日本以前已在日本外乡传播的咒术性

2) 道教对日本文学的影响

道家思想与道教的传入，对日本早期的文学创作影响至深。在7世纪时，日本有一种用汉字创作的文人作品称为"汉文传奇"，其中以《浦岛子传》为代表，其在创作意识中便包含了浓重的道家思想的底蕴。

《浦岛子传》描写了一位日本的青年渔夫与蓬莱龟女之间的爱

情故事。作者把故事场景布置在中国道家文化所建构的蓬莱仙境上，这一选景意识便是道家情结的表现。故事中所出现的蓬莱、金庭、仙洞、羽容等语词以及紫烟升腾、飞升上天等情形都是道教的语汇及表述形式。

物语文学的佳作《竹取物语》中，作者以女主人公赫映姬最终回归月亮作为结局，这是以中国秦汉时期以来道家方士的"日月神客体论"作为构思的基础。战国以来，中国文化以追求人在现世的永生为目的，于是发展出方士与方术，但他们也发现不可能人人在此实现这一愿望，于是便逐渐构思出让人飞升月亮，在宇宙中完成这一梦想。

3) 道教对日本医药学的影响

日本的医药学与中国道教有着更为密切的关系。早在公元733年，日本知名诗人山上忆良在疾病缠身时写有《沉疴自哀文》，就反映了本人对中国道教医药学的神往。山上忆良曾作为遣唐使出访中国，他信仰佛教，也深受道教思想的影响。不过，在他盼望解脱疾病时，向往扁鹊、张仲景、华陀、葛洪、陶弘景等中国良医。

5. 东亚人类的发祥与精神文化
——日本人从何而来？

最新研究成果：据《南华早报》报道，发表在《自然》杂志上的一项最新研究，从日语、韩语、土耳其语到蒙古语的泛欧亚语系，可能都源自大约9000年前中国古代的同一祖先。来自英国、中国、捷克、法国、德国、日本、新西兰、韩国、俄罗斯、荷兰和美国的研究人员组成的团队11月10日在国际著名学术期刊《自然》

杂志上发表了这一研究结果。该论文认定，泛欧亚语系语言最初可以追溯到现在中国东北部辽河流域的早期农民，其传播是由农业推动的。

泛欧亚语系，有时被称为阿尔泰语系，在欧亚大陆广泛传播，从东部的日本、韩国和西伯利亚一直延伸到西部的土耳其，但形成泛欧亚语系的五个群体——日本人、朝鲜人、通古斯人、蒙古人和突厥人的起源和共同程度，长期以来一直是学者争论的领域。该论文团队表示，最近的研究"已经显示出可靠的核心证据"，支持他们源自一个共同祖先的理论。根据遗传和考古证据以及语言分析，研究人员表示，随着农民跨越东北亚，语言向北传播到西伯利亚，向西传播到草原，向东传播到韩国和日本。

研究人员表示，一个代表98种语言的250多个词汇概念的数据显示，泛欧亚语系的根源可以追溯到9181年前生活在辽河流域、种植小米的农民。

1）萨满式文明——古代日本人的信仰

红山文化中国新石器时代文化，发源于东北地区西南部。起始于五六千年前，分布范围在东北西部的热河地区，北起内蒙古中南部地区，南至河北北部，东达辽宁西部，辽河流域的西拉木伦河和老哈河、大凌河上游。

分布面积达20万平方公里，距今五六千年前左右，延续时间达两千年之久。社会形态初期处于母系氏族社会的全盛时期，主要社会结构是以女性血缘群体为纽带的部落集团，晚期逐渐向父系氏族过渡。经济形态以农业为主，兼以牧、渔、猎并存。它的遗存以独具特征的彩陶与之字型纹陶器共存、且兼有细石器的新石器时代文化。

初步可以认定，生活在距今6700年前至5000年前的"红山文化"先民为亚洲华北人种及传统的西方政治学中的蒙古人种(西方在19

世纪把黄种人均定义为蒙古人种，并非狭义蒙古族人)中的华北人种。

2) 萨满式文明的特点

历史学教授雷广臻研究发现，中国古文献记载的黄帝图腾(熊、龙、龟、云、鸟等)，均有红山文化玉器与之对应。从文献上看，一是龙，二是凤。从出土玉器实物上看也是如此：以蛇为原型的龙，以猫头鹰为原型的凤，组成了玉龙、玉凤系列。由此可以推断，龙和凤是黄帝部族的最高图腾，玉龙玉凤是红山最尊崇的玉器。

玉文化在红山文化中处于研究核心地位。玉器是原始宗教的祀神器，巫师是玉器的持有者；玉器不是当今人们普遍认识中的礼器，而是神器，是以玉祀神的时代产物。玉不是单纯意义上的矿石，被赋予了深厚的宗教文化内涵，红山文化已经进入了以玉祀神的阶段。需指出的是以玉祭祀，始于萨满信仰活动。东亚文明的古层——萨满信仰古朴的萨满教源于母系社会，原始自然宗教维系人类漫长的早期启蒙阶段的精神文化生活。研究表明，东亚很多民族的文化传统建立在新石器时代早期发生的萨满教宇宙观与宗教信仰文化基础上，这是研究东亚文明必须探讨的"化石般的共同文明古层"。也就是说，拥有自然宗教特性的萨满精神信仰成为人类进化的生物基因特性，社会特性，精神特性的根源性原因。

3) 巫的起源：

关于巫的记载比较早的是在《山海经》中，《山海经》中的世界里，巫具有非常高的地位，他们是知识和智慧的代表，能上知天文下知地理，能占卜未来，通晓医术，甚至参与军事。

《山海经，大荒西经》中记载，"有神十人，名曰女娲之肠，"这十个女娲之肠就是最早的巫，人们又称之为上古十大巫。传说他们是女娲的使者，分别为：巫咸、巫咸、巫即、巫盼、巫彭、巫姑、巫真、巫礼、巫抵、巫谢、巫罗。十大巫居住在灵山之上，负责沟通天地人三界。而在下界由信仰巫的人组成了一个国家叫巫咸国。

在蒙昧时代，巫掌握了知识，所以地位很高。如商代的开国国君汤本身就是一个祈雨的大巫师。在河阳开挖的妇好墓中发现商王武丁的妻子妇好不仅是一个女将军还是一个大祭司。

在原始社会，文化诞生初始，由于人的知识贫瘠，不了解自然变化和规律，对于诸多自然现象如打雷闪电，洪水猛兽，瘟疫等，都会感到惊奇、恐惧和神秘。与此同时将这些现象归结于鬼神之力，给具体化、人格化、神化。人们开始崇拜，祭祀，在崇拜和祭祀的过程中有了很多仪式，而仪式的产生需要一个执行者和领头人，通过这个人组织各种仪式把人的愿望和想法传递给鬼神。这类人便就是巫。巫掌握着知识并且被称之为与神沟通的桥梁，能知晓神的旨意，代表着鬼神的威严，因此，巫掌握着祭祀、医治、文化历史传承等权力，掌管灵魂，殷商商时期其实就是一个充满巫文化的国度，史书记载"殷商人信鬼尚巫"。巫们在相互交流的过程中，会以一位德高望重的长辈或有特异能力者为中心产生零散组织，历史统一称之为巫教。

但这个时候巫教没有统一个组织，散落的小团体，各自收徒，他们主要做的是祭祀敬神，后来发展到立庙，所以古代称巫也叫做庙祝并一直被道教延用，后来流传的祝由术就是巫文化的一种。它是古代最早的宗教模式，为之后的道教产生奠定了重要的社会文化基础。甚至将许多仪式、文化内容、神话传说都传承遗留给了道教。比如我们熟悉的一些神明，如女娲、祝融、共工、伏羲等都被道教纳入。

春秋时代，东周势弱。旧的秩序诸侯打破，同时旧的宗教也会打破，巫的地位便开始衰落。以至于后来出现了百家争鸣的局面，引来了中国历史上第一次思想文化大爆发。

但虽然如此，但巫风并未中断。而在诸子百家中以老庄的道家最接近巫教信仰，因为老子主张复古，希望能解决当时的社会危机。换句话说老子是上古时代巫教的原教主义者，正因为这样道家保留了许多上古巫教文化。如周易八卦、鬼神信仰、风水占卜、巫道医术、兵法奇要等。因为巫教带有浓厚的原始社会的属性，不符合社会的发展，因此在秦始皇横荡六国统一全国之后，对巫文化加以禁止和废除，焚书坑儒中也焚毁了大量的巫文化书籍。

为了能继续传承下去，巫看到了道家与巫殊途同源，于是向道家靠拢，于是巫道逐渐产生结合，但是由于巫不被上层阶级认可后来逐步衰落，而道教的产生成为社会主流的宗教，巫隐身于其中，延续至今。

中国历史上，历代北方政权均来自北方，一次一次刺激巫教信仰，使其复活，直至清朝末年！也可说，这为道信仰教注入了鲜活的生命力！

4）萨满教和道教在日本的传播

中国的萨满教和道教是如何传到日本的呢？红山文化是萨满教典型——萨满教是化石般的文明底蕴。战国末期燕、鲁、楚的难民大量迁徙朝鲜半岛，而此三国萨满教盛行。朝鲜半岛自古萨满教盛行，与仙道融合流传至今。圣德太子派小野妹子遣隋使之前，中华文明全部经由朝鲜半岛传播到日本，百济成为其主要通道。

萨满教在日本如何与日本固有的文化，神话等逐渐融合促成神道教？神道教何时形成，日本学界说法很多，平安说，最晚的是末木先生的江户中后期说。

萨满教又如何与日本传统文化相互交融？根据史禄国(1985)，萨满教本质上是一种基于万物有灵思想的哲学体系。米尔恰伊利亚德将癫狂入迷、多层宇宙、宇宙树等看作是萨满教的核心要素，并将萨满教巫师脱魂飞行于多层宇宙看作是本质特征。

日本当代萨满以凭灵型为主，少有或无脱魂型。凭灵型萨满在行巫过程中，鲜有歌舞赛神。《日本书纪》中的"巫梦"神武天皇与天照大神梦中见面，得到神谕。《日本书纪》崇神天皇执政，国内疫情严重，大物主神告知，让其儿子主持祭祀，樱井德太郎认为(1987)，日本最早的君王乃是巫王(shamanking)，日本王权的起源与萨满教息息相关。

根据《日本书纪》，"是时海上忽有人声，"，法衣往往是模仿鸟的羽毛或翅膀而做成的，天界飞翔或地界下降，飞鸟穿行三界等。鸟装陶片是萨满教意象产物。道教的羽化飞升。

《古事记》中为了藏身他界的天照大神重返现世，天宇受卖命为中心，众神云集(八百万神)，举行了一场招神仪式。

柳田的女婿崛一郎认为，真正巫(先天巫)是卑弥呼。"真正萨满的谱系贯穿整个历史，虽然没有作为神政女王而登上历史舞台，担当下几种新的宗教运动的教祖在人格上承继了其谱系并实际起着作用"，如天理教的中山美伎(1798~1887)，大本教的出口直(1836~1918)等。并且提出了关于"氏神信仰"和"人神信仰"的区分，认为这两种信仰体系体现了日本宗教文化的不同面向。

农耕民式的定居生活为基础，扎根地缘或血缘性共同体意识的信仰，它具有普遍性特征。因此，日本几乎每一个地区都有几处神社。地区成员自动归属于该地区的某一个神社，并与神社的祭神结成拟制性亲子关系。"氏子"是指，作为氏神之子的该地区成员。

与氏神信仰不同，人神信仰更具游牧民的特征，强调个性化的信仰形式。此类信仰体系明显带有萨满教的特点，具体表现为

"俗圣"这一概念。人神信仰包括"修验系"、"念佛系"和"俗神道阴阳道系"等三种类型。

这样一来，道教(巫俗)对日本的影响远大于儒教和佛教，可以说萨满教是极富生命力的活化石，构筑了东亚文明的化石般的厚实的文化底蕴，精神根脉，东亚文明的根本特征基本上有萨满教式文明来涵盖。

5) 萨满与kami(神)

日本人称一切神明为(かみKami)，汉字传入日本后，汉字"神"字被用来表示かみKami。日本人称皇室、氏族的祖先与已逝的伟人英雄之灵统称为Kami，亦将认为值得敬拜的山岳、树木、狐狸等动植物与大自然的各类灵物称为Kami。《古事记》中，凡称かみ(Kami)者，从远古所见的诸神为始，鸟兽草木山海等等，凡不平凡者均称为"迦微"(かみKami)。其中不仅包括有德、有功、杰出者，还有凶神恶煞等令人生畏者亦可称神(かみKami)。神道教所祭拜的"神"(かみKami)不仅是中国人所谓的神祇，亦包括一些令人骇闻的穷凶极恶者，这盖与萨满信仰不无关系吧！

神道教从游牧民族自然宗教发展而来，最初以自然精灵崇拜和祖先崇拜为主要内容，而其神系成立是后来依据稗田阿礼口述而成的《古事记》神话而构筑，《古事记》中又称日本存在800万神，这可能是古代日本萨满信仰中出现的各类神的一种抽象描述吧！应该说，神道教是从萨满教衍化而来的日本古老的宗教。

柳田国男(1875~1962)是最早研究日本萨满教现象的民俗学家。在《巫女考》中，试图从日本全国各地残留的巫女文化中寻找日本巫女的源流。他以其玉依姬(《古事记》、《日本书纪》神话中出现的神，在日本各地均可看到其传承的痕迹，也作为"神灵附体之女"的统称使用。)或神功皇后(出现在日本记纪神话中的皇后，据传具有降神、转述神的话语的灵能，常被介绍为具有萨满教祖型特征的人物。)为巫女模型，以此为基础，将在日本固有宗教形态中承担神人中介作用并根据神意帮助整个家族男性的女性形象视为巫女原型。

民俗学家折口信夫(1887~1953)则从日本文学或宗教的发生学视角研究萨满信仰。他关注巫女是否具有具有与灵性直接沟通能力，或者是否神附体，关键在于巫女通过与神缔结拟制性的姻缘而成为神的代言人。若想神与人之间转达神意，就需要有神附体。为满足这一要求，女性肉体上和心理上都应具备有利条件，经过这一过程成为"神之妻"。在古代社会成为神之妻的巫女通过神意掌握国家的权利。如折扣所言，很多日本的神社都在祭神旁供奉女神媛神，这就是"神妻"存在的最好的证据。

巫女一旦神附体则进入忘我的状态，开始转达神的话语，神谕(咒词)常带有某些故事性。由此，折扣将巫女口述的故事视为日本文学之源。而且，神社祭礼时宣读的祝词也与神附体的结果。日本的神乐等传统的艺能也产生于神灵附体时所跳的舞蹈。也就是说，巫女占据古代日本社会政治、宗教，社会文化，艺术等等领域最核心的地位，扮演不可或缺的重要角色。

6）古代日本的萨满信仰

弥生时代的日本列岛存在萨满文化，得到众多历史遗物和口承文本的支持。公元前300年——公元250年(相当于中国战国末年至秦汉)，日本列岛的弥生人主要靠渔猎生活，信仰萨满。后来稻作的传入逐渐结束了渔猎生活，开启农耕时代，精神生活从自然形态的萨满信仰向人文形态过渡，开启了原始神道教时代。

邪马台国的女国王卑弥呼，(弥生时期)"事鬼道，能惑众"，古代日本萨满的首领？如前所述，巫女不仅是宗教信仰活动的核心，而且，因其有能力占卜国家未来，掌管国家权力，卑弥呼的记载中可见一斑。

"倭國亂相攻伐歷年，乃共一女子為王，名曰卑彌呼，事鬼道，能惑衆。年已長大，無夫壻，有男弟佐治國。自為王以来少有見者，以婢千人自侍，唯有男子一人給飲食傳辭，出入居處，宮室樓觀城柵嚴設常有人持兵守衛"

(《三国志·魏志》卷三十)日本学者提出的关于道教传入日本的考古证据有:一、是神兽镜。镜上有东王公、西王母二神名，以及延年益寿，寿如金石等道教语言。神兽镜的出土处为河内松冈山王后古坟和大和各城军心山古坟等。二、是静冈县伊场遗迹和宫城县多贺城遗址出土的木简。木简画有道教符咒。三、是藤原宫遗址出土的木简。木简文字为陶弘景《本草集注》上卷部分内容等。文献中最早表现道教思想痕迹的是《日本书纪》中的"常世思想"。垂仁天皇九十年条:"九十年春二月庚子朔、天皇命天道间守，遣常世国，令求非时香果。今谓橘是也。"天道间守卫为救天皇生命，"万里蹈浪，遥渡弱水，"到达常世国，"是常世国，则神仙秘区"。橘子，在道教是被视为长生不老的仙药而食用。弱水是《山海经》中与昆仑山、蓬莱的传说相关联的河流。景行天皇四十四年条，日本武尊化为百鸟从陵中飞出，群臣打开棺木一看，其尸骨不见，只余衣物。这实际上是在描述道教的尸解仙。

据日本学者的调查，现在的奈良县高市郡明日香村在 7 世纪左右曾有过宫殿并建造了道教宫观。"是岁，于飞鸟冈本，更定营地。时，高丽、百济、新罗并遣使进调，为张绀幕于此宫地而饗焉。遂起宫室，天皇乃迁，号曰后飞鸟冈本宫。于田身岭以周垣。复于岭上两槻树边起观，号两槻宫，亦曰天宫。"这是日本最早的史书——《日本书纪》卷二十六中记载的关于齐明女皇(656~661)曾在奈良盆地东南隅的飞鸟宫附近的山里，仿造仙人居住在天上的宫殿，建造了类似于"道观"的内容。对于《日本书纪》中的这段记载，日本的历史学学者黑板胜美在其论文《我国古代的道家思想及道教》一文中认为，齐明女皇再次即位后的第二年(656)就开始在田身岭上营造新宫殿，相继竣工的有冈本宫、两槻宫、吉野宫等。两槻宫既是天皇的宫殿或离宫，也是道观。日本历史地理学家千田稔在其著作《中国道教在日本》中也指出，"这是日本历史上唯一的有史料可稽的有关道观的记载。这一事实，说明齐明天皇对道教有过很大的兴趣。

奈良时期的道教主要是占卜祭神和方技咒术。它最初是在上层流行，后逐渐传播到下层民众中，并日益和日本固有信仰结合在一起，造成许多"弊害"。此时期高层的研究要说到吉备真备和弘法大师空海。吉备回国时带回了许多道教书籍，学习了很多道教秘术，回国后成为阴阳道的代表人物;空海从唐回国后编有《三教指归》，比较了儒释道三教的优劣，因而可认为此时日本对道教已有相当深入的认识。

平安时代可以说是日本道教最兴盛的时代。大约编于7世纪末的《日本见在国目录》收录有大量的道教书籍。道家部有《老子化胡经》十卷、《太上老君玄元皇帝圣化(记)经》十卷、《本际经》一卷、《太上灵宝经》十卷、《消魔宝真安志经》一卷等。杂传家部有《汉武内传》2卷、《神仙传》20卷、《搜神记》30卷、《列仙传》3卷等。五行家有《三甲神符经》、《三五禁法》10卷、《印书禹步》1卷等。医家部有《神仙服药食方经》1卷、《五岳仙药方》1卷、《道引法图》1卷、《神仙芝草图》1卷等。这些道经在日本并非仅仅收藏在日本宫廷或者贵族的书库中无人问津，而是拥有相当数量的读者。

日本历史上与道教关系最为深厚的是天武天皇。据《日本书纪》记载，天武天皇精通道教的道术，兴建在"占星台"，建立"阴阳寮"。天武天皇的谥号叫做"天渟中原瀛真人天皇"。"天渟中原"的意思是"铺满了珠玉的天上原野"，"瀛"这一汉字来自于东海三神山——方丈、蓬莱、瀛洲里的"瀛洲"，"真人"是仙人的最高位。后世日本使用"天皇"这一称号正是受此影响。

镰仓、室町时代实际上是武家掌权的时代，他们没有雅兴像平安时代贵族那样追求神秘的神仙境界和不老长生之道，热衷于佛教。因此，道教受到了冷落和压抑。

江户时代可以说是日本道教的第二次复兴时期。它有三方面的特点：一是中国道经大量流入日本；二是随着印刷术的发展，大量道经得到刊行和传播；三是道教作为一种学问得到了关注和深入研究。

5世纪末以后，在中国广泛流传的《太上感应篇》传入了日本，江户时代已有多种日本刻本；明《正统道藏》也于江户时代由九州人毛利蕃带回日本。许多著名的学者都接受了道教思想，如日本阳明学鼻祖中江藤树就亲自供奉太乙神，他写有《太上天尊太乙神经序》，还著有《灵符疑解》《阴鹭文》等有关道教的书，他的心学受到善书的影响，他的弟子们在其影响下也学修道教。此外，像贝原益轩、获生祖袜、天野信景、三浦梅园、平田笃胤、广獭淡窗、青木北海、多纪元、长谷川延年等江户时代各方面学者的著作，均涉及道教，有的学者甚至亲身实践，热衷于道教信仰和修行。这些反映了江

值得注意的是，道教虽然在日本有所传播，但是它的流传并不像儒教和佛教那样系统和完整。关于这一点，奈良行博在《道教在日本》中说："我的看法是，道教是地域色彩、民族色彩浓厚的宗教，是以地域的社会活动及传统的民间活动密切相关的宗教，所以，在异文化的社会里很难接受并扎根下来。道教在宗族或地域社会中能够提高凝聚力，道士在地域乡村里起了天界、冥界与人间的中介的作用，在日本，为团结地域社会而有固有宗教'神道'，没有必要原封不动全盘照搬地借助于道教的力量，只是一部分稀奇的道教习俗从道教的肢体上割裂开，作为装饰神道及日本佛教的配件而被摄取，所以，在日本道教组织未形成，仅是道教习俗残留下来。

日本道教的最大特点应当说是其不完整性。日本接受道教的

情况与朝鲜不同，日本并没有主动请求中国派遣道士来日本，中国也没有官方派遣道士来日本传教。正如盛邦和《内核与外缘——中日文化论》中说，日本是环绕中国大陆内核文化区的"外缘文化区"，而且和同样是外缘文化区的朝鲜是"充足辐射外缘区"相比较，日本是"不充足辐射外缘区"。

中国道教与日本神道教同源于北方史前萨满教。在东亚文明版图内萨满教成为历史文化的底蕴和精神根脉。这种文化发生学角度上的类似性，使道教在古代日本很快找到了其文化契合点，也使日本人对道教一开始就产生了某种意义上的文化亲近感。道教本身的发生发展具有民间信仰特性，不甚强调社会性、组织性、强调"自然无为"时至今日道教不热衷于传教。事实上日本历史或现实社会都存在具有较大规模化的教团道教组织。一方面日本学界的道教研究尚待深入，另一方面，存在出于复杂的心理因素不予肯定的倾向。而阴阳道、修验道就是道教在日本发展出来的教团宗教。

在交通不发达的古代，与中国隔海相望的日本接受中国的文化除少数官方、民间的贸易联系外，就是通过相对距离较近的朝鲜。这必然导致文化的"辐射不足"。

日本接受的道教文化本身就是由朝鲜"顺带"传授过来的，本身就不成体系。在接收的过程中，道教和神道教的相近性是大问题，日本又按照守护"国体"，再用价值的高低进行一番"删减"。因此，道教在日本，几乎没有上升到宗教的意义，吸收养生术，神仙传说，修炼之术、医术等等。但是，即便如此，道教在日本文化中仍然烙印深刻，道教文化无处不在。例如:基于日本道教文化发展而成的阴阳道、修验道，他们吸引民众不是靠神仙崇拜信仰，而主要是靠治病驱邪的咒术方技。

长期以来，日本儒学者作为谋生的手段，兼通道教医学的很多。他们清楚所谓中医汉方就是道教医学。

7)　道教在现代日本的发展与未来走向——阴阳道

　　古坟、飞鸟时代传入日本的阴阳五行思想体系，促使国家仿照大陆飞鸟时代成立了阴阳寮。奈良平安初日本律令松动，灾难频发促使阴阳道发展咒术、祭祀，平安朝中期发展成咒术型性宗教体系。阴阳道与国家活动、天皇、贵族日常生活密不可分，因此，在日本正史，公家日记中留下较为丰富的记录。中世还在为上层贵族阶层、武士们服务，近世开始世俗化，阴阳师活动于村头街巷，明治三年(1870)阴阳寮废止，以土御门神道留存至今。

　　家永三郎说，"自阴阳思想体系东传日本后的数百年间，上至国家政治判断，下至贵族个人的私生活都广泛地被阴阳道所支配，日常生活的各个方面都依据阴阳道的吉凶判断，并墨守各种禁忌，这一习惯已扎根于那个社会"阴阳道是阴阳寮这一隶属于中央的国际机关为载体实现其发展的。

(1)　日本阴阳道的泰山府君祭缘起

　　日本京都市左京区修学院的"赤山禅院"属天台宗，与中国有着很深的渊源。赤山禅院是平安时代按照慈觉大师圆仁的遗愿建造的，其中的主佛赤山大明神是从大唐赤山(今山东省荣成县)请来的泰山府君，在日本成为阴阳道的祖神。福井康顺认为，"在道教诸神中，对日本影响最大的是阴阳道引进的'泰山府君'"。平安时期838年，日本天台宗慈觉大师圆仁为求佛法跟随遣唐使来到唐朝，随船回国途中，在海上遭遇暴风雨和雷击，船漂流至赤山(山东威海)时，圆仁叩拜赤山寺中供奉的赤山明神，祈祷神明保佑自己平安归国，并誓愿："到本国之日，专建神社，永充祭祀。"圆仁回到日本后，积极弘扬所学佛法，感念赤山明神(泰山府君)的灵佑，本想按誓愿建造寺院以祭祀神明。然而，圆仁在去世前也未能实现建造赤山禅院的心愿，而后其弟子安慧谨承遗志，建造了赤山禅院。

泰山府君是中国五岳之首东岳？泰山的神灵，从东方主生的思想出发，泰山被视为"天地大德"的汇聚之所，帝王的腾飞之地，故为中国古代皇帝举行封禅祭祀之地，道教视其为天上太一神在地上的居住之所，故称太一神为"泰山府君"。道教还将泰山视作治鬼之所，死后灵魂所归之处。泰山府君为冥府之王，是惩恶扬善、济生渡死的正义之神。道教经典《云笈七签》卷七十九云："东岳泰山君领群神五千九百人，主治死生，百鬼之主帅也，血食庙祀所宗者也。世俗所奉鬼祠邪精之神，而死者皆归泰山受罪考焉。"赤山禅院的建造推动了泰山府君信仰在日本的传播。日本的阴阳道将泰山府君视为祖神，由于阴阳道的安倍祥明的大力推广，"泰山府君祭"成为阴阳道的代表性大祭。大约从平安朝中期起，由阴阳师主持的"泰山府君祭"，将泰山府君信仰贯穿于日本各类祭祀活动中，上至朝廷的仪式典礼，下至百姓的冠、婚、丧祭礼，因宣扬泰山府君特有的主宰生死、求福消灾等重视实际利益的功能，泰山府君祭逐渐发展成国家祭祀受到热烈推崇，日本天皇又尊其为"赤山大明神"。"泰山府君祭"成为富有日本民族文化特色的宗教祭祀活动。阴阳道将"泰山府君"改造成为与日本人现实利益的神明，"泰山府君祭"也被纳入日本神道教的神祇体系之中。可见，泰山府君信仰已经融入日本文化之中，成为其国家祭祀与民俗生活中的一部分。

(2) 妙见菩萨

日本大阪府能势町的妙见山上有一座所属日莲宗的寺院——"能势妙见堂"，里面供奉着"妙见菩萨"，是附近一带曾经的领主能势氏一族的守护神。此外，熊本县八代市妙见町的八代神社、福岛县相马市中村的中村神社也供奉着妙见菩萨，是日本供奉妙见菩萨最负盛名的地方。能势妙见、八代妙见、相马妙见并称为"日本三大妙见"。另外，还有千叶县千叶市中央区的千叶妙见神社、大阪府交野市星田的星田妙见宫等，日本的各地还有许多与妙见菩萨相关的神社和寺院。"妙见菩萨"也被称为"妙见尊星王"、"北辰妙见菩萨"，也是"镇灾灵符神"。妙见菩萨披发裸足，手持宝剑，一副英勇武将神资。密教的经典之一《七佛八菩萨所说大陀罗尼神咒经》曾有记载道："我北辰菩萨名曰妙见，今欲神咒，拥护诸国土。所作甚奇特，故名曰妙见。处于阎浮提，众星中最胜。神仙之中之仙，菩萨之大将。"

妙见菩萨虽然称为"菩萨"却与印度佛教中菩萨并不相同，它是道教星辰信仰中的北辰北斗信仰与佛教融合后的产物。"北辰"即北极星，道教认为，北辰是永远不动的星，位于上天的最中间，位置最高，最为尊贵，是"众星之主"也是"众神之本"，因此对它极为尊崇。另外，自古也有把"北斗"当作"北辰"，"北斗"即指北斗七星。傅洞真《北斗经注》说："斗星所主，延寿度厄，保命益算，消灾散厄扶衰，是故有回死注生，消灾度厄之功。"道教认为北斗主掌人间祸福。妙见菩萨实际上是北辰北斗神格化后的神明，拥有强大神力。大阪的星田妙见宫的幕布上就画有以北斗七星为中心的八卦图文。据《妙见宫实纪》、《八代神社记》记载，公元680年秋，妙见菩萨乘神兽"龟蛇"从中国(浙江宁波)渡海来到日本熊本八代郡土北乡八千村竹原津。"龟蛇"乃道教方位中北方玄武之象，《礼记·曲礼上》云："行，前朱鸟而后玄武……'玄武'乃龟蛇"。可见，妙见实际上是道教神明。据说，妙见菩萨在此停留三年之久，当地人将之尊为保护神加以供奉。795年，桓武天皇下令在此修建妙见宫，这是现在的八代神社内三宫中的上宫。后来，二条天皇于1160年、后鸟语天皇于1186年分别建造了妙见宫的中宫和下宫。①道教尊北斗七星为北斗七星君，七星君各有称谓。分别为：北斗第一阳明贪狼太星君、北斗第二阴精巨门元星君、北斗第三真人禄存真星君、北斗第四玄冥文曲纽星君、北斗第五丹元廉贞纲星君、北斗第六北极武曲纪星君、北斗第七天关破军关星君。②日本佛教黄檗宗，由中国僧人隐元为开始祖师，因此，黄檗宗寺庙里供奉关帝作为护法神，以中文诵念经文。

镰仓时代(1192~1333)，由于北斗第七星被称为破军星①，故妙见菩萨作为武士的保护神而受到敬祀，镰仓末期以后，与日莲宗结合的妙见被各地寺院请为保护神。千叶氏、相马氏为主的领地建造了不少妙见堂，即现在的千叶妙见神社、相马中村神社等。妙见信仰也为神道所采用，各地建造了北辰社、妙见社等祠庙，与寺院的北斗堂、妙见堂并立。这些供奉着妙见菩萨的神社和寺院，大多数同时也供奉着"天之御中主神"，既日本神话中开辟天地，生于高天原的造化三神之一。将"妙见菩萨"与"天之御中主神"共同供奉，既体现了日本神佛习合，又体现了神教、道教、佛教混同的特点。可见，道教的神明以借助日本佛教与神教发展的形式在日本得以广泛传播开来，并影响着日本人的宗教信仰观念，但同时其本身已被融入日本文化之中。

6. 他山之石，可以攻玉
——日本的"文化走出去"战略

随着经济全球化进程的加速，一个共生、共存的国际化社会正在形成，文化与社会经济发展的关系也变得越来越密切，在以创新为驱动力的知识经济时代，文化不仅是可以创造可观经济效益的社会生产力，更"越来越成为民族凝聚力和创造力的重要源泉，越来越成为综合国力竞争的重要因素。在这一背景下，积极吸收各国的成功经验、为我所用，成为提升国家软实力与文化影响力的重要策略。日本在文化"走出去"战略方面积累了丰富经验，通过动漫、影视、时尚、美食等多种文化载体，成功构建了具有全球影响力的国家文化品牌。其经验对于我们理解如何在全球化语境下推动本国文化传播与产业发展，具有重要的启发意义。

从20世纪七八十年代起，日本的发展战略逐渐开始转向"文化立国"。20世纪90年代，在日本称之为"失去的十年"中，尽管经济不景气，但文化产业仍持续增长。1995~2002年，日本的文化产业中增长率为5.8％。近年来虽有所降缓，但手机游戏、广告又成为新的增长点。2005年，日本的文化产业市场规模就已达到12兆8243亿日元，其中在海外的市场规模达到2599亿日元，世界市场份额仅次于美国居世界第二，以动漫、电子游戏、流行音乐为中心大量向海外出口。世界的动画片中有65％为日本动画片。如今，日本文化产业已经在全球范围内居于领先地位。

美国记者道格拉斯·麦克雷在他的《Japan's Gross National Cool》一书中这样写道："日本的超级能量又一次再生了，在众所周知的政治经济的逆境中，日本在国际范围内的文化影响力正在悄然成长，从流行音乐到家电，从建筑到时装，再从动漫到料理，日本展现出了甚至超过其80年代经济力的超级文化力。"

2010年，日本使文化产业的年出口额从3300多亿日元增加到15900亿日元，从而占总生产的比重从3％提高到10.9％。

进入21世纪，日本已经非常明确地将其文化产业的发展中心转移至了海外。首先，不少专家学者已经指出，日本国内的文化市场已经接近于饱和，再加上日本社会的少子高龄化，任何企业若是想通过扩大内需来增加市场份额，在国内激烈的市场竞争中，可以说是难上加难。走向海外已经是唯一的出路。其次，哈佛大学教授约瑟夫·奈所提出的"软实力"理论，从20世纪90年代起就在日本的文化学者中引起了极大的反响。在奈的理论中，"软实力"的三个资源中，第一个就是文化，尤其是对他国能够产生吸引力的大众文化。提高文化产业国际影响力对于日本国际地位的提高也有着极大的意义，这早已成为日本各界的共识。

日本与传统意义上的"资源小国"不同的是，一直将自己视为在世界范围内的"文化资源大国"(日本艺术家告诉我，神道教就是取自不尽的文化源泉。)，并积极探索本土化与全球化结合的途径。

日本的文化企业不仅重视文化产业本身，还致力于为文化产业的发展创造一个良好的环境，建立一整套完善的产业体系并积极寻找世界性的元素，以迎合各种文化消费者的需要。他们通过和海外的电视台、电影公司、财团等进行充分的合作交流并建立战略同盟关系，来整合资源，在保证其独创性的同时寻找共通点。如聘请不同文化背景、意识形态的工作人员参与其中，从而在创作开发阶段就充分考虑到各地消费者的兴趣取向。日本还利用学校、财团等民间团体在海外设立了大量日本文化研究和推广机构。比如，在世界各地尤其是亚洲不少大学都有日本文化创意中心、日本文化研究所的机构，通过派遣教员、邀请学者访问和接受留学生等方式促进文化的传播，日本政府文部省每年都有上亿日元的经费用于国际文化交流。国际间的交流所带来的成果也有相当大的部分为其文化产业的发展提供了帮助。

日语是一个小语种，而且日本文化特征也与流行的西方文化具有极大的差异，这就使其产品的出口有很大的局限性，在产品设计开发上他们就努力走以"国际化"与"本土化"相结合的道路，利用电脑科技发展"轻语言重表现"的"无国籍性"动画片，造就了如阿童木、哆啦A梦这样深入人心的卡通形象，取得了市场收益最大化的效果。但文化产品素材和主人公形象多取自神道教的各类故事和神灵。

日本文化走出去主要依靠市场机制，但政府主导的特点也很明显。大力支持和发展文化产业，为文化产业提供方便，制定相关鼓励政策，也是日本文化产业得以长期发展的一个根本原因。

对振兴地区和地方文化，日本政府有明确的规定。比如，政府应支援地区文化活动，包括重新挖掘、振兴具有地方特色的文化遗产、民间艺术、传统工艺和祭祀活动等；制定长期规划，对具有地方特色的文化艺术提供综合援助；中央政府与地方政府联手举办全国规模的文化；等等。我国有些影视产品制作，并没有太多考虑海外观众的欣赏习惯，只是单纯按照中国观众的口味来设计，这是很致命的问题。

只有根据受众的喜好创作出的作品，才是有生命力、有价值的作品，才是有市场的作品。当然，也不能一味地迎合西方的文化，必须要有能够体现中国特色的东西。

日本的文化产业本身就是混血文化的产物，在产品开发过程中，日本也就很善于将本国的文化融入现代科技中，像风靡世界的日本游戏软件中常用日本传统的三弦和长笛作为背景音乐，不少的游戏题材都是以日本历史事件为题材设计的，如织田信长、丰臣秀吉等人物常常作为主角出现，而日本风景和习俗的画面及古代日本战刀的频频亮相更是颇得游戏爱好者的欢迎。

7. 结语

美国哈佛大学教授约瑟夫·奈的观点，一个国家的综合国力，既包括由经济、科技、军事实力等表现出来的"硬实力"，也包括以文化、意识形态吸引力体现出来的"软实力"。一个国家的崛起，从根本上说，在于它综合国力的全面提升。而文化产业就是国家软实力的核心，文化产业的经济潜力和对其他产业的拉动作用不可小觑。美国媒体娱乐业年出口值达900亿美元，与军事工业共同主导当地经济。而一些西方发达国家利用其国际分工的优势，集中全球绝大部分传媒手段，垄断文化内容的传播，输出文化资本，整合全球文化资源，形成了从"软文化"到"硬经济"的全面优势。

在如今社会迅猛发展的背景下，我国也必须加快文化走出去步伐，积极探索有效途径和方法，运用市场手段配置资源，做强做大，才能不被时代变革的大潮所抛弃，才能在经济的高速运转中坚守阵地，稳扎稳打，永远屹立于世界民族之林。

中国是文明古国，是文化大国，也是经济大国，以道教为代表的中华文化，早就以其深邃的精神价值和多彩斑斓的表现得到世界各民族的青睐，在历史的启迪和现实的昭示中，我们将不断增强文化自信，以更加包容开放的姿态，开展不同文明间的交流与互鉴，不仅传承弘扬民族文化独到的精神价值，而且积极熔铸包括西方文明在内的人类文明最优秀的文明要素，为构建全球人类命运共同体，打造人类更加幸福的未来做出自己的贡献。

(首都师范大学历史系世界文明专题讲座，2022年11月18日)

第八章

佛教"无常"理念与日本人的美意识

探讨一种文化、一个民族的审美意识，是一件复杂而艰巨的工作。不同民族由于受到不同自然环境、政治经济条件以及文化宗教等诸要素的影响，在历史发展的漫长过程中逐渐形成各具特色的民族气质和审美意识，这种基本的气质和审美情趣一旦形成，则具有相对稳定性和延续性。在社会生活中，审美意识不仅与历史的、社会的各个要素紧密联系在一起，而且，它藏于一个民族文化心理的深层，只有在具体的审美活动中，外化为具体。这为我们研究、捕捉一个民族的过去和现实的审美价值趋向提供了可能。同时也要求我们不仅要大量收集，掌握一个民族的政治、经济、哲学、宗教、文化、艺术诸方面的资料，而且需要多视觉、多层面，做耐心细致的观察分析。特别是考察像日本文化——这种相对独立于大陆而又千方百计吸收、融汇外来文化的过程中形成独自风格的文化时，更是如此。本文就长期影响日本文化，并在日本文化诸要素中占重要地位的佛教思想，特别是其中佛教无常思想与日本人的美意识的关系作一粗浅的考察。

1. 诸行无常，诸法无我

发端于印度的佛教思想，经中国传入朝鲜、日本，在东亚社会产生了广泛而深远的影响。佛教传入日本后，与日本的传统思想文化相接触，不断冲突、磨合，与其它众多要素相融会，形成了既有别于印度，又有别于中国传统文化的，具有自己民族特色的独特的文化类型。这一过程中，无常思想作为佛教哲学中基本的世界观和人生观，对日本文化中诸要素的形成和发展起了不可忽视的作用，并且这种影响延续至今。

佛教哲学之建立，即与"诸行无常"的认识分不开。释迦牟尼四处游历，所见众生疾苦，生老病死之惨状，深感人生之无常，悲众苦之逼切，舍荣华，弃世家，苦行六年，终于悟得解救众生之灭道，大开法门，随机说法，救度众生。那么，何谓诸行无常？中国学者黄忏华编《佛学概论》对此作了较好的概括和解释。

"诸行无常者，行者，迁流转变之义。如《俱舍颂疏》谓，造作迁流二义名行。一切从因缘生之有为法，即世间万象，无一不迁流转变，不遑安住，故通称世间万象为行。其法众多，故云诸行。常者，常住不变之义。世间万象，从于众因缘和合而生，有生即有住有异，有异即有灭。无论为色、为心，为小、为大，无一湛然常住，不在迁流转变之中，故曰诸行无常。"

世间万物万象，无一不是因缘和合之产物，因此，无有恒常不变者，莫论其色心、大小。这就是佛教世界观赖以建立的认识基础。

"无常有二种。一，一期无常；二，念念无常。一期无常者，于某一期间，迁流代谢，终归坏灭。在人，为生老病死；在物，为生住异灭；在世界，为成住坏空。以人言之，宿业既尽，则命光迁谢，无间于岁月之修短。其至短者，甫托胎即撕灭，乃至在母胎中，一月二月，五月七月；或从胎出，一日二日，五日七日；犹如石火，炯然以过。其较修者，自十岁二十岁，以至五十六十；而至修者，亦鲜能出百岁以上，莫不光沈响绝，埋魂幽石，委骨穷尘。如是自幼至老，无非出于无常，入于无常；无有贵贱贤愚，而得免脱。"

显然一期无常是指某一段时间内的变化无住。在人，在物无一例外。

那么，何谓念念无常呢？

"念念无常者，梵语刹那义，翻云念。念念者，刹那刹那也。一切有情非情，不唯有一期之无常也；一期之相续上，又有刹那刹那生住异灭之无常。盖将自其变者而观之，其变宁唯一纪二纪，实为年变。岂唯年变，亦兼月化。何直月化，兼又日迁。沉思谛观，刹那刹那，念念之间，不得停住。"

这是进一步讲，某一时间段内是无常(一期无常)，那么，这一时间段内的瞬间，都是变化相续，无有停住。这样一来，变化不住的世间万象的本质是什么呢？

如上对无常的认识，很自然引发诸法是否有"我"的争议。对此尽管众说纷纭，但佛教理论根本上主张"诸法无我"。正如《原人论》云：

"形骸之色，思虑之人心，从无始来，因缘力故，念念生灭，相续无穷，如水涓涓，如灯焰焰，身心假合，似一似常，凡愚不觉，执之为我。"

何谓"我"乎？

"我有二种，一人我，二法我，上所述人无我也，此通三乘。尚有法无我，是大乘义。法我者，于五蕴诸法，执为有实自体能自持之实法。其实五蕴诸法，皆由因缘和合而成，如幻如化，无实体性。以众缘生故，有为法即空无自性；而无为法亦即遍于有为法之空性，故曰法无我。"

人无我，法无我，最终悟得性空，这是佛教哲学的世界观和人生观的出发点，是逻辑发展的结果，也是必然归宿。佛教所传之处，这种思想对不同时代，不同地域的民族文化的形成和发展产生了深刻的影响。

2. 无常与日本人的美意识

1）无常与日本古代文学理念

随着佛经和汉文典籍大量传入日本，佛教思想在日本产生了广泛的影响，并逐渐渗透到了人们的心灵深处。

代表中世纪文学最高成就的《平家物语》中就有有关"无常"的描述。

"祇园精舍的钟声，有诸行无常的声响；沙罗双树的花色，显盛者必衰的道理。骄奢者不久长，只如春夜一梦；强梁者终败亡，恰似风前尘土"。

由此可以看出，"诸行无常"的观念，已渗入到日本人的社会认识之中。再如，十四世纪吉田兼好在其《徒然草》中认为"人世正因其变化无常才为可贵"，"时时变化才使各种事物富于情趣。"提出了积极的无常观。这种思维方式在形成古代日本文学理念方面，表现尤为突出。以下就代表古代日本诗歌最高成就的松尾芭蕉的俳谐为例，作简要的分析。

松尾芭蕉，正保元年(1644)出生在伊贺上野的一个下级武士家庭。十岁左右成为大将藤堂家的继子良忠的门生。良忠(俳号蝉吟)作为北村季吟的老师是贞门俳谐的学者。因此，芭蕉也与贞门很亲近。蝉吟死后，芭蕉离开了故乡。开始从事俳句的创作及相关的诸多作品的创作，如《俳谐次韵》《武藏曲》《野ざらし纪行》《鹿岛纪行》《笈的小文》《更科纪行》《奥之小路》《冬之日》《春之日》《旷野》等等。一提起芭蕉，谁都会立即想起他的著名的俳句。

蛙跃古池内，静潴传清响。

　　凄凉、空寂的古池，忽有一青蛙跃入其内，荡起层层涟漪。这是芭蕉俳句中最脍炙人口之作，在日本可谓家喻户晓。被称为"蕉风"的芭蕉的俳句，体现了日本的湿风润土培育出来的传统的富有生机的时代性格。正冈子规在《芭蕉杂谈》中认为此句可谓千古绝唱，其神秘是难以言表的。因此，历来对此句的评价仁者见仁，智者见智。为便于中国读者的理解，在此不妨与几首中国古诗作一比较。

　　如常建的"题破山寺后禅院"：
　　清晨入古寺，初日照高林，
　　竹径通幽处，禅房花木深。
　　山光悦鸟性，潭影空人心，
　　万籁此俱寂，唯余钟磬音。

　　在晨雾中，望古寺，通往古寺的小路在晨雾中依稀可见，寺庙钟声的余音，从远处山坳里传来。置身于那种幽静的环境中，心情也全然被那种"闲静"的气氛笼罩。

　　又，柳宗元"江雪"云：
　　千山鸟飞绝，万径人踪灭，
　　孤舟蓑笠翁，独钓寒江雪。

　　层层山林中，连一只鸟也看不到，山路上人迹亦全无。雪悄然地下着，寒江孤舟上，只有一位静静等待"愿者上钩"的老人。

　　反复吟咏此诗，总能给人一种几分惆怅，几分寂寥。

　　为便于讨论，让我们再来欣赏几首芭蕉的俳句。
　　秋日今向暮，枯枝有鸟栖。
　　晚泊舟相系，无眠觉夜寒。
　　山寺无人到，寂寞涅槃图。

　　与前常建、柳宗元之作相比，其意蕴、氛围颇相似，但细细咀嚼，芭蕉的俳句，显然更趋闲寂、纤细、余情。芭蕉领略自然之妙，又更独到。在万籁俱寂的旷野，蒙蒙薄雾，惘然而坐，非醒非眠，耳边响起"蛙跃入水声"，芭蕉如梦方醒，悟得世间万象之无住，人生之无常。芭蕉这种接近于纯自然的，甚至有些朦胧、低调的表现手法，所用的含蓄文字，并非局限于诗句，而要引起大量的联想，它暗示了一种极富内蕴的认识和情感——生命的空幻。

我们知道，由于地理环境、生产条件、文化背景、心理素质之不同，各个民族的思维方式，也不尽相同。日本是一个自然环境优美的岛国，自古日本民族崇尚自然，歌颂自然，佛教的传入为日本民族的精神生活带来了新鲜空气，而佛教"诸行无常，诸法无我"的世界观，更为广泛地接收和融进日本文化之中。热爱自然的民族风尚和高尚的精神追求融会到一起，所寻求到的人生真谛，使人沉入无尽的遐想之中，在这种心理状态和氛围中，一切将变得美好，心灵充满了淡淡的喜悦，这种喜悦正是审美活动的结果。这种喜悦经一定的反复和若干的跳跃之后，逐渐固定在一个具体的意象上，这个意象包容了许许多多内心冥想的思维成果，草木花鸟作为自然的一部分，作为寄语，充分外射人的内心感受。将外界物象视为内心寄托，又以内心世界的主观幻象包容并概念外界物象。而这种艺术活动的深层心理基础和原动力则是"诸行无常，诸法无我"，"我心即佛"的佛教人生哲学。永恒的解脱并非易事，喧嚣烦杂的尘世，时常侵扰宁静的心灵，便奏出了常与无常的交响曲，闲寂、幽玄、纤细、余情等古代日本文学特有的理念，从中逐渐形成并发展起来，深深扎根于日本文化的土壤之中。

2) 无常与日本近代文学

如前所述，无常是日本古代文学理念形成和发展的重要理论基石之一。但时至今日，很少有人将无常与日本近代文学结合起来探讨。究其原因，盖是多方面的。其中，主要是由于受西方文艺思潮、思维方式的影响，多与社会政治、经济因素结合起来探讨，而忽视了东方文化固有的传统和审美情趣。

日本近现代文学就其发展来看，形成了诸多流派。如写实、浪漫、复古、自然、反自然主义等等，产生了众多优秀作家和作品。本文就以如前所述的佛教思想，特别是无常思想影响下形成和发展起来的古代文学理念对近现代文学的影响为基本线索，着重对近现代文学史上具有代表性，且议论纷纷的三岛由纪夫和川端康成的审美意识的基本特征作一简要分析，以探明日本人审美意识的变化和发展方向。

日本著名作家佐伯彰一曾说"我反复强调三岛由纪夫是现代作家中最难评论的一个。"有人认为三岛属唯美派，也有人认为三岛属浪漫派。他的作品确实不乏唯美、浪漫色彩。但笔者认为，我们更不应忽视其本人的表白——三岛认为自己属古典派。与任何一个事物都有其发生发展的过去、现在、将来一样，一个作家的成长亦不例外。像三岛这样有个性的作家更是如此。

三岛由纪夫是经历了战争与战后生活体验的作家，因此摆在他眼前的是破碎的山河、扭曲的人性。因此，他的作品大量地描写爱与性，来探求人性的禁锢与解放，人的本能的窒息与复苏，并从其独具个性的理性思维中探索人性美的本质，以证实人性的真实。

他在自传体小说《假面对白》中，完全拂去伪善的外衣，把深藏于意识深层的自我充分暴露出来。然后，冷静地剖析自己的异常的性冲动。小说中主人公"我"与园子的从追求肉体的爱到精神的爱，以至破灭过程中，主人公"我"极力通过美男子江的同性爱来寻求突破口。这种异常的性欲和性别倒错的追求，可说反映了三岛追求唯美，寻求浪漫的一面。但更为重要的是，它是三岛世界观和人生观的真实写照。他认为人"越活着就越变丑，人生就是整个的颠倒。"因此，他极力从伪善中挖掘诚实，从丑中发现美，从死中意识生。这是三岛对无常人生的本质的一种理性探索和艺术实践的结果。因此，可以认为三岛的审美价值观是建立在虚妄的现实之上，而这种虚妄绝非对现实的简单否定，而是基于对人生的"倒错"的佛教世界观。

《金阁寺》就是他这方面的代表作。主人公沟口先生是为金阁寺无与伦比的美所征服，推崇备至，并为之倾倒在这种美的享受中，他过着充实圆满的生活。但日本战败之后，他的内心世界陷入极度空虚之中。眼前丑恶的现实，肉体的残疾，与他所推崇的传统美的象征——金阁寺形成了鲜明的对照。曾经是美的化身的金阁寺，逐渐成为其烦恼、诅咒的对象。这时美反倒成为沟口求得新生的羁绊。于是，将金阁寺付之一炬，以求自我的新生。其结果，正如作者在《金阁寺》中所道出的那样"人容易毁灭的形象，反而浮现出永生的幻想。而金阁寺坚固的美却反而出现了毁灭的可能性。像人那样，有能力致死的东西是不会根绝的，而像金阁寺那样，不灭的东西却是可能消灭的"。这说明作家对美的寻求是观念的、虚妄的。也就是说，三岛认为只有在虚幻中，才能捕捉到美。正如三岛从另一个角度说明这个道理，"如果世上的人是通过生活与行动来体味恶的话，我则尽可能深深地潜沉在精神界的恶里。"现实是恶的，精神界也是恶的。那么，美所要存在的根据是什么呢？

三岛绝笔之作《丰饶之海》，可谓是探求人生真谛、美的本质之佳作。《丰饶之海》四部曲，通过从开篇自始至终活跃于四部曲中的本多繁治，提示《春雪》中的清显，《奔马》中的饭沼勋，《晓寺》中的月光公主，以及《天人五衰》中的安永逸的轮回转世，反反复复地提醒读者五衰之转世，天人之转世亦在所难免，并以梦维系四个转世过程。清显的恋人聪子，经过六七十年变迁，失去记忆，走向净化，到头来是一场空，一切不过是一场幻梦。这不正是证得了"色即是空，空即是色"，"诸行无常，诸法无我"的道理？这既是三岛文学的出发点，也是他寻求至美的必然归宿。当然，我们并不能以此简单地把三岛审美观概括为完全建立于佛教世界观，三岛是有个性的作家，其作品是复杂的，但至少可以说其作品的底蕴中佛教思想的影响是不可忽视的，甚至可以说所占地位非同一般。另外，三岛作品中不无宣扬暴力、美化天皇人格的内容，这是三岛晚期从文学的探索，转向政治、社会的另一个侧面的反映。但它并不影响我们评价三岛文学的古典审美情趣。

川端康成也是日本现代文学史上成就非凡，且颇有争议的作家。他出身没落贵族家庭，自幼受到较好的汉学熏陶，酷爱古典文学，阅读了《枕草子》《徒然草》《方丈记》《浮世草子》《源氏物语》等大量日本古典文学作品，这为后来构筑独具特色的川端美学世界打下了坚实的基础。对传统美的追求成为了川端文学创作的内蕴和一贯始终的目标。

他的早期作品《伊豆舞女》就是显示川端文学古典美风格的代表作。二战期间，川端依然热衷于古典文学作品的研读，正如他所说的，"在二战期间，我把自己的心融到《源氏物语》中去了，这多少包含着对时势的反抗和讽刺。"他认为，"这是一种摆脱战争色彩的美。"这种超然的生活态度，与其说川端逃避现实，倒不如说表明了他对传统美的执着追求。这种追求贯穿于他的艺术追求的始终。川端在其诺贝尔奖获奖演讲《我在美丽的日本》中指出："在日本，雪月花几个字表达四季时空变化的美，是包括着山川草木，宇宙万物，大自然的一切，以至人的感情的美，是有其传统的。"以雪月花为宇宙万物，是一种世界观，这种世界观以四季时令变化的美为美，是自然美，也是人情美。但本质上是变化无常的，究其根本是虚无的。而这种"无"正是川端所要构筑的至高的美的世界。小说《湖》，可以说是这种探索的结晶。它描写了一个长了一双丑陋的脚的男子，企图去跟踪美貌的女子，通过寻求一种想象中的美来解脱丑陋的自我。尽管这是一种非现实的、抽象的精神追求和憧憬。

再如川端作品中经常提及的死，川端受佛教无常思想的影响，经常以极亲切的口吻谈及死。他认为，艺术的最高境界的实现，与死相关。这样一来，在其作品中生与死的界限变得极为模糊。因为，"生来死去都是幻。"这种幻可以说是佛教无常思想的艺术再现。

川端在夏威夷大学讲演中，更清楚地表述了其审美价值趋向。他在评价日本文学时指出："假如说日本文学今后还会有上升期，产生新的紫式部和芭蕉，那就是我所期待的。"川端说，"紫式部有一颗可以流贯到芭蕉的心。"那么，我们是否也可以说，芭蕉应该有一颗流贯到川端的日本心，而川端又有一颗流贯日本文学未来的日本心。川端在讲这番话的同时，及时地提到了芭蕉在澳洲小路旅行途中所留下的那首著名的辞世之句。

长空病雁落，旅宿觉夜寒。

川端的自杀，盖是芭蕉辞世之句的艺术再现，是一种美的完成吧！无常的世界观驱使他去追求虚幻的美，虚幻的美使得他走过了无常的人生。

3. 结语

无常的观念，在造就日本人的精神世界方面产生了深远的影响，以至于"在日本人的外表生活中，每一件事上似乎都留着无常的特性。"[1]　无常的观念，为日本人所接受，并成为其文化的内在动力之一，与日本人所生活的自然环境也有着密不可分的关系。

1　小泉八云《日本文明的天性》。

小泉八云分析道："大地本身就是无常的土地。河流时常变迁，海岸时常递嬗，而平原也时常起伏，火山的高峰，一会高，一会碎，石熔山崩，填满了幽谷，湖泊则忽隐忽现，甚至那一时无双的富士山，它那白雪皑皑的奇迹，为数世纪许多艺术家感兴趣的焦点，据说自从我到日本后，已经微微地变过样子了"。无常的自然条件、生活环境及社会实践，使得日本人并没有仅仅停留在佛教思想的理解上，更是在"无常"中求得生存，求进取。

看似寻常的"无常"，蕴涵着无穷的精神力量和艺术魅力。对世间万象的无常的认识，使得人们更加现实而辩证地对待一切事物，更加激发人的奋发、创新精神。这种追求，在理性世界中则表现为审美情趣的升华。常与无常，现实与观念，沉沦与超越，都体现了日本人对无常思想的理解和认识，正是这种复杂的认识与日本固有的民族文化及社会实践相结合，构筑了日本人美妙而多彩的美的精神世界。

参考文献

1.《日本人的美意识》叶渭渠、唐月梅开明出版社。
2.《日本古代文学思潮史》叶渭渠中国社会科学出版社。
3.《佛学概论》黄忏华中国佛教协会刊行。
4.《日本俳句史》彭恩华学林出版社。
5.《日本文学史》吉田精一岩波书店。
6.《禅与中国文化》葛兆光上海人民出版社。
7.《现代文学史》小田切秀雄。
8.《川端康成散文集》百花文艺出版社。
9.《唐诗三百首》。
10.《松尾芭蕉全集》。

(《中日近现代佛教的交流与比较研究》，宗教文化出版社，
2000年)

第九章

日本宗教法律制度初探

日本素有"宗教大百科"之称号，历史上曾活跃着诸多宗教。而近代以来，在国内外各种思潮的影响下兴起的新宗教，其教派数目之多，社会影响之广泛，在世界上也属罕见。近年来，随着日本社会的经济停滞不前，以及在信息化、全球化浪潮的冲击下，宗教文化在日本社会中所占的地位日益突显。因此，对日本新宗教的研究不仅是研究日本现代社会文化的重要一环，而且对研究世界其他各国的现代文化和宗教现象具有重要的启发和借鉴意义。

1. 日本战前宗教法律制度沿革

在我们考察日本新宗教时，不容忽视的问题之一，就是新宗教在社会活动的法制环境。法律与宗教是对立统一的关系。法律既保护信教自由，同时又作为社会外在规范监督宗教活动。1945年以前的日本社会与其说是法律保障信教自由，倒不如说，法律主要是严厉束缚和规范宗教活动。自从古代日本社会确立律令制到二战结束，宗教与法律的紧张关系从未得到缓解。在古代律令制国家中，国家对非公认的宗教活动，一般依据僧尼令加以严格规范。对于民众的信仰活动中以"妖术"、"妖言"来扰乱社会治安，蛊惑人心的行为则依国家的"贼盗律"加以处置。国家对宗教的这种控制和监督是古代日本社会宗教与法律关系的基本特征。历史上，镰仓时期对法然、亲鸾以及对日莲的迫害，以至到近代织田信长焚烧延历寺，江户幕府对基督教徒的镇压，无一不是宗教与法律紧张关系的体现。

到了明治时期，明治政府于庆应二年(1867)颁布了王政复古的法令，一切依"诸事神武创业"为大原则，第二年恢复祭政一致，将日本国内诸神社划归于神祇官，走上了神道国教化的道路。这种倾向早在德川幕府时期已现端倪，到了明治政府将其进一步明确化，即将天皇氏神置于诸神社神道之上，强迫诸神社的归属，进而要求国民崇敬天皇。与此同时，明治政府颁布神佛分离令，禁止佛讲习会，以达到纯化神道信仰的目的。这导致了过激的废佛弃释运动，给佛教界以沉重的打击。

长期以来，民众已习惯于德川时代设立的寺请制度、檀家制度。因此，难以接受和适应这种不顾宗教信仰特点的极端政策。但政府变本加厉，甚至动员佛教徒参与到传播神道的行列。这种极端政策，不但未使政府有效统制诸多宗教，相反激化了社会各种矛盾，民众不满情绪亦日趋高涨。

为了更有效地掌管宗教，日本政府于明治五年(1873)设立了教部省。教部省导入了教导职制，并设立了大教院。所谓教导职制是政府任命神官、僧侣任教导职，使其在敬神爱国、明天理人道、奉戴皇上、遵守朝旨的原则下从事宗教活动，禁止任教导职以外人员的任何传教活动。一般民众若不依此法令，散布宗教性"流言蜚语"皆依改定律例加以处罚。为进一步统制宗教，大教院设在增上寺，并设管长统管个宗末派。

教部省的这些措施一方面要掌管、监督所有宗教活动，另一方面是为了保护和培育对国家有用的宗教，以便进一步从精神上控制民众。但这一制度的实施，客观上导致了促进日本宗教教团在近代的分化与重组。这也是幕末维新期产生大量新宗教教团的重要原因之一。

企图设置教导职制以来，教化国民的政策遭到了佛教界的抵制及受西方信教自由和政教分离论影响的文化界的强烈批评。"神佛合同"的大教院不得不于明治八年(1876)解散，明治十年(1878)废除了教部省。另外，在教部省统管宗教时期，基督教也遭到了迫害。然而在西方诸国的胁迫下，同时日本政府也为取信于西方势力，停止了对基督教的镇压，逐渐转向了信教自由的政策。在废除教部省的同时，明治十年(1878)新设了内务省社寺局，开始摸索正常的国家与宗教关系。并明确神社神道为专供皇祖皇宗神灵、祭祀之场所，以区别于从事宗教活动的教派神道。这种神社神道的非宗教论，客观上承认了教派神道、佛教、基督教为公认宗教。到了明治十七年(1885)八月，全面废除教导职制。同年八月，允许根据自己意志自由举行任何宗教形式的葬礼。这样一来，教团开始有了一定的自治权利。即宗教教师的任免、教说、传教活动不再受"三原则"束缚了，

到了明治十五年(1883)明治政府颁布了刑法(旧刑法)。宗教自然亦在刑法典之规范之列。有关宗教，刑法中设了不敬罪和违警罪。若诽谤天皇、皇室或否定其存在，或对其存在质疑的宗教教义和传教活动皆依不敬罪加以论处。而对宗教团体和一般民众的日常行为则依违警罪条例加以约束。此二项，在政治上保障了神社神道的至高无上的地位。同时，严厉控制了传统宗教的活动范围。更为重要的是将新兴宗教扼杀在萌芽状态。无论新宗教多么健全地开展宗教活动，只要当局判定触犯违警罪则可能受到处罚

或被取缔。事实上，此二项是作为前述"原则"的翻版，要求所有的宗教，教义上忠于天皇和国家，教团在活动上要有节制，且"合理"。而这一准则在明治二十二年(1890)颁布的明治宪法中如实得到了体现。宪法二十八条规定，"日本臣民不妨碍安宁秩序以及不违背臣民义务的前提下享有信教自由"。此中的信教自由自然是崇敬神社神道之前提下的自由。至于臣民的义务，除兵役、纳税义务外，必须包括对神社的崇敬，若拒绝参拜神社则以不敬罪论处。即对宗教教义适用不敬罪衡量其是否出格，日常行为则用违警罪加以规范。这样，国家对宗教的统制模式基本形成。大正十四年(1926年)实施的治安维持法则更加强了这一倾向。与此同时，一方面，文部省制定宗教团体法，掌管既成宗教教团。而内务省和司法省则依不敬罪，治安维持法监督或取缔"类似宗教"。这一时期的新兴宗教为此付出了沉重的代价。

1945年8月15日，日本战败投降。《菠茨坦宣言》第十项中明确了信教自由的原则。同年12月，有关神道指令(联合国军最高司令官总司令部参谋副官发第三号)下达到日本政府。指令中明确，禁止日本政府进行神道的保证、支援、保全、监督及传播活动；禁止日本政府向神道及神社提供依公共财源的任何财政援助，以及公共支援。并且要求将国家与神社神道相分离，并对神社神道中所有军国主义乃至国家主义要素彻底剥夺之后，依广大信徒们的愿望，可以认定为一个宗教。

昭和二十年(1945)，废除了宗教团体法。昭和二十一年(1946)一月一日，天皇发表"人间宣言"。至此，战前的宗教法制彻底崩溃。

2. 日本的宗教法人法

1945年日本战败后，不得不选择和平民主国家的道路。1946

年颁布的《日本国宪法》中对原帝国宪法中所规定的神道国家的性质予以彻底否定，并宣布保障国民主权、基本人权。特别是保障意识形态领域的思想、良心、传教自由等精神层面的自由，确立了民主政治的国家体制。

日本国宪法二十条中明确规定"对任何人都要保障信教的自由。不许任何一个宗教团体从国家接受特权，或行使政治上的权力。不得强迫任何人参加与己无关的宗教性质的活动、庆典、仪式或其他集会。国家及其机关不得参与宗教教育及其它任何与宗教相关的活动。"也就是说，宪法明确规定了信教自由和宗教活动的自由，同时要求国家不干预宗教团体的活动，以此明确了国家与宗教的关系，即政教分离。

如前一节所提到战后对日本的国家与宗教关系起决定作用的是，联合国最高司令官司令部(GHQ)下达的"神道指令"。GHQ认为战前日本民众的信教自由和宗教团体活动受到极大限制。因此，通过下达人权指令废除限制宗教的法律、指令及相关法规。此中理所当然包括宗教团体法。宗教团体法一旦被废除需要有新的相关法规替代。为此，GHQ与日本相关人士合作起草了"宗教法人令"。此法令的最大特点是对设立宗教法人不再实行审查认可制，而实行依法令许可制。也就是说，只要任何一个教派、宗派想成为宗教法人团体，按要求备齐相关的文件即可获准。这一法令的实施为长期受欺压的宗教团体提供了超乎想象的自由空间。特别是保障了新兴宗教教团的合法地位。但是借此宽松的氛围也出现大量名不见经传的新兴宗教教团。甚至为得到宗教法人所赋予的各种税目的优惠，有些非宗教团体也巧立名目纷纷前来注册宗教法人。这样一来，更完备的宗教法规出台被提到议事日程。

1951年4月，日本政府颁布了宗教法人法。由本则十章八十九条，附则二十八项构成，可谓详尽。这有效制止了投机取巧的一些团体的浑水摸鱼，保证了真正具备"宗教"资格的教团，特别是新兴宗教教团得到相应的资格和地位。在此值得一提的是，1951年设置的宗教法人审议会。该审议会是根据宗教法设于文部省内的咨询组织。该审议会的主要任务是对宗教法人的认证进行调查，审议，并向文部大臣提出建议。但对宗教上的事项则无权过问，不能调停、干涉宗教团体的内部事务。该审议会由资深宗教家或对宗教学识经验丰富者组成，委员数限定在十至十五人之内。其现任委员构成配置如下：神社神道二人、佛教六人、教派神道二人、基督教二人、新宗教团体二人、其他一人，以上由十五人组成。在此值得关注的是佛教界人士占有相当的比率，而非神道。另外，新宗教教团也占有自己应有的份额。

宗教法人法实施以来，有过两次较大的修改宗教法的动议。第一次为1958年，对宗教法中有些表述不明确的问题，宗教法人审议会审议并提出了修改意见。其内容主要有三点：1)有必要明确宗教活动的定义。2)法人负责人不要局限于其配偶和近亲。3)所辖厅可以索取宗教法人的业务及相关事业的报告。由于政界的动议与宗教界的意见不一，争论不休，只好推迟修改，未果而终。

第二次为1995年，以奥姆真理教地铁毒气事件等一系列与宗教相关的震惊世人的事件为契机，宗教法审议会再一次提出修正案，提交文部省，并如愿以偿地得到国会参众两院的通过。其内容如下：

一、有关所辖厅，在全国范围内活动的宗教法人皆归文部省一元化管理。

二、法人有义务对教团事务所所备文件中的干部名册、财产目录、收支决算表等的复印件提供给所辖厅。

三、法人有义务对其信徒及其他利害关系人公开上述文件。

四、所辖厅有权要求或向法人对其有关事业上的问题提出质疑或汇报。

五、宗教法人审议会委员增加至十人以上二十人以内。

上述改正案作为《宗教法人法——部分改正法》于1995年12月15日起颁布实施。

3. 宗教的社会活动与违法行为

现行日本国宪法明确规定，保障公民的信教自由。信教自由包括加入和信仰特定宗教的心理上的宗教信仰自由，参加礼拜等与宗教行为相关的自由，信仰特定宗教的教义并向社会宣传宗教活动的自由，以及以宗教目的集会、结社等自由。上述内容皆在信徒个人的内心范围，原则上应绝对保障其信教权利。但是，当以信教自由为前提，在社会上进行宗教活动，并出现需与他人的权利和自由相协调的问题时，至少要服从于社会的一般法规。即使是宗教性特殊行为，一旦侵害了他人的自由和权利，超越了社会所容许的范围，或者带有反社会的性质，则毫无疑问将受到法律的约束和制裁。宪法中真正保障每一个公民的权利的原则，与相关宗教法规是不矛盾的。甚至可以说，这是保障每一个信教公民，乃至宗教团体利益的根本前提。

日本的宗教法人法进一步规定，在不违背上述原则下，宗教团体可以开展宗教活动、经济活动、政治活动及其它社会活动。因此，宗教法人除从事公益事业外，也允许开展有收益的事业。对宗教法人的布施、赛钱、守护信物、婚礼、设置灵堂、抽签箱所带来的收入皆在免税范围，对其事业收益则适当减免其税率(宗教法人税法七条)。这也是为进一步保障正常的宗教活动所必需的举措。

近些年来，随着宗教团体经营活动的日益活跃和多样化，出现了个别宗教团体的非法经营现象。有的以传教名义欺诈信徒，有的则冒名其他经营团体骗取钱财。社会舆论要求宗教团体自律的呼声日益高涨。特别是奥姆真理教事件以来，宗教团体对其社会活动中的违法行为应负什么责任成为了世人关注的焦点。

4. 日本邪教的社会危害与对策

在日本社会邪教对社会的危害，或以宗教名义危害社会的活动日益受到人们普遍关注。1995年，奥姆真理教地铁毒气杀人事件，松本毒气杀人事件等暂且不论，以宗教教义及巧妙的心灵控制手段非法敛财和侵害人权的事件比比皆是。

那么，何谓邪教呢?首先，新宗教不等于邪教。邪教是指新宗教中一小部分极端组织。邪教就是新宗教发展过程中，因种种原因，无法适应社会变革、缓解与社会的紧张关系，走向社会的对立面，扰乱社会秩序，摧残人性，危害社会，甚至自绝于社会和人类的极端变种。其次，被称为邪教的组织中，有些则根本不是宗教团体，只不过打着宗教的旗号，专事危害和对立于社会的活动。在此不妨介绍一下西方学界有关邪教的研究成果。

在众多类型学研究中，引领20世纪60年代至70年代西方宗教社会学研究的布莱恩·威尔逊[BryanWilson]的研究较为典型。威尔逊在其《SECT》一书中指出，SECT是一个宗教内打出自己的旗号，强调调回心体验，另做主张形成的宗派或教派。欧洲中世纪基督教界确实出现过诸多"SECT"，但是大多异端教派不久便销声匿迹。宗教改革后，只有少部分存续了下来。在威尔逊看来，SECT是"现世是恶之根源"为大前提存在的极端组织。

威尔逊试图将此类型说适用于世界各种新宗教的研究上。不过，SECT是指基督教内的异端派别，它无法涵盖非基督教背景的诸多新宗教，但为我们分析和研究邪教现象，提供了有价值的值得参考的判别模式。目前，在日本学界仍然将SECT作为邪教的同义词来使用。因此，判别一个新兴教团为健全的"新宗教"还是SECT，就常常成为争论焦点。

在日本，个别宗教团体或个人采取一些手法以宗教名义盗世欺人。例如，灵感商法、灵视商法及心灵控制就是其典型的手段之一。所谓灵感商法就是向求救于宗教的信徒和一般民众，声称"恶灵附体"，"祖先作孽，家族不宁"等，以这种手段煽起求救者的不安或恐惧情绪，趁机高额贩卖佛像、多宝塔、护身符、印章等，牟取暴利。所谓"灵视商法"就是对有一定收入或有资产的经营者，以"净化财产"的名义，要求信徒从金融机构提取高额资金，或想方设法要求信徒解除与金融机构关系，以达到向信徒借得高额资金用于宗教团体的其他事业的目的。在日本社会通过这种手段欺诈信徒的事例并非个别。具体而言，这种灵感商法、灵视商法的主要特点是以宗教性手段，令信徒陷入极度的不安和恐惧之中，产生对宗教的强烈的依赖感。然后，进行长时间的威吓和胁迫，或将信徒带到灵场等，阴森的环境，或用宗教性录像带使其陷入失去理智的混乱的绝望状态，直至达到骗财的目的才罢休。这种灵感商法、灵视商法的洗脑过程，手段巧妙多样，而且有组织性。特别是20世纪90年代以来的经济一蹶不振，民众情绪低迷，为这种危害社会的活动的发生创造了条件。

为了应对不断发生的邪教的社会危害，除去通过法律依法查处之外，日本社会各阶层也作了不懈的努力。1987年，日本成立了全国灵感商法对策律师联合会。到1995年，该联合会在日本全国范围内共接待16000多受害者，涉及金额高达613亿日元之多，受害人大多为家庭中有患病丈夫或孩子的家庭主妇等弱势群体。1995年3月，日本全国律师联合会发表了《反社会的与宗教活动相关的消费者受害的救济指针》[引自朝日新闻夕刊2001年3月30日]，指出了日本社会邪教组织的危害，希望引起日本社会的高度重视，并准备为应对这一社会危机而建立预警机制，采取适当措施保护因邪教而受到利益侵害的民众。邪教的危害以及日本社会对此的揭露，使得第四次宗教热开始急剧降温，导致了日本社会对宗教的不信任，以至开始出现了较明显的"厌宗教"和"脱离宗教"的倾向。

在21世纪的今天，中国社会正经历着史无前例的激烈的变革，伴随社会的进步和发展，我们面临着各种新的挑战。20世纪末到21世纪初，泛滥于世界范围内的当代世界邪教和国内的邪教势力都向我们提出了严峻的挑战，而中国对邪教问题的研究和防范措施不很充分也是客观事实。治理邪教是一项社会系统工程，而并非仅仅是某一个人、某一团体、某一个国家之责，治理邪教必须全社会通力合作，与国际社会同舟共济，建立广泛的反邪教的统一战线，才有可能真正遏制其蔓延势头，根除其滋生的土壤，达到"社会环保"的目的。从这个意义上说，我们有必要密切关注近邻日本社会的各类邪教发展的新趋势和新动向。

参考文献

1. 岛菌进：《后现代的新宗教》，东京堂出版，2001年。
2. 井上顺孝等编：《新宗教事典》，弘文堂，1994年。
3. 渡部蓊：《宗教法人法解说》，晓成出版，2001年。
4. 文部省文化厅编：《宗教法人的财务》，晓成出版，1994年。
5. 文部省文化厅编：《宗教年鉴》，晓成出版，2001年。
6. 井上顺孝：《新宗教解说》，筑麽出版，1997年。
7. DouglasJohnstonCynthiaSampson著，桥本光平等译：《宗教与国家》，PHP研究所，1997年
8. 胁本平也等编：《亚洲的宗教与精神文化》，新耀社，1997年。

(《文明视角下的中日关系》，香港社会科学出版社有限公司，
2006年6月)

第十章

"日本梦"的辉煌与失落

1. 引言

中国这样一个发展中国家能够成功实现现代化，这在人类文明进程中尚无先例。随着中国全面实现现代化事业的不断进展，各项改革逐渐跨入深水区，中国政府和人民必须认真思考和应对每一个新出现的问题。中国社会必须应对和跨越现代化进程中的"拉美陷阱""西班牙幻影"和"日韩困境"以及前所未有的种种严峻挑战。对于我们来说，世界各国，特别是发达国家在其发展过程中所采取的各种政策措施、经验和教训具有重要的借鉴意义。

本文将围绕东亚的日本在其实现现代化进程中所追寻的"日本梦"及其影响作一考察。美丽的梦是五彩斑斓的，梦的描绘也是多姿多彩的。在日本现代化进程中很少有人用"日本梦"这样直接的文字表述，据笔者考察，日本社会在实现现代化进程中普遍喜用"一亿总中流"这一词来指代"日本梦"。"一亿总中流"的基本内涵是基于日本民众幸福生活愿景的"国强民富"的期盼和目标。本文通过对日本实现"一亿总中流"这一"日本梦"的追寻过程及其相关经验和教训加以分析，为探讨"中国梦"的内涵和社会影响提供可资参考的资料，为实现美好的"中国梦"贡献绵薄的力量。

2. "日本梦"提出的背景及意义

在第二次世界大战中惨败的日本，从战后的废墟上开始重建国家和民生。1945—1955年的十年是日本经济恢复性发展时期，这一时期在美国的大力扶植下，日本经济起死回生，恢复迅速。工业生产很快超过了战前和战时的最高水平，国民平均消费能力也达到了战前的水平，生铁、粗钢、化纤、电子、汽车等产业出现了较快的增长。1956—1973年日本广泛吸收和运用欧美的科技成果，经济取得了惊人的发展，经济进入高速增长时期。也就是说，这一时期日本充分运用第三次科技革命的成果，紧紧抓住资本主义发展史上的黄金时期(20世纪50~70年代)适时制定外向型经济发展战略，调整国内产业结构，工业生产大幅增加，年均增长率10%以上，一跃成为仅次于美国的资本主义世界第二经济强国，造就了"日本奇迹"。上述成就的取得，是世界经济发展史上的奇迹，世界各国无不叹服，争相学习和效仿发展经验。

战后日本经济迅速恢复并取得高速发展这一"日本奇迹"，离不开日本政府制定的"科技立国""贸易立国""教育立国"等一系列正确的发展战略和措施；也离不开日本国民的积极参与和辛勤劳动；还与美国扶持和朝鲜战争所带来的历史机遇分不开。上述这些因素是学界通常津津乐道的日本发展历史机遇和经验的主要内容。而笔者看来，学界在考察和分析"日本经验"时，通常都很重视上述这些政策措施和发展数据，而较容易忽视作为精神动因的"日本梦"在战后日本发展过程中的历史作用和影响。在笔者看来，战后日本经济的迅速恢复和高速发展，既有其内在的原因，也有其外在的因素，更有其"日本梦"的精神动因及其美好愿景的感召和驱使。

1953年开始日本经济迅速恢复，经济和社会开始踏上较快发展的轨道，但政府很快发现社会并未就此趋于稳定、走向和谐，反而各种矛盾堆积如山，特别是社会各阶层间的矛盾日益显现，严重阻碍了社会和经济的有序发展。当时日本企业的劳资关系十分紧张，失业率居高不下，社会治安状况日趋恶化。这一时期日本政府推动的新技术革命初见成效，因而开始大量生产电视机等电器产品，但民众购买力极其有限，产品大量积压，很多企业陷入困境。1960年因日美签署了《日美共同合作和安保条约》的补充修订协议，从而在社会上引发了大规模的街头抗议活动。民众在反对日美签署条约的同时，要求政府尽快解决经济和社会发展以及社会转型过程中所带来的诸多问题。社会变革带来了较丰富的物质财富，民众的生活水平得到大幅改善，同时也引发和加剧了更加深刻的社会矛盾，这种社会内部的结构性矛盾导致了社会的不安和动乱。

另一方面，日本的大规模产业革命中，伴随产业结构中的服务业比重大幅度提高，出现了大量白领人群。迅速成长的社会知识精英、政府行政人员、学校教师、医生、律师、技师等掌握各种专业技能的人群逐渐形成了一个不仅仅以财产和收入为标志，而是以职业、生活方式、观念意识等综合特征为标志的"新中产阶级"。美国哈佛大学傅高义(Ezra Feivel Vogel)教授，对此进行了系统考察，出版了一本很有影响力的著作《日本的新中产阶级》，书中对战后日本新中产阶级形成的经济社会因素进行了细致的描述和分析。作者认为："新社会秩序中的一个重要现象是大批新'中产阶级'的出现。'老式中产阶级'(独立经营的小商人和小土地所有者)的权力和影响正在衰落，他们正在逐渐为'新中产阶级'即大商行的白领雇员和政府职员所取代。"[1] 傅高义教授界定的日本"新中产阶级"，基本上依据职业划定，即指随着城市化和工业化发展而诞生的一批在政府官僚部门及企业、公司工作并依靠薪水营运自己生活的白领雇员。

总之，这一时期日本社会的基本状况呈现新兴阶层与旧有势力并存，保守与改革共载，衰落与复兴相继的多元景观。面对阻碍社会经济发展的一系列困境和严峻挑战，日本各政党和政府纷纷描绘出国强民富为宗旨的"日本梦"，将经济发展和民生改善的未来愿景描画出来，展示于民众，以明确目标，凝聚人心，营造良好的社会氛围，为社会经济发展注入强劲的精神动力。

3. "日本梦"的主要内涵

众所周知，在日本现代化进程中很少有人用"日本梦"这一文字表述，而社会上普遍喜用"一亿总中流"这一词来指代"日本梦"。伴随日本经济战后的迅速发展，社会中"新中产阶级"不断扩大，各政党在其社会生活中对这一新的社会势力表现出了浓厚的兴趣。不仅如此，甚至出现了以培育中产阶级为政治目标的新的政党—"民主社会党"。民主社会党将日本社会实现"中产阶级化"政策确定为党的基本路线，宣称不为特定的上层阶级服务，而要努力保护并进一步扩大广大人民的利益，最终"实现全体国民的中产化"。而且，民主社会党在其政策中把当时"中产阶级化"的具体目标描述为"今后八年内实现标准家庭的年收入翻两番，平均达5万日元"，"创造出低收入者年收入也不低于3万日元的发展环境"。这一时期，保护和培育象征富裕的中产阶级成了"日本梦"的主要内涵。

从1955年开始，日本社会学界开展了全国性的"社会分层与流动调查"(social stratification and mobility survey，简称SSM调查)，到

---

1 傅高义：《日本的新中产阶级》，加利福尼亚大学出版社，1963年，第4页。

1995年已开展五次全国性调查。日本政府首相官邸宣传室也从1958年开始每年都举行"国民生活舆论调查"。根据社会学界的调查数据，日本以白领职业为特征的"新中产阶级"人数比率从1955年的25.5%上升到1995年的43.2%，已接近于一般发达国家白领职业人数占比。日本著名社会学家富永健一认为，"一亿总中流"的说法来自日本政府的"国民生活舆论调查"，在该问卷中把人群分为"上、中上、中中、中下、下"五个阶层，收回的有效答卷中选择自己是"中上、中中、中下"阶层的人数达到总样本的90%。而社会学家们的"社会分层与流动调查"，在问卷设定时把人群分成"上、中上、中下、下上、下下"五个阶层，回收的有效答卷中选择"中上、中下"的人数近70%。尽管调查结果不尽相同，但总的趋势已较明显。"一亿总中流"的说法，尽管与当时民众的生活现实有一定距离，但经由政治家们和媒体的大肆渲染，"一亿总中流"成为家喻户晓的、令每一个日本人自豪的富裕的口号，"一亿总中流"一时间成为感召日本民众的"日本梦"的代名词。

1979年，大平正芳当选为日本首相，当有记者问道："大平先生，您现在是一国的首相了，您怎么看待自己的经济地位？"大平首相脸上带着微笑答道："我觉得自己也是个中产阶层的人。"到了20世纪70年代末，"中产"成了日本社会最常用，也最能获得广泛支持和内心共鸣的一个词。在经济高速成长的日本社会，说自己是"中产"既是求得社会认可的最好方式，也多少显示出作为日本人的特有的自豪感。在这里须关注的是，"一亿总中流"中蕴含着共同富裕的美好期许(当时日本的人口总数是一亿两千万)。而日本企业特有的"终身雇佣制""年功序列"等企业制度客观上也极大地加强了工薪阶层的平等意识，体现了"一亿总中流"的内涵。

日本政府以"一亿总中流"为目标制定社会发展的相关战略和政策。伴随工业化进程日益扩大的城乡差距成了现实问题。人们放弃自己的土地大批涌入大中城市，农村务农人口急剧减少，农村一片荒凉。日本政府意识到了问题的严重性，开始采取扶持和推动农业发展的一系列政策，到1973年日本的城乡差距奇迹般地出现了逆转，农村农户的人均消费水平开始超过城市工薪阶层。这样一来，包括广大农民在内的日本社会的"一亿总中流"不再是梦想，已名副其实，"一亿总中流"成为日本已实现富裕社会的标志性口号，获得了日本内外的广泛认同。因此，到20世纪80年代日本泡沫经济的巅峰时期，日本人似乎突然感觉到日本历史上从未有过的一个全新时代的到来——经济高度发达，物质生活富裕，人人充满幸福感，广播电视报刊等媒体中到处充斥着"一亿中流""全体中流"之类的不无自豪的新闻报道和专题节目，日本一跃成为世界第二大经济体。

4. 实现"日本梦"的举措

经济学家们通常将发达国家人口收入结构用"橄榄形"来形容，日本也不例外。在战后经济高速发展的过程中，日本逐渐形成了总体结构稳定、贫富差距不大、高质量的教育涵盖绝大多数人口的中产阶层。中产阶级成为日本社会稳定和经济进一步发展的中坚力量，也为其赢来了"一亿总中流"的美誉。下面简要介绍一下日本政府和社会造就"一亿总中流"的政策措施和发展途径。

1）居民收入倍增计划

如前所述，一开始日本经济的高速发展并未带来社会的和谐和稳定，反而使各种社会矛盾加剧，问题丛生，令各级政府忙于应付，焦头烂额。1960年，因日美就《日美共同合作和安保条约》签署补充修订协议，引发大规模的街头抗议。当时日本社会的劳资关系也普遍紧张，如南九州岛矿场发生了严峻的劳资对立的大罢工，很多大企业都在酝酿类似的大罢工。伴随经济发展本应增加的就业人口急剧减少，失业人口日益增加，1957年12月日本的完全失业人数为49万人，1958年3月增加到92万人。另一方面，因居民消费力不振，很多企业出现产品大量积压，特别是居民急需的消费品、电器等产品大量积压。堆积如山的问题和日趋动荡的社会直接导致岸信介内阁下台，继之池田勇人当选自民党总裁。池田从他的前任的"政治优先"路线中吸取了教训，意识到只有确立和推进经济优先的政策、民生优先的政策才能巩固政权，国家才能走上可持续发展的道路。

池田在1960年12月27日召开的内阁会议上通过了"十年国民收入倍增计划"。这一计划是为期十年的国民经济发展计划，它将日本的经济增长率设定在年均增长7%左右，具体目标是到1970年将国民生产总值从398亿美元增加到720亿美元，即10年内国民收入增加一倍。当时，包括很多经济学家和企业家都对日本政府设定7%的经济增长目标表示质疑或反对，日本民众对"收入倍增"这一令人振奋的计划也没表现出太大的热情。普遍认为，虽然从表面上看，人们的收入翻一番是可能的，但是，通货膨胀会抵消增长的收入。在一片质疑声中日本经济起航，令人难以置信的是，这一计划在短短7年内提前使日本民众的收入翻了一倍，比制定该计划时预计的时间缩短了3年，1968年日本一跃成为仅次于美国的资本主义世界第二大经济大国。从1960年到1973年，日本的人均国民收入实际增加了2倍，失业率保持在1.1%~1.3%的低水平。而且，这种经济的高速增长使得国民思维方式、生活方式、社会形象等也发生了根本性变化。

2) 企业制度的创新

"终身雇佣制"和"年功序列"工资制度是日本经济高速发展过程中日本企业独创的薪酬制度。这一制度的最大特点是，企业员工工龄对员工收入影响较大，且随年龄逐年增加，而工作绩效对员工收入的影响多体现为年终奖等额外收入中。这样一来，只要员工在一个企业长期连续工作，就可以保证能够获得越来越高的薪酬。这不仅保证了工薪阶层在经济上有良好收入的预期，也造就了工薪阶层的较为稳定平和的健康心态。

日本企业制度的另一个重要特点是从制度上保障劳资双方的良好的沟通渠道。每年2、3月份是日本例行的"春斗"期间。"春斗"是企业主和劳动组合(工会)代表协商包括薪酬待遇在内的诸多劳资关系事项的活动。这一活动由全国性工会组织主持，由劳方提出提高工资或改善待遇的要求，然后企业依据全国性企业组织和政府厚生省公布的工资、物价变化等数据，按照企业自身经营状况调整企业员工的工资。这表面上看是双方利益对立的斗争，但在日本企业，实际上已成为一种劳资双方协调工资关系的固定渠道。这种良好的沟通渠道不仅使工薪阶层的收入增长在"及时"和"适度"之间取得有效平衡，还可以大大缓解劳资双方的紧张关系，促进社会的稳定与和谐发展。

3) 日本企业文化的创新

与此同时，日本企业致力于企业文化的创新。日本大多数企业都充分利用日本国民长期接受岛国意识熏陶，受儒家思想影响，又吸收了西方的市场经济观念，危机感和竞争意识强，工作勤奋，集体感强，能够一致对外等特点构筑其企业文化，并取得了较好的成效。如，企业把日本民众战前的"忠君爱国""忠实臣民""为国献身"等军国主义所宣扬的不健康的价值观念逐渐引向和平时期的、与个人经济利益相关的"忠于公司""爱社如家"等观念，将此作为和平时期的崇高美德加以推崇。这样一来，一切为了企业效益的增长和个人收入的提高，逐渐成为日本企业员工们的生活信条。这种企业文化促使大多数普通员工逐渐升入中产阶层，成了企业和国家的中流砥柱。

4） 社会保障制度的创新

1961年，日本修改并推行了《健康保险法》，该法规定全民必须参加《医疗保险法》，要求公平地向全体国民提供医疗服务，这是将经济发展成果惠及全体国民的重要举措，更是关注和保护社会弱势群体的重要政策指向，目前日本国民医疗保险覆盖率为99%，为世界之最。

日本的国民养老保险是1961年根据《国民年金法》建立的。一开始保险所包括的对象是自营业者、农民、无业人员以及学生，但到了1985年，日本政府修改《国民年金法》，规定1986年4月前各类雇员及其配偶都必须加入国民年金。这样，国民年金就成为全体日本国民共同参加的社会养老保险，被称为"基础年金"。养老保险的保险者是政府，被保者是20~60岁的自营业者(第一类被保者)、厚生年金保险的被保者(第二类被保者)和厚生年金保险被保者的20~60岁的配偶(第三类被保者)。国民只要按规定缴纳保险费，到法定养老年龄就可以领取老龄基础年金，其中残疾人可以领取残疾人年金，其遗属可以领取遗属年金。这些保障制度都是日本在经济高速增长期，建立和实施的实现"一亿总中流"政策的重要一环。

5） 造就"农民中产阶层"

池田内阁1961年制定了《农业基本法》，旨在"增加从事农业者收入，使其达到从事其他产业者的生活水平"。与培养城市中产阶层相比，日本政府不误时机地造就农民中产阶层的做法，对中国这样有八亿农民的发展中国家更具现实借鉴意义。

实现现代化过程中的城镇化势必占用大量农村土地，在日本亦不例外。但是，日本在早期城镇化不断推进过程中较重视对农民土地权益的保护，大多采取高价赎买政策，这一方面保障了农民们的经济利益，同时限制企业更多地占用农业用地，另一方面依据法律处理相关事宜，因此，未出现强制征地和强制拆迁的现象。如，东京成田机场建设时，由于几户居民始终不同意拆迁，导致其第三条跑道至今仍未建成。这种土地征用政策虽有其效率低下的一面，但其正面影响是，日本在城市化过程中，始终未出现围绕征地出现的新矛盾。相反，出售土地后富裕了的农民依靠手中的原始资金，投资城市房地产，经营中小企业，或扩大农业生产。为促进农民增收，日本政府还采取了一系列措施，比如对内保证农产品最低价格；对外采取贸易保护措施，严格控制国外农产品进口；鼓励农村人口开展兼业经营等。在诸多配套政策的综合作用下，基本实现了农户收入增长与城市居民家庭收入增长的同步，在某些时期农民收入增长甚至还高于城市居民家庭收入增长的速度。

"农民中产阶层"的形成，使社会转型过程中最不稳定、最脆弱的阶层成了维护社会稳定的重要力量。具体而言，农民最主要的生产资料是土地这种大宗固定资产，因其生活较优裕，从心态上普遍希望社会安定。由于城市化过程没有对农村旧有生活方式和社会关系产生较大冲击，日本农村仍旧较多地保持了传统社会的良好人际关系和道德传统。因此，农村治安状况普遍优于城市，而且民众还经常自发组织有意义的集体活动和文化生活。另一方面，农民成为支持政权稳定的重要力量。1955年之后日本自民党长期执政与农民阶层的广泛而坚强的支持密不可分，广大农民一直是其重要支持群体。负责组织农民日常生产和经营的"农协"等机构，兼具政治组织的功能，在选举和日常政策推广等方面都发挥了积极作用。

6) 缩小贫富差距的举措

日本政府缩小贫富差距的努力是值得关注和借鉴的重要内容

之一。在日本不存在城乡户籍区别，可以自由移居迁移户籍。对日本的城市来说，由于农民工这些新市民的到来意味着纳税人口规模的扩大，因此各级政府都欢迎农民的加盟。如此，数千万人规模的农民较顺利地转为城市"市民"。二战结束时，日本约有一半人口在农村生活，但现在全国86%以上的人口居住在城市。日本用了一代人解决了城市化、农民变成城市市民的问题，大大缩小了城乡贫富差距。日本政府缩小贫富差距的措施和努力，政策到位，措施多样，细致入微，如教育均等、福利保障制度、针对弱势群体的"最低工资制度"、针对进城务工的农民工的廉租房——"公团住宅"制度等，在资本主义发达国家中绝无仅有。

总之，在日本经济高速发展过程中，日本社会形成了稳定的"枣核形"社会结构，中产阶层逐渐占总人口的大多数。世界各国的学者们从关注日本经济眼花缭乱的高速成长中不无惊奇地发现，现代日本社会业已形成庞大的以经济、教育、文化层次较高的中产阶级群体为主导的社会阶层。在社会学中，庞大的中产阶级一直被作为一个社会民主、富裕、发达的象征。总人口1.26亿的日本，号称"一亿总中流"，日本民众无不为此而感到骄傲和自豪。现实的数据也表明，日本社会成员之间的收入和财富差距较小，文化教育水平、生活水平的均等化程度远超出大多数资本主义国家。

5. "日本梦"的失落

1) "中流崩溃"论

进入20世纪90年代，日本泡沫经济崩溃，股市大量缩水，不少企业相继破产、失业率居高不下、银行坏账堆积如山，整体经济长期低迷不振，日本不得不进入长期低增长甚至负增长的时代。时至今日，日本政府采取了各种措施试图改善日本经济的状况，但成效甚微，经济指数正逐年下滑。大量的社会中间层白领在日本企业的结构调整中失去了既有的经济、社会地位。日本社会进入平成时期，日本内外很多学者无不感叹"日本梦"的失落。

从20世纪90年代中后期，日本学界开始出现了"中流崩溃论"。早在1987年上野千鹤子就著有《中流幻想的崩溃》一书，此后的1998年田中胜博的《2010年中流阶级消失》、桔木俊诏的《从收入和财产看日本经济差距》等著作陆续问世。桔木在书中指出，日本过去即便在高增长时期，工薪收入的分配也是较均等化的，但到20世纪80年代的泡沫经济时期，日元大幅升值，人们都把财富投入到升值预期高的股票、证券和房地产上，资产收益迅速扩大，投资活动异常活跃。政府官僚阶层和既得利益阶层中的一部分人面对危机四伏的经济状况，对泡沫经济的危害认识不足，不仅不甘示弱，甚至延续泡沫经济时代的论调，持续发布自欺欺人的增长信息。然而，经济泡沫的破灭使中产阶级的经济状况严重恶化，甚至资不抵债，不少家庭勉强维系生活，转瞬间"中流意识"彻底崩溃。2000年，社会学家佐藤俊树出版了《不平等社会日本：再见，全体中流》一书，短短半年便再版14次，跻身日本畅销书行列，可见日本民众对这一问题的关注度之高。事实上，泡沫经济的崩溃，是日本历史上继二次大战惨败后对日本民众精神上给予的最大冲击。日本民众开始感叹和反思："日本梦"原来是彩虹般五彩的"泡沫"，她是如此美丽而脆弱，如此不堪一击！

在经济高速增长期，人们深信，富人只不过是先富起来的一群人而已，随着日本经济的持续发展，最终会实现全民共同富裕的目标。泡沫经济的崩溃，使得人们越来越深刻地认识到贫富之差、等级之分的严酷现实。10年前，90%的日本人认为自己是中产阶级，但近来据东京大学在亚洲范围内进行的调查显示，60%的日本人认为自己的经济状况已滑落到"中等以下"。日本民众对贫富差距的认知越来越清晰，而且普遍认为，一旦滑入低收入阶层，就难有翻身之日。如今的日本社会只容许少数富人或有才华的人成为赢家，其他出身平庸的人即使拥有高学历也都会被打入"冷宫"。目前日本社会有多达500万的自由职业者和至少60万的年轻的"NEET"(既不上学也不工作的特殊人群)一族，他们没有固定的收入，也没有相应的社会地位，更无积攒的财富。这样一来，"日本梦"被撕裂为"穷人梦"和"富人梦"，不再有人谈论"中产梦"了，目前贫益贫、富益富成了日本社会的基本生态。

2) 中产阶层的"下流化"

2007年，日本著名的文化人、社会学家三浦展出版了一部叫《下流社会——一个新社会阶层的出现》的研究日本社会现状的书，该书上市不到两个月的时间里，销量便突破了40万册。《下流社会》的作者三浦展依据其广泛的社会学视角的调研资料，一针见血地指出日本社会正走向"下流社会"。人们不禁要问：曾经号称"一亿总中流"的日本中产阶级为何不见踪影？日本真的滑入"下流社会"了吗？三浦在书中所关注的不是"中产"阶层，而是要比这一阶层低下的阶层—下流阶层。作者在书中直言不讳地写道，上世纪50年代至70年代日本经济高速增长期出生的所谓"新中间层"，眼下正出现"上流"与"下流"的较明显的两极分化倾向，日本社会的个人所得、学历、生活需求等差距愈来愈大。目前，年轻一代源源不断加入的"下流社会"，其最大的特征并不仅仅是低收入，更在于沟通能力、生活能力、工作意愿、学习意愿、消费意愿等的全面下降，可以说，"对人生全盘热情的低下。"比如，"现在的年轻一代面临就业难的困境，好不容易有了一个工作，薪水不高，加班又成了家常便饭，真可谓苦不堪言。面对职业、婚姻等方面的竞争和压力，不少年轻人选择不做事业和家庭的'中流砥柱'，而心甘情愿地将自己归入'下流社会'的行列"。从《下流社会》一书所提供的数据来看，日本在泡沫经济时代，个人年收入600万到1000万日元才算是中产阶级，而2004年个人年收入低于600万日元的人已占日本纳税总人口的78%，更有37.2%的临时雇员月薪不到10万日元。在接受《读卖新闻》记者的专访时，三浦展直言，对"下流社会"不能简单地以好或者不好来加以判断，但目前日本社会阶层的分化还只是处于起始阶段，随着中产阶层的日益崩溃，年轻人大量汇聚"下流社会"，各种新的社会矛盾将接踵而来。

作为现代日本社会典型的"下流社会"现象之一，20世纪90年代开始出现了"freeter"一词，据说这是日本一本求职杂志发明的新词。该词由英文的free(自由)和德语的arbeiter(工人)构成，指的是那些受过高等教育但又不思进取、自暴自弃的人。目前日本有一部分年轻人宁愿打散工，做一些廉价而没有发展前景的兼职工或临时工，也不愿意找一份长期稳定的工作，因为他们认为大学文凭并不能带给他们一辈子的稳定，特别是养老保障等。在他们看来，按目前的社会经济发展状况，尚能保障社会的基本需求，但不远的将来一切保障制度形同虚设，无法保障社会的未来。现在日本社会freeter数目达到400多万人，相当于15岁到34岁这一年龄层总人数的20%。很显然上世纪50年代至70年代日本经济高速增长期出生的所谓"新中间层"，眼下正出现"上流"与"下流"的两极分化，经"失去的平成十年"，由"中流"上升为"上流"者凤毛麟角，而由"中流"跌入"下流"者却大有人在。换句话说，日本的中流阶层正在经历着一个急剧"下流化"的过程。

6. "日本梦"的启示

日本政府在经济高速成长初期就提出"一亿总中流"的目标，制定一系列关涉民生的政策，既调动了民众参与社会变革的积极性，又以精神的感召力解决了一系列棘手的社会问题。在资本主义的市场经济环境中，"一亿总中流"的提法，不仅是强国富民的号角，也是共同富裕的美好期许(因为日本的人口总数是一亿两千多万)，成为日本经济高速发展的强劲精神动力和美好的愿景。

在日本，经济高速增长时期，在农村务农的农民阶层也能心怀"中产梦"，期待能过上不亚于城市中产阶层的富裕生活。一般来说，发达的资本主义国家在经济发展到一定阶段时很自然地会培育出一批中产群体，但日本却在培养城市中产阶层的同时，造就了一批农民中产阶层，使得"一亿总中流"成为可能，实现了"共同富裕"目标。

日本经济高速发展过程中，值得关注的经验之一是，千方百计消除贫困和缩小贫富差距。在日本政府和企业、社会共同关注和努力下，日本社会不仅解决了城乡差距问题，基本上实现了全社会的"均富"目标。日本泡沫经济崩溃已过去二十多年了，日本社会的贫富差距逐渐显现。但就贫富差距问题而言，在日本这样一个富裕社会中存在的问题，与其说是绝对贫困，倒不如说是"相对贫困"问题。"相对贫困感"在社会上的蔓延，是一个危险的信号。有些人享受着相当水平的经济生活，然因心理失衡，仇视富裕阶层，甚至非难或否定现行的体制和政策。伴随改革开放，我国的经济建设取得了惊人的成就，绝大多数人口"脱贫"，民众的生活水平有了较大的提高，但我国社会也出现了贫富问题、"相对贫困"等问题。如何促使弱势群体进一步"脱贫"，化解社会上"相对贫困"意识所带来的受害意识，是目前的日本社会面临的严峻问题，也是我国社会在消除绝对贫困的同时值得深思的社会现实问题。

我们知道，市场经济有其自身规律，需要政府的宏观把控和具体政策措施。如前所述，日本政府在经济发展起步阶段和中期果断出台了一系列行之有效的措施，使日本经济在相当长的时期得以可持续发展。然而，进入20世纪80年代日本经济内部开始形成严重泡沫，股价、地价高速攀升，日元急剧升值，这些因素都给经济的健康发展埋下了巨大隐患。众所周知，日本是一个人口多、面积小、人口密度大的岛国，因而其房地产价格的上涨是不可避免的，泡沫经济首先表现在房地产和股票市场。战后日本经济持续多年的高速增长，使得日本政府内部出现了盲目乐观的情绪，在这关键时刻做出了一系列错误的判断。1987年政府出台了"休养地法"，紧接着发布了第四次"综合开发计划"。政府这一进一步发展经济的诱导性决策，把民间大量闲置资金吸引到房地产及其相关行业，导致地价再一次攀升，日本经济失去了软着陆的机会，经济泡沫终于破灭。这对于今天的中国经济而言，是一个值得严重关切的重要历史经验和教训。经济泡沫，特别是地产泡沫将"日本梦"化为泡影，从此日本一蹶不振，回天乏术！

　　"下流社会"这个术语在日本一经出现就引发了社会的广泛关注。事实上，社会"向下流动"的趋势正在世界范围内显现，特别是发达的资本主义国家出现"上流"与"下流"的两极分化。令人担忧的是，年轻一代源源不断加入的"下流社会"，其最大的特征是"对社会和人生全盘的热情的低下"。《下流社会》的作者三浦展认为，"现在的年轻一代面临就职难的困境，好不容易有了工作，加班又成了家常便饭，真可谓苦不堪言。面对职业、婚姻等方面的竞争和压力，不少人选择不做事业和家庭的'中流砥柱'，而心甘情愿地将自己归入'下流社会'的行列，早早屈从于社会和生活。"笔者之所以在这里再一次引用这段话，是因为每读这段话时，眼前便浮现出艰难奔波于各类大学生就业招聘会的我的学生们的疲惫身影。他们聪明、有知识、有实力、有抱负，但无处施展才华，我心中祈求每一个年轻人的美好未来，同时又不无担心，有一天青年群体的人生热情开始降温，社会下沉的拉力将他们拉向下流。

　　20世纪世界各国都确定了经济发展宏大的目标，且取得了骄人的经济业绩。然而，我们发现一旦经济发展受阻、停滞或下滑，则人心惶惶，患得患失，失魂落魄。社会上这种现象的出现，充分说明在经济发展过程中人类社会应有的人文道德价值观念被忽视。对于一个社会来说，泡沫经济的崩溃不可怕，怕的是人文道德的丧失和人性的下流。

日本现政权趋于右倾，因此，笔者认为中日关系的改善是不能寄希望于某些日本政客，而只能靠日本民众的良知。然而，令人不安的是，目前日本全社会保守化气氛浓重，在代表日本政府的政客们不断参拜靖国神社、为历史上的侵略行径辩解的情况下，日本国民和保守政府的"和解"却在潜移默化中达成。这说明目前的日本社会从20世纪经济的"一亿总中流"走向了政治的"一亿向右转"。

最近，网上流行一首日本80后歌手日笠阳子的新作《美丽而残酷的梦》，生动描绘了目前日本社会的氛围和民众的心境。歌中唱道：这片梦境是我心灵所归，然比生命更加脆弱，一次次失而复得，漂浮不定的梦啊，安然入睡吧！被生命的脉搏击碎的美好愿望，几近忘却又悄然抬头……身处这美丽而残酷的世界，我不停追问为何依然苟活。呜呼！用这份坚强、这份软弱能呵护什么呢？连理性的影子都难以寻觅的梦中。

7. 结语

自20世纪70年代末开始，日本经济在危机阴影笼罩下持续低速增长。这一时期的日本虽受经济危机的影响，经济增长速度有所下降，但与其他资本主义国家相比，仍保持较高的经济增长率。1971~1975年，日本经济年平均增长率达5.5%；1970~1980年，日本国内生产总值上升3.2倍，1995年日本国民生产总值达到5万亿美元。此后，日本经济始终低迷徘徊或停滞，尚无复苏迹象。尽管如此，得益于高速增长期"一亿总中流"的较坚实的社会经济基础，日本依旧保持着世界上经济规模第三大国的地位，其规模和实力依旧不可小觑，而"日本发展模式"带给我们的经验和教训更值得我们深思。

1979年，哈佛大学的傅高义教授出版了《日本第一：对美国的启示》一书，就在"日本模式"甚嚣尘上之时，经济泡沫破灭，股市、房地产暴跌，日本从此进入经济停滞和衰退期。面对多方面的责难，2000年傅高义教授又写了一部新书《日本仍是第一吗?》，书中历述了当年傅高义教授自己的研究过程和判断的依据。他解释写《日本第一：对美国的启示》的目的是想告诉美国人，在有些方面应当向日本学习，而且他从不相信日本当前的危机意味着幻灭。傅高义教授在《日本仍是第一吗?》中指出，有三个因素在日本的转型中具有决定性作用：(1)政治领袖赢得一个更广泛的社会共识，即日本必须变革；(2)改革教育系统，尤其是高等教育系统，使之能培养更会独立思考和更有创造性的学生；(3)在国际舞台上以更开放、更富正面意义的姿态示人。

近年来，日本政界首相更迭频繁，事实上一直在持续着群龙无首的状态，这一状况在短期内恐无得到解决的预期，从目前的安倍首相的"演技"来看，特别是"安倍经济学"的效应来看，也注定是"短命过客"序列中的一个。这样一来，日本民众所期待的自上而下的变革将会遥遥无期，社会危机只能日益加剧。而傅高义教授期待的日本教育系统的改革，是一项极为艰巨的系统工程，这一问题关涉日本国内的政治、经济、历史、文化、社会多方面的因素，但若没有社会全盘的洗心革面的彻底变革，又岂能期待向开放而富于创新性的教育培养模式的变革呢？在国际舞台上，日本近来的极右势力的表演反复展现着其非正义、非道德的丑陋姿态，这不仅给日本的国际形象抹黑，也使它越来越失信于国际社会。在此，笔者与傅高义先生一样，真诚期待日本能够止住"下流"的步伐，早日迈向"上流"。

(《日本学》第19辑，世界知识出版社，2015年9月)

第十一章

韩国佛教的社会福祉理念与实践

1. 引言

在宗教研究领域内，宗教，特别是传统宗教在现代社会中的境遇和未来走向研究是一个具有重要理论价值和现实意义的课题。宗教在韩国社会文化中占有极为重要的地位。由中国传入到韩国的佛教，因其理性特征和信仰系统的高度体系化以及特有的精神魅力，在韩国人的信仰世界逐渐占据了重要的地位，现今已成为韩国的第一大宗教。

韩国佛教的基本理念及信行是在中国佛教的绝对影响下生根、发展起来的。因此，韩国佛教具有很多东亚大乘佛教的一般性特征。然而，在漫长的历史进程中，因佛教在韩国所处社会文化环境不同，其教理阐发和信行也发生了诸多不同变化，不仅催开了一朵极具半岛特色的大乘之花，而且具有浓郁的民族文化特色。

韩国佛教在现代社会中的艰难理论探索和改革尝试，应该说，其中不少问题正是目前我国佛教界和佛学界所遇到的极具挑战性的紧迫的现实问题。我国佛教在现代社会转型中也遇到了诸多挑战，而考虑到中韩两国佛教历史渊源和所处现实环境，这更加凸显了研究韩国佛教现状的必要性与紧迫性。因为中国佛教的很多宗派的法脉依旧在现代韩国社会得以延续，韩国佛教比中国佛教较早历经现代化进程，特别是韩国佛教在其教团内外的改革的成功经验和失败的教训，对我国佛教健康向前发展，具有重要的借鉴价值和启发意义。在现代社会，宗教的社会功能日益受到社会的普遍关注和重视，其中教化社会和净化人心的资生公益福祉事业常常成为社会关注的焦点。本文将着重考察韩国佛教的社会福祉理念和所开展的利众的社会福祉实践及其相关问题。

2. 宗教与社会福祉

社会福祉中的"福"与"祉"皆意味着幸福，人类社会的社会福祉是以人类的幸福为其前提。作为人，任何人都具有追求幸福的本能和权利。但是在社会生活过程中，有些人可能丧失这一基本能力。特别像今天这样的产业化社会上，丧失这一能力的人不在少数。一个人不具有追求幸福的能力，或社会生活中丧失了追求幸福的能力或其能力不足时，社会或国家有责任帮助、补充其能力。也就是说，人人皆平等，人人皆幸福是社会福祉事业的目标和出发点。

宗教作为人类社会的极为重要的精神和社会现象，很多宗教的思想和主张中，蕴含·丰富的社会福祉思想，其中尤以佛教、基督教为其代表。在历史上，佛教和基督教等宗教开了社会福祉事业的先河。以佛教为例，诸如凿井施水、利济行旅、筑桥铺路、设置浴场、建立凉亭、经营碾硙、急难救助、佛图户、成立悲田基金，以及为了救济贫民、灾变所设立的福利制度，包括僧祇户、寺库、无尽藏院等，不胜枚举。

在现代社会，宗教社会福祉事业作为整个社会福祉事业的重要的组成部分，其作用和影响亦不可低估。基督教和佛教中的平等、博爱、慈悲等思想已成为现代社会福祉思想和政策制定提供了丰富的思想养料，而其在漫长的历史进程中积累的实践途径和丰富的方法，为开展现代社会福祉事业打下了良好的方法论基础。时至今日，宗教社会福祉作为各国和社会的重要社会福祉事业的力量依旧发挥重要的作用。很多宗教不仅独自开展丰富多样的社会福祉事业，而且，与社会各界携手承办、经营各类社会的福祉设施。

现今，世界各国，特别是发达的资本主义有不少是以建设福祉国家为其目标的。在这样的国家的福祉事业由国家主导的福祉事业和民间主导的福祉事业构成，而民间福祉事业中宗教福祉事业占主导地位。宗教社会福祉与一般社会福祉之间是一种相辅相成的关系。如果说，一般社会福祉关注的是在社会政治、经济、制度和家庭环境中的弱势群体的身体、经济及社会心理需求，那么，宗教社会福祉基于宗教理念，除关注上述领域外，还特别关注人们的精神和灵性等方面的需求。一般的社会福祉事业是在政府社会福祉政策支持下，调动公共资源和社会资源开展福祉活动，那么，宗教社会福祉事业则调动宗教界内的人力、物力资源开展活动。一般来说。宗教社会福祉功能有以下三点。第一，缓解功能(Alleviative function)。这是主要针对因贫困、残疾、老龄、离婚等原因陷于困境而不能正常从事社会生活者提供帮助，减轻其痛苦和负担。第二，治愈功能(Curative function)。这是为阻止社会的一些造成人们不断陷入恶劣环境的恶性循环而发挥的功能，如极端贫困等现象。第三，预防功能(Preventive function)。这是为有效地预防贫困、残疾、老龄、离婚等现象引发的痛苦而发挥的功能。

3. 佛教社会福祉理念

大乘佛教最初从印度传到中国、韩国、日本等地，之所以能被当地社会普遍接受，其中最重要的原因之一就是佛教极为注重"资生利他"。佛教讲因缘，认为所有众生都是相依的因缘和合体，并以「无缘大慈，同体大悲」和「同体共生」的理念作为推展社会福祉公益事业的依据，不遗余力地开展济困事业。到了现代社会，佛教这一传统依旧发挥着积极的作用。佛教与一般社会福祉理念在"离苦得乐"这一点上是一致的，而其不同之处是，一般的社会福祉事业是通过改善人们生活中的问题或所处环境，帮助实现幸福生活，而佛教则通过这样的福祉活动，帮助人们走出苦海，最终解脱自由为其目标。具体有以下几个方面内容：

1. **慈悲**：慈悲观是佛教思想体系的核心，也是佛教慈善事业的理论基础。

龙树在《大智度论》中云："慈名爱念众生，常求安稳乐事以饶益之。悲名愍念众生，受五道中种种身苦心苦。"[1.《大智度论》卷20.《大正藏》第25册，第208页。]又言："大慈与一切众生乐，大悲拔一切众生苦。大慈以喜乐因缘与众生，大悲以离苦因缘与众生。"[2.《大智度论》卷20，《大正藏》第25册，第256页。]因而，"慈"是"带给利益与安乐的愿望"，"悲"是"除去不利与苦的欲望"。因此，历史上佛教徒们均深怀大慈大悲之心，积极投身于赈灾济贫、施药治病、扶孤助残、护生戒杀等公益事业之中，使有情众生离苦得乐。佛教认为，苦是人类世界的普遍存在，是一客观原理。慈悲理念在很大程度是佛教对"苦谛"认识的进一步深化和发挥，它从自己的视角提出离苦的方法，救度众生于苦海。苦之所以被认为是真理，正是因为它的普遍性和客观性，佛教的终极关怀就是离苦—涅槃。佛教慈悲思想给痛苦中的众生带来希望、并为此希望的实现提供了理论依据和诸多方便，成就离苦得乐。

2．**菩萨**：苦是客观存在的事实，是一切有情众生面对的现实问题，故大乘佛教依据自立利他的理念，要求信佛者或菩萨不但要自己离苦，希望他人离苦，更要帮助他人离苦。

大乘佛教要求菩萨行者要发「上弘下化，饶益众生」的菩提愿，要有「祈愿众生离苦海」的大悲心，同时还要有广施欢喜法乐的方便行，以及三轮体空的般若智。这些精神理念，在佛教诸多经典中处处指陈，例如：《大乘起信论》云：「观一切法，因缘和合，业果不失，起于大悲，修诸福德，摄化众生，不住涅槃。」《宝集经》云：「贫者给财，病者施药，无护作护，无归作归，无依作依。」这些精神理念，在佛教诸多经典中随处可见。世亲在《十地经论》卷二中说："慈者同与喜乐因果故，悲者同拔忧苦因果故。"(《大藏经》卷二六，页134上)大乘佛教的慈悲落实于与乐拔苦的行动上，但这种行动并不是一般人所能做到的，唯有佛菩萨才有可能。菩萨，往返于生死，不是因为自己，而是为了众生，在此生死中平等利益众生，虽是为了他人，但却能成就自己的无上菩提。这样，利他即是自利，自利就是利他，自他不二。菩萨上求佛道、下化众生，上求即是下化，下化即是上求，二者一体不二。上求不是下化的目的，也不是下化的因，二者同时互为因果。慈悲并不是方法，其本身就是目的，慈悲的圆满就是觉悟的成就。也就是说，菩萨是慈悲的化身，慈悲是菩萨实践的精神动力。

3．**布施**：如果说慈悲是大乘佛教利他实践的根本理念，那么，布施就是在这种思想指导下的具体实践。

佛教的布施是菩萨修行成佛的六度之一，其内容十分丰富，甚至可以包含一切利他行为。具体而言，布施是大乘佛教修行"六度"(布施、持戒、忍辱、精进、禅定、智慧)中的一个修善法门，它可分为财施、法施和无畏施三种。财施是指将自己所有的衣食财物，甚至包括自己的性命等皆施予众生；法施是指讲法之人自己心性清净，对众生宣讲如来正法，使之滋长善根；无畏施则指有情众生遇到种种灾难怖畏之事时，能安抚救助他们，免去其内心的恐惧。通过布施来对治众生的悭吝，让其不为贪念所累，培养其慈悲心以救苦救难，在救助他人的同时也使自己功德圆满，因此，布施列于"六度"之首，是佛教济世最主要的修行实践之一，佛教布施的对象是一切需要布施的人，不局限于僧团；善于布施者即是菩萨，布施即是在行菩萨道，布施可成就无上菩提。

4. 福田："福田"，即可生福德之田。

凡敬待福田(佛、僧、父母、悲苦者等)，即可收获福德、功德的"福报"。大乘佛教要求佛教寺院和僧人广种福田，劝导世人多做善事，多从事利他事业。佛教福田学说非常丰富，有二福田、四福田、七福田、八福田之说等等。如，根据《佛说诸德福田经》载：「佛告天帝：复有七法广施，名曰福田，行者得福，即生梵天。何谓为七？一者、兴立佛图、僧房、堂阁；二者、园果、浴池、树木清凉；三者、常施医药，疗就众病；四者、作坚牢船，济度人民；五者、安设桥梁，过度羸弱；六者、近道作井，渴乏得饮；七者、造作置厕，施便利处；是为七事得梵天福。」所谓"三福田"即为：孝顺父母为恩田，供养僧尼为敬田，救助贫病为悲田。七福田则是，根据《佛说诸德福田经》载：「佛告天帝：复有七法广施，名曰福田，行者得福，即生梵天。何谓为七？一者、兴立佛图、僧房、堂阁；二者、园果、浴池、树木清凉；三者、常施医药，疗就众病；四者、作坚牢船，济度人民；五者、安设桥梁，过度羸弱；六者、近道作井，渴乏得饮；七者、造作固厕，施便利处；是为七事得梵天福。」从北魏创"僧祇户"始，至唐朝建"悲田养病坊""无尽藏院"，宋朝设"福田院"，乃至近代各种佛教慈善团体的兴起，无一不是佛教悲田思想在各个不同时代社会生活中的体现。佛教的福田思想实乃发展公益福祉事业的启蒙。

除此之外，生命尊重思想、平等思想、报恩思想等与佛教社会福祉密切相关的思想要素，在从经典所载，证明佛教重视公益福利，这种思想在印度孔雀王朝阿育王时代推动得更为积极，举凡设置药品仓库、施药、植树、凿井等，无不本着佛陀示教利喜的精神，由全国百姓共同推动参与。大乘佛教的经典中随处都可以发现。佛教的这些思想和主张已构筑了庞大的佛教社会福祉思想体系。

4. 韩国佛教社会福祉事业现状与课题

佛教作为韩国社会的第一大宗教，其社会地位和影响是有目共睹的。历史上韩国佛教所有的宗派、教团、寺刹都以各种不同的形式开展社会公益事业。然而，佛教界积极从事现代意义的社会福祉事业则起步较晚。上世纪八十年代以曹溪宗为代表的佛教诸教团才开始积极投身社会福祉事业，与韩国社会天主教和基督教相比其劣势较明显。经近20多年的努力，目前佛教福祉事业，无论设施，还是经营规模皆不逊色于其它宗教。仅2000年以后增加的规模较大的佛教社会福祉设施就多达70余处。目前佛教福祉设施从业者达2,700多人，并能够不断培养社会福祉士的教育机构有东国大学、中央僧伽大学、尉德大学等三所高等院校。据2004年的统计正式注册的佛教福祉法人就有50家，专门福祉设施有500多处，此外还有100多个活跃于佛教福祉领域的各类佛教相关的民间团体。佛教社会福祉设施总体分布来看，曹溪宗占117个，真觉宗占10个，天台宗占4个，总持宗占3个。本文以韩国佛教代表性的曹溪宗和近来增长势头较猛的天台宗的社会福祉事业为例作一介绍。

1) 曹溪宗社会福祉事业现状

曹溪宗作为韩国佛教代表性宗派在社会福祉方面开展了内容丰富，形式多样的活动，其整体规模占佛教社会福祉事业的90%以上。1995年2月，曹溪宗总务院为进一步积极开展社会福祉事业，成立了曹溪宗社会福祉财团，以这一财团为中心曹溪宗各个寺刹、僧侣、信徒们更加积极开展了社会福祉活动。到2004年为止，曹溪宗在国家社会保健部注册的社会福祉法人数达50个。正在有效经营的社会福祉机关和设施达500个。其中有关儿童福利设施有150个，青少年福祉设施30个，残障人设施15个，老人福祉设施50个，女性福祉设施1个，地方福祉设施30个，医疗设施5个，勤劳福祉设施7个，不良改造设施3个，葬仪福祉设施5个，咨询设施5个，志愿者设施5个，社会体育设施3个，学术领域设施3个，相关其它设施20个。此外，有100多个团体专门从事社会福祉相关的活动。另，还有为生活困难的青少年提供奖学基金的30多个奖学会。以上组织和设施都是得到政府相关部门认可后经营的佛教社会福祉团体。此外还有为数不少的没有正式注册的规模不等的各类团体活跃于这一领域。

2) 曹溪宗社会福祉事业的类型与特色

曹溪宗社会福祉事业几乎覆盖韩国社会所有社会福祉事业的领域。为进一步了解曹溪宗社会福祉事业的基本方针、规模和经营范围，下面对其所开展的事业类型作简单的介绍。

(1) 社会福祉设施的受托经营事业

这是曹溪宗内各类团体受各级地方政府之托，经营青少年之家、青少年修炼院、老人福祉院、残障人设施、综合社会福祉馆等设施的社会福祉事业。曹溪宗总务院对这样的设施进行定期的业务指导，进行严格的财务、人事等方面的行政指导，并进行全方位的人力、物力支持。

(2) 济贫救济事业

这是主要以遭遇不幸家庭的儿童、露宿者、外籍打工族等为对象，向他们定期或不定期提供现金或物资支持，帮助他们摆脱困境的福祉事业。这一活动除各类团体独自开展外，经常由总务院发起，曹溪宗所辖各类相关团体共同实施。

(3) 社会福祉调查研究事业

为有效地开展佛教社会福祉事业，曹溪宗总务院组织宗团内和学界的相关人士积极开展有关社会福祉事业的现状、问题及对策相关的调查研究活动。及时发现问题，探讨对策，开发高质量的福祉项目，并将其推广、普及。

(4) 社会福祉宣传事业

这是将佛教社会福祉的理念和实践，向教内和一般社会广为宣传，以此弘扬佛教根本精神，号召社会各界积极参与社会福祉事业，尽最大可能挖掘宗教和社会资源，以建设健康和谐的社会为目标的事业。为此，广泛调动和利用社会各类宣传媒体，积极运用网络等现代信息传播手段。

(5) 对外交流与国际合作

在韩国国内，积极与其它宗教的社会福祉团体或社会福祉团体开展对话和合作，加强连带关系，以共同推进社会福祉事业。国际上，积极宣传曹溪宗的社会福祉理念与实践，表明开展社会福祉事业的强烈意志，与相关国际组织和团体交流经验和信息，探讨各种合作的可能性。

(6) 佛教社会福祉教育事业

若有效开展佛教社会福祉事业需要一大批这一领域的高素质的专业人才。为此，必须有计划地培养这一领域的专业人才，同时，对已从业者进行定期或不定期的培训和再教育。为此，在东国大学等教育机构设置了佛教社会福祉教养大学(大学的系一级学科)，开设了为期一年的佛教社会福祉专业课程，作为短期课程开设有看护志愿者教育、中医民间疗法教育等课程，并对已从业人员每年根据所从事领域，分批实施一次再教育，以不断提高从业人员的素质。

(7) 佛教社会福祉志愿者活动

对已接受佛教社会福祉课程教育的志愿者，曹溪宗总务院将其组织为曹溪宗志愿奉仕团，有计划地参与社会上大规模的社会福祉活动，如突发事件救助、抗灾救灾，或定期派往各个福祉设施集中开展活动。

(8) 佛教社会福祉信息支持中心

曹溪宗佛教社会福祉信息支持中心开设有自己的网页，广泛收集佛教各教团开展的社会福祉活动相关信息，及时收集和发布社会的相关需求。该中心已构筑庞大的社会福祉信息库，为佛教社会福祉活动的有效开展提供及时可靠的信息。

3) 韩国天台宗的社会福祉事业

韩国天台宗作为韩国佛教中较为年轻的宗派，倡导爱国佛教、生活佛教、大众佛教，并以此为三大指标开展信行与日常生活相一致的佛教运动。目前，在韩国佛教和社会的各个领域都非常活跃，受到社会的广泛关注。1999年底，韩国天台宗设立了大韩佛教天台宗社会福祉财团，正式注册为社会福祉法人。天台宗的社会福祉活动在此之前通常在总务院社会部领导下，以各寺刹为单位开展地域社会的社会福祉活动。社会福祉财团成立以后，在社会福祉财团法人的领导下，天台宗的社会福祉活动开始趋于一元化的方向。

天台宗在韩国社会开展了较为丰富的社会福祉活动。因其规模所限，不能像曹溪宗那样开展全方位的社会福祉活动，但天台宗从设施到经营不乏其特点。

(1) 春川老人福祉馆

该设施是为保障该地区老年人业余活动而设立的专为老年人开设的休闲场所。有10位专职人员为300余位老年人提供安全舒适的业余文化生活服务。在此可以享用的活动项目有书法、象棋、围棋、健身、舞蹈、台球、羽毛球、门球等。此外，还开设有针灸、摄影、外语、韩文、汉文、诗词等40多个项目的学习班。还随时可以利用图书室、物理治疗室、桑拿设施、牙齿美容室等服务设施。春川老人福祉馆还以馆内老人们自办专为老年人为对象的报纸"泉乡"而知名。该报纸专门登载有关老年人生活相关的各种社会福利信息，并以老年人的视角观察老年人问题，并探讨、提出解决问题的方案。该报纸经常讨论的话题有，老年人健康问题、老年人交通事故问题、老年人肥胖问题(女性老人)、财产继承问题、养老金问题、老年人心理咨询等等。

(2) 久米残疾人综合福祉馆

天台宗所办"久米残疾人综合福祉馆"也极具天台宗社会福祉事业的特色。2001年天台宗在久米市开设了专门为残疾人和智障人服务的社会福祉馆，26名专业人员为设施中的各类有身心障碍的入住人提供优质的服务。该福祉馆设有健身室、物理治疗室、牙齿美容室、心理咨询室、计算机室、练歌室、职业适应训练室、护理作业室、语言治疗室、盲人图书室、个别特殊教育室等，此外还有室外各种体育设施。

主要服务内容有，首先对残障人员本人及家庭环境作详尽的了解，以此为基础对每一个人进一步探讨和制定各种治疗方案，共同摸索重新走向社会和工作岗位的途径和办法。具体而言，具有针对性地开展对残疾人的身体机能恢复训练、心理障碍者的身心功能恢复训练、低能儿的早期教育和生活技能教育等。也就是说，通过医疗复活事业、社会体育振兴事业、职业复活服务、后援结缘服务，使每一位在福祉馆生活的人重新找回生活的信心，重返家庭和社会，收到了良好的成效。

4) 韩国佛教社会福祉事业所面临的课题

韩国佛教社会福祉事业的开展得到了韩国政府和社会的高度评价和好评。随着产业化的发展，社会的各种矛盾日益显现，社会的福祉需求不断增长，对其提出的要求也日益提高，需要解决的问题也越发突出。下面介绍一下韩国佛教福祉事业需要亟待解决的一些问题。

(1) 佛教社会福祉设施分布不均，主要设施集中于大中城市及其周边，偏远农村，特别是山区和岛屿等地上很少设有这一类设施。依据佛教的社会福祉理念，佛教应更多地关注政府和社会其它福祉团体所疏漏和不能企及的艰苦地区和弱势群体。

(2) 佛教界所经营的福祉设施中70%为受各级政府委托经营。委托经营是政府提供福祉设施和资金，由各类宗教团体应招派人经营。这种福祉设施的经营是政府指导下的经营。这一方面说明，佛教界对福祉设施的投入尚不足，另一方面，这样的设施较难体现佛教社会福祉的特色。如何将佛教界的资源充分调动起来，开展更加有特色的社会福祉活动成为新的研究课题。如将寺刹等宗教场所的很多闲置空间活用于社会福祉事业等。

(3) 社会福祉设施中用于"利用空间"的较多，而用于"生活空间"的设施不够多。如，佛教相关的青少年社会福祉设施(全国202个)中，利用设施占87%(176个)，而生活设施则仅有26个，仅占13%。有关老年人相关设施(98个)中，利用设施和生活设施各占一半。现实需求而言，福祉设施中的"生活空间"才是加护社会弱势阶层的最为紧要的需求和根本保障。

(4) 与社会福祉设施增加的速度相比，具有专业素养的从业人员严重短缺。首先，培养社会福祉专业人员的教育机构严重不足。就目前能够培养专业人员的东国大学等三家教育机构，一年最多培养100余人，这根本满足不了福祉设施正常的经营需求。其次，因对社会福祉事业的认识偏颇和财政投入之不足，从业人员的劳动得不到应有的尊重，因此，提高从业人员社会地位和经济待遇成为亟待解决的问题。

(5) 目前为止，佛教各教团在社会福祉领域所关注内容皆有所不同，曹溪宗外，各教团因其各方面能力所限，仅在力所能及的社会福祉的部分领域开展活动，其局限显而易见。其结果，有些领域福祉设施建设重复，而有些领域则无人问津。因此，各教团分头出击的同时，佛教界如何整合力量，全方位应对社会需求成为现实问题。

5. 结语

进入21世纪，人类社会现今大部分的公益事业大多偏重于治标不治本，以救济性质为主的社会服务。随着科技进步，物质日益丰盛，然并没有从根本上减轻人类的痛苦，社会文化和人类精神生活却越见低落，社会上道德沦丧，贫富差距日益显著，各种天灾人祸不断。如何面对和解决人类所面临的种种痛苦？这是当代宗教所必须面对和解决的问题。

大乘佛教曾在历史上创造性地诠释了菩萨思想和慈悲的实践，这对当前佛教的新的发展和慈善事业的展开有着深远的启发意义。在现代社会环境下，如何创造性地阐发菩萨思想、建立新的慈悲精神、实践新的布施慈善体制，则是当前佛教界所必须认真对待和解决的问题。相信韩国佛教在这方面的积极的探索实践和经验，对中国佛教的发展不无借鉴意义。

(《佛学研究》2009 第一期)

第十二章

互联网时代世界宗教的新形态

信息技术催生的新的宗教形态业已出现端倪，预示宗教生活的深刻变化。"虚拟"的宗教与"虚拟"的网络相结合时，宗教将以怎样的面貌出现在"新新人类"面前？

1

从世界范围来看，宗教出现在网络大致可以分为以下三个阶段。第一个阶段为20世纪70年代至80年代末，这是部分宗教尝试利用网络传播的酝酿期；第二个阶段为20世纪90年代初至90年代中期，较具规模的宗教团体不仅设宗教网站，而且挖掘、利用网络功能经营教团、对外开展传教活动。第三阶段为20世纪90年代后期至今，是网络上宗教快速发展的阶段，开始出现了一批前所未闻的"网络宗教"。

人类社会进入20世纪后半叶，随着宗教世俗化的不断加深，传统的宗教活动在全球呈现出衰退的趋势。伴随信众人数减少，全球各种宗教组织的力量也在不断减弱。为了改变这一现象，世界各国诸多宗教团体都努力寻找新的传教与活动方式。因应这一需求，利用电视、广播等媒体的传教开始兴盛起来，它已蕴含了日后出现的"网络宗教"的许多特征。到20世纪80年代末，随着互联网技术的普及、应用和发展，一些独立的有关宗教的网站开始出现。进入20世纪90年代，随着互联网的普及，大批宗教相关的网站露出水面。在这一阶段，世界上一些较大的宗教团体、教派开始纷纷在互联网上设立自己的主页来努力宣传自己的教团，吸引更多信众。在这一阶段建立的宗教网站，主要有以下几个特征：一是宗教团体多以设立宗教网站的方式表明自己的存在；二是这些宗教网站基本上都是由规模较大的正规的宗教团体建立的；三是网站大多以单向发布信息为主，较少提供双向交流平台。这些宗教网站的主要功能是向大众传播宗教知识，培养和巩固信众的宗教信仰；提供与宗教相关的资源、信息；成为宗教团体内外联络沟通的渠道，通过网站及时向外界发布讯息。

而90年代中后期则是宗教在网络上发展迅速、影响力日趋扩大的阶段。这一阶段宗教网站的主要特征：一是除了各大宗教团体之外，许多小的宗教团体、地方的宗教分支机构乃至个人都开始设立自己的宗教网站或网页；二是宗教网站不仅仅是发布信息的平台，也开始承担双向的信息交流功能，成为了教团与信徒、信徒与信徒间沟通交流的重要平台；三是许多信息化手段也开始出现并大量运用；四是一些寄身于网络虚拟空间的新型宗教开始显现端倪。

2

以互联网普及率高且宗教市场较活跃的日本为例，其宗教网站的基本功能主要包括：

（一）"宗教自由超市"的形成。通过平面网站以文字、图片、视频、音频的方式直接提供包括宗教教义、典籍、解说、宗教相关活动等在内的宗教信息是日本新宗教各教团最早开始利用信息化手段传播自身宗教教义的尝试，也是到目前为止最为主要的方式。除了个别个性化宗教团体和一些属于教团内部的信息外，这些宗教相关的信息被完全以公开的方式提供到网络上。在日本社会，任何一个可以使用网络的普通人都可以通过直接登录网站或利用搜索引擎，直接找到自己需要的宗教信息。这种宗教信息提供方式的改变给宗教信仰生活带来了深刻变化。首先，过去由教职人员掌控的专业宗教知识直接摆在一般民众面前，信徒可以选择自己所需的信仰。其次，信徒的宗教生活超越时空，得到多元发展。它意味着一个居住在北海道的人可以坐在家里，通过视频与自己喜欢的冲绳巫师探讨关心的问题；也意味着一位充满好奇的基督徒同样有机会在网络上自由浏览伊斯兰教的相关内容。互联网的这种功能促使日本社会形成了"宗教自由超市"，即信徒们可以根据网络上提供的各种信息判断并选择适合自己的宗教类型，而不再受到时空、知识、偏见等因素的制约；同时当他们认为自己的选择有误时，可以轻松地摒弃前者，去选择其他宗教。

（二）电子邮件。随着电子邮件的普及应用，互联网对大多数人实现了真正意义上网络的双向交流或多向交流，而短信技术与网络的结合使人们可以直接通过手机终端查收和发送电子邮件并浏览网站，这进一步将几乎每一个生活在现代社会的人都纳入到互联网的范围之内。通过电子邮件的宗教信息传播有以下一些特点：首先，这种模式改变了平面网络被动性的传播方式。在平面传播方式中宗教团体本身不能控制也无法预知有什么人、有多少人、会在什么时间登录网站并观察网站的哪一部分内容，而通过电子邮件的方式则可以准确地在自己确定的时间内将自己希望传递的信息发送到指定的对象，而且，这种发送极为便捷并可以在短时间内不受限制地进行大量发送。其次，这种通过电子邮件的传递方式还带有一定的连锁传递性。由于每一次信息的接受者，同时也具备发送信息的功能，而电子邮件的快捷与便利又使得这种再传递变得极为简单，这就使得某些特定的宗教信息往往会在网络上呈爆炸式传递，带来极大的社会影响。第三，电子邮件传递的宗教信息本身是可逆的，信息的接受者完全可以通过网络向信息发布者提问、质疑、讨论、争执，从而使得信息发布者与接受者之间形成交流，并实现信息的共享与互动。第四，由于通过电子邮件的方式发送宗教信息的成本很低，同时其发送者的真实身份也很难被辨别，这就使得网络上电子邮件传递的宗教信息鱼龙混杂，其中包含大量的虚假信息。而网络中各接受者在再次发出这些宗教信息时，又时不时地会注入一些自己的主观意见，这就使得这些宗教信息更加混乱。

（三）网络论坛与个人博客。日本各大门户网站与宗教网站都会为互联网用户的在线交流提供相应的网络平台。网络论坛与电子邮件出现的时间基本相当，它主要是为了给互联网使用者提供一个交流的固定平台。很快这些固定的平台便由讨论话题与使用人群的不同分成了很多不同的板块，而其中宗教相关的板块一直都是讨论极为活跃而热烈的部分。宗教相关的网络论坛大体可以分为两种类型，一类是以同一宗教或派别为核心，信徒在聊天室中交换各自对本宗的理解，询问解疑、交流心得，分享各自的宗教体验，发布宗教活动的信息；另一类则不拘泥于宗派或教团，人们往往因为共同的经历而比较自由地聚集起来，相互分享各自的经历并安慰与开导彼此，这一类宗教形式往往被称为"治愈系"宗教活动。在这样的论坛中往往存在着一个或几个主导型的人物，他们或者是某宗教的教职人员或者则是某论坛的资深人士，他们在论坛中往往扮演维护秩序、提供最重要的宗教性解释的角色。这种网络宗教论坛其实已经出现了"宗教互助组织"的特征。而在个人博客中，人们对宗教的描绘完全进入了一种个性化的倾诉之中。由于在网络中个人现实身份的消失隐去、不再受纷繁复杂的社会秩序和社会关系的限制，使得很多在日常社会中无法宣泄的情感在网络空间中得到了较自由而全面地释放。当一个人处在自己的博客中时，个人是可以直接面对自己的神灵展开倾诉的，由于个人在自我网络空间的绝对权威，因此，在这个空间中可以获得近似神灵的绝对的话语权，这使得个人在网络空间中也可以感受到浓厚的宗教性的一面。博客是私人空间，但在互联网上则是开放的，因此，对社会的影响日益显现，而博客的个人运营与社会化管理也将成为重要的课题。

3

信息化正在改变着每一个人的生活，信息化对人们生活的直接影响应是人与人之间交往方式的改变。互联网通过个人电脑和手机的普及为社会成员提供了新的生活方式。即以往信息的传递是由信息的开发者负责发布、传递，而信息的接收者通常是被动地接收，因此两者被明确区别开来。而信息技术使两者之间的区别越来越模糊，一个人可以接受信息，也可以发布信息。信息的交流可以是双向的或多向的。这样一来，人们的交往方式发生了根本变化。

信息化的上述特征对宗教生活的影响极为深刻。过去宗教教团所担负的是提供宗教信息和组织经营教团的职责，而传递宗教信息的手段，主要是通过在特定宗教活动场所，通过特定教职人员传递到信众，即传教的方式主要采取面对面的单向传递方式。这是信徒在宗教生活中获得宗教信息的重要甚至唯一渠道。而在信息化时代，人们通过互联网所接触到的信息丰富多样，各种各样的宗教出现在人们面前，人们可以在公开、公平的环境中加以选择。由此可以想见，宗教遇到了前所未有的挑战，在信息化的推动下，宗教为争得一席之地，不得不"转型"或因应信众需求"开发新产品"了。

信息技术催生的新的宗教形态业已出现端倪。在互联网时代，人们甚至可以在自己的房间里，对着电脑画面礼拜、祷告、忏悔。不过，这些被信仰、膜拜的对象是与其个人或情趣相投的小群体所设，他们独自享用充满神秘色彩的宗教氛围，不受任何干扰和限制，这在过去是不可想象的。因此，人们甚至没有必要在特定的时间、去特定的宗教活动场所开展宗教活动，只要有电脑和网络，无处非道场；也没有必要面对教职人员，因为在互联网上，自己的身份可以为一个虔诚的信徒，亦可以为教职人员，宗教生活中"垂直"的秩序观念因此被打破。个人的宗教生活不再受社会的条条框框和教团的清规戒律约束，甚至可以根据自己的喜好来随意改变所信仰宗教的结构和内容。当需要精神上的沟通和交流时，他们就与互联网上未曾谋面、却有着共鸣的人一起，用自己熟悉的语言无所拘束地交流有关宗教生活的一切而不必考虑任何社会责任和习惯，因为这是"虚拟真空"。信息化不仅促使宗教跨越国境、跨越民族自由传播，而且它还将宗教的创造者和享用者合二为一。此外，目前正在形成一些"网络宗教"教团。此类现象，恰好印证了后现代社会中宗教越来越成为"个人"范畴的倾向。这不仅意味着社会的变革，同时预示宗教生活的深刻变化。

我曾在《现代日本的新宗教》一书中，将这一类宗教现象归为当代世界新宗教中"新新宗教"现象的一部分加以考察，并预言伴随信息化的急速发展，互联网上大量涌现"新新宗教"的时代即将到来。信息化使传统宗教走向全球化成为可能，同时也孕育出了一批新型宗教。在中国宗教学界刚刚着手对新型宗教开展研究工作时，更加复杂而多样的新宗教形态正在悄然形成。这类以网络为生存空间和活动平台的宗教新形态，暂且可称之为"网络宗教"。

4

互联网的进步客观上推动了社会的变革与发展，但其负面的影响亦显现出来。

就网络生活可能带来的负面影响而言：网络对我们社会生活的影响中，必须关注的是虚拟空间中的"我"的问题。随着联系装置(界面)的逐渐转变，人与机器的连接更为紧密，人逐渐适应这一环境的过程，其实也是将自我投入到其中的过程。从某种意义上来说，这种进入会引发对人的真实面目的怀疑。犹如烟火诱惑灯蛾一样，跟着软件的设计者陷入光芒的迷宫中，不停地走下去，陷入数据风景中，在迷茫恍惚时，系统的语言和处理方式却达到了支配人心性的境地。随着这种接触越发频繁，人会进入"交感的幻觉"，真正的"我"又会身处何地呢？

人本来的身体运转是依靠内在的生物体能量，而网络世界使得用户从这种生物体能量中被彻底剥离出来。研究表明，其中最严重的危险就是人们会逐渐丧失对自己内部状态所拥有的感觉。正如很多学者忧虑，"信息焦虑综合症"会吞噬人的"意义处理能力"。人们的意识一旦固定在信息之上，感兴趣的范围会被缩小，如果纠缠于片面的零星的知识，就会失去知识彼岸的真正的"智慧"。而宗教世界本身就具有诸多"虚拟"要素，宗教的"虚拟"与互联网的"虚拟"相结合时，人们是否还能清醒地辨别"虚实"呢？有关互联网的问题及其影响尚处于进行时，因此，诸如此类的问题值得密切关注。

在我们关注互联网时代的宗教现出现的五花八门的"虚拟教

堂""虚拟寺庙""虚拟道场"是传统宗教的延续，还是新型宗教的端倪？"虚拟"的宗教与"虚拟"的网络相结合时，宗教将以怎样的面貌出现在"新新人类"面前？

互联网对社会各个方面的影响尚未充分显现，相关研究方兴未艾。然而，可以肯定的是未来人们的生活离不开互联网，而人们通过互联网平台享用的精神文化生活远比过去复杂多样，21世纪人类利用互联网平台，将呈现怎样的宗教及其宗教生活呢？

(《中国宗教》2015 第4期)

第十三章

"一带一路"与宗教风险

1. 引言

两千多年前，张骞两次出使西域开辟了一条横贯东西、连接欧亚的陆上"丝绸之路"。同样，从两千多年前的秦汉时代起，连接我国与欧亚国家的海上丝绸之路也逐步兴起。陆上和海上丝绸之路共同构成了中国古代与欧亚国家交通、贸易和文化交往的大通道，促进了人民的友好交往和东西方文明的交流。在新的历史时期，沿着陆上和海上古丝绸之路构建经济大走廊，将给中国以及沿线国家和地区带来共同的发展机遇，拓展更广阔的发展空间。历史上的"丝绸之路"的商贸、人文的千年传承，将在21世纪赋予其新的意义。

2020年5月14日，习近平主席在"一带一路"国际合作高峰论坛开幕式上发表主旨演讲，深刻阐释了丝路精神的丰富内涵，系统总结了"一带一路"建设4年来取得的丰硕成果和宝贵经验，全面描绘了建设和平、繁荣、开放、创新、文明的"一带一路"的美好前景。"一带一路"建设体现世界经济繁荣，促进世界和平稳定的中国主张。通过扩大文明对话和互学互鉴，加强各国间的政策沟通与对接，促进各种文明和谐共存，推动地区共同发展和世界和平稳定。一带一路战略实施是构建人类命运共同体的宏伟的世纪工程，必将谱写人类共同繁荣发展的历史新篇章。

站在新的时代起点、面对新的征程，我们要乘势而上、顺势而为，既要描画美好的愿景，也要觉知存在的各种风险。人类社会的发展就是通过应对一次又一次的危机和风险而取得进步的。每一次危机、每一次风险都蕴含着在新的历史阶段必须面对的挑战和新的发展机遇。宗教在人类文明的发生、发展、交流与互鉴中发挥了极为重要的作用。宗教在历史上开辟一带一路、维系一带一路、繁荣一带一路过程中发挥了不可或缺的重要作用。宗教在实施"一带一路"战略的区域不仅仅是信仰问题，而且是这些国家政治经济和社会文化生活的核心。因此，可以说"一带一路"其实是一个"宗教的路带"。宗教是人类文明的重要组成部分，宗教本身不是风险，然而宗教的社会功能较复杂，它不仅具有积极的功能，也有消极的方面。历史的经验告诉我们，宗教在一定条件下与政治、经济、社会、文化等因素相互交织，引发过各种社会矛盾和冲突，给所在国家和地区社会带来了不小的社会震荡。因此，我们在"一带一路"战略实施中必须正视可能面临的各种宗教风险。

2. "丝绸之路"与沿线各国的宗教文化交流

西汉时期，张骞(约公元前164年一前114年)从长安出发，联合大月氏人，共同抗击匈奴，开辟出贯通东西，沟通欧亚的丝绸之路。西汉末年，丝绸之路曾一度断绝。东汉时期，班超从洛阳出发，再次出使西域，他到达了西域，他的随从最远到达了罗马，这是东西方文明的第一次交流与对话。东汉时期，印度僧人沿着丝绸之路到达洛阳，将佛教传入中国，由此西方文物源源不断传入中国。

从两千多年前的秦汉时代起，连接我国与欧亚国家的海上丝绸之路早已兴起，海路沿岸各国人民交往频繁。1405年，明成祖派郑和带领船队出使西洋，使已有的"海上丝绸之路"日益兴隆，加强了与亚非国家的友好关系，是中国历史上空前的国际经贸、外交、文化交流的活动。回顾"一带一路"的历史，延续约两千年之久的古代丝绸之路是商贸之路，同时也是宗教传播之路。伴随古代陆地及海上丝绸之路的开拓，外域宗教相继入华，而中国本土文化和信仰亦得以外传。

中国人把与西域相关联的古代天竺称为"西方"。由于丝绸之路的形成，中外人员往来越来越频繁，中国人关于"西方"的那种虚幻不实的想象逐渐丰富并逐渐清晰起来。自汉明帝感梦求法始，无论是法显、玄奘的"西天取经"，还是达摩祖师西来，都为中国文化带来了新的文明元素，更在经验上强化了中国人关于"西方"的文化想象。

西方的基督教和伊斯兰教，也是经丝绸之路传入中国的。历史上基督教最初是以景教的身份传入中国。唐代景教在古代丝绸之路上的流传范围极广。在唐代中国称古代阿拉伯帝国为"大食"，当时因商业往来而使不少阿拉伯和波斯商人留居中国，从而使伊斯兰教在华逐渐扎根，传播开来。

当中国人因丝绸之路的贯通而获知西方知识和宗教时，欧洲人也因此而获得了中国的儒家、道家等方面的知识，被中国的哲学、文学、艺术、风俗等传统的东方风韵所感染，在欧洲一度形成了"中国热"。宗教在丝绸之路上的双向流动，增进了各民族彼此深入了解，丰富了相关地域人们的精神生活，为中外各民族自觉和社会文化发展营造出更加多元而融洽的气氛，通过中西文化的交流与互补，促进了共同发展。

　　"一带一路"沿线国家和区域在商贸交流的同时到底接受了多少中国文化元素，有待中外学界进一步深入研究，但中国曾接受过的"一带一路"各国文化和宗教元素，则在很多中国历史文献有明确的记载，并保留在相关地区的地域文化中。以宗教文化为例，印度的佛教、印度教，波斯的祆教、摩尼教，西亚的景教、犹太教，阿拉伯的伊斯兰教，欧洲的天主教、基督新教，都曾沿着"古丝绸之路"传入中国。在位于海上丝绸之路起点的福建泉州，可以看到佛教、道教、伊斯兰教、景教、摩尼教、天主教、基督新教、犹太教、印度教、神道教和拜物教等宗教遗迹。仅就佛教而言，以佛教文化为中心的"西竺"文化，使中国文化在信仰、政治、哲学、伦理、文学、艺术、民俗等多方面得到了一次极有深度的交融和提升，而儒、释、道三教鼎力格局的形成，使中国文明岿然屹立于世界的东方，泽及远方。

3. 世界宗教发展态势

1) 世界宗教的复兴态势

　　20世纪70年代以来，国际政治舞台上发生了一系列与宗教密切相关的事件，例如伊朗发生伊斯兰革命；巴基斯坦、苏丹等国宣布实施伊斯兰教法；在罗马天主教的直接影响下波兰团结工会组织了大罢工；解放神学思潮风靡拉丁美洲；世界各地新宗教势力崛起等等。

　　20世纪80年代，特别是冷战结束后，由于西方新自由主义和保守主义盛行，某些发展中国家的世俗民族主义失败，特别是东欧剧变和苏联解体导致社会主义运动陷入低潮等等，这些引发了宗教在全球范围内的复苏，特别是有些宗教极端主义势力策动了地区冲突和极端事件，这让人们感受到宗教对社会产生越来越大的影响，也表明宗教正以各种方式在世界各地复兴。20世纪末的经济全球化浪潮和信息化革命对人类社会生活产生了深刻影响，也对全球宗教复兴起到了推波助澜的作用，各类宗教不仅没有消沉、退隐，而是更加活跃、彰显。各类宗教之间及其宗教组织内部呈现出冲突与和解并存、保守与革新共载、衰落与复兴相继的多元景观。特别是各类新宗教为在宗教市场上分得一杯羹而更加标新立异，同时借宗教之名活跃的各类"伪宗教"和名目繁多的各类邪教也趁势猖獗起来，处于全球化和信息化进程中的世界宗教已形成了多元而复杂的复兴局面。正如塞缪尔·亨廷顿所言："在20世纪的最后二十几年内，向世俗主义的进军被扭转了，出现了几乎全球性的宗教复兴。它表现在几乎世界各地——只有西欧例外，在世界其他各地，宗教政治运动赢得了很多支持者。在这些国家最信教的不是老人而是年轻人，不是贫穷的农民而是社会地位上升的、受到良好教育的白领工作者和专业人员。典型的一例是土耳其的医学院女学生，她们不顾世俗政府的禁令，戴着伊斯兰头巾上课。两大传统性宗教，即伊斯兰教和基督教在世界范围竞相吸收皈依者，而且吸收到很多信徒，最明显的是穆斯林原教旨主义运动和福音派基督教新教，后者在拉丁美洲已很有影响，现在它的影响还扩及非洲、亚洲和前苏欧地区。哈佛大学韦瑟黑德国际事务研究中心2003年8月发表的一项报告对20世纪后半期全球宗教状况进行了详尽的定量分析，明确指出：拥有世界大部分人口的多数国家都处于宗教复兴之中，这一复兴最强有力地涉及东欧前共产党国家、中亚、高加索地区，还有拉丁美洲、中东、非洲、中国和东南亚……"[1]

据2015年5月26日"中国民族"报登载的《全球信教人口数据——

---

1 [美]塞缪尔·亨廷顿著，程可雄译：《我们是谁——美国国家特性面临的挑战》，北京：新华出版社，2005年，第295-296页。

中国大陆信教人口比例最低》介绍，21世纪世界宗教的现状和发展趋势呈现出如下一些特点：(1)几大主流宗教的信徒人数持续增长。(2)宗教的国际格局持续变化，基督宗教继续向欧洲和美洲以外传播，伊斯兰教、佛教、印度教等继续向欧美传播，但各大宗教的中心并未改变。(3)宗教的国际影响持续扩大，在冷战结束导致世俗意识形态纷争弱化的情况下，宗教的政治参与和社会影响扩大，成为局部战争、文明冲突、国际政治和人权斗争的重要因素。[2]

根据皮尤研究中心(PewResearchCenter)2012年底的报告，通过面向超过230个国家和地区有关"宗教和公共生活"的研究发现，在全球69亿人口中58亿人(占84%，包括成人和孩子)有各自的宗教归属。在全世界约四分之三(73%)人口生活的国度中，持有某种宗教信仰的群体占其国家人口的大多数。这说明，无论现代社会中的人们在生活方式上与传统时代有多么大的不同，其生活的基本宗教情调并没有失去。宗教信仰与实践并没有在高度组织性的现代世界消失，而是以更加多元的方式成长和发展，宗教更加务实地承担着很多公共的角色。如研究宗教与国际关系的学者斯科特·托马斯就曾对全球宗教复兴现象做了如下界定："全球宗教复兴指宗教日益具有显要性和说服力，如在个人和公共生活中日见重要的宗教信念、实践和话语，宗教或与宗教有关的人物、非国家团体、政党、社区和组织在国内政治中日益增长的作用，以及这一复兴正以对国际政治具有重大影响的方式发生。"[3]

必须指出的是，上述调查分析仅局限于传统宗教范畴，尚未

2　加润国：《全球信教人口数据——中国大陆信教人口比例最低》，《中国民族报》2015年5月26日第07版。

3　Scott M. Thomas, The Global Resurgence of Religion and the Trans formation of International Relations: Struggle for the Soul of the Twenty-First Century, New York: Palgrave Mac Millan, 200, pp.28-32.

触及正在崛起的世界新宗教和"网络宗教"等重要的宗教发展领域。如果把轰轰烈烈的世界新宗教运动和21世纪将引领世界宗教的"网络宗教"包括进去，就能更加清晰地看到全球"宗教复兴"的全貌和发展趋势。

2) 全球"宗教复兴"对我国的影响

全球"宗教复兴"对我国的影响是直接的、多方面的。改革开放以来，在较宽松的宗教政策和较自由的国际交往氛围中，一次一次的"宗教热"推动国内各类宗教全面复兴，宗教人口急剧增加，国外不少宗教团体趁势而入在广大城乡传播其宗教，国内宗教发展形势越来越复杂，增加了很多不确定性。在这里重点介绍境外宗教对我国的渗透现状。

冷战结束以来，境外敌对势力和宗教组织向我国发起了一场"争夺灵魂的战争"。利用宗教进行渗透是西方敌对势力对我国实施"西化""分化""和平演变"战略图谋的一个重要手段。伴随改革开放的深入，境外利用宗教对我国的渗透活动大有加剧之势，尤其是境外敌对势力利用基督教、伊斯兰教和各类新宗教进行的渗透活动尤为突出。

我国西北地区穆斯林与非穆斯林、信仰伊斯兰教的各民族之间以及伊斯兰教内部不同教派之间的关系交织在一起，民族宗教关系非常复杂。在新疆还有很多跨境民族都信仰伊斯兰教，涉及到多个邻国。境外伊斯兰教势力对我国西北地区的渗透，主要包括两方面的内容：一方面是与伊斯兰教相结合的"东突独立运动"与"泛突厥主义"的问题，这主要涉及到新疆地区；另一方面是其他形式的宗教渗透。前者主要是民族分离主义与宗教渗透相结合，后者则更多地体现在宗教层面。其中民族分离主义、宗教极端主义、国际恐怖主义的"三股势力"对我国西北地区的社会安全和稳定构成了直接的现实威胁。

　　"藏独"运动是近现代史上帝国主义侵华与分裂中国的历史产物，而在当代就是指国外反华势力与达赖集团相勾结，利用西藏问题，特别是所谓西藏的"宗教自由与人权问题"，在国际上诬蔑中央政府的西藏政策，诋毁我国的国际形象。其政治意图非常明确，妄图分裂中国以达到"藏独"的非法目的。达赖为首的"藏独"势力直接或间接插手西藏宗教事务，鼓动年轻无知的僧侣以自杀的形式对抗政府，蛊惑信教民心，已造成了非常恶劣的社会影响。

　　蒙古国是我国北方重要的邻国之一，是与我国陆地接壤的15个国家中区域最广、边境线最长的国家。蒙古国特殊的地理位置及地缘环境的特殊性不仅吸引着世界大国及邻国的关注，同时也引起美国、英国、德国、韩国、瑞士、新加坡等国的宗教势力的关注。西方势力借蒙古国"民主化"之机，纷纷派遣传教士进入蒙古国传教。除传统宗教，佛教、伊斯兰教外，天主教、东正教、福音教派、安提阿正教会、新教、浸礼会、耶稣再生论教派、圣徒教、摩门教、长老会，韩国基督教的诸多分支等基督教流派，巴哈伊教、摩尼教、阿曼达玛尔卡教、观音法门等新兴宗教和邪教均在蒙古国立足，形成了多种宗教并存的局面。其中有些宗教已渗透到我国内蒙古地区开展活动。蒙古国宗教发展的现状对目前我国的北部边疆地区社会稳定和宗教发展构成了直接的现实威胁。

　　近代以来，随着西方文化在东亚诸国的传播以及东亚各国的现代化转型过程中，基督教在韩国取得了巨大发展。20世纪后半期开始韩国基督教加大了海外传教攻势，其影响不可低估。2015年韩国派遣海外传教士达2,7205人，遍布世界约170多个国家和地区，其中近三分之一派往中国大陆传教。目前韩国海外派遣传教士总数仅次于美国，居世界第二。有些韩国传教士甚至带着强烈的传教精神，深入中东阿拉伯地区传教，引发外交纠纷，付出了血的代价。目前国内"地下教会"遍布全国，其中东北地区和沿海大都市都不难发现韩国基督教传教士们活跃的影子。

20世纪在世界各国，特别是发达国家都崛起了一批新宗教。这些新宗教的历史都不长，最长的亦不过百年历史，且不断有新的教团涌现。然而，新宗教教派名目繁多，教义标新立异，发展迅速，变化多端。新宗教在有些国家的政治社会事物中扮演重要的角色，已是一种不容忽视的社会文化现象和宗教势力。现实而言，大多数世界性新宗教皆在我国开展不同程度的传教活动，其活动领域和影响范围越来越广。令人不安的是，很多邪教大多以新宗教之名渗透到我国，进行违法犯罪活动。

当今人们的生活已经与网络紧密联结在一起。因此，社会上各种政治势力、各种文化组织、各种信仰团体等，都在运用互联网来传播各自的政治观点、文化理念、思想意识、价值观念。各类宗教团体通过互联网来传播教义，联络信众，甚至举行各种宗教仪式，其发展速度越来越快，其社会影响越来越大。传统的、新兴的宗教团体如此，"邪教""伪宗教"更是如此。目前国际上绝大多数有影响力的宗教组织都建立了精致的官方网站，为网上传教提供了快捷而又很难管控的平台和渠道。在这个无疆界的电子空间里，境外各种势力渗透暗流涌动，目前境外宗教渗透的重点途径从传统的面对面(Face to Face)开始转到了互联网上，互联网已成为我们与各类敌对势力较量的重要阵地。

在这里举一例介绍宗教通过网络传播的较典型事例。由于网络的开放性，越来越多的海外宗教得以进入现代日本社会。20世纪80年代日本的伊斯兰教信徒数仅为6万人，而到2006年这一数字一跃猛增至125.4万人。须关注的是，到2007年5月雅虎日本的伊斯兰教网站从零发展到24个。毋庸置疑，这些伊斯兰教网站为伊斯兰教在日本的传播起到了重要的推动作用。

4. "一带一路"沿线各国的宗教现状

分析一个国家或地区宗教信仰现状，首先需考察各国的各类宗教信仰人口的比例，明确其静态分布，其次要分析各类宗教信徒的增减趋势，分析其动态变化。据盖洛普国际2012年发布的《全球宗教信仰和无神论指数—2012》，西亚信教人口占地区人口比例是64%，阿拉伯世界是77%，南亚是83%，非洲是89%，东欧是66%。可见，这些地区作为"一带一路"重要地区，仍然是全球最重要的宗教多元共栖和活跃的地区。

2015年4月皮尤研究中心发布了《世界宗教的未来：2010~2050年的人口增长预测》。该报告预测：在全球范围内，穆斯林生育率是最高的，每名妇女平均3.1个孩子。基督徒第二，每名妇女2.7个孩子。佛教徒出生率低(每名妇女1.6孩子)。印度教徒的生育率(每名妇女2.4)接近全球平均水平(每名妇女2.5)。

2010至2050年，世界总人口预计将上升到93亿，增长35%。在同一时期，伴随高生育率产生的相对年轻的人口，穆斯林预计将增加73%。基督徒的人数也将增加，大约与全球人口增长率(35%)相同。印度教徒人口预计将增加34%，从10亿多增长到14亿。2010至2030年，世界各地的佛教徒数量预计将增加，从4.88亿上升到5.11亿。

由上可知，未来几十年，"一带一路"沿线地区和国家宗教人口增速较快，数量和比例都比较高。该报告称，2010年99%的佛教徒居住在亚太地区，2050年预计是同样高的比例居住在亚太地区(98%)。2010-2050年，世界穆斯林的大多数仍将生活在亚太地区；世界穆斯林的20%可能生活在中东和北非地区，这里穆斯林人口预计约从2010年的3亿增到2050年的5.5亿以上。2010年，印度尼西亚的穆斯林人数最多(约2.09亿，或占世界穆斯林人口的约13%)，其次是印度(1.76亿，或占约11%)、巴基斯坦(1.67亿，占10%)和孟加拉国(1.34亿，占8%)，尼日利亚、埃及、伊朗和土耳其的穆斯林都超过七千万。未来几十年，印度可能成为世界上穆斯林人口最大的国家，而伊拉克和阿富汗都有望进入十大穆斯林人口国家之列。

2010年，基督徒大量生活在亚洲和太平洋地区(13%)和北美(12%)，小于1%生活在中东北非地区。2010至2050年，基督徒在亚太地区人口的增长(33%)预计要高于地区整体增长水平(22%)。2010年，印度教教徒在亚太地区是最大的宗教群体，印度、尼泊尔(2.42千万)和孟加拉国(1.27千万)拥有最大数量的印度教徒。

由于历史的积淀，政治格局、各种地域文化以及利益纠纷影响，宗教在这一地区地理上的分布复杂交错。但总体而言，中亚地区、西亚北非地区以伊斯兰教为主。中东欧地区主要信仰基督教，伊斯兰教较少。东南亚地区以佛教、伊斯兰教为主，还有基督教、一些其他信仰并存。南亚地区以印度教为主，伊斯兰教、佛教、锡克教等并存。南太平洋地区以基督教为主，南太平洋岛国绝大多数居民信仰基督新教和天主教。当然，还存在难以计数的各类规模不等的地域性宗教和民间信仰形态。

由上可知，"一带一路"跨度大、范围广，呈现多民族、多宗教、多文明交融的网状特征。随着全球化、信息化的加速，"一带一路"沿线国家和地区的宗教将呈现进一步复兴态势，将在地区和各国的政治、社会生活中扮演越来越重要的角色。

5. "一带一路"战略实施与宗教风险

如前所述，通过考察"一带一路"沿线国家和地区的人文环境与宗教现状，不难发现这些国家大都有着悠久的宗教文化传统和浓厚的宗教信仰氛围。因此，如果不了解这些国家和地区的宗教状况及其宗教信仰传统、风俗禁忌，而想要全面深入展开"一带一路"建设，其所遇到的问题和风险是可以想见的。评估和把握一个国家或地区的宗教风险主要是通过发生宗教有关的各种社会事件、宗教突发事件的频次和影响，进一步分析其宗教内外的各种风险因子，确定风险指数。

1) 各国政教关系带来的风险

随着全球宗教复兴趋势日渐显著，宗教在"一带一路"国家政治影响力不断上升，在许多国家的社会生活中扮演重要的角色。目前世界各国政教关系大体分为政教合一、政教分离、政教不即不离三种类型。一个国家政教关系的和谐与否直接关乎社会的稳定与发展。而"一带一路"沿线这些国家或地区的关系都极为复杂，无一例外。一些国家为政教合一的国家或以某种宗教为国教，一些国家占政治主导地位的宗教与其他诸宗教矛盾对立严重，再加上每一个国家内部民族宗教情况又极为复杂，因此，存在的风险较大。如沙特阿拉伯、约旦、卡塔尔、巴基斯坦、马来西亚、文莱、叙利亚、也门、伊朗等以伊斯兰教为国教；泰国、柬埔寨、不丹、斯里兰卡等以佛教为主要信仰；以色列以犹太教为国教；尼泊尔以印度教为国教等。一些国家的某一特定宗教乃是该国绝大多数人的信仰，如印度尼西亚的伊斯兰教、印度的印度教、缅甸的佛教、菲律宾的天主教，以及中亚各国的伊斯兰教等。而沿着"一带一路"向西延伸，我们还需要面对以基督教信仰为主的众多国家，因每一个国家和地区内部情况千差万别，需要深入分析与审慎研判。

随着全球宗教复兴趋势日渐显著，宗教在"一带一路"国家政治影响力不断上升，在许多国家的社会生活中扮演着重要的角色。对于一些宗教人口占多数的国家而言，如何处理好政教关系，在一个宗教多元社会中建立世俗民族国家，成为对执政者智慧的严峻考验。从伊斯兰信仰为主的国家来看，他们各自经历了不同的探索途径。有的国家主张民族主义，走向了全盘西化，如土耳其；有的国家主张伊斯兰现代主义，采取折中的方法，如埃及；有的国家主张伊斯兰原教旨主义，走向全盘复古，如阿富汗前塔利班政权。即便是在世俗化最为彻底的土耳其，国内也始终贯穿着世俗势力和伊斯兰宗教复兴势力的矛盾。近年来，伊斯兰复兴主义尤其是原教旨主义运动影响扩大，中亚"三股势力"抬头，对很多世俗国家的政治造成了新的挑战。尤其是2014年6月极端组织"伊斯兰国"的突然出现，对伊斯兰世界世俗政权及其全球安全构成了严重现实威胁。

某种意义上讲，宗教政策决定宗教命运。每一个国家的宗教政策取向和具体实施情况不尽相同。有些国家宗教政策与宗教间经常发生矛盾和摩擦，这种张力得不到缓解则容易引发社会矛盾，甚至冲突，这也是政教关系不可忽视的一个重要侧面。

2) 民族与宗教关系矛盾引发的风险

现实中，民族问题与宗教问题往往有着很深的密不可分的关联性，因此，宗教间的冲突伴随民族冲突，或者说民族冲突是以宗教冲突为载体呈现的。以南亚为例，南亚主要国家有印度、巴基斯坦、斯里兰卡、马尔代夫、孟加拉国、尼泊尔、不丹。南亚是当今世界上民族、宗教暴力冲突最为严重的地区。长期以来，接连不断的民族问题和教派间的问题已成为困扰南亚国家的痼疾。这不仅直接影响到南亚国家政治、经济和社会的正常发展，危害着国内的统一和社会的安定，而且常常破坏南亚国家之间的关系，成为影响整个地区安全和稳定的一个主要根源。目前几乎所有南亚国家都在不同程度上存在着民族、宗教问题，但是对国内安全和稳定构成较大威胁或潜在威胁的国家主要是印度、巴基斯坦和斯里兰卡。这一地区，除马尔代夫属于单一的民族国家之外，其余都是多民族、多宗教国家。南亚民族问题中最严重的是民族自治和民族分离主义，再叠加宗教因素，使得问题越来越复杂，无法得到彻底解决。再比如，印度国内印度教与穆斯林冲突，与印度教教派主义势力的"印度教国家"主张有关，即要求印度实现"一个国家(印度)、一个宗教(印度教)、一个民族(信仰印度教的民族)和一种语言(印地语)"。目前印度国民大会党倡导的世俗主义力量逐渐丧失主导地位，印度人民党为代表的印度教教派主义势力取而代之，提升了教派冲突和地区冲突的风险。缅甸佛教徒与穆斯林、基督徒之间的冲突，也与缅甸政府长期推行的"缅甸族、缅甸语、缅甸佛教"的合一同化政策密切相关。斯里兰卡佛教民族主义把佛教、

僧伽罗人和斯里兰岛说成是三位一体，这种国家观念至今对斯里兰卡宗教关系具有极强的影响，也是导致斯里兰卡的印度教徒和佛教徒发生冲突的深刻原因。因此，我们必须对"一带一路"沿线这些国家民族宗教关系处理状况及其带来的历史影响和现实结果加以客观、冷静分析，评估潜在的问题和风险，及时调整和实施"一带一路"战略。

3) 跨境民族的宗教问题的潜在风险

"一带一路"沿线各个国家的民族地理分布上，普遍存在着跨境的民族，有些民族还分居在数个国家境内，如亚洲的库尔德人，居住在土耳其、伊朗、伊拉克、叙利亚四国的交界地区；而非洲的富尔贝人，则分散在十个国家境内。我国是跨境民族较多的国家，西南、西北、东北、北部陆地边境线上均有不少跨境民族生活。比如，云南地处祖国西南边陲，是一个与多国为邻的省份，众多跨境民族聚居于此，且以南传佛教信仰为主，西北方与缅甸毗连，南部与越南、老挝两国接壤，同时又与泰国、柬埔寨、印度等国相邻。"一带一路"战略与我国周边国家之间形成边境互动格

局的主要承载者就是丝路沿线的各民族人民。其中，本国少数民族与周边国家少数民族之间的天然的民族凝聚力在国际战略中发挥着重要作用。然而，民族聚合力在"一带一路"战略中也是一把双刃剑，有可能与国家发展战略相抵触。如基于民族身份、宗教认同产生的聚合力，在面对政策选择时，各民族对政治、经济事务的判断准则并不以是非对错为逻辑，而是民族宗教认同价值为依据。此时，国家政治制度框架可能受制于族际间的认同框架。再加上跨境民族间交往的开放性、松散性，对国家的治理机制而言，具有不可控性，潜在的风险较大。

4) 宗教间矛盾冲突带来的风险

东南亚非各国以信仰佛教和伊斯兰教为主，中亚各国则基本上保持着伊斯兰教信仰传统，而有些国家受西方文化的影响，也保持着一定规模的基督宗教信仰。这些国家和地区宗教种类繁多，宗教间关系错综复杂，族群矛盾、教际对立、历史恩怨与现实利益纠结在一起，风险较大。因此，这一区域是长期以来世界范围内宗教间矛盾对立最突出，矛盾冲突集中爆发的地区。不同宗教间的冲突，以及教派之间的冲突直接影响各国的社会稳定和发展，直接影响国际关系或区域安全。如果不深入了解其错综复杂的宗教现状而贸然投入，将容易招致失败。以印度为例，印度国内的宗教间关系的矛盾对立的成因，根本上来说首先是宗教上的对立与历史宿怨。如同道教是中国本土宗教一样，印度教是印度土生土长的宗教，而伊斯兰教则是外来宗教。两者之间的差异性是有目共睹的：印度教为多神教，伊斯兰教为一神教；印度教相信轮回转世，而穆斯林则相信世界末日审判；印度教徒崇拜偶像，穆斯林则反对任何偶像。此外，与两大宗教相关的法律、习俗、典籍、历法等也存在着较大的差异性。这就使得两大宗教在南亚次大陆上保持着各自的"独立性"，并形成各自的势力范围。而早期穆斯林统治者为了巩固政权，曾采取强制手段推行伊斯兰教。这种宗教上的对立和历史上的宿怨使得两大宗教间矛盾对立严重。这一类的宗教间矛盾均由来已久，风险指数高，一旦发生属不可控范围。

5）教派之间矛盾冲突带来的风险

"一带一路"沿线的教派之间矛盾冲突而言，中东地区伊斯兰什叶派和逊尼派之间的矛盾对立由来已久，应最具代表性。长期以来，伊斯兰教什叶派与逊尼派之间的对抗从未停止过。2016年初沙特处死什叶派宗教人士使中东局势再度紧张起来。其实沙特和伊朗是逊尼派与什叶派对立的代表，形同水火，而两国的敌对关系因2003年美国主导的伊拉克战争而进一步恶化。那场战争打破了地区的实力平衡，特别是解开了伊拉克占多数的什叶派身上的政治枷锁。这样一来，什叶派占多数的伊朗成了伊拉克最主要的外部势力，加剧了逊尼派国家的紧张。眼下伊朗和沙特之间的冲突表现为代理人战争，由这两个地区大国资助的武装，在叙利亚、也门和伊拉克境内的战场交锋。就伊拉克而言，伊拉克的教派纷争由来已久，无论是在当年萨达姆执政时期，还是美军推翻其政权之后，伊拉克逊尼派与什叶派的矛盾一直是影响该国稳定和发展的重要因素之一，双方之间的零星交火甚至小规模冲突时有发生。持续恶化的安全形势将进一步加深伊拉克社会分裂的鸿沟，阻碍国家的重建与发展。愈演愈烈的伊拉克教派冲突如果得不到及时遏制，伊拉克将可能爆发大规模的教派战争，进而导致国家面临分裂的危险。这一地区这一类教派间矛盾随处可见，风险指数极高，均在不可控范围之内。

6）宗教极端主义风险

宗教极端势力的出现、活动以及影响也是宗教风险评估的重要指标。"一带一路"沿线主要的宗教极端势力包括东南亚伊斯兰分离主义、印度教民族主义、斯里兰卡佛教民族主义等。尤其是由"基地"核心、"基地"分支、本土化"基地"和"基地"网络组成的"圣战国际"，与基督教势力的尖锐对抗是主要风险。我们要特别关注境外民族分离主义、宗教极端主义、国际恐怖主义的"三股势力"的动向及影响。例如，西亚的巴基斯坦和阿富汗是中国的两个友好邻邦，两国都是中国"一带一路"建设规划中的重要国家，而"三股势力"经常以这一地区为据点出没，这对"一带一路"在这一地区的建设和运行构成直接威胁。特别是中国"一带一路"建设的旗舰项目"中巴经济走廊"，不仅与巴基斯坦，而且与阿富汗的国内稳定紧密相关。这一地区的风险绝不可低估。

7) 宗教风俗禁忌等引发的宗教文化风险

"一带一路"有些国家宗教风俗对社会行为影响非常大，甚至可能对经济活动造成障碍。"一带一路"地区宗教情况复杂，宗教文化各具特色，有些宗教的风俗禁忌是必须尊重和严格遵守的。因此，在日常的社会交往中，涉及与宗教人士交往、进入宗教设施，或者参加宗教仪式时，需要谨言慎行，充分尊重对方的宗教习俗，尽最大可能避免思想误判与行动失当，不招致不必要的宗教文化风险。好在这一类风险可以通过培养和提升相关人员的相关意识从而得到有效制约，完全在管控范围之内。

8) "网络宗教"带来的宗教风险

较之宗教的传统传教方式，"网络传教"具有无法比拟的独特优势。其"全球性""全民性""全时段""全媒体"的"四全"特性，不仅赋予宗教团体传播信仰、招募教徒的"利器"，而且还为其参与其他社会事务、拓展社会影响提供了极为有效的平台。目前，"网络传教"已成为各类宗教公认的基本传教方式。"一带一路"沿线宗教种类繁

多，各类宗教、伪宗教或邪教鱼龙混杂，均在线上活跃，情况极
为复杂。据《2016全球风险报告》，网络犯罪给全球经济造成了大
约4,450亿美元的损失，超出了许多经济体的国民收入。越来越多
的企业领导者更加注重技术风险。报告对企业领导者进行的一项
关于经营风险的单独调查结果显示，来自美国、日本、德国、瑞
士和新加坡等至少8国的企业家都认为网络攻击是最大的风险。如
何有效应对通过互联网的各类宗教风险，是新时期对各国政府和
社会的一大严峻的考验。

9)　境外宗教渗透的风险

"一带一路"战略将秉持和平合作、开放包容、互学互鉴、互利
共赢的理念，以"五通"，即政策沟通、设施联通、贸易畅通、资金
融通、民心相通为主要内容倡导文明宽容，尊重各国发展道路和
模式的选择，加强不同文明之间的对话，求同存异、兼容并蓄、
和平共处、共生共荣。这在客观上为各类宗教进入我国活动创造
了绝好的机会。在21世纪全球化和信息化推动下"数字化信仰共同
体"正在形成，国内外各种政治、宗教势力攻击我国现行的宗教政
策，进而对我国进行各种渗透活动。其中一些极端宗教势力，特
别是冒充宗教的一些反华势力和邪教组织的活跃，对我国社会的
和谐发展和国家安全构成重要现实威胁。过去政府多部门通力合
作就能较有效地管控外来宗教渗透，但互联网时代信息传播的"全
球性""全民性""全时段""全媒体"无疆域的多途径渗透向我们提出
了严峻的挑战。伴随"一带一路"战略实施，境外各类宗教渗透我国
的风险大大加大，管控难度较大。

10)　国家间政治理念和利益对立和冲突引发的宗教风险

我们在"一带一路"建设过程中恐怕很难避免各国和地区的各种
政治势力、各种文化组织、各种信仰团体等因其政治观点、文化

理念、思想意识、价值观念不同而导致的有关宗教问题的意见分歧，甚至严重对立。例如，20世纪下半叶开始，一些国际性邪教组织跨国活动，社会危害日益显著。然在国际上的一些组织和政治势力对邪教判别、邪教防范所取的立场和观点不一致，甚至导致不少国家间外交纠纷。有的团体在一些国家被判为邪教，而在另一些国家因政治制度和利益关切所定性质截然不同。例如，欧美一些政府和组织不仅没有把发迹于中国的"法轮功"定性为邪教，反而还极力支持甚至利用"法轮功"大肆开展反华活动。另外，众所周知，以达赖为首的"藏独"势力在西方一些政治势力的庇护下非常活跃，四处诋毁我国的现行民族宗教政策。目前蒙古国表示积极参与"一带一路"建设，而藏传佛教是蒙古国最主流的宗教信仰。自1979年以来，十四世达赖喇嘛曾经被邀请来蒙古访问9次，一些蒙古人甚至到十四世达赖喇嘛活动的达兰萨拉进行朝拜。而中国政府明确将十四世达赖喇嘛定性为民族分裂分子。蒙古国政府虽然不愿意因达赖问题使中蒙关系发展受阻，但又因国内政治、宗教因素影响不能完全断绝与达赖的关系，宗教问题横亘在中蒙关系中间，显然是一个不可低估的宗教风险之一。

11）风险项交织放大负面效应风险

过去，全球化、信息化到来之前，每一风险项相对独立存在或与其它因素关系没有那么密切，而如今无论任何风险它们之间的关联性大大增加，风险交织必放大负面效应。从根本上讲，宗教在实施"一带一路"的区域不仅仅是信仰问题，而且是这些国家政治经济和社会文化生活的核心。因此，宗教与该地区的社会生活的所有领域息息相关。因此，考虑宗教风险问题必须与诸多相互关联风险因素相联系，加以全面评估和把握，而且要特别关注可能放大风险或改变风险的各类重大趋势。据《2016全球风险报告》，去年"随着欧洲难民危机、恐怖袭击等此类事件的发生，目前的世界政治局势已达到冷战以来最脆弱的时刻。如此动荡的政治环境正迫使跨国企业领导者调整战略决策，他们不得不谨慎考虑这些风险可能对其企业在海外拓展、品牌声誉和供应链体系等方面造成的诸多影响"。而目前的难民危机，恐怖袭击等全球性风险很多都与宗教因素密不可分，显然难民因素进一步激化了穆斯林和基督徒之间的对立，而恐怖袭击就是宗教价值观驱使下的针对历史积淀和现实问题的极端解决方式，总之，造成目前国际安全形势变化的驱动因素大多与宗教直接相关。而且，与过去不同的是，各种风险正在快速演变，随时可能以无法预料的方式冲击社会，甚至改变国际秩序。面对这种情况，采取减缓风险措施是必要的，而适应风险可能更为重要。

6. 结语

"一带一路"具有多民族、多宗教、多文化的特征，能否充分理解和尊重不同制度、不同民族、不同文明的特点，将是"一带一路"战略实施成败的关键。中国政府一贯倡导不同文明和宗教的交流互鉴，并支持和鼓励宗教界搭建了"世界佛教论坛""国际道教论坛""伊斯兰文化展"等平等、多元、开放的高层次对话、交流、合作的平台，已经取得了良好成效。"一带一路"战略的实施对中华民族而言是一个难得的历史机遇。推行"一带一路"战略不应仅仅着眼于经济交流，更重要的是着眼于文化建设，借此难得的机会使中国文化在融通合作、互学互鉴中获得更广泛的能量，完成中华文化的新一轮升级，建立世界性文化交流平台，引领人类文明向前发展。

冷战结束以后，包括宗教问题在内的各类非传统议题迅速上升且势头迅猛，对世界秩序、全球治理、地区安全、中国外交等都提出了许多新的课题，其中既有机遇，也有风险，尤其是"一带一路"这样一个100多个国家和国际组织参与的宏大工程，必须调动各方利益相关者携手合作，共同探讨与应对面临的风险，用更具建设性和战略性的方式来探寻未来。因此，"一带一路"战略实施，我们应以极大的文化自信，应以开放包容心态，用宏观视角、综合的思路来看待和分析新的问题。面对现实，只有客观正视存在的问题，分析原因，有针对性地设计适合实际情况的应对措施，才能有效地规避和减少可能发生的风险。

具体而言，历史经验表明，在促进"一带一路"宗教关系和谐、加强民心沟通方面，宗教对话交流可以发挥独特的积极作用。大多数宗教都主张多元共融、共生发展的理念，而且有促进民心相通的重要优势，因此，我们需要充分调动国内宗教界积极性，主动"走出去"，积极投身化解宗教风险的行列；在"一带一路"战略中，需要在国家安全战略的层面部署和考虑跨境民族问题，对民族地区与外界的互动共赢进行提前安排，促进国家间民族关系的和谐发展；充分调动国内外学界、文化界的积极性、深入开展有关宗教风险的调查和研究，积极吸收国内外风险管控的经验和教训，尽可能把风险有效管控在策源地，严防风险进一步扩散或演变，维护各国和地区的和平和社会的繁荣稳定；充分调动国际社会各界友好人士和进步力量的积极性，在"一带一路"区域形成广泛的正能量场，以构筑防范风险稳固的国际统一战线；必须尽快培养一大批深谙"一带一路"沿线国家的社会、宗教文化，能为当地社会接受的各类人才，建立专门"人才储备库"；广泛开展宗教知识教育以及宗教风险意识宣传，并建立宗教风险预警系统，定期发布风险信息，未雨绸缪，防患于未然；在开展宗教风险意识宣传和教育时，有必要增加"适应风险"的宣传和教育的内容。有的宗教风险，通过采取一定的措施，便完全可以化解，然而有的风险则根深蒂固，将长期存在，短期内无法解决。有的风险潜则不易发觉，有的风险会不可预知地突发，因此，通过"适应风险"教育，培养相关人员针对各类风险的免疫力，与风险日夜相伴，我们才能自处泰然。

两千多年的丝路交往的历史证明，只要坚持和平互信、平等互利、多元融合、包容互鉴、合作共赢，不同种族、不同国家、不同信仰、不同文化背景的国家和人民完全可以携起手来共克时艰、化解风险、和谐共处，共同创造人类文明的新辉煌，这是古丝绸之路留给我们的宝贵启示。

(本文作者金雄系延边大学教授；金勋系北京大学教授、

北京大学宗教文化研究院副院长。)

(《世界宗教评论》第三辑，宗教文化出版社，2020年)

韩文部分

第十四章

元曉의 淨土思想

1. 序論

紀元 전후하여 인도에서 發端한 淨土사상은 그 신앙과 더불어 西域을 걸쳐 중국에 전하여졌으며 수많은 신도, 특히 민중일반의 광범한 환영을 받게 되었다. 그 과정 중 정토신앙은 교학적 체계를 이루고 새로운 종파로 확립되어 오늘에 이르러 禪宗과 더불어 修心成佛의 주요한 내용과 방법으로 그 맥을 이어오고 있다.

淨土經典이 언제 어떤 경로를 통하여 신라에 전하여졌는지는 확실하지 않다. 그러나 圓測, 憬興, 玄一, 義寂, 太寂, 元曉 등 신라 불교계에서 활약한 諸師들은 모두 평소신앙 관련 저술을 남겼다는 기록으로 미루어 보아 정토신앙은 보다 일찍 신라 불교계에 전하여졌고 영향 또한 컷음을 알 수 있다.

元曉에 대한 연구는 선학들의 고심에 의하여 문헌학적 작업이 두루 진행되었고, 근년에 들어 그의 사상가적 위상도 어느 정도 부각되어 한국뿐만 아니라 세계 여러 나라 학자들의 많은 주목을 받고 있다. 元曉사상의 여러 측면에 대한 연구는 활발히 진행되어 왔으나 그

에 대한 종합적인 검토와 철학적인 접근이 진행되지 못한 점이 元曉
연구의 중요한 과제의 하나로 지적받고 있다. 오늘날 한국사회 일반
에 알려진 다소 모순된 元曉像은 그러한 元曉연구의 허점을 말하여
주고 있는지도 모른다. 즉 元曉는 그의 저술과 행적을 통하여 이론과
실천 양면에서 민중에 대한 지대한 관심을 기울였음에도 불구하고
때때로 현실에서 외면당하고 있다는 것이다. 그러나 오늘날 복잡다
양한 가치관이 존재하는 현대 상황을 감안할 때 이는 자연스러운 일
일지도 모른다. 그리하여 元曉사상에 대한 연구는 더 한층 폭넓고 깊
이 있게 진행될 필요를 절실히 느낀다.

元曉의 淨土관련 저술은 다음과 같다.

<無量壽經宗要> 一卷(現存)

<阿彌陀經疏> 一卷(現存)

<游心安樂道> 一卷(現存)

<無量壽經私記> (佚失)

<般舟三昧經略記> (佚失)

<彌勒上生經宗要> 一卷(現存)

이 외에도 <三國遺事>에 元曉의 彌陀신앙의 행적과 관련된 소
중한 기록이 적으나마 남아 있다. <游心安樂道>는 저자의 의혹이 제
기되어 있으므로 본문에서는 취급하지 않기로 한다.

元曉의 淨土사상에 관하여서는 安啓賢 박사를 중심으로 한 국
학자들과 山田行雄을 비롯한 몇몇 일본학자들에 의하여 그 기본내
용과 特質이 밝혀졌다고 할 수 있다. 그러나 앞에서 지적하였듯이,
현재 원효사상에 대한 철학적 접근과 종합적 검토가 시도되지 않은
상황이므로 재검토할 필요성을 느끼게 한다.

필자는 元曉의 근본사상인 和諍사상을 규정지음에 있어 이상
과 현실, 목적과 수단이 고도로 통일된 세계관이며 방법론이라 주장

하여 왔다. 불교에 있어서 특히 정토신앙에 있어서의 이상이란 佛陀의 清淨國土이며 현실이란 執迷不悟의 衆生의 煩惱를 가리킨다. 衆生을 번뇌의 고해에서 구제하여 清淨國土에로 往生시키는 것이 불교 정토신앙의 궁극적인 목표이다. 대승불교에서는 모든 佛徒들이 "上求菩提, 下化衆生"의 自利利他를 요청한다. 특히 정토신앙과 같이 민중성격이 농후한 신앙체계에 있어서 利他實踐이 더욱 절실히 요구되고 있다. 이러한 시각에서 정토신앙의 성격을 自發的인 민중불교운동으로 규정지어도 異義가 별로 없을 것이라고 생각된다.

2. 淨土信仰의 形成과 展開

元曉淨土사상을 고찰하기에 앞서 정토신앙의 형성과 전개 과정을 간략히 짚어 보고 넘어가기로 한다.

오늘날 전하여지고 있는 정토란 漢字는 중국 불교에서 인도 산스크리트 경전 번역 중 성립된 譯語로서 구마라집(羅什)의 譯語로 전해지고 있다. 대승 한역 경전 중 정토 관련 경전은 상당한 위치를 차지하는 바 일본 藤田宏達 박사의 통계에 의하면 한역경전 290부가 있다고 한다. 그 중 <無量壽經>, <觀無量壽經>, <阿彌陀經>이 그 대표작으로서 정토 三部經으로 불려지고 있다.

정토사상은 중국에 전하여 진 후 상술한 淨土三部經 및 관련 경전을 근거로 정토신앙을 전파하였고 정토교육을 형성하기에 이른다. 塚本善隆 박사는 <唐中期의 淨土教>에서 이 과정에 대하여 다음과 같이 요약하고 있다.

중국 佛教徒의 多數는 三世因果報應, 輪回輪生을 믿고 死後의 정토천당의 생을 원한다. 단지 그 초기의 정토교는 미륵 또는 彌勒陀

등 불교정토에 열렬한 신앙자도 있었지만 대체로 정토에 대한 성질 및 그 方位에 관하여서까지 명확한 관념을 가지지 못하였고, 사후의 세계에 상반되어 존재하고 佛菩薩이 계시는 정토에 대하여 어느 佛의 정토가 아니면 안된다는 개성적 특수화한 정토교가 아니었다. 그러나 佛敎經學은 譯出經典의 說明에 인도되므로 彌陀, 彌勒의 淨土往生에 관한 각자 전문 경전의 譯出에 의하여 그 특이한 교설이 알려짐으로써 兩佛정토의 신앙은 점차 他佛의 정토신앙을 압도하고 더욱이 兩淨土敎間에로 대립을 보이기에 이른다.

南北朝 시기에는 대체로 이 兩佛淨土敎가 병립하여 성행하면서 양자간 대립의식은 아직 뚜렷하지 않았고 미륵상을 만들어 서방정토를 원하거나 조상에 의하여 彌勒陀, 彌勒의 加護, 指導를 원하는 상태였다. 그러나 이 시대 말기에 이르러서는 佛典의 연구가 더욱 치밀하여짐에 따라 兩淨土敎의 대립이 선명해졌고 隋에서 唐初에 이르러 상호 논란이 빈번히 오가고 하였다. 논쟁은 대체로 아미타정토측의 승리로 매듭지어져 아미타정토교의 현저한 勃興을 가져와 정토교의 병칭을 특정하기에 이른다.[1]

塚本 박사의 이상과 같은 중국에 있어서의 정토신앙의 형성과 전개에 대한 논술에는 다소 지적, 보충하고 넘어가야 할 문제들이 존재한다.

첫째, 정토신앙이 중국 불교도들의 환영을 받은 요소 중에는 정토신앙이 장생불로를 목표로 한 道敎를 중심으로 하는 중국 전통문화의 가치관과 相似한 점이 많다는 점이다. 그러므로 單純漠然함에도 불구하고 외래 정토신앙에 대하여 情이 도도하다.

둘째, 정토신앙의 敎義를 살펴보면 대승경전의 諸多敎理를 그토대로 하여 성립된 것이다. 예를 들면 <法華經>, <華嚴經 >, <大乘

起信論> 등을 신봉하는 大乘諸宗派의 신도들에 의하여 널리 수용되었다. 그러므로 정토교가 성립되기 전에는 타종파 신앙과 더불어 존재하여 교학면에서 뚜렷한 주장이 적었다.

셋째, 미륵신앙이 비록 이론적 측면에서 미륵타신앙측의 비난을 많이 받았으나 사실상 민중신앙 차원에서는 여전히 무시할 수 없는 존재로 전개되어 왔다. 그리고 塚本 박사가 지적한 바와 같이 여기에서 정토신앙이 여타 종파에 비하여 민중신앙의 성격이 두드러진다는 것이다. 그러므로 민중의 '막연한', 자발적인 신앙 활동이 정토교를 형성시켰다 하여도 과언이 아닐 것이다.

그러나 그 중 걸출한 이론가나 실천가들의 역할을 무시하는 것은 아니다. 예를 들면 曇鸞(476~542), 慧遠(523~592), 道綽(562~645), 善導(613~681) 등이 중국 정토교학의 형성에 중요한 공헌을 하였다. 중국 정토교의 형성과 전개의 이상과 같은 특질은 인근 신라 불교계에 직접 혹은 간접적으로 영향을 주었음은 의심할 바 없다. 그러나 신라 불교는 단순한 중국 대승불교의 移植이거나 亞流가 아닌만큼 그 독자적인 전개가 우리들의 관심을 모으는 대목이 된다.

3. 元曉淨土觀의 特質

상술한 바와 같이 정토사상은 중국에 전해져 중국 전통문화와의 융합을 걸쳐 독자적인 신앙체계를 이룬다. 아래에 불교의 신라적 전개에 막대한 공헌을 하였고 중국불교와 일본불교에까지 커다란 영향을 끼친 원효의 佛學사상을 그의 현존하는 저술 <無量壽經宗要>를 중심으로 살펴보기로 한다.

종교 신앙에 있어 무엇보다 먼저 중요한 것은 신앙대상에 대한 인식일 것이다. 그 인식의 차이는 종교실천에 직접 연결되어 많은 문제를 초래하게 된다. 그러므로 원효는 <無量壽經宗要> 宗致門에서 정토의 본질에 대하여 淨不淨門, 色無色門, 共不共門, 漏無漏門의 四門으로 나누어 상세히 소개하고 있다.[2]

1) 淨不淨門

(1) 因果相對의 입장에서 볼 때 부처님 계시는 곳만이 정토이다.

所言因與果相對門者，謂金剛以還菩薩所住，名果報土，不名淨土，未離菩提之果患故. 唯佛所居，乃名淨土，一切勞患，無餘滅故.

이는 <仁王經>의 주장이다.

(2) 一向不一向相對의 입장에서 볼 때 八地이상의 보살의 居住處라야만 정토라 이름한다.

八地以上菩薩住處，得名淨土，以一向出三界故，亦具四句一向義故. 七地以還一切住處，未名淨土，以非一向出三界故. 或乘願力出三界者，一向四句不具足故，謂一向樂,一向無失，一向自在.

이는 <攝大乘論>의 입장이다.

(3) 純雜相對의 입장의 입장에서 볼 때 初地이상의 보상의 所居處를 정토라 한다.

凡夫二乘雜居之處，不得名焉清淨世界，唯入大地菩薩生

處, 乃得名焉清淨世界, 彼非純淨, 此純淨故.

이는 <瑜伽論>이 학설이다.

(4) 正定非正定相對의 입장에서 볼 때 正定聚의 所居處만을 정토라 한다.

三聚衆生苦生之地, 是為穢土, 唯正定聚所居之處, 名為淨土. 於中亦有四果聲聞, 乃至復有四疑凡夫, 唯無邪定及不定聚耳, 今此經說無量壽國, 就第四門說為淨土, 所以然者, 為欲普容大小, 兼引凡聖, 竝生勝處, 同趣大道故.

이는 <無量壽經>의 주장이다.

이와 같이 원효는 상대자라는 인식방법으로 부동한 학파의 정토에 대한 정의를 인내성있게 소개하면서 모두가 如來의 願行에 의하여 이루어진 것임을 밝히고 있다. 여기에서 주목 되어야할 점은 원효는 자기의 입장을 피력하지 않고 있다는 것이다. 그러나 그의 서술방법에서 상대자라는 중요한 철학개념을 도입함으로써 "兼引凡聖, 竝生勝處"가 그의 목적임이 뚜렷이 드러나고 있음을 알 수 있다. 이같이 중생에 대한 구원의 손길은 아래와 같은 논술에서도 입증된다.

論說云, 女人及根缺, 二乘種不生者, 是說決定種性二乘, 非謂不定根性聲聞, 謂簡此故……又言女人及根缺者, 謂生彼時非女非根缺耳. 非此女等不得往生.

여기에서 원효가 남과 여, 根全者와 根缺者의 분별이 없음을 지적함은 그 누구나 모두 정토에 往生할 수 있음을 강조하고 있는 것이

다. 그렇다고 정토의 淸淨性을 무시하는 것이 아니라 원효는 정토의
淸淨性을 다음과 같이 개괄한다.

由上來四門所説淨土，皆是如來願行所成，非生彼者自力所
辦，不如穢土外器世界，唯由衆生共業所成，是故通名淸淨土也.

이상 四門의 정토는 오로지 중생의 공업으로 이루어진 穢土와
는 달리 모두가 여래의 願行에 의하여 이루어진 것으로서 그곳에 往
生하려는 자들의 自力으로 분별하기 어렵기에 淸淨土라 通名한다.
이는 淨과 穢, 如來와 往生者相對의 입장에서 본 원효의 정토관이라
하여야 할 것이다.

그 중 相對의 입장은 문제 설명의 방법임과 동시에 淨과 穢를 대
립적인 존재로 인식하고자 하는 불교이론계의 전반적인 경향을 제시
하여 줌과 동시에 어디까지나 이상과 현실의 상대성에 그 착안점이
있다고 보아야 할 것이다. 즉 상대란 절대와 상반되는 것으로써 淨과
穢의 대립을 초월할 수 있는 가능성을 제시하여 준다고 할 수 있다.
이는 원효 화쟁철학의 불교 근본원리에 입각한 성립 근거인 것이다.

2) 色無色門

원효는 本門에 있어서도 앞에서 설명한 네 가지 상대범주에 의
하여 四門으로 나뉘어 정토가 有色인가 무색인가를 상세히 설명하
고 있다. 그는 먼저 自受用土에 관하여 유색과 무색 두 가지 견해가
있음을 지적하고 있다.

後三門説他受用土，三門有色，不得言論，自受用土，説者
不同.

自受用의 정토가 철저하게 형색을 떠난 淸性의 세계라면 어떠

한 객관적 色相도 존재할 수 없다는 견해가 있을 수 있다. 그러나 佛果의 體는 원만하여 갖추지 않은 德이 없으며 진리는 두루 있지 않음이 없으므로 일체 국토는 모두가 자연히 그 속에 존재한다고 볼 때 정토 또한 구체적이고 객관적인 세계일 수도 있다는 이론이 가능하여진다. 정토를 체득하는 인격에 대하여서도 이와 마찬가지라 할 수 있다. 즉 진리 자체를 체로 삼느냐 아니면 형색을 갖춘 육체로서의 인격인가 하는 문제인데 이에 대하여 두 가지 견해가 있을 수 있다. 自受用身은 형색이 없는 報身이요, 他受用身은 형색을 갖춘 應身이라고 보는 견해가 있다. 문제 역시 自受用身의 形色有無인 것이다. 여기에서 원효는 자수용신에도 장애가 없는 미묘한 색이 있다는 견해를 열거한다.

華嚴經云 如來正覺成苦提時, 得一切衆生等身, 得一切法等身 …… 佛子隨如來所得身, 當知音聲及無碍心, 亦復如是, 如來具足如是三種淸淨無量. 攝大乘云, 若淨土中, 無諸怖畏, 玄根所受, 用法悉具有

원효는 이러한 관점을 소개하고 나서 이어 다음과 같이 답하고 있다.

若就正相歸源之門, 如初師說, 若依從性成德之門, 如後師說, 所引經論, 隨門師說, 故不相違.

그러므로 색과 무색은 어디까지나 상대적인 존재이지 절대적 대립이 아님을 시사하고 있다.

3) 共不共門

우리들의 인식 범주에서 정토란 공유의 존재인가 아니면 개개인 인식의 개별적 존재인가가 本門의 주제이다. 사실상 한 인간의 존재란 그의 생리적 사회적 요소의 總和로써 나름대로의 특수성을 지니고 있다. 그러므로 인식 차이가 존재하기 마련이다. 이런 입장에서 볼 때 정토는 共果일 수가 없다. 그러나 우리 모두가 一心의 근원으로 돌아가 정토를 규정지을 때 용어의 차이는 있을지언정 본질적인 차이는 사라질 것이다. 원효는 이를 다음과 같이 표현하고 있다.

如觀行者, 觀石玉, 無通慧者, 猶見是石. 石玉相異, 而非別體, 二土同處, 當知亦而.

우리들의 인식의 차이는 존재하나 그렇다고 하여 개관적 인식대상의 보편성을 부정하여서는 안된다는 것이다.

4) 漏無樓門

불교의 인식방법 중 有漏와 無漏를 상대하여 이상세계와 현실세계를 분별하여 인식하는 방법이 있다. 원효는 총괄적으로 有漏와 無漏에 대하여 소개한 뒤 정토에 대하여 집중 논술한다.

分際門의 입장에서 볼 때 정토는 一向無漏와 非有漏亦非無漏의 두 가지 說이 있다. 원효에 이르면 自相相續解脫인 경우는 一向無漏이고 離相離性의 경우에는 非有漏亦非無漏인 것이다. 정토는 본질상 穢土와는 다르지만 衆生의 노력에 의하여 청정을 얻었을 때는 정토와 다름이 없다고 지적하고 있다.

然此梨耶所變之土, 及與二智所現淨土, 雖爲苦道二諦所攝, 而無別體隨義異攝耳. 如他分別所持穢土, 得淸淨者, 卽見爲淨, 淨穢雖異, 而無別體, 當知此中二義亦爾.

無障礙門의 입장에서 볼 때 諸佛의 身土가 有漏일 수도 있고,

凡夫의 身土가 無漏일 수도 있으며, 一體凡聖의 淨土와 穢土가 有漏이기도 하고, 無漏이기도 하며, 一體凡聖의 淨土와 穢土가 有漏도 아니고 無漏도 아닐 수 있다. 그 모든 기준은 번뇌를 여의었는가 여부에 있을 것이다.

위에서 우리는 정토에 대한 定義에 관하여 원효의 소개에 따라 살펴 보았는 바 淨土와 穢土는 어디까지나 인식의 상대적 존재로써 다름이 없다는데 귀결된다. 이제 원효가 序頭總論에서 정토에 대해서 묘사한 것을 돌이켜 보면 이 점은 더욱 명확히 드러난다.

然夫衆生心性, 融通無碍, 泰若虛空, 湛猶巨海, 若虛空故. 其體平等, 無別相而可得, 何有淨穢之處, 猶巨海故. 其性潤滑, 能隨綠而不逆, 豈無動靜之時, 爾乃或因塵風, 淪五濁而隨轉. 沈苦浪而長流, 或承善根, 截四流而不還, 至彼岸而永寂, 若斯動寂皆是大夢, 以覺言, 無此無彼, 穢土淨国, 本来一心, 生死涅槃, 終無二際, 然歸原大覺, 積功乃得. 隨長夢, 不可頓開, 所以聖人無迹, 有退有邇, 所設言教, 或褒或貶, 至如牟尼世尊……斯等權迹不可俱陳矣.[3]

衆生心性은 融通無礙하여 크기는 허공과 같고 깊이는 巨海와 같다. 허공과 같으므로 그 體는 평등하고 따로 相을 얻을 것이 없으므로 淨穢가 어찌 淨穢之處가 있다고 할 수 있으랴. 巨海와 같기에 그 性은 윤활하여 綠을 따라 거슬리지 않는다고 한다. 그러므로 어찌 動靜의 時가 있겠는가. 혹은 塵風으로 인하여 五濁에 빠져 流轉하고 苦海에 잠겨 끝없이 흐르고 혹은 善根을 이어 받아 四流를 끊고 彼岸에 닿아 永寂하리오, 이러한 動靜은 모두가 큰 꿈인데 覺의 입장에서 말하면 이것도 없고 저것도 없으니 淨土와 穢國은 本來一心으

---

3 『韓國佛敎全書』第一卷, p.553 c.

로써 生死涅槃은 마침내 다름이 없다.

원효의 이와 같은 淨土不二 本來一心의 정토관은 드디어 중생들을 往生의 길로 인도한다.

"그러나 歸原大覺하면 공을 쌓아 얻을 것이 있고 長夢에 따라 흐르면 頓開할 수 없다. 그러므로 성인의 無迹이 멀기도 하고 가깝기도 하며 그들의 教示에는 칭찬도 있고 꾸짖음도 있다. 牟尼世尊에 이르러 五惡을 警滅하고 善을 권하듯이 彌陀如來께서 安養에 계시면서 三界衆生을 인도하는 것과 같다. 이러한 權迹은 이루다 말할 수 없다." 또한 원효는 淨土因에 대하여 成辦因과 往生因이라는 두 측면에서 정토의 형성과 정토에 어떻게 왕생할 것인가를 상세히 설명하고 있다. 특히 往生因에 있어 三界衆生의 根機에 맞춰 그 願因과 行과, 正因生과 助因에 대하여 상세히 설명을 시도한다. 뿐만 아니라 衆生을 三界衆生과 四疑衆生으로 나눠 穢土에 머물고 있는 중생들에게 구체적으로 현실적인 往生의 길을 열어주고자 한다.[4]

원효의 위에서의 논리의 전개는 그의 시종일관한 一心의 근원 즉 一心無心의 철학적 구도에서 출발한 것이라 할 수 있다. 그는 대의문을 말하여 淨土의 본질에 대하여 다음과 같이 지적하고 있다.

況復聞法響入無相, 見佛光悟無生, 悟無生故, 無所不生, 入無相故, 無所不相, 極淨極樂, 非心意之所度, 無際無限, 豈言說之能盡[5]

法響을 듣고 無相에 들어가며 佛光을 보고 無生의 도리를 깨닫는다. 무생의 도리를 깨달음으로써 往生하지 않음이 없고 無相에 들

---

4 이에 대한 소개는 한국학자들의 몇 편의 논문에서 이미 언급되어 있으므로 본문에서는 생략함.
5 『韓国佛教全書』 권 1, p.55 a.

었기에 相하지 않음이 없다. 極淨極樂은 중생의 마음으로 헤아릴 수 없고 無際無限함은 어찌 言說로 다 표현할 수 있으랴. 이것이야말로 원효 淨土往生사상의 出發點이자 귀결점이라 할 수 있다. 즉 중생에게 무생의 도리를 깨우쳐 주고자 한 것이 원효 정토사상의 주목적인 것이다. 曇鸞은 중생을 定義지음에 있어 아래와 같은 두 가지 해석을 열거하여 설명한 바 있다.

"중생이란 衆多의 生死를 거듭하므로 중생이라 하겠다. 이는 小乘家들이 해석하는 三界中의 중생이다. 大乘家들에 의하면 중생이란 無增無滅經에서 말하였듯이 不生不滅을 뜻한다. 왜냐하면 생이 있으면 滅이 있기 마련인데 생은 이미 끝났는데 어찌 멸을 得할 수 있다고 할 수 있는가. 그러므로 중생은 무생무멸인 것이다."

그러나 淨土에 머물고 있는 중생들은 대체로 생사의 존재를 긍정하며 或業苦에 빠져 있는 자신을 극락정토에로 往生할 것을 기대하고 있는 것이다. 이러한 중생들에 대하여 그 생사존재의 虛無함을 지적하고 願生의 주체인 중생들로 하여금 願하고 있는 方向과는 달리 생사의 見을 전변시켜 무생의 智를 얻게 하므로써 惑業苦에서 벗어나 모든 것이 緣起에 의한 것이란 현상계의 본질을 알게 함으로써 궁극에 極淨極樂을 얻게 하는 것이다. 이는 중생의 생사를 긍정하는 俗에서 출발한 往生觀에 반한 聖에서 출발한 往生觀이라 하여야 할 것이다.

그러므로 원효는 千村萬落을 떠돌아 다니며 南無阿彌陀佛을 唱誦하면서 때로는 載歌載舞하고 때로는 娼家에 머무는 奇異한 행적을 남긴다.[6] 이야말로 생사의 불성립의 근본에서 출발하여 往生의 본질을 力說하고자 한 노력이 아닐 수 없다. 즉 원효에 있어서 이상

---

6 「三國遺事」 권4, 元曉不羈條.

과 현실이 고도로 통일된 시점에서 이루어지는 경계인 것이다. 그러므로 원효는 그의 <大乘起信論疏>에서

"所言淸者, 謂衆生心, 自體名淸, 今大乘中一切諸淸皆無別體, 唯用一心爲其自體, 故言淸者, 謂衆生心也."

라고 하여 淸과 衆生心을 同一視할 수 있었던 것이다.

4. 結論

이상 원효정토사상의 특질을 그의 현존저술 중 <無量壽經宗要>를 중심으로 또한 선배학자들의 연구성과에 힘입어 살펴보았다. 원효에 있어서의 淨土란 그 절대성을 지니는 반면 穢土와의 상대적 존재임에 불과하다. 穢土란 존재의 假定性이 정토의 절대성을 강조하여 주었기에 淨土의 대립은 어디까지나 절대적 대립이 아니라 상대성을 지닌다. 그러므로 往生에 있어서 無生乃往生의 결론을 성립하게 한다. 무생의 智란 淨穢 대립을 초월한 시점에서 이루어지는 경계이다. 여기에서 「相對」라는 인식방법은 불교세계관에 입각한 원효화쟁사상의 핵심 개념의 하나임을 알 수 있다.

정토신앙이 민중성격이 짙은 것은 원효로 하여금 직접 불교민중운동과 교화에 뛰어 들게 하였다. 그의 이러한 이론적 전개와 실천은 신라 불교의 전개에 새로운 독자적 방향을 제시하여 주었다 할 수 있을 것이다.

(『元曉思想 원효연구원논문집』, 신우당, 1997)

第十五章

中國佛教史에 있어서의 元曉의 位相

1. 원효에게 끼친 중국불교의 영향

불교는 東漢 말엽에 인도로부터 중국으로 전해왔다. 인도에서 전해온 불교는 중국 역사 문화 환경 속에서 새롭게 전개된다. 佛經의 漢譯佛典에 대한 연구, 학파, 종파형성 등의 과정을 거쳐 중국 사회 발전과 민중들의 역사적 자각에 커다란 영향을 미쳤다. 漢譯된 佛典과 중국에서 제작된 佛像들이 드디어 韓半島로 전해진다. 韓半島 三國중에서 불교가 제일 늦게 전해진 신라는 그 적극적인 수용으로 말미암아 불교를 국가이념으로 확립하기에 이른다. 여기에서 흔히 제기되는 문제로써 신라에서 불교를 어떻게 수용했느냐 하는 문제이다. 수용단계에 있어서의 신라불교를 단적으로 표현한다면 그 당시 중국불교 자체가 형성하고 있는 커다란 소용돌이 속에 있던 그 변화의 순간들에서 이입된 것의 축적 및 정리 단계의 불교이다. 그와 동시에 중국에서 전해 오는 불교 내용에 만족을 느끼지 못한 신라 승려들은 求法활동을 전개한다. 또한 그때는 隋唐시기로써 불교가 중국에서 상승 무드 속에 전개되고 있던 시기이기도 하다. 그러한 시대

조류의 영향으로 말미암아 元曉도 義湘과 동반하여 구법의 길에 나선다. 원효는 慕奘三藏慈恩之門하여 入唐求法을 결심하나 도중 萬法唯識 心外無法의 도리를 깨닫고 구법의 길을 단념한다. 이로 볼 때 원효는 젊은 시절에 여러 불교학파를 접하던 중 인도에서 유학하고 唐으로 돌아온 玄奘의 유식학에 관심이 많았던 것 같다. 그 시대 상황에 비추어 볼 때 너무나 자연스러운 일로 느껴진다. 그러나 여기에서 入唐求法을 단념하였다는 이유로 원효 연구자들 중에는 원효와 중국불교의 내적 관련성에 대하여 소홀히 하는 경향이 없지 않아 있는 것 같다. 여기에서 주목되어야 할 것은 원효가 입당을 단념하였다고 하여 중국불교와의 관계가 단절된 것이 아니고 오히려 그의 求法활동은 더욱 폭넓게 정열적으로 전개된다.

　鷄林으로 돌아온 원효는 중국에서 전해오는 불전들을 大小乘·經律論을 가리지 않고 하나하나 疏를 짓고 宗要를 찬술한다. 그의 저술들에서 흔히 발견할 수 있듯이 그는 중국불교의 연구성과를 대량 인용한다. 그로 볼 때 이 시기 중국불교가 원효에게 준 영향은 불교 교학이 주된 내용이었다고 판단할 수 있다. 만약 원효가 그 당시 義湘과 함께 入唐하였다면 그는 중국불교 어느 종파의 전승자가 되었을지 모른다. 즉 신라의 많은 유학승들이 그러했듯이 師資傳承의 종파전통에서 벗어나지 못하였을 것이다. 원효는 중국불교 형성의 소용돌이와는 멀리 鷄林에 남아 있었으므로 오히려 신라로 전해 오는 중국불교 각종 각파의 사상을 두루 접하고 냉정하게 받아 들여 감별할 수 있었다 할 수 있다. 그러므로 원효가 중국불교에서 받은 영향은 신라로 돌아와 화엄학을 선양한 義湘이나 玄奘의 제자로 중국에 머물러 유식학연구에 전념했던 圓測과는 달리 교학적 측면에서 다양하고 종합적이었다고 할 수 있다. 이러한 시각에서 볼 때 중국 고대불교라는 근원은 원효사상 형성에 더 없이 중요한 전제라 할 수 있을 것이다. 아래에 원효에게 끼친 중국불교의 영향에 대하여 간단히 예를 들어 살펴보기로 하자.

1) 慧遠疏와 海東疏

　　주지하다시피『大乘起信論』은 중국불교 한국불교 일본불교에
서 모두 중요한 이론 근거로 삼는 論典이다. 역사상 그 주석서는 수
없이 많지만 대표적인 것으로는 隋代 淨影寺 慧遠(532~592)의『大
乘起信論義疏』와 新羅 元曉(617~686)의『大乘起信論疏』그리고 唐
代 法藏(643~712)의『大乘起信論義記』가 있다. 그 중 혜원의 義疏는
원효의 疏보다 훨씬 앞서 나타났다. 지금까지 慧遠疏와 海東疏에 대
한 비교연구는 어느정도 이뤄졌지만 거의 그 차이점, 특히 원효의 海
東疏의 우월성에 초점을 두어 왔으므로 海東疏에 미친 慧遠疏의 영
향은 별로 검토되지 못하였다. 여기에서 그 영향관계에 대하여 간단
히 예를 들어 보기로 하자. 혜원과 원효는『大乘起信論』의 전반 구
조에 대한 판단이 거의 일치함을 알 수 있다. 慧遠疏에서는 “此<論>
中有三段明義: 第一致敬三寶; 第二‘論曰有法’以下, 出其所造; 第
三后終二偈, 總結回向.”이라고 한 것과 대비하여 보면 원효는 그의
『疏』에서 “文有三分: 初三行偈, 歸敬述意; ‘論曰’以下, 正立論體;
最後一頌, 總結回向.”으로 해석한다. 그리고 慧遠疏에서는『起信論』
의 “有法能起摩訶衍信根”중의 “法”에 대하여 다음과 같이 해석하고
있다. “所言法者, 自體名法. 理不賴他, 故言自體.” 원효의 소를 보
면 “所言法者, 謂衆生心”이라는 대목에서 “所言法者, 謂衆生心者,
自體名法, 今大乘中, 一切諸法皆無別體, 唯用一心爲其自體, 故
言‘法者謂衆生心也.’”[1]라고 한다. 이와 같이 언어 표현상의 차이 외
에 내용상에서는 거의 일치를 보고 있다. 즉 원효가 慧遠疏를 참조하
였고 그 영향을 받고 있음을 알 수 있다. 물론 적지 않은 학자들에 의
하여 이미 지적된 바와 같이 원효소는 많은 부분에서 慧遠疏와 관점
을 달리하고 있고 그 이론적 구성이나 언어적 논리를 막론하고 慧遠
疏를 훨씬 초월하고 있다.

---

1 『한국불교전서』제1권, 733쪽.

2) 佛敎外中國思想要素들의 영향

중국에서 流入된 불교사상으로써 원효가 시대적으로 접할 수 없었던 내용들은 金剛智 不空등에 의한 密敎와 法藏이후의 화엄 및 唐末에 성행한 선종 등이다. 원효는 그 외의 불교 관련 내용은 모두 접할 수 있었을 뿐만 아니라 비불교적 사상요소들에 대하여서도 많이 섭렵하고 있음을 알 수 있다. 원효의 현존하는 저술 중에서 유교사상이나 노장 철학 등을 섭취하고 소화한 내용은 쉽게 발견할 수 있기 때문이다. 원효를 제외한 대표적인 한국 불교사상가들 중에서 이처럼 제반 사상요소들을 활용한 학승은 찾아보기 드물다. 이는 한면으로 원효의 博識과 融會貫通적 사상경향을 드러내고 있을 뿐만 아니라 중국적인 사상 문화적 영향을 그 누구보다 많이 섭취하였음을 알 수 있다.

불교의 중국적 전개의 또 하나의 특징은 儒佛道삼교의 융합 경향이다. 불교를 새롭게 사상적으로 전개하면서 儒家思想, 道家思想 등의 요소들을 자유자재하게 활용하는 경향은 중국불교 형성과정 중에서 나타난 새로운 사상 경향이다. 원효가 중국불교의 영향을 받았다고 할 때 그 영향은 불교에만 국한된 것이 아니라 儒道등 모든 사상과 문화의 영향을 받았다고 해야 객관적일 것이다. 이에 관하여서도 원효의 현존 저술과 관련 문헌을 살펴보면 쉽게 발견할 수 있다.

현존 高仙寺『誓幢和上塔碑』碑文에는 원효의『十門和諍論』을 소개한 내용(일부탈락)이 기록되어 있다. 이는 원효와 儒敎사상과의 관련을 연구할 때 소중한 자료가 된다. 비문에서 원효의 和諍사상을 소개하면서 특이하게 ‘靑藍’, ‘冰水’ 등의 비유를 인용하고 있다. 이런 내용은『荀子』「勸學篇」에서 유래된다.

“靑色은 蘭色에서 나왔지만 蘭色보다 더욱 푸르다. 얼음은 물로 이루어졌지만, 물보다 더 차다.”[2]

후세 사람들은 이 구절을 가지고 제자가 스승보다 낫다는 비유로 많이 써 왔다. 그러나 여기에서는 이 내용을 빌어 원효의 화쟁사상을 사물의 대립, 통일과 초월의 관계를 설명하고 있다. 青色과 蘭色은 표면적으로는 다르지만 그 본질은 서로 같다. 얼음과 물은 그 형태가 서로 다르더라도 여전히 모두 물의 성질을 떠나지 않았으며, 얼음은 단지 물의 다른 존재 형태에 지나지 않는다. 이는 원효 생전에 이와 같은 비유를 많이 활용했음을 시사해 준다.

원효의 이러한 사상 경향을 가장 집중적으로 나타낸 예를 들어 보기로 하자. 원효는『대승기신론소』를 지을 때 연구노트로『대승기신론별기』를 지은 바 있다. 이는 원효사상의 진실한 면모를 충실하게 반영한 꾸밈없는 원시자료이다.『별기』에는 대승의 體에 대해 묘사한 宗體文이 있다. 원효는 이 종체문을 마무리 지으면서 "杜口大士"와 "目擊丈夫"의 비유를 인용하고 있다.

"杜口大士"의 비유는『注華嚴經諸法界觀門頌』卷下에서 인용한 것인데 "摩竭掩室 毗耶杜口"에서의 摩竭掩室은 불타가 成道하고 처음의 삼십칠일간은 입을 닫고 설법을 하지 않은 것을 의미하니 문을 닫고 나가지 않음과 같아 이로써 불법의 심오함을 비유한 것이다. 毘耶杜口는 維摩詰이 毗耶에서 병환에 있을 때 여러 보살들이 각각 不二法門을 강설했는데, 문수보살이 유마힐에게 불이법문의 깊은 뜻을 묻자 유마힐은 끝내 입을 열어 법을 설하지 않았으니, 이로 不二法門은 언어로 표현할 수 없음을 설명 한 것이다. 그리고 "目擊丈夫"의 비유는『莊子』「田子方」에서 인용한 것이다. 어느날 공자가 溫伯雪子를 만났다.

"공자는 그를 만나 말이 없었다. 子路가 묻기를 '선생님은 온백을 만나고자 함이 오래되었는데 이제 만나 보시고 한마디 말도 없으니 어찌된 일입니까?' 공자가 답하기를 '道를 깨친 사람은 눈이 마주치기만 하여도 도가 깊음을 알 수 있으니 말소리를 내지 않아도

<hr>

2 靑取之於藍而靑於藍　冰水爲之寒於水.

된다.'"[3]

공자가 溫伯雪子를 만났을 때 입을 닫고 말이 없었던 것은 道란 "마음에서 마음으로 전하는 것(以心傳心)"이지 언어로 표현되는게 아님을 밝힌 것이다. 그래서 이것으로써 도의 헤아릴 수 없이 심오함을 설명한 것이다. 원 효는 이렇게 유가의 道, 불가의 道, 도가의 道를 하나로 귀일시키고자 한다(會三歸一). 그러므로 중국사상계에서는 일찌기 원효를"雄橫文陳" "淹通三學"(『宋高僧傳』)이라고 평가하여 왔다. 여기에서 삼학이라고 함은 불교의 戒定慧를 지칭할 수도 있지만 더욱 폭넓게 儒佛道 삼교를 가리킨다고 생각된다.

위에서 儒家思想, 道家思想 등이 원효에게 준 영향을 살펴보았다. 그렇다면 원효의 정신세계에 있어서의 불교와 유교와 도가사상은 어떤 관계인가 하는 질문을 하게 된다. 우리는 이러한 사상적 경향을 고찰하면서 원효가 불교의 고승임을 잊어서는 안 될 것이다. 원효 자신도 이 점을 잊지 않았다. 원효는『大慧度經宗要』에서 다음과 같이 지적하고 있다.

"그러므로 무상법왕이 장차 이 경을 설할 적에 波若를 중히 여기어 친히 자리를 펴시니 하늘은 네 가지 꽃으로 공양하고 땅은 여섯 가지로 진동하며 十方의 大士(보살)들은 먼 곳으로부터 몰려 왔다. 常啼菩薩은 칠 년 동안 서서 골수가 꺾여짐을 돌아보지 않았고 河天은 한 자리에서 듣자마자 菩提의 授記를 얻었다. 요순임금은 덕이 천하를 덮고 周公과 공자의 도는 여러 神仙을 덮었지만 天意에 따라 敎를 세웠으나 이제 법왕의 波若真典 가르침을 어기지 않았다."[4]

이 말의 뜻은 옛 성현인 堯·舜·周公·孔子가 비록 특별하여

---

3 仲尼見之而不言　子路曰　吾子欲見溫伯久矣　見之而不言　何邪　仲尼曰　若 夫人者　目擊而道存矣　亦不可以容聲矣.

4 所以無上法王將說是經 尊重波若親自敷坐 天雨四華以供養 地動六變喜 十方大 士 最在邊而遠來 二界諸天下高光而遐至 常啼七歲立之不顧骨髓之摧 河天一座 聞之便得菩提之記 至如唐虞之蓋天下 周孔之冠群仙 而猶諸天設敎 不敢違於佛 敎(『한국불교전서』제1책, p.480).

群仙을 많이 초월하고 각각 하늘이 세운 법칙에 따라 敎을 설하고 있지만 저 법왕(불타)이 설한 참된 경전에 대해서는 天神들도 감히 어기지 못하고 모두 그 가르침을 따랐다는 것이다. 이상과 같은 고찰을 통하여 중국에서 전해온 불교 및 제반 사상요소들을 원효는 적극 섭취 활용하였음을 알 수 있다. 이와 같이 원효는 비록 入唐하지 않았으나 중국에서 전해오는 불교적 비불교적 사상 요소들을 모두 섭렵하여 불교적 소양과 비불교적 교양을 두루 갖추었다.

2. 원효의 中國佛敎 비판

원효와 중국불교와의 관계를 검토함에 있어 중국에서 무엇을 받아드렸는가를 확인하는 동시에 더욱 중요한 것은 어떤 태도로 수용하였는가 하는 문제일 것이다. 중국불교가 형성되는 과정 중 많은 문제들을 초래한다. 만약 그대로 무비판적으로 받아드린다면 한국불교는 중국불교의 亞流나 그 延長線에서 그치고 말았을 것이다. 그러나 한국불교는 불교의 수용과 더불어 독자적인 전개를 시도한다. 이 역시도 원효에서 비롯된다. 원효가 入唐을 단념한 사건을 순수한 재미있는 전설로 간과할 수 없는 원인이 바로 여기에 있다. 이는 신라불교가 독자적인 전개를 선언하는 사건으로써 원효의 사상적 성숙을 알리는 중요한 대목이기 때문이다. 즉 그 당시 많은 사람들이 유행하고 있는 어떠한 학파나 종파를 추종하는 단계에서 독보적이고 창의적인 불교의 진리를 탐구하고 실천에 옮기는 길을 선택하겠다는 것이다. 다시 말하면 이때로부터 원효의 중국불교 비판은 본격적으로 시작된다. 원효의 중국불교 비판은 그의 현존 저술 곳곳에서 찾아볼 수 있다. 그 중 원효의 화쟁사상을 중심으로 살펴보기로 한다. 왜냐하면 신라 불교에서는 그 당시 중국불교계처럼 교판 논쟁이 이뤄지지 않은 것 같다. 그러나 원효는 중국 교판 논쟁에 많은 관심

을 표하였고 역사적으로 중국 교판 논쟁에 직접 참여한 유일한 신라
사상가이다.

教判이란 불교의 教相判釋을 가리킨다. 교판은 불교가 중국에
서 발전하는 과정 중에 형성된 불교 諸學派・宗派의 조직이론이다.
한 학파 또는 종파의 형성은 반드시 자기 학파나 종파가 받드는 경전
이 불교의 제경전 중에서 어떠한 위치를 차지하는가를 설명해야 한
다. 그러므로 모두들 자기학파나 종파의 이론과 신앙이 불타의 최고
이상적 경전에 기초하여 건립된 것이고 불타의 근본정신을 드러낸
것임을 표명하기에 분주하다. 그러나 각자의 所依 경전의 우월성을
지나치게 강조하고 다른 주장을 배척한다면 많은 폐단을 초래하기
에 이른다. 나아가서는 불교의 대승교의가 지닌 근본 정신을 드러내
고 탐구하는데 큰 장애가 된다. 아래에 그 상황 을 더 상세히 소개하
고자 한다.

1) 中國佛敎의 諸敎判

인도로부터 전래된 불교는 중국 전통사상과 더불어 마찰 충돌
및 융화의 과정을 겪으면서 남북조시기에 이르러서는 불교 경전 연
구에 의해 많은 학파・종파를 형성한다. 이 시기는 크고 작은 학파
와 종파가 너무 많아 우리는 각 종파의 활동내용을 상세하게 파악할
수가 없을 정도이다. 隋代 天台 智顗(538~597)의『法華玄義』기록
에 따르면 이 시기에는 南三北七의 10교판이 있었다고 한다. 唐나
라 法藏(643~712)의『華嚴五敎章』중에도 이 시기에 모두 10家의
교판이 있었다고 한다. 실제로는 물론 10가에 그치지는 않았을 것이
다. 단지 이 두 사람이 지칭한 것은 대체로 영향이 큰 교판 주장들이
다. 아래에 天台 智顗의 기록을 위주로 南三北七의 10교판을 소개
하기로 한다.

우선, 남방 3교판의 기본 상황을 알아보도록 하자. 남방 교판의
공통 특징은 頓敎, 漸敎, 不定敎의 3교판이 이루어졌다. 돈교는『화

엄경』을 의미한다. 점교는 다시 有相敎와 無相敎로 나뉜다. 이른바 유상교는 소승 불교, 즉 三藏敎를 의미한다. 無相敎는 大乘般若, 곧 常住敎를 의미한다. 이것은 바로 『般若經』, 『法華經』, 『涅槃經』 등을 의미하는 것이다. 不定敎는 『勝鬘經』, 『金光明經』 등을 가리킨다. 이상이 남방 교판의 공통된 부분이다. 그러나 점교에 대한 이해와 해석에서 각 교판 간에 주장이 서로 달라 갈등이 매우 많았다. 이와 같이 점교에 대한 각파의 견해는 우리가 각 교판을 구분하는 중요한 근거가 된다.

이른바 북방의 七敎判은 北地師의 五宗敎, 菩提流支의 二字敎, 佛馱三藏의 四宗敎, 護身法師의 五宗敎, 安凜法師의 六宗敎, 北地禪師의 二種大乘敎, 北地師의 一音敎이다. 우선 北地師의 五宗敎는 人天敎, 有相敎, 無相敎, 同歸敎, 常住敎를 가리킨다. 人天敎는 波利經 등을 가리킨다. 有相敎는 불타가 성불한 후 12년간의 三藏敎를 가리킨다. 無相敎는 『반야경』을 가리킨다. 同歸敎는 『열반경』을 가리킨다. 이것이 北地의 여러 논사들이 사용한 교판이다. 그리고 菩提流支의 二字敎는 불교를 둘로 나누어 半字敎와 滿字敎로 본다. 반자교는 소승을 의미하고 만자교는 대승을 의미한다. 佛馱三藏의 四宗敎는 불교를 因緣宗・假名宗・誑相宗・常宗의 넷으로 나눈다. 인연종은 阿毘曇論을 의미한다. 假名宗은 成實論을 의미한다. 誑相宗은 大品般若 또는 三論을 의미한다. 常宗은 涅槃・華嚴・常住佛性經 등을 의미한다. 護身法師의 五宗敎는 불교를 因緣宗・假名宗・不眞宗・眞實宗・法界宗 등의 다섯으로 나눈다. 이 중에 인연종과 가명종은 佛馱三藏의 교판과 같다. 不眞宗과 佛馱三藏의 誑相宗은 일치한다. 眞實宗은 『열반경』을 의미하고, 圓宗은 『大集經』을 최고의 경전으로 본다. 이른바 北地論師의 二種大乘敎는 대승교를 有相敎와 無相敎로 나눈다. 北地師의 一音敎는 불타의 설법이 一音으로써 대승・소승의 교의를 설한다고 한다. 그러나 중생들의 이해가 서

로 다르기 때문에 그 결과도 역시 차이가 있다고 보는 것이다. 이상
이 북방의 七敎判이다. 이 밖에도 曇無讖의 聲聞藏·菩薩藏 二敎判,
光統律師의 三敎判인 漸·頓·圓의 삼교가 있고, 淨影寺 慧遠의 漸
頓二敎判, 眞諦三藏의 四敎判·周顒의 三宗論·曇濟의 七宗論 등
이 있다.

　　개괄하면, 남북조시대는 불전연구와 강학의 시대로써 각 학파
와 종파들은 자신들이 의존하는 바의 경전의 우월성을 내세워 서로
다투어 교판을 정립한 것이다. 이런 경향은 불교가 융성을 맞은 隋唐
으로 바로 이어진다. 隋代에 이르러 天台智顗는 五時八敎를 제시하
였는데, 그 자극을 받아 三論·華嚴·唯識·淨土 등 종파도 드디어
自家宗의 교판 체계를 내세웠다. 그 중에서 천태종과 화엄종의 교판
이 대표적이다.

2) 원효의 中國佛敎에 대한 비판

　　천태종의 교판은 바로 五時八敎이다. 五時는 불타가 일생동안
설법한 것을 다섯시기로 나누어 각 시기마다 시간의 순서대로 華嚴
時, 阿含時, 方等時, 般若時, 法華涅槃時 등으로 배치한다. 八敎는
위에서 서술한 다섯시기의 설법을 化儀四敎와 化法四敎로 나눈다.
化儀는 敎化의 의식으로서 구체적으로는 頓敎·漸敎·秘密敎·不
定敎로 나누는 것을 의미한다. 化法은 敎義의 내용으로서 藏敎·通
敎·別敎·圓敎를 포괄하고 있다. 藏敎는 三藏敎를 의미하며, 通敎
는 三乘을 공동의 교의를 의미하며, 別敎는 不共之敎를 의미하는데
주로 대승 경전에서의 차례와 단계를 밝히는 교의를 의미한다. 圓敎
는 理事圓融의 中道實相 교의를 의미한다. 천태종의 학설에서는 化
法四敎가 가장 중요하다. 그러므로 천태종은 주로 諸法實相을 주장
한다. 實相은 空·假·中으로 보는데, 空으로 보면 三諦는 모두 空
이며 假로 보면 三諦는 모두 假이며 中으로 보면 三諦는 모두 中이

다. 이 때문에 圓融三諦 또는 一境三諦라고 부른다. 천태종의 교판
은 중국 교판학설 발전의 최고 단계이다. 그것은 이후의 제종파 교판
의 발생에 막대한 영향을 미쳤다.

원효는 이러한 중국불교의 복잡다양한 교판논쟁을 못마땅하게
여겼다. 그는 현존『열반경종요』에서 중국 제교판에 대하여 아래와
같이 지적하고 있다.

"또한 어느 한 때 천태지자는 神人에게 묻기를 북방에서 四宗을
立하고 있는데 불경의 뜻에 부합되는가? 이에 神人은 답하기를 잃은
것이 많고 얻은 것이 적다. 또 묻기를 成實論師들이 五敎를 立하고
있는데 이는 佛意에 부합되는가? 神人은 답하기를 四宗을 立한 것
보다는 좀 낫지만 그 역시 잃은 것이 많다. 그런데 天台智者大師는
定과 慧를 모두 통달하여 온 세상이 그를 존중하여 범부와 성인들이
그를 헤아려 알 수 없는 분이다. 그런데 불타의 뜻이 심원하기 한량
이 없음을 알면서도 四宗으로 經의 뜻을 科目하려 하고, 또는 五時
의 敎로 불타의 뜻을 한정하려고 한 것은 마치 소라(螺)로 바닷물을
재려는 격이요, 대통(管)으로 하늘을 엿보려는 격이다."[5]

여기에서 원효는 智者와 神의 입을 빌어 남북교판을 부정한 다
음 나아가 天台 智顗의 교판까지 부정해 버린다. 중국불교사상가 중
에서 智顗와 같이 제교판설을 회통하여 法華一乘敎義로 귀일시키
고자 노력한 사람은 실로 보기 드물다. 그러나 智顗는 어디까지나 특
정한 경전을 근본 의거로 삼았기 때문에 그의 일승불교 실천은 그 한
계를 넘어설 수 없는 것이다. 이것은 원효로써 용인할 수 없는 일이
다. 한마디로 여기에서 원효는 중국불교 교판학설에 대하여 근본적
으로 부정하고 있는 것이다.

---

5 又如隨時, 天台智者問神人言: 北立四宗, 會經意不, 神人答言: 失多得少. 又
   問, 成實師立教稱佛意否. 神人答言: 小勝四宗猶多過失. 然天台智者禪惠俱
   通 擧世所重 凡聖難測 是知佛意深遠無限 而欲以四宗科經旨 亦以五時限於
   佛意 是猶以螺酌海 用管窺天者耳(『한국불교전서』 제1권, p.547).

원효는 중국불교 교판을 이처럼 부정하면서도 화쟁적 입장에서 출발하여 실제로 존재하는 제교판간의 모순과 갈등을 화해시키고자 한다. 원효는 각 학파·종파의 교판을 평가하고 화해시킬 때 매우 신중한 태도를 취하고 있다. 위에서 소개한 바와 같이 경솔하게 전반적인 부정을 하는 것도 아니고 원칙없이 긍정하는 일도 없다. 원효의 입장에서 볼 때 교판의 의의는 하나의 '방편'에 지나지 않는다. 그는 불타의 뜻과 경전의 종지에 대한 이해와 해석상의 잘못은 다양한 모습의 중생에 대한 교화에서 발생한 어쩔 수 없는 결과로 인정하고, 일방적인 편견과 인식을 바로 잡아야 하고 교판간의 분기를 회통해야 한다고 주장한다. 그리고 원효의 교판회통의 근본 취지는 한 학파나 종파를 세우는 것이 아니라 교판 간의 갈등을 없앰으로써 궁극에는 一佛乘에 귀일하는 것이다.

원효의 중국불교비판은 단순히 교판논쟁에만 그치지 않았다. 원효가 중국불교의 전면적이고 종합적인 영향을 받았듯이 그 비판도 중국불교의 모든 분야에 달한다. 또한 그의 비판은 오로지 비판을 위한 비판이 아니라 언제나 문제해결에 취지를 둔다. 즉 그의 화쟁철학은 대립과 모순의 해결을 통하여 새로운 초월을 지향하고 있다. 그는 창의적인 이론탐구와 실천을 통하여 항상 불교발전의 건전하고 정확한 길을 모색하고 있었던 것이다. 그러나 중국불교는 원효가 지적한 교판논쟁을 중심으로 한 학파논쟁 종파논쟁 등 폐단으로 말미암아 쇠퇴의 길에 들어서지 않을 수 없었다.

3. 원효의 중국불교에 대한 공헌

앞에서 지적한 바와 같이 원효의 중국불교에 대한 비판은 그 어떤 단순 비판으로 끝나지 않았다. 그는 중국불교에 대한 이러한 비판적 수용으로부터 더 나아가 창의적 활동을 전개한다. 그의『대승기신론소』『金剛三昧經論』과 같은 저술들은 동아시아의 한국·중국·일본 불교 형성과 발전에 지대한 영향을 끼쳤다. 여기에서는 중국불교에 어떤 영향을 미쳤는가를 살펴보기로 한다.

1) 『海東疏』와 法藏疏

원효사상의 중국불교에 대한 영향을 고찰함에 무엇보다 먼저 원효의 『海東疏』와 法藏疏의 관계가 그 대표적인 事例가 될 것이다.

이 두 疏는 모두 大乘佛教의 諸經論을 두루 인용하여 『大乘起信論』의 思想과 文句에 대해 체계적인 해석과 이론을 전개한다. 특히 一心二門의 思想構造, 本覺思想, 如來藏思想 등에 대해 모두 깊이 있는 해석을 통하여 華嚴, 天台, 禪宗 등 불교 流派들의 형성과 발전에 중요한 영향을 미쳤다.

구체적 내용을 살펴보면, 법장은 元曉疏를 참고한 뒤에 비로소 자기의 『起信論義記』(즉 法藏疏)를 찬술하였던 것이다. 法藏疏는 元曉疏의 성과를 대량으로 흡수하고 있으며, 수많은 곳에서 거의 원문 그대로 인용한다. 그러므로 法藏疏는 元曉疏의 사상을 계승하고 발휘하였다고 봐야할 것이다. 예를 들면 원효는 그의 疏에서 "大乘"을 다음과 같이 해석한다.

"大乘이라고 말한 것은, 大는 법에 해당하는 이름이니 널리 감싸는 것으로 뜻을 삼고, 乘은 비유에 붙인 이름이니 실어 나르는 것으로 功을 삼는다."[6]

法藏疏에서는 다음과 같이 설명하고 있다.

"大라는 것은 體에 해당하는 것을 지목하는 것이니 감싸는 것으로 뜻을 삼고, 乘이라는 것은 비유에 나아가 일컬은 것이니 실어 나르는 것으로 功을 삼는다."[7]

---

6 『起信論疏』上卷(『大正藏』卷44, p.202b~c), "言大乘者　大是當法之爲名　廣苞爲義　乘是寄喩之稱　運載爲功."
7 『大乘起信論義記』卷上(『大正藏』卷44, p.245b), "大者　當體爲目　包含爲義　乘

양자의 해석은 語句가 서로 유사하고, 그 뜻도 역시 똑같다. 그 중에서 표현상의 차이가 있다면 법장은 원효가 말한 '當法之爲名'을 '當體爲目'으로 바꾼 것이다. 그러나 이것은 다른 말로 같은 내용을 표현한 것일 뿐이다. 왜냐하면 '法'과 '體'는 모두 法體를 가리키며, '名'과 '目'은 모두 名目을 가리키기 때문이다. 원효는 이어서 『虛空藏經』과 『對法論』을 인용하여 그의 '大乘'에 대한 해석을 증명하고 있지만 법장은 經을 인용하지 않았다. 그러나 원효가 『對法論』을 인용하여 7가지 大性(즉 境 大性, 行大性, 智大性, 精進大性, 方便善巧大性, 證得大性, 業大性)으로 '大性' 두 글자의 뜻을 해석하였는데, 법장도 마찬가지로 이를 인용하고 있다. 아울러 원효는 『對法論』에서 이 말을 인용한 뒤에, 註를 달아 "이 중에서 앞의 다섯은 因이요, 뒤의 둘은 果이다(此中前五是因, 后二是果)"라고 한다. 법장 역시 이 말을 인용한 뒤에, "해석하면, 앞의 다섯은 因에 대한 것이며 뒤의 둘은 果이다.(解云, 前五約因, 后二就果)"고 말하고 있다. 魏常海 교수의 고찰에 의하면 원효소와 법장소 가운데 문구가 서로 같거나 유사한 단락이 적어도 100여 곳이나 된다고 한다.[8] 여기에서 잊지 말아야 할 것은 法藏은 중국 화엄종의 실제 창시인이라는 것이다. 일본의 저명한 불교학자 鎌田茂雄은 원효사상의 영향(3.3참조하기 바람)없이는 화엄종의 실제 사상체계의 성립이 어려웠을 것이라고까지 지적하고 있다.

2) 『金剛三昧經』과 『金剛三昧經論』

원효가 중국불교 형성에 중요한 사상영향을 끼친 또 하나의 중요한 저술은 『金剛三昧經論』이다. 최근 漢譯 불교경전에 대한 연구가 심화됨에 따라 『금강삼매경』은 점차 학계의 주목을 받게 되었고

者　就喩爲稱　運載爲功。"
8 『천태사상과동양문화』, 불지사, 1997, p.718.

논의의 초점이 되고 있다. 역사적으로『금강삼매경』에 대한 주석에는 세 가지가 있다. 첫째는 신라 원효의『金剛三昧經疏』3권이고, 둘째는 明代 圓澄의『金剛三昧經注釋』4권이며, 셋째는 淸代 誅震의『金剛三昧經通宗記』13권이 다. 그 중에서 뒤의 두 권은 비교적 늦게 나타났고 또한 영향도 크지 않다. 원효의『金剛三昧經疏』는 중국에 전해진 후『金剛三昧經論』으로 불리울 정도로 높은 평가를 받았다. 그러므로 오늘날『금강삼매경』을 연구하는 학계의 관심은 맨 처음『금강삼매경』에 疏를 지은 원효에게 집중되고 있다.

『金剛三昧經』이라는 경전의 이름이 가장 먼저 나타난 문헌은 梁代 僧祐(445~518)『出三藏記集』로써 그 중『新集安公凉異經錄』제3에『金剛三昧經』1권으로 기 록되어 있다. 이후의 제목록 중에 모두 기록이 남아 있으나 유실된 闕本이라고 명기되어 있다. 唐중엽에 편찬된『開元釋敎錄』권 4의 北凉 失譯部 중에는『금강삼매경』2권 또는 1권이라고 기록되어 있다. 같은 경록 권12의「大乘經單譯現存錄」중에는『금강삼매경』2권 또는 1권은 北凉『失譯拾遺編入』라고 기록되어 있다. 이것은 唐중엽에 이르기까지 이 경전을 본 사람이 없다는 것을 설명한다.

근대에 이르러 위에서 소개한 기록에 의거하여 학계에서는 보편적으로『金剛三昧經』은 일찍 유실된 경전으로 인식되었고 이 점에 대해 의심을 표하는 사람은 없었다. 예컨대 일본의 저명한 불교학자인 宇井伯壽는 보리달마의 二入說(理入·行入)과『金剛三昧經』의 관계를 언급할 때 二入說이『金剛三昧經』에서 나온 것으로 보았다.

"아마도 달마는 이 경전에서 이 이입(二入)을 인용했을 것이다. … 이로 보건대, 달마의 二入四行說은 의심할 바 없이『금강삼매경』에서 나온 것이다. 2권『金剛三昧經』은 처음에『出三藏記集』의『新集安公凉異經錄』제3에 기록되어 있다. 이때문에 道安은 그것을 凉나라 땅에서 번역된 경전으로 보는데, 北凉 또는 西凉에서 번역된

것을 말하는 것은 아니다. 그러므로 번역한 장소가 전혀 명확하지
않다. 오직 道安의 기록에 나타난 寧康 2년(374)이전의 번역본일 뿐
이다.”[9]

　　宇井는『金剛三昧經』을 眞譯本으로 인정하지만, 번역한 장소
와 시간이 명확하지 않다고 지적하고 있다. 그러나 여기에서 주목할
만한 提起는 達磨의 二入四行説은『金剛三昧經』에서 나왔다는 것
이다. 왜냐하면 二入四行説이 달마에서 비롯되었다면『金剛三昧經』
의 “眞僞”논란에 매우 중요한 문제가 되기 때문이다.

　　1955년에　水野弘元은「菩提達摩の二入四行説と金剛三昧經」
이라는 논문에서 새로운 견해를 제기하였다. 水野弘元은 보리달마
의 二入四行説과『金剛三昧經』의 二入四行説을 비교 연구하면서
달마의 二入四行説이『금강삼매경』보다 이른 것이라고 보았다. 그
주요 근거는『金剛三昧經』에는 남북조시대부터 隋代에 이르는 중
국불교 형성과정에서 나타난 제문제들을 망라하고 있기 때문이다.
그리고『금강삼매경』의 용어 중에는 玄奘유식에만 쓰여지고 있는
用語와 “江河淮海” 등의 중국 지명들이 나온다는 것이다. 즉 648년
(眞觀22년)玄奘은 처음으로 “末那識” 등 용어를 도입하여 唯識三十
頌 등 내용이 실린『般若心経』을 漢譯하였기 때문이다. 또한 水野弘
元은 더 나아가 원효가 疏를 지은 시기를 대략 원효의 50세(655년)로
가정한다면 이 경은 648년에서 655년의 7년 사이에 나타난 僞経으
로 미루어 판단하고 있다. 水野弘元은 비록『金剛三昧經』의 작자에
대해 정면으로 제기하지 않았지만 원효의 찬술이 아니라고 명확하
게 반대한다. 그 이유는 (1) 달마의 四行説과『金剛三昧經』의 行入
에 대한 해석이 서로 다르다는 것, (2) 宋 贊寧『고승전』원효전의
“龍宮得経”의 용궁은 신라가 아니라 중국 山東이나 山東의 어느 곳
을 가리킬 가능성이 높다는 것, (3) 원효가 그의 疏 중에서『金剛三昧

9『印度學佛敎學研究紀要』, 1955, 第6期.

經』은 眞經이라고 명확하게 표시하고 있다는 것 등이다. 水野의 논문이 발표된 후『금강삼매경』의 僞撰說이 학계에 보편적으로 받아들여지면서 원효가 이 經의 작자일 가능성이 높다는 說들이 나오기 시작한다.

水野弘元 이후 한국의 김영태, 미국의 바스웰(B.E.Buswell) 등은 더 나아가『金剛三昧經』의 출현 범위를 신라로 축소시켰다. 1993년 일본의 柳田聖山은『金剛三昧經硏究』를 발표하여『金剛三昧經』이 신라에서 성립되었고 원효가 찬술한 것이라는 견해를 제기한다. 柳田聖山은 그의 논문에서 동아시아 불교사의 발전 맥락을 주요 주제로 종합적 고찰을 시도하면서,『金剛三昧經』안에는 이미 敦煌本『二入四行論』의 내용과 형식이 갖춰져 있기 때문에 달마의 二入四行說은 당연히『金剛三昧經』에서 인용한 것이지 달마의 학설이 아니라고 주장한다. 禪宗史에 있어서의 달마의 위치를 살펴보면 당시의 동산 법문에서는 달마를 禪宗初祖로까지 인정하지 않았다는 것이다. 이어서 柳田聖山은『금강삼매경』의 출현은 玄奘유식의 性相判別에 대해 맹렬한 타격이 되었을 것으로 짐작하고 있다. 그 후『楞伽經』을 의거하는 일파가 달마를 初祖로 추대하는 운동을 불러일으킬 때 玄奘유식에 대항하기 위한 운동 중에서『楞伽經』일파는『금강삼매경』에 의거하여 현존하는 敦煌本『二入四行論』을 만들어 냈다고 보고 있다. 여기에서 중요한 것은 원효가 반유식운동의 기수였고『능가경』일파의 이론적 지주가 되어있다는 사실이다.

그렇다면『금강삼매경』은 어느 때 성립되었으며, 어떤 사람의 손에서 나온 것인가? 柳田聖山은 해동불교 발전의 대세와 玄奘유식에 대한 원효의 태도 및『송고승전』원효전에 근거하여 원효가 현장유식학파에 대해 압력을 가하기 위하여『금강삼매경론』을 찬술하였고,『금강삼매경』은 동시대의 신라 고승인 大安을 통해 세상에 나왔음을『금강삼매경론』중의 근거를 취해 지적하면서 결국『금강삼매경』의 작자는 원효라고 하였다. 동아시아 불교 형성 프로세스에서 볼 때 柳田聖山의 분석은 어느 정도 설득력이 있다고 인정해야 할 것이다. 다만 원효가『금강삼매경』의 작자냐 아니냐 하는 문제는 결론을 내리기에는 좀 경솔한 느낌이 든다. 그러나 柳田聖山의 연구방향은『금강삼매경』성립과 작자 의혹 등을 푸는데 적지않은 가치있는 선택을 제공해 주었다고 할 수 있다.

이상과 같은 학계의 최근 연구동향에서 알 수 있듯이 중국불교 형성 과정 중 특히 唐代 중국불교의 새로운 전개에 대한 원효 불학사상의 영향은 무시할 수 없다. 또한『금강삼매경론』의 중국 禪宗의 형성 및 후일 발전에 대한 영향은 오늘날까지 지속되고 있다.

3) 중국 역사문헌을 통해 본 원효

여기에서는 많은 선학들의 노력에 의하여 확인된 역사 자료 중에 나와 있는 원효관련 역사기재와 평가의 일부를 소개하고자 한다. 원효의 불학사상은 단지 한국불교사 뿐만 아니라 중국불교 사상계에 있어서도 중요한 사상적 위치를 차지하고 있다. 앞에서 소개한 바와 같이『宋高僧傳』「義湘傳」에는 원효의 悟道頌이 소개되어 있다.

원효의 주요저술들은 모두 중국에 전해졌는데 그 중에 널리 알려진 저술로서는『십문화쟁론』,『법화경소』,『대승기신론소』,『금강삼매경론』등이다. 원효의 연구성과들은 그때 그때 바로 중국에 전해졌기 때문에 형성과정에 있는 唐代 불교 및 후일의 중국불교 발전에 중요한 영향을 끼쳤다. 원효불교사상의 영향을 가장 크게 받은 사람은 우선 華嚴宗의 실제적 창시자인 賢首法藏이다. 원효의『대승기신론소』는 중국에 전해져 "해동소"로 불리워 모르는 사람이 없을 정도였고 앞에서 소개한 바와 같이 법장은 이 소의 영향 하에서『大乘起信論義記』를 찬술하였다. 뿐만 아니라 法藏의『華嚴五教章』에서의「斷惑義」는 원효의『二障義』영향 하에 쓰여졌고,『華嚴五教章』의「空有論」은『十門和諍論』의 영향을 받아 저술한 것이며 또한 法藏의 화엄 교판은 원효의『화엄경소』의 영향을 받은 것이라는 선학들의 연구결과가 나와 있다.[10] 이러고 보면 일본의 鎌田茂雄 선생이 원효사상의 영향이 없었다면 법장의 華嚴教學은 성립되기 어려웠을 것이라고 지적한데 대해 이해할 수 있을 것이다.

法藏을 제외하고도 원효의 영향을 비교적 크게 받은 사람들로서는 慧苑, 澄觀, 慧沼, 李通玄, 良賁, 湛然 등이 있다. 慧苑과 澄觀은 그 저술 중에서 원효의 四教判을 인용하고 있으며, 淨法寺의 혜원은 화엄업의 여러 학자들이 옛 글을 疏抄하면서 원효의 설을 인용하여 증거로 할 때 모두 원효를 海東이라 칭하고 그의 이름을 적지 않았다고 말했다. 그리고 "몸은 동이에 있으나, 그 덕은 당나라 땅을 덮었으니 불세출의 위인이라고 말할 만하다"[11]라고 했다. 良賁와 宗密, 그리고 宋代의 知禮(960~1028), 子璿(?~1038) 등의 저술에도 모두 원효의 영향을 받은 흔적이 남아 있다. 宋代의 永明寺의 延壽(904~975)는 불교 제종파의 회통을 주장한 학승인데, 그는 『宗鏡綠』에서 원효의 悟道頌을 소개하고 있으며, 또한 원효는 크게 깨달은 사람이라고 찬미하고 있다.

"그 지혜는 해와 달에 해당하고 그 식견은 사람과 하늘을 꿰뚫어 크나큰 正法을 모두 얻고 眞如의 깊은 곳을 모두 다 통달하였으니, 스님은 과연 크게 깨달은 사람이다."[12]

기록에 의하면 고려의 義天은 遼나라 황제 道宗에게 원효의 저술을 보냈는데, 道宗은 그의 『釋摩訶衍論通玄鈔引文』에서 원효의 저술을 인용하였다.[13] 또한 원효의 『십문화쟁론』, 『법화종요』는 중국에서만 깊은 영향을 끼친 것이 아니고, 중국에서 산스크리트어로 번역되어 인도에까지 전해졌다. 고선사의 『서당화상탑비』에는 다음

---

10 김상현, 『역사로 읽는 원효』, 고려원, 1994.
11 身在東夷　然其德蓋唐土　可謂不世出之偉人(민영규, 『사상계』, 1953.8, p.16).
12 智日月該　識人天貫　正法大全得　眞如密洞悉 師乃大徹大悟者(김상현, 「원효의 제명호고」 『남도영박사고회기념 사학논총』, 1993).
13 『대각국사문집』 권8.

과 같이 기록되어 있다.

"화엄종요는 … 주해서로 찬미되고 산스크리트어로 번역되어 서쪽에서 온 사람에게 부탁해 전해졌다. 이 책을 三藏之寶라고 말하는 연유는 바로 여기에 있다."[14]

13세기 일본에 유통되었던 『元曉疏抄』에는 다음과 같이 기록이 남아 있다.

"원효화상의 『십문화쟁론』이 지어졌을 때 인도승려 陳那의 무리들이 당나라에 와서 이 논을 얻어 인도로 돌아갔다."[15]

그리고 원효의 『遊心安樂道』 등의 저술은 지금까지 여전히 중국 남방의 불교 사원에 유통되고 있다.

이와 같이 중국불교에 미친 원효사상의 영향은 원효가 신라에서 사상적 활약을 시작했던 그때로부터 오늘에 이르기까지 지속되고 있다.

(『元曉學研究』第十輯, 元曉學研究院, 2005)

---

14 華嚴宗要 … 贊嘆婆娑 翻爲梵語 便附西人 此書言其三藏重寶之由也.
15 元曉和尙諍論制作 陳那徒唐土來 取彼論歸天竺國(『大日本佛敎全書』92, p.103).

第十六章

中國禪宗과 無相禪師

1. 머리말

隋唐시대는 중국역사에 있어서 佛敎興隆의 盛世이다. 隋高祖, 文帝는 국가통일을 실현함과 동시에 北周武帝의 排佛 영향을 떠나 남북통합을 주장하고 불교의 중국적 전개를 시도하면서 사회와 문화의 발전에 뛰어난 업적을 이룬다. 李唐王朝 290년은 중국불교 諸宗派의 형성과 발전의 시기로서 중국뿐만 아니라 주변 여러 나라에 대한 영향도 컸다. 古代 朝鮮의 高句麗, 百濟, 新羅에서는 불교를 적극 받아들였을 뿐만 아니라 入唐求法도 고조를 이루었고 일본에서도 遣隋使, 遣唐使로 말미암아 수많은 留學僧들이 入唐하게 되었다. 円仁(794~864)의 『入唐求法巡禮 行記』나 李能和의 『朝鮮佛敎通史』 등의 문헌들에는 그 성황에 대한 기록이 적지 않게 남아있다.

入唐求法僧들의 활약은 오늘날에 이르기까지 그 전모가 모두 밝혀진 것은 아니지만 隋唐佛敎 전개의 조류 중에서 구도승으로서 또한 문화사절로서 동아시아 문화발전에 중요한 공헌을 한 업적은 무시할 수 없는 사실로 남아 있다.

　　본고에서는 신라로부터 구법성불을 목적으로 입당하여 중국 禪宗 形成과 展開 과정에서 활약한 淨衆無相禪師의 禪思想을 검토하고자 한다.

2. 無相의 生涯와 法統

　　무상선사에 관하여서는 종밀의 『中華傳心地禪門師資承襲圖』나 중밀의 『圓覺經大疎鈔』 등의 기록과 宋 贊寧 『高僧傳』 卷十九 感通篇 및 『唐成都淨衆寺無相傳』 등의 전기에 의해 그 생애와 사상이 약간 전해지고 있다. 이십 세기 초, 敦煌 문헌의 발견에 의하여 『歷代法寶記』가 나타나게 되었고 무상의 중국 蜀地方에서의 활약상이나 중국불교사상, 특히 禪宗史上의 독특한 사상과 위치가 더욱더 밝혀지게 되었다. 그 외에 晩唐詩人 李商隱의 「唐梓州慧義精舍南禪院四證堂碑銘」 및 신라 崔致遠의 「鳳巖寺智 證大師寂照塔碑」의 기록에 의하여 무상의 후세에 대한 영향과 그 사상이 신라 불교에까지 미친 것을 알게 되었다. 특별히 주목해야 할 것은 최근 학계의 티베트 불교연구의 성과에 의하여 티베트에 불교가 전래될 때 무상 대사의 역할이 古史書에 기록되어 있는 것도 해명되었다.[1]

　　李商隱의 記事에 의하면 무상은 俗姓이 金으로서 신라 聖德王의 세번 째 아들이다. 그의 출생년에 관하여서는 아직 定論이 없다. 『歷史法寶記』에 의하면 무상이 佛門에 귀의할 수 있었던 것은 여동생이 결혼을 거부하고 출가한 것에 연한다. 부모가 무상의 여동생에게 결혼을 강요하자 여동생은 칼로 자기의 얼굴에 상처를 입히고 絕

1　山口瑞鳳, 『티베트佛教』(講座 東洋思想 5), 1967年6月, 東京大學出版會.
　山口瑞鳳, 『티베트佛教史』(『佛教史』 II, 1983年11月, 山川出版社).
　小畑廣允・木村隆德, 「敦煌티베트語禪文獻目錄初稿」, 『東京大學、文化交流研究紀要』第四號, 1980年 등 參照.

緣하여 불문에 들어서게 되었다. 이 일에서 刺激을 받아 무상은 求法成佛을 결심하였다 한다. 그리고 宋 替寧『高僧傳』에 의하면 開元 16年(728년) 바다를 통해서 入唐하였다. 入唐할 때 長安에서 玄宗의 직접 영접을 받아 禪定寺에 머물게 되었으며 후일 오늘의 四川省의 德純寺로 떠나는데 가기 전에 處寂禪師를 만나기도 하였다. 그는 處寂을 만나서 '無相'이라는 法號를 받게 됨과 동시에 그날 밤 達磨에게서 전해 받았다고 하는 袈裟를 전해 받았다고 한다. 그리고 보면 禪宗의 淨衆宗의 法統은 智詵으로부터 處寂에게 그리고 無相에게로 전해진 것이다. 蜀地에 들어선 무상은 두타행에 전념하는 선승이 되었지만 그 神異로 인하여 道俗一般과 접촉할 수 있게 되면서 淨衆寺를 중심으로 크게 활약을 하게 된다. 그리고 처적에게서 전해 받은 가사를 원적하기 전에 무작에게 전하였다고 전해지고 있다. 그 법맥을 정리하면 다음과 같다.

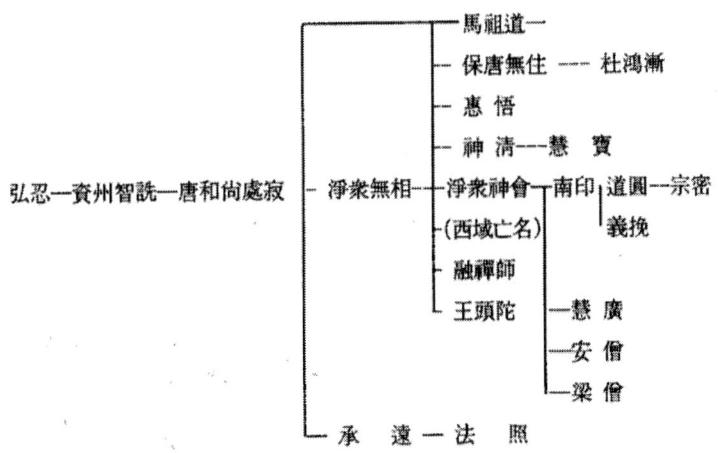

이상과 같은 法統傳承圖는 무상에 이르기까지 대충 정리되었다고 할 수 있으나 무상의 법맥을 이었다고 하는 禪會(荷澤禪會가 아님), 宗密, 그리고 사천 출신인 馬祖道一 등은 중국선종의 중흥을

대표하는 인물들이고 또한 지금까지 전해진 법통과는 완연히 계통을 달리하므로 최근 학계의 관심을 모으고 있다. 이러한 무상의 전법 계통설은 胡適의 遺稿에 의하여 제기된 것이다.[2] 이러한 계통설은 중국선종사의 계보가 뒤바뀌는 중요한 대목이므로 신중히 대처해야 할 것이다.

상술한 무상의 傳記와 法統에 관하여 史學者들간에 논의가 적지 않지만 그는 入唐新羅僧이며 중국불교 발전, 특히 선종의 형성 과정에서 엄연한 봉우리로 남아 있음을 확인할 수 있다. 오늘날에 이르기까지의 무상에 대한 연구는 그의 행적과 행화에 집중하다 보니 그의 사상적 측면에 대한 연구가 별로 이루어지지 못한 것 같다. 무상의 선사상에 대한 연구는 상술한 문제의 심각성과 함께 사상적 측면에서의 고찰이 함께 이루어질 것이 요망된다고 하겠다. 본고에서는 무상의 선사상의 해명(釋明)을 에둘러 議論을 展開함에 취지를 두기로 하기에 無相의 生涯와 法統에 관하여서는 이상과 같이 간략하게 소개해 두기로 한다.

3. 無相禪思想의 特徵

무상의 신이한 행화나 淨衆寺를 중심으로 한 巴四川成都 지역에서의 활약은 상술한 자료에 의하여 학계에 알려지고 있다. 그의 독특한 선사상은 캐나다의 冉雲華 교수, 한국의 鄭性本 교수나 崔成烈 교수들에 의하여 소개, 검토되어 왔지만 선종 전개의 역사적 시점에서나 무상 선사상의 구체적 해명은 충분하게 이루어지지 못한 상태이기 때문에 여기에서 그 중 존재하는 몇 가지 문제를 중심으로 무상

---

2 『跋裴休的唐故圭峰定慧禪師傳法碑』, 『胡適禪學案』, 柳田聖山編, 正中書局 第 395~421頁.

선사상의 특질을 재검토하고자 한다.

無住의『歷代法寶記』의 無相傳이나 宗密的『圓覺經大疎鈔』卷
三下에 無憶, 無念, 莫忘이라는 三句가 무상 선사상의 키워드로 소
개된 것은 모두 알고 있는 바이다.

金和上每年十二月正月，與四衆百千萬人，受綠巖設道場處
高座說法．先敎引聲念佛，盡一氣念，絕聲停念訖云，無憶無念
莫忘．
無憶是戒，無念是定，莫忘是慧，此三句語即是總持門…

(T.51~185、上)

규봉종밀은『圓覺經大疎鈔』중에서 無相의 三句語에 관하여
다음과 같이 소개하고 있다.

言三句者，無憶無念莫忘也．意令勿追憶已過之境，勿預念
慮未來榮枯等事．常與此智相應，不昏不錯，名莫忘也．或不憶外
境，不念內心，修然無寄。戒定慧者，次配三句也．雖開宗演說
方便多端，而宗旨所歸在此三句也．

이상, 무주와 종밀의 기술에 의하여 무상의 선사상은 주로 三句
를 에둘러 전개되고 있고 三句語는 또한 불교, 특히 선수행의 기본수
행 원칙인 삼학에 배당되어 있음을 알 수 있다.

불교의 수행도는 그 종류가 헤아릴 수 없이 많으나 원시불전에
서 역설된 수행법 중에는 판정도가 원칙으로써 근간을 이루며 선종
에 영향이 제일 컸던 것은 삼학으로 정리된 수행법이다.

삼학이란 계에서 정으로 정에서 慧에로의 수행전개의 순서를
나타낸 것과 계정해 삼학을 相攝不離의 一體로 그 수행상의 관계를
나타낸 수행지침이다.

그 중 戒라는 것은 인도에서는 좋은 습관으로 그것을 몸에 장악
함으로써 十二緣起 등에 잘못된 혹은 나쁜 행위를 일으키지 않고 정
확하고 좋은 행위로 향하는 것을 가리킨다. 즉 인간정신 생활을 선도
하는 역할을 하는 것으로서 外的으로는 戒를 지키고 內的으로는 自
覺을 요청한다.

'戒'란 불교의 진리에 正信을 가짐을 전제로 한다. 불교의 경우,
세간의 여러 가지 이론이나 구체적인 존재에 대한 집착을 허용하지
않는다. 그것은 우리들의 주변에 있는 구체적인 존재는 모두가 생멸
변화하는 유위법이기 때문이다. 不生不滅의 眞如에 대한 신앙이야
말로 正信이고 불교에 있어서 이야 말로 眞實의 존재이다. 그러나 이
불법은 진실이라 할지라도 객관적인 생생불멸의 존재는 아니다. 그
러므로 무상의 제자인 무주에 의하면 '無憶是道, 不觀是禪, 不取亦
不捨, 墳來亦不淨'이고 종밀에 의하면 '勿追憶已過之境'의 '無憶'인
것이다. 원시불전에 의하면 이러한 것은 '無記'의 대상으로서 마음
에 남겨 놓아서는 안 될 뿐만 아니라 불법에 접근하는데 장애가 된다
고 지적하고 있다. 憶의 내용이 되는 '境'은 煩惱이므로 무상에 의하
면 '憶'은 번뇌를 초래하므로 無憶을 강조한 것이다.

다음에 '無念'에 관하여 살펴보기로 하자.『歷代法寶記』에 의
하면 무상은 '無念'에 관하여 다음과 같이 설하고 있다.

此三句是總持門. 念不起是戒門，念不起是定門，念不起是
慧門.
無念即是戒定慧具足，過去未來現在恒沙諸佛皆從此門入.
若更有別門，無有是處.(T.51~185. 中)

이러한 기술에 의하여 학계에서는 무상 선사상을 '무념철학'으
로까지 규정하려는 노력이 엿보인다.[3] 이것은 무주의 해석에 영향
받은 것으로 느껴진다.

무주는 『歷代法寶記』에서 無念에 관하여 다음과 같이 해석하고 있다.

衆生有念假說無念, 有念若無, 無念不自, 無念即無生, 無念即無滅.

무주는 무상의 無念을 근거로 여러 가지 해석을 시도한다. 그럼 선수행에 있어서 무한의 본질을 분석해 보기로 하자. 선수행은 佛教의 기본적 수행법으로써 불교뿐만 아니라 그 외의 인도 제학파들에 있어서도 유가행의 중요한 개념으로 역설되어 왔다. 중국불교사에서 참선을 주요 수행방법으로 간주한 불교의 일파가 선종이고 몇 가지 계통으로 나뉘어 여러 가지 禪風을 일으키며 禪定의 法을 실천하여 왔다. 중국에서는 壁觀을 설한 達摩系의 선의 성행에 의하여 座禪儀가 성립되었고 또한 널리 전해졌다. 가부좌하고 五感의 작용을 制止하고 호흡을 조절하며 외계의 자극으로 인하여 마음을 빼앗기지 않도록 마음을 내측으로 향하며 심신 모두가 안정된 상태에 들어가 내외의 구별이 점점 없어져 '萬法歸一' 한다. 이러한 경지에서 의식이 완전히 없어질 뿐만 아니라 마음이 깨끗해지고 또한 점점 밝아와 시간과 공간을 초월한 절대의 경지를 禪三昧라 부른다. 즉 삼학 중의 '定'의 단계인 것이다. 그러므로 '無念即無生, 無生即無滅'이라는 표현이 가능한 것이다. 禪籍 중에는 무념이라는 표현이 수없이 많이 나타나며 그 해석 또한 헤아릴 수 없이 많다. 즉 '無念'은 선법의 핵심개념 중의 하나인 것이다.

무상의 三句 중의 無憶無念에 대한 최근 학자들의 해석은 거의가 일치함을 보이고 있으므로 이상과 같은 설명으로 충분하다고 할

---

3 冉雲華, Mu Sang and His philosophy of 'No Thought', 大韓民國学術院 第五次國際學術講演會 1997年9月.
　　崔成烈, 「無相禪師의 禪思想」, 『淨衆無相禪師』, 佛教映像會報社 1993年.

수는 없지만 분기 또한 별로 없을 것이다. 문제의 초점으로 되는 것은 三句 중의 '莫忘'일 것이다.

이 문제는 무상으로부터 法衣를 전수받았다고 하는 제자 無住의 선사상에 대한 해석과 行化의 전개로부터 시작된다. 종밀의 圓覺經大疏鈔卷三下에서는 無住에 관하여 다음과 같이 지적하고 있다.

竦有教行不拘而滅識者，第三家也.其先亦五祖下分出，則老母，安和上也.六十歲出家授戒，六十夏，方滅度時年一百二十.故時號老安，安即名也.

為則天聖后之所師敬，道德深厚，志節孤高.諸名德皆難比類，有四弟子，皆道高名著.中有一俗第子，陳楚章而號陳七哥.有一僧名無住，遇陳開示領悟，亦志行孤勁.後遊蜀中，過金和上開禅，亦預其會. 但更資問，見非改前悟，將欲傳之于未聞，意以稟承俗人，恐非宜便. 遂認金和上焉師，指示法意大同. 其傳授儀式，與金門下全異. 異者，謂釋門事相一切不行. 剃髪了便掛七條，不受禁戒，至于禮懺轉讀畫佛寫經，一切毀之，皆為妄想.所住之院不置佛事，故云教行不拘也. 言滅識者，即所修之道也. 意謂生死輪轉，都為起心，起心即妄，不論善惡不起即真，亦不似事相之行. 分別為怨家，無分別為妙道.

亦傳金和上三句言教，但改忘字為妄字. 云諸同學，錯預先師言旨，意謂無憶無念即真，憶念即妄，不許憶念，故云莫妄.毀諸教相者，且意在息滅分別而全真也. 故所住持，不議衣食，任人供逆.逆即暖衣飽食，不送即任飢寒，亦不求化，亦不乞飯.有人入院，不論貴賤，都不逢迎，亦不起動. 讚嘆供養怪責損害，一切任他. 良由宗旨説無分別，是以行門無非無是，但貴無心而為妙極，故云滅識也.

여기에서 金門은 金和尙 즉 無相의 淨土禪을 가리킨다. 종밀의 이상과 같은 비난 중에서 제일 큰 문제로 되는 것은 아래와 같이 두 가지가 있다. 먼저 無住는 무상의 제자이면서도 「與金門下全異, 異者……故云敎行不拘也」이라는 것이다. 즉 「謂釋門事相一切不行……所住之院不置佛事」라고 명확히 지적하고 있다.

이에 비해 무상의 경우 開緣敎化를 엄격히 진행하였다.

其傳授儀式略如, 此國今時官壇, 受具足戒, 方便謂一兩月前, 先剋日牒示, 召集僧尼士女, 置方等道場禮懺。或三七五七, 然後授法了, 皆是夜間, 意在絶外, 屛喧亂也, 授法了, 便令言下息念座禪, 至于遠方來者, 或尼衆俗人之類, 久住不得, 亦直須一七二七座禪, 然後隨緣分散。亦如律宗, 臨壇之法, 必須衆學, 由狀官司給文牒, 名曰開緣, 或一年一度, 或三年二年一度不等開數開.

(T.14~278.C)

상술한 바와 같이 무주는 무상과 비교할 때 '敎行不拘'라 지적하지 않을 수 없다.

그 다음 논란을 일으킨 문제는 무상의 三句 중의 '莫忘'을 '莫妄'으로 고쳐놓은 것이다. 이는 '先師言旨'을 곡해하였을 뿐만 아니라 선사상의 본질에 대한 이해와 관련된 간과할 수 없는 문제이다. 그러므로 「但貴無心而爲妙極, 故云滅識也」 등 엄격한 비판을 받게 되었다. 여기에서 '無心'이란 '無念'을 가리키며 '無念'이 선수행에 있어서의 중요한 개념인 것은 앞에서 지적한 바와 같지만 선수행에 있어서의 선정 즉 삼매에 들어가는 것이 궁극적인 목적은 아니다. 선정은 정신세계의 제일 안정된 '無念'의 靜寂의 경지라고 말할 수 있을지라도 그것은 하나의 정신적인 相인 이상 一切法空이라고 말할 수는 없다. 육체적으로나 정신적으로도 어떠한 한정 없는 無形無相

의 절대적 경지에 들어가야 비로소 一切處에 있어서 자유자재하고 무상의 지혜를 증득할 수 있다. 즉 이것은 '定'에서 '慧'에로 승화하는 단계이다. 깨달음을 얻은 개체는 天地와 同根하고, 萬物과 일체가 됨으로 자타의 분별이 있지 않다. '慧'가 생한다는 것은 大機大用을 발한다는 것을 의미한다. 대승불교에 있어서 그 궁극적인 목적은 어디까지나 깨달음과 동시에 세속의 세계로 돌아와 중생을 구제함에 있다. 鈴木大拙 박사가 '眞空妙有라고 하기보다 眞空妙用이라고 해야 할 것이다.'라고 지적한 것도 근근히 妙有에 그치지 않고 妙用이라는 깨우친 후의 역할을 중요시하였기 때문이다. 그렇기에 무상이 '莫忘(住慧)을 강조한' 깊은 소이인 것이다. 그러나 무주는 '莫忘'을 '莫妄'으로 고쳐 놓았다. '莫妄'이란 '無憶'에 내포된 내용이라 보아도 이의가 없을 것이다. 그렇다면 무주는 무상의 三句語의 진수를 터득하지 못한 제자라고 하여야 할 것이다. 더 나아가 이는 계정혜의 삼학의 원칙을 무시한 해석이 된다.

　　삼학을 계로부터 定에 이르고 定에서 慧로 승화하는 수행 전개의 순서에 따라 해석한다면 '妄'이라는 것은 '無憶', '無念'을 요구하는 단계의 내용이다. 무상도 스스로 그렇게 배당한 것이다. 「無憶是戒, 無念是定, 莫忘是慧」 그러므로 무상은 「念不起是戒門, 念不起是定門, 念不起是慧門」라고 지적하였지만, 이것은 무상의 三句를 계정해 삼학에 배당하면서도 三者相攝不離性을 강조한 것으로써 三句와 三學과의 관계에 모순되지 않는다.

　　그리고 무상은 三句를 설함에 있어 삼학에 배당하는 것을 잊지 않은 것은 도교 등 外敎의 수행법의 존재를 강하게 의식하고 있었음이 틀림없다. 먼저 무상이 활약한 시대는 도교의 세력이 급히 확장되고 강한 영향력을 과시한 시기였음과 동시에 고래로 중국의 蜀지역은 도교가 뿌리를 깊이 내린 지방임을 잊어서는 안된다. 그러므로 그는 '無憶', '無念', '無忘'이라는 표현을 쓸 수도 있었지만 '忘'을 강조함에 '莫'라는 표현을 쓰고 있다. 한문 표현상 '莫'이라고 하면 '결코 …해서는 안 된다'라는 뉘앙스가 내포되어 있어 「무」라는 표현보다 더욱 강한 이미지를 주고 있다. 이는 선수행에 있어 어떠한 그릇된 경향을 경계하고 있음이 틀림없다. 여기에서 莊子의 坐忘思想과 道教의 坐忘修行法을 간략히 짚어 보기로 하자. 『莊子』의 大宗師篇에는 다음과 같은 내용이 기재 되여 있다.

顔回曰：回益矣.　仲尼曰：何謂也.

曰：回忘仁義矣.

曰：可矣.　猶未也.

他日復見曰：回益矣.　曰：何謂也.

曰：回忘禮樂.　曰：可矣. 猶未也.

他日復見曰：回益矣.　曰：何謂也.

曰：回坐忘矣.

仲尼 然曰：何謂坐忘.

顔回曰：墜枝體，黜聰明，離形去知，同于大道.　此謂坐忘.

仲尼曰：同則無好也.　化則無常也.　而果其賢乎.　丘也請從而後也.

어느날 제자인 顔回가 仲尼에게 말하기를 "나는 공부에 진보가 있었습니다." 이에 仲尼는 그 까닭을 묻는다. 그러자 안회는 仁義를 잊을 수 있게 되었다고 답한다. 이에 仲尼는 그에 대해 긍정하면서도 아직은 거리가 멀다고 지적한다. 후일, 안회는 "저는 더욱 큰 진보를 가져왔습니다."라고 말한다. 그 까닭을 묻자 禮樂을 잊을 수 있게 되었다 답한다. 仲尼는 그에 대해서도 만족하지 않는다. 얼마간 지나 안회는 仲尼에게 坐忘할 수 있게 되었다고 보고한다. 이에 仲尼는 '坐忘이란 무엇인가'라고 묻는다. 그러자 안회는 손발과 신체의 역할을 제지하고 귀와 눈의 감각을 제거하며 궁극에는 자신의 육체를 떠난 마음에 知까지 버리고 모든 사물에 자유로이 소통하는 道와 일체가 되는 것을 坐忘이라 한다고 답한다. 仲尼는 道와 일체를 이룰수 있다면 어느 한 사물에 대한 편애가 없어질 것이고 그 道 속에 융해되어 한 사물에 대한 구속 또한 생기지 아니할 것이라고 말하면서仲尼도 안회에게서 좌망을 가르쳐 줄 것을 요청한다는 표현으로 안회의 노력을 크게 인정한다.

이상 내용은 장자가 공자와 안회에게 가탁하여 坐忘을 설명한내용이다. 이러한 수도에 관한 경험적 논술은 『莊子』의 大宗師篇의특색으로써 도교의 수도의 공부와 실천에 연결된다.

五世紀 중엽 중국 남방의 蘇州에 道生이라는 화상이 있었는데그는 노장사상에 대하여 깊이 연구하여 처음으로 頓悟라는 개념을제시한 바 있다. 이는 경을 읽지 않고 참선을 하지 않으며 모든 佛事를 거절하며 결심만 있으면 깨칠 수 있다는 것이다. 이러한 頓悟說는坐忘理論에서 정리된 것이라 할 수 있겠다. 이는 인도 선과 달리 誠意·正心·修身에 의해 깨달으나 궁극적으로는 出世間을 목표로하지 않고 세간에서의 장생부로를 목표로 하거나 그 어떤 사회적 정치적 사명을 목표로 한다. 그러므로 장자는 坐忘을 해석함에 공자와안회에게 가탁한 것이다.

그러나 불교에서 참선한다는 수행실천의 궁극적 목표는 도교의 坐忘과는 달리「萬法歸一, 而不守一」을 통하여 성불하는 종교적목표에 있다. 이러한 종교적 목표 실천은 自利利他라고 하듯이 극히적극적인 요소들을 내포하고 있다. 그러나 장자의 좌망에서는 그러한 적극적인 요소는 받아들여지지 않고 있는 것 같다. 그러므로 도교의 좌망은 세간에 있어서의 불로장생을 위한 양생 목표에 그치고 만것이다.

무상은 入唐求法僧으로서 佛教의 진수 탐구에 취지를 두고 있었으리라 미루어 볼 때 이러한 '외교'의 수행법의 영향을 우려하고있었다고 할 수 있을 것이다. 무상의 다음과 같은 기술에서 이러한경향이 나타나고 있기 때문이다.

　　我此三句語是達磨祖師本傳教法，不言是詵和尙、唐和尙所說[4]

　　무상은 여기에서 법통을 무시함을 무릅쓰고서라도 자신의 그 句는 正法眼藏이라는 것을 거듭 강조하고 있는 것이다. 達磨는「外來僧」인데 반해 智詵과 處寂은 중국 본토 출신이므로 그들에게는 어떠한 중국 전통문화 특히는 도교의 어떠한 영향이 남아 있는데 대하여 그 정통성을 시사하고 있는 것이 아닐까? 앞에서 종밀은 무주를 지적함에「但貴無心而爲妙極」라고 비난한 바 있다. 이러한 비난은 무상 선사상의 정통성에 대한 지대한 긍정일 뿐만 아니라 참선수행을 반대한 신회 등의 그릇된 경향을 바로 잡고자 하는 노력으로 받아들여야 할 것이다.

　　이상, 무상의 3句를 중심으로 그의 선학 사상에 대하여 분석해 보았다. 무상의 3句는 선수행의 지침으로 실천과 직결된다. 돈황에서 발견된 무상의 五更轉에는 三句思想이 교화실천에 준 영향이 여실히 드러나고 있는 소중한 자료이므로 여기에 기재해 둔다.

一更，淺　衆妄諸緣何所遣，但依正觀且忘念，念念眞如方可顯.
二更，深　菩提妙理誓探尋，曠徹清虛無去住，證得如如平等心.
三更，半　宿昔塵勞從此斷，先除過去未來因，伐喩成規超彼岸.
四更，遷　定慧雙行出蓋纏，了見色空圓淨體，澄如戒月瑩晴天.
五更，催　佛日嶷然妙境界，過透四禪空寂處，相應一念見如來.

4　李商隱,『唐梓州慧義精舍南禪院四證堂碑銘幷序』,『全唐文』卷780.

4. 맺는 말

　　본고에서는 수당시기 求法成佛을 목적으로 入唐한 신라 禪僧 無相의 중국불교사에 있어서의 특히 초기 선종 형성 과정중 독자적이고 창의적인 활약상과 그 사상의 특질을 검토하여 보았다. 물론 무상의 三句禪思想에 대한 해명은 그 연구자료와 연구 시각에 의하여 여러 가지로 해석이 가능하겠지만 중국불교사 전개의 역사 상황과 문화적 배경 및 선수행의 본질에 입각하여 진행되어야 할 것이다. 새로운 자료들의 발굴과 학계의 더욱 폭넓고 깊이 있는 연구에 의해 중국 禪宗史에 있어서의 無相禪師의 位相이 더욱 확연히 밝혀지리라 믿는다. 무상의 그 외의 행적과 문화공헌에 대하여서는 특히 티베트 불교와의 관계 등 적지 않은 과제들이 남아 있다. 이러한 과제들은 금후의 연구에서 계속하여 고찰하고자 한다.

(『佛教研究』23, 한국불교연구원・불교연구회, 2005.8)

第十七章

禪宗的法統意識
——慧能을 中心으로

1. 머리말

불교사는 불교의 역사적 발전에 문제의 초점을 둔다. 법통의식은 불교발전역사와 始終을 같이 해온 관념으로서 불교 발전과정을 고찰함에 있어 무시할 수 없는 중요한 요소 중의 하나이다.

법통이란 불법에 대한 신앙이며 수호이며 전승을 가리킨다. 즉 불법의 統一性, 純正性을 강조하며 전승하려는 하나의 의식이다. 그러나 불교 발전과정 중에서 각자가 불법에 대한 이해가 달라짐에 따라 학파를 형성하고 종파를 형성하며 여러 가지로 논쟁을 빚어내게 되었다. 그때마다 법통문제가 대두하여 논쟁의 중심이 되곤 하였다. 뿐만 아니라 불교계내의 모순과 사회의 정치, 문화의 영향으로 말미암아 법통의식은 여러 가지 변화를 가져오기 마련이다. 그러므로 불법과 그것에 대한 이러한 "意識"은 때로는 법문전승의 유력한 추동력이 되기도 하고, 때로는 형식적인 허울만 남아 불교발전의 장애가 되기도 하였다. 그러나 법통의식이란 어디까지나 불법의 전승과정에서 나타난 의식으로서 필자는 불법신앙의 전개과정을 법통의식

형성과 발전의 주요 맥락으로 보며 그 과정 중에서 나타난 제현상 특히는 불법전승에 의하여 형성된 付法制의 내용 및 형식에 대한 실제 고찰을 통하여 법통의식의 본질과 역사발전의 법칙을 파악하는데 그 취지를 둔다.

인도에서 전하여 온 불교는 중국 고착문화와의 갈등, 융합을 거쳐야 했고 그 자체 발전단계마다 내재적 모순의 시련을 겪으면서 중국적인 전개와 발전을 시도하여 중국 문화의 한 부분으로 되었다. 그렇다고 하여 불교 자체의 개성을 잃은 적은 없다. 오히려 그 과정 중에서 불법의 정통성을 수호, 전승하려는 노력은 어느 발전단계를 막론하고 강렬히 또한 복잡하고 다양하게 표현되었다. 때로는 잠재적으로, 때로는 정면충돌로 표현되기까지도 하였다. 이는 불교발전사라는 역사적 흐름 속에서 전개되므로 그 발전맥락을 제시한다는 것은 그다지 쉬운 일이 아니다. 또한 학계에서는 불교의 사상과 신앙의 전개에 대하여 관심을 모으는 한편 법통론에 대하여서는 불교계내의 일반 사정으로 밀어두는 경향도 없지 않아 있다. 인순 법사는《중국선종사》에서 후세 선사들의 보리달마에 대한 실제를 떠난 과분한 평가를 지적하면서 "이는 종교계에 늘 있는 현상으로서 이상할 것 없다."고 말한 바 있다. 이는 바로 본문의 고찰대상으로 법통의식의 복잡다양한 외적 표현의 하나로 볼 수 있는 현상이다. 사실상 이는 늘 있는 현상이기 때문에 우리들의 각별한 관심을 모으지 못하였는지도 모르지만 사실상 불교사연구에 있어서 학자들의 단편적 지적은 적지 않다. 그러므로 중국불교 발전맥락을 이루는데 중요한 역할을 한 법통의식을 불교발전의 중요한 요소의 하나로 제시하고 중국불교 발전의 맥락을 다시 한번 짚어보는 것은 의미있는 일이 아닐 수 없다.

선종은 수당시기의 대표적인 종파이며 불교의 중국적인 전개의 결실이라 할 수 있다. 선종은 教外別傳의 宗門으로 자청하면서 以心傳心의 법문 전승을 주장하여 왔으므로 법통의식을 고찰함에 있어서 우리들의 더욱 큰 관심을 끈다. 본고에서는 재래의 연구성과를 토대로 선종 형성과정 중 법통의식의 역할과 영향을 살펴보기로 한다.

선종에 대한 고찰에 앞서 중국 불교사에 있어서 법통의식의 역사적인 전개과정을 간략히 짚어보기로 한다.

2. 佛教傳來 시기의 법통의식

東漢시기 불교가 중국으로 전래되어 그 영향은 날이 갈수록 깊어졌다. 그러나 불교는 외래의 신앙이므로 중국인들은 그 진실성에 대하여 많은 의문을 갖고 있었고 반감을 갖는 자도 적지 않았다. 그것은 불교가 전래된 한대에 중국에는 이미 고유문화를 토대로 한 국가적인 유가사상과 노자를 시조로 하는 도가사상 그리고 不老長生·神仙方術을 신앙의 근본으로 하는 도교가 민간에서 성행하고 있었기 때문이다. 불교의 중국에로의 移植은 이러한 고착된 문화와의 갈등을 피할 수 없었다. 특히 도교와의 마찰은 많은 논란을 빚어냈다.《老子化胡經》에 나오는 이야기들은 바로 그때 널리 유행되었고 太武帝가 배불 시에 내린 詔書에는 불법은 본시 漢人 류원진, 려백강이 위조한 것이라고까지 지적되어 있다. 그러나 불교경전의 대량적인 번역과 불상에 분향·예배하는 불교의식은 중국적 종교 道教의 완성을 촉진하기도 하였다. 도교는 불교를 모방하여 경전을 선택하고 교단을 확립하였다. 불교의 전래에 반격하는 도교의 세력에 불교는 자체의 정통성을 강조할 필요를 절실히 느껴 법통에 대한 정당성을 중심으로 논쟁을 벌였다. 5세기에 이르러서는 불교법통을 주장하는 저작들이 나타나기 시작했다.《付法藏因緣傳》과《薩婆多部紀》가 바로 그 대표적인 저작이다. 이러한 저서들은 불법의 代代相傳의 맥락을 제시하고 유언비어를 배제하는데 그 취지를 두었다. 중국에 있어서의 법통에 대한 논쟁은 佛道의 갈등으로부터 그 막을 올리게 되었다. 이 시기의 법통논쟁은 불교가 인도에서 중국에로의 전래과정에 희박해진 법통맥락을 이어놓았고 불교의 중국적인 전개를 위하여 튼튼한 기반을 닦아놓았다. 불교전수자와 신도들은 이 과정을 통하여 법통의 중요성을 한결 절실히 느꼈으며 타종교는 물론 불교내 발전단계마다에 학파지간 혹은 종파지간의 갈등을 빚을 때마다 서로 법통소지자로 강조함을 잊지 않았다.

3. 佛學研究 시기의 법통의식

남북조 시기에 이르러 불경의 대량적인 번역과 전파에 따라 불학연구가 본격적으로 전개되었다. 이를 불학연구 시기라 한다. 불교가 중국으로 전래과정 중에서 전하는 僧侶들의 개인적인 취향, 불경전래의 시간적인 선후 그리고 경전에 대한 선택과 그에 대한 해석 등의 차이에 의하여 講師나 論師들간의 논란이 일어나게 되었다. 凝然의《三國佛法傳通緣起》에 그때 상황이 기록되어 있다.

"옛적부터 諸師는 자기가 즐기는 경전을 선택하여 강학을 하였으며 門輩를 세웠다. 그들은 혹은 천축에서 배워왔고 혹은 한지에서 학습하였다." 그러므로 이 시기는 學無常師의 시기이며 불교의 기본교리에 대한 이해와 중국적인 정립이 시도되어 점차적으로 불교학파를 형성하는 시기이기도 하다. 삼론학의 전개과정을 통하여 그때 상황을 간략히 살펴보기로 한다.

삼론(《中論》,《十二門論》,《百論》)에 대한 講學은 梁의 攝山大師 僧郎으로부터 시작되었다. 고승전에 의하면 승랑은 삼론뿐만 아니라 화엄에 대하여서도 講學했다 한다. 그러므로 그는 "《華嚴》·<三論>, 最所命家"였다고 전해지고 있으며 그의 제자 僧詮도 화엄을 講學한 것으로 알려지고 있다.[1] 그는 승전과 함께 그 당시 성행해 오던 성실학파의 《二諦合明中道》의 이론을 물리치고 삼론학설을 전개하였다. 이는 隋代에 이르러 吉藏에 의하여 대성하게 되었다.
길장은 대업 4년 장안에서 攝論, 十地, 地持 三种師에 대하여 二無我
理 및 三無를 명시하고 이를 大宗으로 하여 破空品을 세워 기타를
파하였으며 그 이름을 破二無我品 및 破三無性品으로 정하였다[2] 한
다. 길장은 삼론종약로 섭론, 십지, 지지 삼종사에 대결하여 삼론을
대종으로 인정하고 그외의 종의는 小宗으로 배척하였다. 그는《維摩
經義疏》에서 다음과 같은 문답을 설정하였다. "문 : 당신들이 不二
를 제창하는데 그것은 어떠한 법문인지?" 그에 어떤 사람은 不二법
문을 眞諦理라 하고 어떤 사람은 실상반야라 하고 어떤 사람은 아라
야식이라 하고 어떤 사람은 아마라식이라고 하였다. 이를 길장은 네
가지 중 앞의 두 가지는 약경이요 뒤의 두 가지는 거심이다라고 지적
하였다. 여기에서 나오는 4가지 대답은 성실론사, 지도론사, 구십지
론사 및 섭대승사의 대답이다. 이는 당시 불교학파간의 분기와 논쟁에
대한 기록이라 하겠다. 서로가 자신이 선택한 경전에 대한 이해를 정
당화시키는데 그 역점을 두고있다. 이는 그 당시 론사나 강사들의 법
통의식으로 볼 수도 있다. 왜냐하면 경전에 대한 정확한 해석을 통하여
종의를 확인하며 그것을 고수하려는 노력을 엿볼 수 있기 때문이다.
　　그러나 이러한 정론이 심해짐에 따라 논쟁의 내용도 달라졌다.
均正의《四論玄義》에는 다음과 같은 문답이 있다. "(成實)문 : 다른
종파도 십가도경을 인용했고 당신도 경에 의거했는데 무엇 때문에
당신만 옳고 기타는 틀린다고 하는거냐? 답 : 이는 妻와 家婢의 두 아
들이 아버지의 재산을 물려받으려 쟁탈하는 것으로서 어찌 같다고
하겠느냐." 학파간에 서로 자기의 이론 체계를 갖추어 고집하므로
상대방을 설득하기 어려운 단계에 도달하면 법통이란 개념은 더욱
보수적인 성향을 드러내어 대두하게 되므로 무원칙적인 주장의 유

---

1 《속고승전》
2 《百疏論》

력한 무기로 된다.

《涅槃經遊意》에는 아래와 같은 기재가 있다. 대사가 오늘 해석한 법문은 중국 남쪽에는 원래 없는 이론이요, 어디에서 이러한 종의를 얻게 되었는가 하는 물음에 길장은 "섭산으로부터 전하여졌다. 그러므로 섭산에서 대승중의를 얻었노라."고 대답하였다. 뿐만 아니라 그는 "학문은 사승하여야 한다(學問之體, 要須依師承習)"[3]라고 명확히 지적하였다. 이는 길장의 사승을 중시하는 개인적인 성향을 말함과 동시에 중국불교가 새로운 발전단계에 들어섰음을 의미하기도 한다. 이어서 나타나는 문제가 바로 종의에 대한 논쟁에서 법통논쟁에로, 즉 사승 체계를 명확히 제시하여 자체 이론체계의 정당성을 확립하는 일이다. 그리하여 文殊師利를 印度始祖로, 구마라집을 중국 初祖로, 그 뒤를 이어 道生, 曇濟, 道朗, 僧詮, 法朗에서 吉藏까지 法藏傳承을 제시하였다.[4] 이러한 사승관계에 대한 제시는 사실 여부를 떠난 경우도 적지 않았다. 담제는 열세 살에 출가하여 수양 팔공산 동사에 들어가 승도의 제자로 있었다. 宋 大明 2년에야 강을 건너 建業의 중흥사로 갔다. 그때 도생은 이미 원가 11년에 려산에서 시적하였다. 이는 담제가 강남으로 가기 24년 전이다. 그러므로 그들 간에는 직접적인 사승관계란 있을 수 없다.[5] 학파적 법통논쟁이 사승을 중심으로 한 법통논쟁으로의 연변은 종파형성의 새로운 단계를 맞게 된다.

4. 종파형성과 법통의식

앞에서 지적한 바와 같이 남북조 이후로 불교학파들간의 논쟁

---

3 《大乘玄論》卷三
4 《삼국불법전통연기》
5 《隋唐及五代佛教史》第四章

은 치열하였으며 궁극적으로는 사승을 중심으로 한 법통논쟁에까지 이르렀다. 이를 이어 특정된 경전을 선택하여 그 교의를 둘러싸고 번다한 해석을 하고 사승관계를 제시하여 법통을 강조하고 그 신도를 모아 교단을 성립하며 정치세력과 결탁하여 지역세력을 키우며 사원경제를 구축하는 등은 종파형성시기에 나타난 주요 현상들이다. 또한 중국불교가 독립 자주적인 단계에 들어섰음을 의미하며 학파에서 교파에로 전환하였음을 의미하기도 한다. 그러므로 수당 시기는 불교종파들이 우후죽순처럼 나타난 시기였다. 화엄종, 천태종, 율종, 삼론종, 선종 등이 그 대표적인 종파이다. 이는 학파간의 논쟁을 통하여 종의를 확립함과 동시에 사승관계를 구축하여 격렬한 법통논쟁을 한 결과이다. 불교가 중국에서 학파로부터 종파에로의 전환은 법통의 소지자로 자칭함이 그 중요한 표식이 된다.

　　학파논쟁에서 전환한 종파들은 한편으로는 종의에 대한 번다한 해석을 금하지 않았고 정치, 경제 세력과 결탁하여 많은 부패상을 노출시켰다. 특히 법통에 대한 논쟁은 종파간의 갈등으로 하여 날이 갈수록 심해졌고 불교종파 내에도 많은 문제점을 초래하였으므로 불교 내의 새로운 개혁이 절실히 요구되었다. 이러한 요구에 응하여 탄생한 종파가 선종이다. 그러므로 이들은 태어나면서부터 교외별전의 宗門이라 자칭하여 敎門과의 대립을 보여 더욱 강렬한 법통의식을 과시하였다.

5. 禪宗의 법통의식

1) 禪의 傳来

　　선이란 인도의 Dhyana(禪那)의 음역인데 静慮, 思惟의 방식으로 마음을 가라앉히고 깊이 생각하는 불교 수행방법의 하나이다. 중국에는 일찍 後漢 桓帝 때 安世高에 의하여 좌선방법을 언급한 《禪

行法想經》,《大安般守意經》,《陰持人經》 등이 번역되었다. 그후 後 晉에 이르러 구마라집이 《坐禪三昧經》을 번역하였고 동진 무렵에 는 불타발타라가 廬山에서 《達摩多羅靜經》을 번역하여 좌선하는 수행방법은 일찍부터 많은 수행자들의 관심을 모았다. 北魏의 孝文 帝(471~499)는 인도의 불타선사를 맞이하여 귀의하였고 嵩山少林 寺를 세워 그 영향을 더욱 넓혔다. 보리달마의 도래는 중국 불교사의 중요한 사건으로 된다. 보리달마는 남천축국의 대바라문 국왕의 셋 째 아들이라고도 하고 波斯國 사람이라고도 한다. 달마의 중국 도래 에 관하여서는 여러 가지가 전하여지고 있으나 대체로 아래와 같은 내용들이다. 478년 이전에는 중국 강남으로 도래하여 사방유화를 하 다가 북위 불교가 융성하여지자 북상하여 소림사에 들어가 9년간 면 벽수행을 하였다 한다. 그 당시는 후세 선사들이 말하는 것과 같은 큰 영향은 미치지 못하였으나 그로 인하여 전래된 선법과 그와 그의 전승자들에 의하여 전개된 선종은 중국불교사에 빛나는 한 페이지 를 장식하였다

2) 一代一祖의 付法制

석가모니가 불교를 창립한 당시 敎理을 전파하는 외에 別傳하 였는데 이는 以心傳心의 형식으로 전하였다 한다. 즉 密意나 心法 을 전수하여 인도에서 27대를 걸쳐 梁武帝 때 달마에 의하여 중국으 로 전해졌다. 달마는 선법을 慧可에게 전수하였고 혜가는 승찬에게, 승찬은 道信에게, 道信은 弘忍에게, 弘忍은 慧能에게 전수하였다고 한다. 뿐만 아니라 "이심전심, 불립문자"의 원칙에 근거하여 어떠한 경전에도 의거하지 않을 뿐더러 문자나 언설에 의한 설교를 거부한 다. 선종은 상하전승에 있어서 求知求解를 가리키지 않는다. 이는 교종의 번다한 철학에 대한 부정이다. 그러나 密意大心法에 의하여 불법을 전승한다는 해석은 성립될지는 모르나 종문 내외의 확실한 신임을 얻기에는 불충분하므로 衣鉢傳承이란 외적인 형식을 갖게

된다. 그리하여 선종은 사제간의 불법전수에 있어서 내적으로 密語를 전수하고 외적으로 信衣를 전하여 衣法相資하여 불법전승을 인정한다. 이것이 바로 불교에서 오랜 전통을 갖고 있는 付法制이다.

부법제는 그 연원을 불교 발생 초기 기록에서 찾아볼 수 있다. 《아쇼카왕전》 권4에는 尊者迦叶이 법을 阿難에게 부탁하면서 말하기를 : "장로 阿難! 부처님은 法藏을 나에게 付囑하였는데 오늘 나는 열반에 들게 되었으므로 법을 당신에게 부탁하오니 잘 지켜주기 바란다."라는 기록이 있는데 이에 阿難은 합장하여 존자에게 교지를 잘 받들겠노라 답한다. 여기에서 부탁한 것은 부처로부터 전해온 正法이며 선종에서 말하는 正法眼藏이다. 사실상 이 정법에는 三藏經典이며 僧伽律制이며 定慧修淨 등 불법의 모든 것이 들어있다. 그러므로 정법을 부탁받은 자는 신성한 직책을 지니게 된다. 그는 불법의 순정성, 영구성을 확보해야 할 의무가 있으므로 불법에 대한 정확한 이해와 修正을 거쳐 불법으로 하여금 영구불변하게 하여야 한다. 이리하여 일대일대의 불법전승이 이루어지며 불법은 전승한 일대대사를 중심으로 전개된다. 《達摩多羅尼經》에 의하면[6] "부처가 열반한후 존자대가섭, 존자阿難, 존자미전지, 존자사나바사, 존자우파굴, 존자파스밀, 존자승가라차, 존자달마다라, 존자불약밀다라, 제 지법자들은 이를 慧灯으로 순서에 의하여 전수하였다. 부처가 입적한 후 五師 相承의 부족이 있었다 한다. 이 5사는 상기 전승의 대가섭부터 우파굴까지를 가리킨다. 5사 상승은 불법전승이라기보다 불법의 統一性과 純正性을 과시하기 위해서였다. 사실상 법통의 핵심은 여기에서 이루어진다고 할 수 있다. 그 후로 인도불교는 部派단계를 맞아 그 통일성을 유지하지는 못하였지만 이러한 전통은 지속되며 부파마다 불법의 유일한 전승 수호자로 자칭하여 정통성을 강조하였다. 그러므로 불교발전 과정 중에서 諸派는 나름대로의 불법전승

---

6 《大正藏》《達磨多羅尼經》卷上

체계를 이루게 되었다. 이러한 전승전통은 불법의 전래와 함께 중국에 전하여졌으며 상기한 바와 같이 六祖慧能에까지 이르러 획기적인 발전을 가져오게 되었다.

3) 理當與法의 佛法傳承

달마로부터 시작된 中國禪은 수당 시기에 이르러 종파를 형성하며 혜능에 의하여 대성하였다.《壇經》의 혜능의 自序에 의하면 혜능의 아버지는 본시 북방의 관료였는데 후에는 좌천하여 광동으로 갔다. 혜능은 어려서 일찍 아버지를 여의고 나무를 팔아 어머니를 봉양하였다. 그러던 어느 날 객이 금강경을 독송하는 것을 듣고 돈오하였다. 그 후 그는 선종의 5조가 湖北黃梅에서 불법을 선양하고 있다는 소식을 듣고 弘忍을 찾아갔다. 홍인이 너는 어디에서 왔으며 무엇을 구하러 왔는가 하고 묻자 혜능은 "제자는 嶺南 新州의 백성이며 멀리 와서 선생을 뵈옵고 성불을 소망할 뿐입니다."라고 대답하였다. 그에 홍인은 "너는 영남인이요 또한 獦獠이므로 어찌 성불할 수 있겠느냐?"고 묻는다. 혜능은 "사람은 남북으로 나눌 수 있으나 불성에는 본시 남북의 구별이 없으며 갈료의 몸은 비록 스님과 다르지만 불성에 또한 어떤 차이가 있겠습니까."고 대답한다. 이리하여 혜능은 홍인의 인정을 받아 절에 남아 나무를 패고 밥짓는 일을 하였다. 어느 날 홍인은 승려들에게 계송을 지을 것을 요구하였다. 이를 통하여 선법 전승자를 선택하려는 것이었다. 혜능은 여기에서 학식 높은 敎授師 신수와의 대결을 통하여 홍인의 인정을 받아 의발을 넘겨 받고 육조로 된다.

홍인이 혜능에게 전법밀수하는 과정을 간단히 소개하면 다음과 같다. 홍인은 저녁에 남몰래 혜능을 불러 삼주삼야 이야기하였다.[7] 이야기 내용은《돈황본》에서는 금강경을 강했다 하고《別傳》에서

---

7 《神會語錄》

는 불성에 관한 문제들에 대하여 문답하였다 하나 密授 과정은 비밀리에 진행되었으므로 누구도 알 수 없다. 그러므로 이는 후세 선사들의 추측에 불과하다. 衣鉢을 전한 홍인은 혜능에게 그날 저녁으로 영남으로 떠날 것을 요구한다. 그렇지 않으면 衣鉢을 빼앗기 위하여 혜능을 해친다는 것이다. 5조는 친히 九江驛까지 바래다주며 삼년 내에는 홍법하지 말고 재난이 지나가면 홍법하라 당부하며 육조로 처분한다. 혜능이 떠난 삼일 후 홍인은 승려들에게 말하기를 "너희들 모두 물러가거라. 나에게는 불법이 없으며 불법은 이미 영남으로 흘러갔다."고 한다. 혜능이 두 달 가량 걸어 대위령에 도착하였을 때 과연 수백 명이 의발을 빼앗기 위하여 쫓아오고 있었다. 그러나 그들은 끝내 성공하지 못하고 만다. 이상 자료는 혜능의 법통의식 형성을 설명함에 중요한 내용들을 제시해 준다.

여기에서 문제가 되는 것은 홍인이 무엇 때문에 教授師인 神秀가 아니라 최하층 승려 혜능에게 부법하였는가 하는 것이다. 물론 계송을 지어 선법에 대한 이해를 밝혔음이다. 그러나 더욱 중요한 것은 이 과정을 통하여 홍인의 理當與法이라는 불법전승 의식을 엿볼 수 있다.《傳法宝記》[8]에 이르면 홍인, 法如, 대통 (神秀) 때는 불법이 대계하여 불명을 읽고 淨心하며 密來自呈하면 理當與法한다고 한다. 이는 북중이 전하는 내용이기는 하나 홍인의 법통사상을 여실히 밝혔다 볼 수 있다. 理當이란 見性하고 悟入한다는 뜻으로 그 누구이든 깨달으면 불법을 전승할 수 있다라는 뜻이다. 그러므로 홍인은 이런 원칙에 의하여 혜능을 택한 것이다.

혜능은 비록 전통적인 불법전승 형식에 의하여 육조로 처분되었지만 홍인의 이당여법의 법통전승 사상을 깊이 이해하였을 뿐만 아니라 진일보 발전시켰다. 첫째로 그는 홍인에게서 이어받은 의발

---

8 《전법보기》及忍如大通之世則法門大啟根機不擇齊速念佛名令淨心密來自呈
　 理當與法猶遞為秘重會不昌言

을 다시 더 전하지 않았고 임종에 密授도 아니하였으며 부법에 대한
이론을 명확히 전개하였다. 그의 임종설교 중 의발을 누구에게 전하
겠는가 하는 물음에 그는 "법은 이미 付囑하였으니 너는 물을 필요
없다. 내가 죽은 다음 20여 년 후 사법(邪法)이 횡행하여 나의 宗旨
를 혼란시킬 때 어느 사람이든 나서서 목숨을 아끼지 않고 불교시비
를 정하여 종지를 정립한다면 그것이 바로 나의 정법일 것이다."라
고[9] 대답하였다. 즉 그 사람이 바로 불법 전승자라는 것이다. 물론 이
는 신회를 가리킨다는 지적도 나와있지만 신회는 信衣를 받지 못하
였다. 뿐만 아니라 혜능은 종래로 전해오던 신의에 대하여서도 "衣
不合傳"이라 명확히 지적하였다.[10] 이 역시 이당여법의 법통의식과
일치한다. 이당하는 자는 그 많은 승려 중의 한 사람 뿐만은 아닐 것
이나 信衣는 한 벌 밖에 없으므로 자연히 전수할 수 없게 되며 자신
이 죽은 후에라도 이당하는 자가 있다면 누구를 막론하고 모두가 정
법의 전승자로 될 수 있다는 것이다.

혜능은 황제가 불러도 응하지 않았다. 이 역시 불법과 정치를 갈
라놓음으로써 불법의 순정성을 지키려는 의식에 토대한 행위로 볼
수 있다.

그러나 후일에 혜능과 신수의 문인들은 이를 둘러싸고 치열한
법통논쟁을 벌였다. 《楞伽師資記》에 의하면 홍인은 "나는 일생에 많
은 사람을 가르쳤다. 우수한 자들은 많이 죽고 나의 도를 전할 사람
은 열 사람밖에 안 남았다. 너희들 열 사람은 선생이 될 것이며 一方
人物이 될 것이다."라고 하였다. 이는 이당여법의 도통의식에 부합
되는 것이다. 후에 東山법문을 대표한 신회는 이에 맹렬한 공격을 가
하였다. 위에서부터 전해온 육대는 불법을 일대일인에게 전하였지
두 사람에게 전한 적은 없다고 지적하면서 학도가 천만이 있다 하여

9 《대정장》
10 《壇經》

도 그 계승자는 한 사람일 것이다 라고 하였으며 일대일인만을 그 계
승자로 인정하는 원인은 무엇인가 하는 물음에 一國에 一王이 있고
一世界에 一佛이 존재하는 것과 마찬가지라고 대답하였다.[11] 이는
일대일인의 전통적인 불법전수설을 주장하는 것이다. 더우기 그는
혜능선사는 神秀에게 불법을 전수하지 않았다면서 후일에 道果를
증명한 자가 있다 할지라도 그는 제6대가 될 수는 없다고 강조하였
다. 여기서 알 수 있듯 이 신회의 불법전승에 대한 이해는 見性證悟
와는 전혀 관계가 없는 것으로서 일대일인의 법통전승은 그 실제 의
의를 잃게 된다. 신회는 비록 혜능의 돈오법문을 계승하여 영향을
넓히기는 했으나 혜능의 법통의식에 대해서는 왜곡된 전개를 한 것
이 된다.

그러나 사실상 혜능의 법통의식에 대한 새로운 전개로 후세 선
사들은 그가 입적한 뒤 定祖의식을 탈피하고 分頭弘化의 길에서 더
없는 활약상을 보인다. 南嶽의 青原 문인들은 8조, 9조란 말을 한 적
이 없으며 홍인에 의하여 창도되고 혜능에 의하여 발전된 이당여법
이란 법통전승 의식은 중국 선종의 발전과정 중에서 확립되며 分燈
接席하여 一花五葉의 새로운 국면이 이루어진다. 이때로부터 일대
일인의 부법전통은 종적을 감추며 이당여법의 법통의식이 확립된다.

사실상 理當與法이란 부처가 멸적한 뒤 오사상승의 불법전승
의 정신에 대한 정확한 이해이며 이는 또한 선종의 육조혜능에 의하
여 중국에서 끝내 확립된다. 이는 불법의 통일성, 순정성을 수호하며
전승한다는 법통의식의 핵심이다. 그러나 불교발전 과정 중에서 一
代一祖, 密授, 信衣 등 형식에 얽매여 불법전승이 저해되기에 이른
다. 오조 홍인에 이르러 불교계의 이러한 의식은 극도에 도달한다.
그러나 정법 전승자인 홍인은 불법전승의 올바른 전통을 확립하기
위하여 이당여법을 주장하나 일대일조, 밀수, 의발전승의 형식을 탈

---

11 《神會集》의 《南宗定是非論》

피하지 못한다. 혜능이야말로 그 이론을 창조적으로 전개하였으며 실천에 옮겨 정당화하였다.

이는 혜능이 불교발전에 이바지한 또 하나의 중요한 공헌으로 인정해야 할 것이다.

물론 의발전승과 같은 전승형식은 오늘에 이르기까지 그 종적을 감춘 것은 아니나 일대일조의 전승과는 달리 이당여법사상이 그 이론 근거가 되어있는 것이 현실이다. 그러므로 이당여법의 전승사상은 불교를 대표하는 선종이 오늘에 이르기까지 지속적인 발전을 가져오고 갖은 시련을 이겨내는데 중요한 역할을 하여왔다. 이는 모든 불교신도들에게 새로운 희망을 주었다. 불교신도들은 祖를 떠나 평등한 위치에서 불법에 직접적으로 접근할 수 있게 되었으며 "正法"과의 거리는 더없이 가까워졌으므로 구도의 길에서 대담하고 창의적인 수행실천을 시도하여 百實皆成의 선종의 새시대를 맞게 되었다.

6. 맺는 말

본고는 선종 형성 시기 특히 혜능의 법통의식을 고찰함에 그 중점을 두었으므로 중국불교사 전반에 나타난 법통의식에 대한 고찰은 극히 간략한 소개로 끝나고 말았다. 그러나 위에서 살펴본 바와 같이 법통의식은 중국불교 발전과 始終一貫한 것으로, 불교의 중국에서의 정착, 전개 과정 중에서 중요한 역할을 하였음은 의심할 바 없다. 법통을 강조함으로써 중국의 재래종교와의 갈등을 이겨내고 독자적인 위치를 확립하였으며 학파논쟁이나 종파논쟁에서 불법을 깊이 이해하는데 적극적인 역할을 하는 한편, 급속하게 불교의 사승관계를 제시함에 역점을 두었으므로 불교교리가 충분히 전개되지 못한 점도 없지 않아 있다. 법통논쟁이 극치에 달했을 때에는 흔히 법통의 소지자로 주장하기 위하여 법통을 떠난 "법통의식"이 대두하여 불교발전에 장애가 되기도 했다.

　慧能의 법통의식은 중국불교사에 있어서, 획기적인 전환을 가져오는 중요한 위치를 차지한다. 그는 종파불교에 의하여 번잡을 極하던 법통논쟁에서 불교발전의 장애가 되는 보수적인 一代一祖의 付法制를 중심으로 한 불법전승 전통을 타개하여 이당여법의 불법 전승의 사상을 확립하였다. 이는 불교발전에 활기를 불어넣었으며 선종이 오늘에 이르기까지 지속적인 발전을 가져오게 한 중요한 원인의 하나로 볼 수 있다.

　물론 법통의식에 대한 고찰은 중국 사회의 정치, 경제, 문화 제 요소와 결부하여 고찰하는 것이 더욱 바람직하나 그 방대한 내용을 다룬다는 것은 필자의 힘에 부치는 일로서 이를 앞으로의 연구과제로 하려고 한다.

(雅炯[作者金勛的笔名],《KOREAN STUDIES 코리아학연구》
總第五期, 民族出版社, 1995年)

第十八章

대한불교 천태종의 종교교육

1. 머리말

대한불교 천태종은 종단 성립 이후 비교적 짧은 기간 내에 종단의 체제를 정비하였다. 종단의 조직뿐만 아니라 종교교육에 있어서도 마찬가지라고 생각된다. 일반적으로 불교교단의 종교교육은 부처님의 가르침을 바르게 실천하도록 승려와 재가신도에게 행하는 교육을 말하며, 성직자인 승려에 대한 교육과 재가신도에 대한 교육으로 구분할 수 있다. 또한 승려 교육은 승려의 품계에 따른 단계별 교육이 있고, 신도 교육은 신도가 되기 위한 교육과 신도가 되고 난 이후의 교육이 있다.

불교가 생겨난 이후 불교교단들은 어느 시대를 막론하고 불타의 가르침을 바르게 전하기 위해 종교교육을 철저히 시행해왔다. 이런 관점에서 본다면 세계 불교사는 불교 교육사라고 해도 과언이 아닐 것이다. 교육의 주제별로 살펴보면, 경전 이해와 연구에 관한 교육, 신행 실천에 관한 교육, 포교와 구제에 관한 교육, 종단별·사찰별로 행해지는 독자적 교육 등 다양하다. 그러나 이러한 교육은 고정

불변의 것이 아니라 시대와 상황에 따라 새롭게 재편되며 시대적 특징을 반영해 왔다. 불교에서 종교교육은 본질적으로 '방편'에 지나지 않지만, 불교의 법맥을 어떻게 이어가느냐 하는 명제와 직결되는 중요한 과제이므로 절대 소홀히 할 수 없는 것이다. 이렇게 볼 때 종교교육은 중요한 주제가 아닐 수 없다.

오늘날 현대 다종교사회 상황에서 종교교육은 종단의 유지와 발전에 가장 큰 명제 가운데 하나가 되고 있다. 신도를 확보하고, 그들에게 그 종교의 가치관을 심어주고, 가치관에 따라 실천하고 생활하도록 교육 및 훈련시키는 것이 종교교육의 사명이기 때문이다. 이러한 관점을 바탕으로 한국 천태종의 종교교육에 관한 사항들을 고찰하려고 하였다. 한국의 천태종은 최근 수십 년간 급성장하여 한국 종교계 내외의 주목을 받아왔다. 그 발전의 결과 2007년 10월에는 「韓國天台宗聖典(한국천태종성전)」을 중국어로 공식 출판하게 되었다. 한편으로 앞에서 잠시 언급한 것처럼 천태종은 불교교단 가운데 중심적인 위치를 차지하고 있으면서도 여러 체제가 잘 정비되어 있다. 또한 교단이 창설된 이래로 분열과 같은 커다란 갈등 없이 순조로운 발전을 이어왔다. 이런 점들로 인해 불교계 가운데서는 다소 독특한 특성을 지닌 종단으로 평가된다.

이런 모습들이 천태종의 종교교육에도 어느 정도 반영되어 있을 것이라는 판단에서 한국 천태종의 주요 사찰과 금강대학교를 방문하여 한국의 천태종 실태에 대한 일차적인 모습을 확인하였다. 종교 연구는 그 현장에 대한 장기적이고 종합적인 관찰이 이루어졌을 때 어느 정도 객관적인 판단이 가능하다. 다소 미흡하기는 하지만 필자가 접해본 천태종에 대한 그간의 인식이 이 연구에 관심을 기울이게 하였다. 그러나 과거 천태종에 대한 일부 연구들이 있고, 종교교육에 대한 부분을 새롭게 정리할 필요성도 생겨서 본 연구를 시도하게 되었다.

천태종을 연구함에 있어서는 종단이 발간한 월간 『금강』(2006.

3. 휴간)이나《천태종보》,《금강신문》 등을 기본으로 하였다. 또한 기존의 연구성과들과 함께 천태종에서 발행된 서적들을 바탕으로 본 연구를 진행하였다.[1]

이 글은 이러한 실정에서 현대 천태종의 종교교육이란 측면에 국한하여 초보적인 고찰을 시도한 것이다. 이러한 시도가 천태종의 전반적인 이해에 조금이나마 도움이 되기를 바라며 나아가 한국 종교교육의 이론과 실천 현황 및 과제를 중국학계에 소개하는 계기가 되기를 바라는 바이다. 본문에서는 한국 천태종의 역사와 이념을 간략히 소개하고 이를 토대로 대한불교 천태종의 종교교육을 승려 교육과 재가신도 교육 및 금강불교대학의 역할 등 세 부분으로 나누어 서술하였다.

2. 역사와 교리

1) 역사

고대 아시아에 성립되었던 두 개의 커다란 문화권은 인도 문화권과 중국 문화권이다. 이 두 개의 문화권은 지리적으로는 같은 아시아 대륙에 위치하지만 티베트 고원과 히말라야 산맥으로 나뉘어 있기 때문에 이질적인 문화권을 형성하게 되었다.

이 두 개의 단절되었던 문화가 교류할 수 있게 된 것은 기원전

---

[1] 현대 한국 천태종과 관련된 논문으로는 다음과 같은 것들이 있다. 이봉춘,「근세 천태종의 연구와 동향」,『천태학연구』, 창간호(1998); 임영창,「상월화상의 한국 불교사적 위상」,『불교학논총』 1999; 이봉춘,「천태종중창의 역사적 의의」,『천태학연구』 5(2003); 최기표,「상월원각대조사의 생애와 업적」, 앞의 책; 이효원,「차안의 구원론과 주문중심주의」,『종교연구』 33(2003); 최동순,「현대한국천태종의 수행구조와 원융삼제의 적용」,『한국불교학』 37(2004); 윤용복,「대한불교 천태종의 역사와 특성」,『한국 종교교단 연구(II)』(한국학중앙연구원 문화와 종교 연구소, 2007). 참고로 천태종의 종교교육에 관한 연구는 아직 찾아볼 수 없다.

2세기 말 중앙아시아를 횡단할 수 있는 동서 교통로가 열린 무렵부터였다. 서쪽 로마제국에서부터 동쪽 중화제국의 중심인 장안(長安)에 이르는 실크로드가 개설되자 동서 교통에 의한 통상교역이 확대되었다. 인도에서 전파된 불교는 실크로드의 상인들을 통해 점차 중국에 전해지기 시작하였다. 다른 한편으로 불교는 수마트라 섬과 말레이 반도를 거쳐 남부 해로를 통해서 중국 남부로 전해지기도 하였다.

이를 계기로 많은 서역의 승려들이 중국에 오게 되었으며, 동시에 중국의 승려들도 구법의 길로 나섰다. 법현(法顯), 현장(玄奘), 의정(義淨) 등은 인도의 성지를 순례하고 불경을 가져오기 위해 많은 고난을 무릅쓰고 긴 세월에 걸쳐 서역을 순례하고 돌아오기도 했다. 이와 같은 빈번한 문화 교류에 의해 불교는 한자문화권인 중국에 점차 전파되었던 것이다. 불경이 중국으로 유입됨에 따라 불경을 한문으로 번역하는 작업이 시작되었다. 이러한 작업은 후한(後漢) 이후 송대에 이르기까지 지속되었다. 번역 사업의 결과 세계의 번역사상 유례를 찾아볼 수 없는 방대한 한역 대장경의 탄생이 이루어졌다.

경전 번역과 함께 불경에 대한 다양한 해석과 연구가 이루어짐에 따라 많은 종파들이 나타났다. 인도에서는 초기 근본불교, 부파불교 시대를 거쳐 대승불교라는 새로운 불교 전통이 생겨났다. 중국에 불교가 전래된 시기는 인도에서 대승불교가 번성하던 때였다. 그러나 이러한 역사적 전개 과정을 알 수 없는 중국인들은 경전을 번역하는 과정에서 대승불교와 부파불교의 여러 경전들을 구분 없이 번역하면서 다소 혼란을 겪지 않을 수 없었다. 부파불교를 비판하는 대승 경전들과 수많은 근본불교의 경전들 가운데 어느 것을 기준으로 체계를 세워야 할 것인가에 대한 의문이 이어졌다. 이와 함께 천차만별인 중생을 위해서 다양하게 설해진 방대한 경전을 일정한 기준에 따라 정리하고 체계화할 필요성도 제기되었다. 이에 따라 각자의 판단 기준에 따라 부처님의 교설을 통일, 정리하여 이해하려는 경향이 생겨났다. 이것을 교상판석이라 한다.

이 기준에 따라 새로운 종지가 생겨나고 각각의 종지에 따라 여러 종파(宗派)가 생겨났으며, 그 가운데 13개 종파가 대표적 종파라할 수 있다. 그 대표적인 종파 가운데 하나가 천태종(天台宗)으로, 천태종은 유명한 삼론종(三論宗), 법상종(法相宗), 화엄종(華嚴宗), 정토종(淨土宗), 선종(禪宗) 등과 함께 중국의 대표적 불교 종파가 되었다.

천태종은 지금부터 약 1400년 전인 수(隋)나라 개황 14년(594)에 중국의 지자 대사(智者大師)가 법화경을 중심으로 교판과 일심삼관의 수행법으로 선(禪)과 교(敎)를 통합하여 만든 종파이다. 지자대사는 18세에 법서(法緒)에게 출가하여 560년에 광주(光州) 대소산(大蘇山)의 혜사(慧思)의 문하에 들어가 법화경의 안락행을 닦아 깨달음을 얻었다. 568년 이후 7년간 금릉(金陵)의 와관사(瓦官寺)에서 『법화경(法華經)』과 『대지도론(大智度論)』을 강의하고, 575년 이후는 천태산에 머물면서 천태교학을 확립하였다. 이후 형주(刑州)의 옥천사(玉泉寺)를 개창하고, 594년 『법화현의(法華玄義)』, 『법화문구(法華文句)』, 『마하지관(摩訶止觀)』 등 천태 3대부(天台三大部)를 강의함으로써 천태종을 개창하였다. 지자 대사의 뒤를 이어 관정(灌頂), 지위(智威), 혜우(慧威), 현명(玄明)을 거쳐 담연(湛然)[2]으로 교학이 전승되면서 발전을 거듭하게 된다.

한국으로 처음 천태교학이 전해진 것은 삼국시대 백제 현광선사(玄光禪師)로부터이지만[3], 천태종이라는 종파가 처음으로 개창된

---

2 천태종의 역사를 보면 인도의 용수(龍樹)를 초조인 고조로 삼고 있지만, 실제로 천태종을 개창한 인물은 지자 대사 지의(智顗)이다. 지의는 혜문(慧文)의 제자인 혜사의 제자가 되었기에 이들을 모두 천태종의 역사에 포함시키고 있다. 따라서 지의는 고조 용수, 2조 혜문, 3조 혜사의 뒤를 이어 4조로 받들어지고 있으며, 담연은 9조에 해당된다. 지의는 천태산에서 천태종을 개창했기에 천태 대사로도 불린다. 천태학연구회 편, 『天台宗統紀』(대한불교 천태종, 1983), 19~25쪽 참조.
3 백제의 현광선사는 중국으로 유학을 떠나 혜사의 제자가 되었으며, 지의와는 동

것은 고려 숙종 2년(1097)의 일이었다. 천태종을 개창한 사람은 대각
국사 의천(義天, 1055~1101)으로 그는 고려 제11대 왕인 문종의 넷
째 아들이었다. 열한 살 때 경덕국사(景德國師)를 은사로 출가하여
영통사에서 공부하였으며, 그해 10월에 불일사에서 구족계를 받았
다. 1084년에는 많은 반대에도 불구하고 미복(微服)으로 중국 송(宋)
나라에 입국하여, 계성사(啟聖寺)에서 유성 법사(有誠法師)에게 화
엄·천태 양종의 깊은 뜻을 깨우친 뒤 여러 절을 찾아다니며 불법을
공부하였다. 1086년 귀국하여 개경(開京) 흥왕사(興王寺)의 주지가
되어 그곳에 교장도감(教藏都監)을 두고 송·요·일본 등에서 수집
해온 불경·유서(儒書) 등 4,700여 권을 교정·간행했다. 1097년 국
청사(國淸寺)가 낙성되자 주지가 되어 처음으로 천태교학을 강의하
면서 한국 천태종이 하나의 종파로 발돋움하게 되었다.[4]

천태종은 고려시대를 거치면서 많은 발전을 하였지만 고려 말
기에 이르러 법사종(法事宗)과 소자종(疏字宗)의 두 파로 갈라지게
된다. 숭유억불 정책을 폈던 조선시대에는 불교의 폐합 정책을 추진
하여, 고려시대의 11개 종단이 태종 6년에는 7개 종단으로, 다시 세
종 6년에는 선교(禪教) 양종 체제로 개편된다. 이후 상월대조사(上
月, 1911~1974)에 의해 중창(重創)되기 전까지 한반도에서 천태종이
라는 종단의 명칭은 사라지게 되었다.

상원대조사의 속성은 밀양 박씨(密陽朴氏)이고, 본명은 준동
(準東)이며, 법호(法號)는 원각조사(圓覺祖師)이다. 상월은 법명이
다. 1911년 11월 28일 강원도 삼척에서 2대 독자로 태어났다. 5세부
터 한문학을 공부하였으며, 열다섯 살에 집을 떠나 선도(仙道)를 연

<hr>

문이라고 한다. 또한 천태종은 지의에 의해 개창되었기에 천태종 이전의 인물이
라고도 할 수 있다. 그러나 같은 스승 밑에서 가르침을 받았기에 현광선사가 한반
도에 천태교학을 전한 최초의 인물로 보고 있다. 대한불교 천태종 홈페이지
(www.cheontae.org/o1_cheonlae/cheontae001.html?hcode-001_07_02a) 참조.
4 천태학연구회 편, 앞의 책, 69~75쪽 참조.

마하였지만 만족을 느끼지 못하고 불문(佛門)으로 방향을 전환하였다. 그는 불경을 읽고 연구하는 한편, 전국 각지를 돌며 지식을 구하였다. 또한 견문을 넓히기 위해 중국에 들어가 천태산(天臺山) 국청사(國淸寺)와 오대산(五臺山) 문수도량(文殊道場)과 보타락가산(普陀洛伽山) 관음영장(觀音靈場) 등을 순례하였다.

1945년 귀국하여 각지를 다니며 만행을 닦던 상월대조사는 1946년 정월 15일 소백산 구봉팔문의 연화지(蓮花池)에 이르러 초암(草庵)을 세우고 커다란 염원과 결심을 마음에 품고 수행에 정진한다. 그가 품은 염원과 결심이란 "① 큰 법을 체달하고 이곳에서 장엄한 불사를 전개하겠다. ② 반야지혜와 무애해탈을 증득하지 않고서는 중생 앞에 결코 나타나지 않겠다. ③ 스스로 성취한 공덕은 만중생에게 회향하여 다함께 무상보리(無上菩提)를 얻게 하겠다"는 것이었다.[5] 이곳이 오늘날 대한불교 천태종의 총본산인 구인사이다. 그는 6·25전쟁 때 일시 공주의 마곡사에서 피난 생활을 하였는데, 그 기간 동안 대중들을 구호하거나 교화하는 것에도 힘을 쏟았다. 북한군이 물러간 뒤 다시 소백산 구봉 아래의 연화지로 되돌아왔지만, 초암은 모두 불타고 주변 산들도 벌거숭이로 변해 있었다. 상월대조사는 초암을 재건하고 지관수행을 계속하였다. 그리하여 마침내 1962년 음력 12월 28일[6] 천태지관법(天台止觀法)으로 삼관묘제(三觀妙諦)의 무상대도를 증득하였다고 한다.[7] 삼관묘제란 일심삼관(一心三觀)의 진리를 말하며 천태종의 핵심 교리이다.

---

5 박형철 편, 『상월조사와 천태종』(대한불교 천태종, 1981), 96~107쪽.

6 천태학연구회에서 편집한 『천태종통기』에서는 이 날을 1951년(辛卯) 12월 28일로 하고 있는데, 이는 잘못된 것으로 보인다. 박형철 편, 『상월조사와 천태종』을 비롯한 다른 문헌들에서는 모두 1962년(壬寅)으로 하고 있다. 윤용복의 논문도 1951년으로 하고 있는데, 이는 아마도 『천태종통기』를 인용했기 때문으로 생각된다.

7 이봉춘, 「근세 天台宗의 연구와 동향」, 『천태학연구』창간호(천태불교문화연구, 1998), 19쪽.

이때부터 상월대조사는 고해에 빠져 있는 중생들을 모두 건지기로 서원하였다. 그리하여 재앙으로 곤경에 빠진 사람을 돕고, 불치병 앓는 사람을 치유해주며, 가르침을 구하는 사람에게는 설법으로 깨우침을 주었다. 한편으로 비만 오면 교통이 두절되던 산간벽지에 교량을 가설해 주고, 또 주민의 소득 증대를 위해 약초의 종자를 구입하여 무상으로 나누어주어 생약을 장려하는 등 주민의 복리 증진을 위해서도 힘을 기울 였다. 1963년부터는 적극적인 교화와 참신한 신앙운동을 전개하기 시작하였다.[8] 이러한 소문을 듣고 모여든 수많은 사람들로 구인사는 성황을 이루게 된다. 1966년 8월 상월대조사는 종의회를 열고 창종을 선포하였다. 상월대조사는 한국천태종 초대 종정에 취임하였고, 1974년 6월 그가 열반한 후에는 2대 종정 남대충, 3대 종정 김도용을 거치면서 짧은 역사에도 불구하고 경이로운 발전을 이루어 세인들의 눈길을 끌고 있다.

한국천태종은 석가모니 부처를 교주로, 용수(龍樹)보살을 고조로, 천태 지자 대사를 개조(開祖)로, 대각국사 의천을 종조(宗祖)로, 상월 원각대조사를 중창조(重創祖)로 법맥을 잇고 있다.

2) 교리

천태종의 소의경전은 『묘법연화경(妙法蓮花經)』과 『법화삼대부(法華三大部)』, 『천태사교의(天台四教儀)』이다. 그러나 기타 경전의 연구와 염불지주(念佛持呪) 등은 제한하지 않는다고 한다.[9] 『묘법연화경』은 줄여서 『법화경』이라고 하는데, 이것은 천태종의 근본 경전으로 부처가 되는 길이 누구에게나 열려 있음을 기본 사상으로 하고 있다. 『법화삼대부』는 『법화현의(法華玄義)』, 『법화문구(法華文句)』, 『마하지관(摩訶止觀)』을 일컫는 것으로서 천태 지자 대사가

---

8 천태종 교전 간행위원회, 『불멸의 등불』(대한불교 천태종 총무원, 2000), 56~57쪽.

9 대한불교 천태종, 『宗憲宗法 및 宗令』(1994.11).

『법화경』을 강연한 내용을 그의 제자 관정(灌頂)이 정리하여 모은 책이다. 『천태사교의』는 고려시대 승려 제관(諦觀)이 중국에서 수행할 때 집필한 것이다.

천태종은 이러한 소의경전의 사상에 의거하여 아래와 같이 종지를 설명하고 있다. 우주에 존재하는 모든 것은 공(空), 가(假), 중(中) 세 개의 진리를 모두 가지고 있는데 이 세 개의 진리는 각각 나머지 두 개의 진리를 그 속에 갖추고 있으므로 이를 삼제원융(三諦圓融)이라 한다. 이런 이치를 한마음 위에 관(觀)하는 것이 일심삼관(一心三觀)이다. 이 일심삼관이 천태수행의 길이 되며 모든 제법(諸法)이 현실에 있는 그대로 실상(實相)이라는 『법화경』의 사상을 체득하는 것이다. 또 『법화경』에서 가르친 부처님의 가르침의 최후 목적은 '모든 중생이 부처가 되게 하는 것이라는 회삼귀일(會三歸一)의 정신과 부처님의 깨달음은 구원실성(久遠實成)의 영원한 것'[10]이라는 『법화경』의 사상이 천태종 교리의 주요 골자가 된다.

이러한 사상과 이념을 바탕으로 중창조 상월대조사의 인솔하에 천태종은 시대와 현실에 직면하여 새불교운동을 전개하였다. 새불교운동의 목표와 내용은 애국불교·생활불교·대중불교이며, 이는 3대 지표로 정립되었다.[11]

① 애국불교
민족중흥의 과업에 헌신한다.
복지사회 건설에 이바지한다.
사회정화 운동에 적극 참여한다.
민족도의 재건에 적극 힘쓴다.

---

10 위의 책.
11 이봉춘, 「근세 류의 연구와 동향」, 『천태학연구』창간호(천태불교문화연구, 1998), 141쪽 이하 참조.

② 생활불교

기복불교(祈福佛教)에서 작복불교(作福佛教)를 지향한다.
유한불교(游閑佛教)에서 생산불교(生産佛教)를 지향한다.
우상불교(偶像佛教)에서 실천불교(實踐佛教)를 지향한다.
생활 즉 불교의 이념을 실천한다.

③ 대중불교

가람불교(伽藍佛教)에서 민중불교(民衆佛教)를 지향한다.
출가불교(出家佛教)에서 재가불교(在家佛教)를 지향한다.
염세주의(厭世主義) 불교가 아닌 구세주의(救世主義) 불교를
지향한다.

애국불교란 출세간의 생활과 세간 생활을 연결시킨 좋은 예라
하겠다. 호국불교 전통의 새로운 해석이라 할 것이다. 생활불교란 불
교의 농선병행(農禪倂行)에서 비롯된다 하겠다. 의례나 기도, 참선
과 같은 종교적 수행만을 중심에 놓는 데서 벗어나 현실생활 속으로
들어가 구체적으로 행동하는 것을 나타낸다. 대중불교란 불교 사찰
중심의 신행생활에서 벗어나 재가신도의 생활 현장을 중심으로 민
중 속으로 파고 들어가서 그들을 구제하는 것을 뜻한다. 다시 말해서
사찰만이 종교생활의 중심이 아니며 현실세계 속에서 불법을 구할
것을 호소하는 것이다.
　이상에서 알 수 있듯이 한국 천태종은 호법과 호국을 통일시키
고 생활과 구법수행을 분별하지 않으며 현실생활 속에서 대중과 함
께 호흡하는 종교를 지향한다. 이러한 이념은 종교교육에도 여실히
반영되고 있다.

3. 승려 교육

    일반적으로 불교에서 출가한다는 것은 곧 승려가 됨을 의미한다. 또한 불교 전통에 따라 차이는 있겠지만, 대한불교 천태종에서 승려가 된다는 것은 평생을 독신으로 지내면서 수행과 깨달음을 통해서 성불한다는 목표를 갖는 것이다. 불교의 일반 신도들도 마찬가지겠지만, 승려에게 성불한다는 목표는 그 밖에 다른 삶의 목적이 있을 수 없다는 의미이다. 이런 목적을 지니고 승려가 되려는 사람들을 위한 천태종의 승려 교육은 승려가 되기 이전과 이후로 나누어진다.

    천태종의 승려가 되려면 여러 가지 수련과 시험을 통과해야 하며, 일정한 수준에 도달해야만 출가(出家)의 허가를 받을 수 있다. 천태종의 승려가 되려면 먼저 신심이 건강해야 하고, 평생을 독신으로 살면서 청정하게 계(戒)를 지키고, 수행생활에 전념하여 반드시 성불(成佛)하겠다는 굳건한 서원(誓願)이 세워져야 한다.[12] 개인적인 마음가짐이 굳건해야 함을 말한다. 천태종의 승려는 수행 정도에 따라 법계를 받는데 모두 7등급으로 나누고 있으며, 처음 득도 당시에는 7급이 되고 매 5년마다 법계고시를 치른다.[13] 승려가 되기 이전까지를 '행자'라고 하는데, 행자가 되기 위해서도 기본적인 전제가 필요하다. 우선 부모님이나 보호자의 동의가 필수적이다. 또한 독신이면서 13세에서 40세[14] 사이에 있는 사람으로 채무나 범죄 사항이 없어야 한다. 이러한 조건이 완비된 사람이 천태종의 승려가 되고자 한다면 천태종의 총본산인 단양의 구인사 총무원에서 입산 신청을 하고 입산대기자로 생활하게 된다.

---

12 대한불교천태종 홈페이지(www.cheontac.org).

13 대한불교 천태종 총무원,『불교의 첫걸음』(대한불교천태종총무원, 1994), 50쪽.

14 천태종 홈페이지에는 40세까지로 되어 있지만 천태종의 승려법에는 55세 이하로 되어 있다. 대한불교 천태종,『宗憲宗法 및 宗令』(1994), 105쪽 및 홈페이지 참조.

입산대기자는 아직 출가를 허락받은 상태가 아니기 때문에 본격적인 승려 교육을 받기보다는 구인사의 배식부나 소속 농장에서 맡은 소임을 담당하면서 수행을 하게 된다. 구인사는 천태종의 총본산으로 거주 승려 및 구인사를 찾는 신도들이 적게는 수백에서 많게는 수천 명에 이르는데, 이들의 공양을 담당하는 것이 배식부의 일로 출가 대기자는 이곳에서 배식을 돕는다. 또한 천태종 소유의 농장에서 농사짓는 일을 하기도 한다. 불교에서는 이러한 일을 수행의 한 방법으로 보기 때문에 이러한 일들이 모두 승려가 되기 위한 하나의 관문으로 인식되고 있다. 즉, 모든 승려 지망자들이 거쳐야 하는 단계이다.

이 단계를 거쳐 입산대기자가 천태종의 최고 어른인 종정에게 입산 허가를 받게 되면 '행자' 생활을 시작하게 된다. 행자는 승려가 되기 이전 단계로 기간은 3년을 원칙으로 하며 이후, 출가 허가 여부가 결정된다. 행자 시기의 생활은, 낮에는 주로 대중식당의 공양 준비, 경내 청소, 농장 노동 등의 수행을 하고, 밤에는 염불의식 및 강원[15] 교육을 이수하는 것 등이다. 강원(講院)에서는 천태종의 소의경전인 『묘법연화경』을 비롯하여 불교학개론·율장(律藏)·초발심자경문(初發心自警文)·육묘법문(六妙法門) 등을 학습하게 되고, 강원 교육이 끝나면 선방에서 새벽 4시까지 정진한다.

구체적으로 설명하면 행자는 우선 구인사 승려 생활의 기본 규칙과 상식을 익히고 천태종 기본 교리와 수행 방법을 학습한다. 천태종 종단에서는 초발심(初發心)의 행자를 위해 구인사에 강원을 설치하고 천태종의 근본 경전인 『법화경』과 관련 불전을 강의한다. 강원의 교육과정은 반드시 행자 기간에 완성해야 하는데, 주요 내용은

---

15 천태종은 2005년 8월 '대한불교 천태종 불교전문강원'을 '대한불교 천태종 금강 승가대학'으로 개편했다. 금강승가대학은 예비승려과정 1년 전문승려과정 2년 으로 운영하고 있다. 《금강신문》(2006. 4. 29) 참조. 한편 천태종 홈페이지는 승려 과정을 소개하는 곳에 금강승가대학 명칭이 아닌 강원 교육으로 소개하고 있다. 그러나 승려가 되는 전체 과정에는 별 차이가 없다. 다만 금강승가대학의 교육을 예비승려과정과 전문승려과정이라고 구분지어 놓았다는 차이점이 있다.

『법화경』, 법학개론, 초발심자경문, 사미율의(沙彌律儀), 육묘법문 등이다. 그리고 강원의 학습은 교리 공부와 더불어 반드시 종단에서 요구한 일정한 조건을 만족시켜야 한다. 즉, 3년의 행자 생활 기간 동안 우선 구인사 농장에서 1년 이상 농사일을 해야 하고, 강원에서 2년간 학습을 해야 한다. 낮에는 자신의 책무를 수행하고, 밤 8시에서 10시 사이에는 강원에 들어가 교리 공부를 하고, 학습이 끝난 후에는 선방에 들어가 지관수행(止觀修行)에 정진해야 한다. 지관수행에는 대체로 점차(漸次), 부정(不定), 원돈(圓頓)의 세 가지가 있는데 행자 기간에는 원돈지관의 사종삼매(四種三昧)를 깊게 공부하여 그 수행 방법을 익혀야 한다.

3년간의 행자 생활을 마치면 종정과의 면담을 통해 최종 출가 여부를 결정한다. 그리고 21일간의 수계교육을 받은 후, 수계식과 함께 종정으로부터 법명(法名), 도첩(度牒), 계첩(戒牒), 그리고 가사와 법모를 받게 된다. 수계식을 마치고 정식으로 비구, 또는 비구니 신분으로 천태종 승려가 되면 자신의 소임을 맡아 낮에는 노동으로 수행하고 밤에는 관음 염송을 통해 수행하는 생활이 시작된다.

강원을 졸업하고 수계식을 받은 승려는 반드시 종단에서 설립한 금강불교대학의 천태학과에 들어가 교리 공부를 계속해야 한다. 금강불교대학에서는 2년간 원시불교, 불교학개론, 인도불교사, 천태사교의, 불교논리, 종교학, 불교사회복지, 불전개설, 정토, 조사어록, 밀교, 유식, 세계각국불교사, 화엄학, 사원경제론, 대승불교경론 등의 과목을 이수한다. 그 과정에서 천태불교에 대한 깊은 이해를 토대로 자신에게 맞는 수행법문을 선택한다. 이렇게 5년 이상의 교육과정을 거치면 법계고시를 볼 수 있다. 법계시험에 통과하면 그에 해당하는 법계를 수여받게 되는데 천태종 승려의 법계는 7급부터 1급까지 7단계로 구분되어 있으며 각 명칭과 자격요건 등은 <표1>과 같다.[16]

---

16 대한불교 천태종, 『宗憲宗法 및 宗令』(1994), 112~114쪽 참조.

　　이상의 내용으로 보면 천태종의 승려로 출발하기 위한 최소한의 기간은 3년이며, 그 이상의 시간이 걸리기도 한다. 즉, 기간이 지났다고 해서 저절로 승려가 되거나 법계가 올라가는 것이 아니라 일정 수준 이상의 교육과 자격이 뒷받침되어야 함을 말해준다. 실제로 천태종은 법계에 엄밀한 규정이 있으며 반드시 엄격한 심사와 시험을 통과해야 자격을 부여 받을 수 있다. 출가하여 진정한 승려가 되기까지 5~6년의 수련기가 필요한데 천태종의 승려 교육은 이 기간에 집중적으로 이루어진다 하겠다. 물론 승려가 된 후에도 반드시 한 해에 두 차례 겨울과 여름에 안거에 참가해야 하고 1년에 적어도 두 차례 정기적인 승려 전문교육 훈련 과정에 들어가 학습해야 한다. 이처럼 천태종 승려 교육은 신행과 교육을 직결시켜 실행하는 것으로 내용과 과정이 체계적이면서도 엄격하게 지속적으로 진행된다.

<표1> 천태종 승려의 명칭과 자격요건

급수	명칭(남/여)	연령(세)	법랍(년)	요건	고시 과목	
					내전(內典)	외전(外典)
1급	대종사(大宗師), 대선사(大禪師)/덕사(德師)	50	30	2급 법계(法階)를 품수(稟受)한 승려로서 한다.	특별전형으로 고시한다	
2급	종사, 선사/명사(明師)	45	25	3급 법계를 품수한 승려로서 수행력이 원만하여 종사(宗師)로서 종단(宗團)을 지도하고 중생을 제도할 능력을 갖추어야 한다.	위와 같다	
3급	중대사(重大師)/현법니(現法尼)	40	20	4급 법계를 품수한 승려로서 10년 이상 안거(安居) 경력이 있어야 하며 해행(解行)이 원만하고 종무 지도력이 탁월한 승려로서 한다.	논문 및 전형고시	

급	법계			자격	시험과목	
4급	대사(大師)/ 진법니(盡法尼)	35	15	5급 법계를 품수한 승려로서 7년 이상 안거 경력이 있어야 하며 해행이 원만하고 종무 집행력이 있어야 한다.	대교과(大教科) 및 불교대학 수준 천태학, 마하지관(摩訶止觀), 소지관(小止觀) 및 법화 삼부경, 논문 및 전형고시	
5급	대덕(大德)/ 혜정니(慧正尼)	30	10	6급 법계를 품수한 승려로서 5년 이상 안거 경력이 있어야 하며 내전(內典) 4집(四集) 4교과(四教科)와 동등한 학력과 종무 집행력이 있어야 한다.	천태학, 비교종교학, 금강불교학과 동등한 고시과목, 4집, 4교과	인문, 사회 과학 및 외국어
6급	정법승(正法僧)/ 정정니(定正尼)	25	7	7급 법계를 품수하고 구족계(具足戒)를 받은 승려로서 3년 이상 안거 경력이 있어야 하며 내전 4집 4교과와 동등한 학력이나 외전(外典) 대학졸업 이상 학력을 취득한 승려로 한다.	강원 초급의 시험 과목	인문, 사회 과학 및 외국어
7급	계법승(戒法僧)/ 계정니(戒正尼)	미정	3	행자 생활을 3년 이상 한 자로서 승려 생활을 일평생 수행할 수 있는 각오와 건강을 구비한 사미, 사미니라야 하며 초심과(初心科)와 동등한 학력을 갖추어야 한다.	전형 고시	

4. 신도 교육

대한불교 천태종에 입교하기 전에 천태종의 신자가 되기 위해서 특별히 교육을 받는 것은 없다. 다만 천태종 신도가 되고자 하는 모든 지원자는 반드시 구인사에서 3일기도와 입교법회(入教法會)를 거쳐야 한다.[17] 3일 기도라고 하지만 실제로 오고가는 날을 포함하면 4박 5일간 기도를 해야 한다. 천태종의 총본산인 구인사에서의 기도는 4박 5일을 기본으로 한다. 천태종에서 4박 5일 기도를 기본으로 하는 이유는, 농부가 씨앗을 뿌려 싹을 틔우는 데 4박 5일의 시간이 걸리듯 기도를 통해 스스로 불성(佛性)의 싹을 틔우는 데도 최소한 그 정도의 시간이 필요하다고 보기 때문이다. 기도 신청을 하려면 구인사에 있는 천태종 총무원 1층 접수실에서 신분증을 제시하고 기도 접수를 해야 한다. 접수를 마치면 담당 승려의 지도에 따라 4박 5일간(실제로는 온전한 3일간) 기도를 하면 된다. 이 기도를 마치면 입교법회에 참석할 수 있다. 구인사의 인광당(仁光堂) 3층의 '입교법회장'에서는 입교신도들을 위해 3일에 한 번씩 '입교법회'를 행하고 있다. 입교법회에서는 구인사 승려들로부터 천태종에 대한 이야기, 구인사의 유래, '관음염송' 수행법 등에 대해 듣게 된다. 이 시간을 거치면 정식으로 천태종의 신도가 되어 등록을 마치고 신도수첩을 교부받게 된다.[18]

신도가 되기 위한 교육이라면 3일간의 기도를 하는 동안 기도의 방법에 대한 지도를 받고, 입교법회에서 천태종의 역사에 대한 교육을 받으며, 사찰 안에서 갖추어야 할 예절과 생활 방법, 수행법 등 불교도로서의 기초 수양과 천태종 신도로서 갖추어야 하는 소양교육 등이 전부라고 하겠다. 그렇지만 이 과정을 제대로 이수했는지 자격을 갖추었는지에 대해 시험을 본다거나 하지는 않는다. 성실히 이 과

17　물론 이러한 절차를 거치지 않고도 구인사를 비롯한 지역 말사, 즉 전국 각 지역의 천태종 소속 사찰에 다닐 수는 있다. 그러나 정식 신도의 자격을 인정 받지 못한 상태에서는 능동적인 신앙 생활을 하기가 어렵다. 대한불교 천태종 홈페이지(www.cheontae.org) 참조.

18　대한불교 천태종 총무원 교무부, 『천태신앙의 첫걸음』(대한불교 천태종 출판부, 2008), 59~60쪽. 이 과정을 마치면 모두가 각자의 주소지로 돌아가서 가까운 천태종 소속 사찰이나 본인이 원하는 사찰에서 신앙생활을 계속할 수 있다. 신도수첩은 모든 천태종 소속 사찰에서 통용된다.

정에 참여하는 것으로 충분하다. 누구나 원하기만 하면 소정의 절차를 거쳐서 신도가 될 수 있는 것이다.

천태종의 본격적인 신도 교육은 입교 후에 이루어지지만 이것은 강제 사항이 아니라 본인의 의지에 달린 것이기 때문에 공식적으로 모든 신도가 의무적으로 참여해야 하는 교육은 없다. 따라서 천태종에서 마련한 신도 교육은 신도 자신의 의사에 따라 자율적으로 참여하는 교육이라고 할 수 있다.

천태종 신도 가운데 불교의 교리를 배우고 싶은 사람은 종단에서 운영하는 금강불교대학에서 교육을 받을 수 있다. 금강불교대학은 등록금 전액을 종단에서 지원하는 교양대학으로 서울과 부산, 대구·춘천·울산 등지에서 초급 1년 과정과 중급 1년 과정을 수학할 수 있다. 포교활동에 나서고자 하면 법사과에 진학하여 1년간 더 배울 수도 있는데, 법사과의 경우 소정의 수강료를 징수한다.

한편 천태종 신도가 되면 승려들과 마찬가지로 총본산 혹은 해당 지역의 사원에서 관음수행을 한다. 천태종에서는 승려 안거수행을 실행할 뿐만 아니라 신도 안거도 진행하고 있다. 신도의 안거는 일 년에 두 번이고 매번 한 달로 되어 있다.

또한 천태종의 신도들은 사찰 관리에 직접 참여한다. 이는 자연스레 신도회의 중앙 간부나 지회 간부들의 역할이 커지는 것을 의미한다. 따라서 이들에 대한 전문교육이 불가피하다. 이와 같은 이유로 각 말사 신도회의 중앙 간부나 지회 간부가 되면 일 년에 두 차례 간부교육을 받게 되며 의례와 교리 및 행정 관리 지식 등을 익히게 된다.

각 지역의 사원에는 일반적으로 주말의 정기적인 법회 및 관음회, 지장회, 모자회, 아동회, 중학교 학생회, 청년회 등 각종 법회가 있다. 법회는 승려와 신도들에 의해 조직되고 각 계층에게 신행수련의 장소와 기회를 제공하며 다양한 활동을 통해 신도들의 신앙에 대한 욕구를 만족시켜주고 있다. 이러한 정기적인 법회와 교육 시간을 통해 신도들은 불교 교리를 비롯하여 여러 가지를 익힐 수 있고, 승려들과 자연스레 대화하고, 오래된 성원과도 함께 일하며 공동체의식을 갖게 된다. 천태종 종교교육의 특징은 출가자나 재가신도 모두에게 평등한 교육을 실시하고 복덕과 지혜를 아울러 수행하는 것이라고 할 수 있다.

5. 금강불교대학의 역할

천태종에서는 승려와 신도에 대한 교육을 더욱 효과적으로 실행하기 위해 1982년에 금강불교대학을 설립하고 정규적인 불교대학의 커리큘럼을 설치하였다. 전공과정은 천태학과, 불교학과, 법사과의 세 개 학과로 나누어져 있다.

금강불교대학은 정규적인 대학과 동일한 학사 일정으로 운영되며 학제상 법사과는 1년제이고 천태학과와 불교학과는 2년제이다. 불교학과는 사회에 불교 진리를 전수하는 교육기관이고 법사과는 불교 전문 연구과정이다. 교수진은 불교대학의 교수를 중심으로 학계의 저명 교수들이 출강하여 수업을 담당한다.

서울 금강불교대학은 관문사에 설치되어 있으며 천태학과를 포함한 불교학과와 법사과가 있다. 천태학과는 승려를 위주로 하고 법사과는 불교학과를 졸업하였거나 이와 동등한 학력을 가진 사람들을 대상으로 한다. 또한 불교학과는 고등학교 이상을 졸업한 사람, 혹은 동등한 학력을 가진 사람을 대상으로 하며, 천태종의 신도뿐만 아니라 불교에 관심이 있는 모든 사람들이 입학하여 교육을 받을 수 있다.

천태학과의 커리큘럼을 소개하면 다음과 같다. 천태학과는 각 학년마다 8개 과목을 개설하고 있는데 1학년에는 원시불교, 천태사교의, 불교학개론, 불교논리, 화엄학, 불교정전의 이해, 불교미술,

인도불교사 등의 과목이 있다. 2학년에는 법화불교, 육묘법문, 중국불교사, 천태종사, 한국불교사, 선학, 유식학, 밀교학 등의 과목이 있다.[19]

불교학과는 서울의 관문사와 부산의 삼광사에 설치되어 있으며 2년제이다. 1학년의 교과목은 신행입문, 원시불교, 불교문화사, 불전 이해, 불교학개론, 불교윤리 등이며, 매주 하루 3시간 정도 진행되고 있다. 2학년에 입학할 수 있는 자격은 초급과정, 즉 1학년 과정을 수료하였거나 그에 상응하는 자격이 있어야 한다. 교과목은 반야사상, 법화경, 비교종교론, 천태선, 정토사상, 유식사상, 불교사개설, 기신론 등의 과목이 있다.

법사과는 서울과 부산분교에 설치되어 있으며 교과 과목은 법화경, 포교방법론, 천태사교의, 유마경, 중관사상, 천태정토불교의식, 유식사상[20] 등이다. 법사과에서 개설한 커리큘럼은 내용이 기초교육보다 한 단계 높으며 포교를 목표로 한다. 교육의 목표는 수학생들이 사회에 진출한 후 집중적으로 설법 교화, 예불 등 의식을 진행할 수 있게 하는 것이다. 즉 불교학과는 집중적인 이론 교육을 하고 법사과는 실천 교육을 실행한다.

이외에 금강불교대학은 여러 가지 비정기적인 교육 프로그램을 마련하여 승려 교육, 간부 교육, 금강불교대학 동문회 수련법회, 전국 합창단 수련법회 등 다양한 교육을 실시한다. 매년 여름방학과 겨울방학 기간에는 종단 각 조직의 신도 간부 합창단, 금강대학 재학생, 동문회, 청년회, 학생회, 아동회를 주요 대상으로 교육을 실시한다. 법사 및 저명한 불교학 교수들을 청하여 불교 교리와 수행 방법을 가르친다. 즉 관음정진수행(觀音精進修行)을 통해 학수병진(學

---

19 참고로 현재 천태종에서는 천태종 승려의 체계적인 교육을 통한 우수한 인재 양성을 위해 중앙 승가대학과 같은 4년제 정규 승가대학의 설립을 추진하고 있다. 《금강신문》(2010.4.9).
20 서울 금강불교대학 2011학년도 모집요강 참조.

修幷進)의 일체화 교육을 진행한다. 특히 간부 교육에서는 염불의식
(念佛儀式) 등 공부 외에, 사회 각계 인사를 청하여 많은 분야의 정보
와 지식을 전수받고 시야를 넓혀 종단과 사회 영도자로서의 수양과
소질을 제고하고 있다.

이상의 소개로 알 수 있듯이 천태종 금강불교대학은 종단의 종
교교육을 실시하는 전문교육기관으로서 중요한 역할을 담당하고
있다.

6. 맺음말

천태종에 있어서 신행과 교육은 갈라놓을 수 없는 밀접한 관계
를 갖는다. 그것은 승려나 신도의 모든 신행 과정에 교육을 직접 연
결시켜 실시하기 때문이다.

천태종에서는 "상구보리(上求菩提) 하화중생(下化衆生)"의 대
승보살도의 정신 구현과 신해행증(信解行證)의 수도 과정을 연결하
기 위해 승려와 신도에게 같은 수행과 교육의 기회를 부여한다. 이는
천태종의 해행병용(解行幷用)의 특징이라 할 수 있겠고 출세간불교
에서 재가불교로 지향하는 이념의 구현이라 할 수 있겠다. 이러한 특
징은 천태종의 "신도도 사원을 관리하는 데 참가해야 한다"는 점에
서도 알 수 있다. 재가신도들이 사원의 관리에 참가하게 되면 사원
운영의 투명성이 보장되고 사원에 대한 귀속감도 나타나게 되며 사
원의 발전에 더욱 많은 열정과 관심을 쏟을 수 있게 될 것이다. 이러
한 신도의 주체의식에 대한 존중은 종단 발전의 중요한 동력이 될 것
이다.

그리고 천태종은 '교관쌍수(教觀雙修)'의 취지하에 기도 수행
과 교리 교육을 병행하고 있다. 이는 종교 수행을 통해 올바른 길로
이끄는 보다 효과적인 과정이라 할 수 있겠다. 이와 같이 한국 천태

종의 비약적 발전에는 내실 있고 효과적인 종교교육 실행이 중요한 역할을 했음을 알 수 있다.

이 글은 천태종이 현재 실시하고 있는 교육 프로그램과 기본 절차에 대한 간단한 소개에 지나지 않는다. 사실상 교육이란 복잡한 과정이며 종교교육은 더욱 그러하다. 천태종의 종교교육 과정에서 어떤 단계에 어떠한 종교적 체험을 하고, 그때그때 발생하는 문제에 따른 대치(對治)적 지도와 교육도 실시되겠지만 이러한 내용은 필자의 한계를 넘는 문제이다. 종단 소속의 금강대학교도 천태종 교육 체제 속의 한 부분이지만 승가 교육과 재가 교육에 직접적으로 참여하지 않는 것으로 알려져 있기에 여기서는 생략하기로 한다.

(『신종교연구』 제24권 제24호, 2011)

第十九章

현대중국사회 민간신앙에 대한 고찰

1. 머리말

20세기 80년대 이후로 중국사회는 개혁개방정책을 실시하여 경제발전을 시도하여 왔다. 개혁개방이란 대내개혁 (對內改革) 대외개방(對外開放)으로서 국내의 모든 경제발전을 저지하는 요소들을 제거하고 경제의 원활한 발전을 시도하는 것이다. 즉 계획경제에서 시장경제에로의 전환을 거쳐 국강민부(國强民富)의 목표를 이룩하자는 것이다. 중국정부는 문화대혁명 기간의 잘못된 정치노선과 정책을 전면적으로 시정하여 개혁개방의 방침과 정책을 추진하면서 종교분야에 있어서도 헌법에 지정되어 있는 "공민(公民)의 종교신앙과 자유"의 권리를 전면적으로 적용시켰다. 계획경제의 틀에서 벗어난 중국민중들은 전례 없는 물질적 혜택을 누릴 수 있게 되었을 뿐만 아니라 정신적 자유를 얻게 되었다. 이러한 상대적으로 관대한 종교정책과 전사회적인 분위기 속에서 중국 대륙의 종교는 전통종교나 민간신앙을 막론하고 전례 없는 부흥의 기회를 맞게 되었고 최근 20여 년간 중국대륙의 종교 신앙과 종교문화는 중국의 경제성장과 더불어 급속한 발전을 가져왔고 새 세기에 이르러 그 성황은 세인들의 놀라움을 자아내고 있다.

주지하다시피 중국사회에서 종교라고 할 때 흔히 불교, 도교, 이슬람교, 기독교, 천주교, 즉 소위 5대 종교를 지칭한다. 그것은 중국정부가 5대 종교 외의 그 어떤 종교단체의 존재도 법적으로 인정하지 않기 때문이다. 그러므로 국제사회에서는 흔히들 중국에는 5대 종교 외에는 그 어떠한 종교도 존재하지 않는다고 착각하는 경우가 적지 않다. 사실상 중국사회처럼 복잡 다양한 종교들이 존재하는 나라들도 많지 않을 것이다. 중국이야말로 명실상부(名實相符)한 다종교 국가이다. 현존하는 5대 종교(불교, 도교, 가톨릭, 기독교, 이슬람교) 신도수는 중국정부의 통계에 의하면 1억을 넘고 있다. 그 외에도 샤마니즘(薩滿敎), 동정교(東正敎), 동파교(東巴敎) 등과 같은 수많은 민간종교 신앙이 존재한다. 중국정부가 2001년에 실시한 제5차 국정조사의 공식발표에 의하면 총 인구는 12.9억이다. 이로 미루어 볼 때 전인구의 10%가 종교신앙을 갖고 있는 것이 된다. 그러나 이 중에는 민간종교는 포함되어 있지 않다. 또한 중국은 다민족국가이다. 전 인구의 92%를 점하는 한민족(漢民族)외에도 55개 민족이 생활하고 있다. 그 중 지리적으로 서남, 서북지역에 집거(集居)하고 있는 22개 민족은 전 민족이 한결같이 종교 신앙을 소지하고 있다. 그 외의 많은 민족들의 종교생활 상황은 복잡다양하다.

본고에서는 최근 중국종교의 기본상황을 소개함에 중국 종교학계에서 흔히 연구대상에서 소외되어 온 오늘날 중국사회의 "민간신앙"의 기본상황과 존재하는 문제점을 정리하여 소개드리고자 한다. 즉 중국의 광활한 대지에 깊숙이 뿌리내리고 있는 전통적 민간신앙의 오늘날 중국사회에 있어서의 현대적 변모, 중국 사회 발전의 새로운 단계에서 나타난 다양한 "현대민간신앙" 그리고 민간신앙을 토대로 새롭게 형성된 컬트집단들의 기본특징과 사회 영향 등을 중심으로 소개하기로 한다.

2. 전통 민간신앙의 대두

중국의 전통 민간신앙은 역사적으로 사회의 중·하층 민중들을 중심으로 널리 전개되어 왔다. 역사적으로 5대 종교와 같은 확고한 사회적 위치는 차지하지 못하였으나 그 역사는 5대 종교보다 유구하며 사회 영향 범위도 5대 종교를 훨씬 벗어난다. 밀하자면 중국의 민간신앙은 대체로 신기(神祇), 계보(系譜)나 계통적인 교리, 완비한 조직 등을 이루지 못하여 사회의 주류적 신앙형태로 인정받지 못하였으나 원시종교의 다신(多神)신앙을 토대로 생사(生死), 숙명(宿命), 인과보응(因果報應), 신인감응(神人感應), 음양세계(陰陽世界) 등을 주요내용으로 전개되어 왔으므로 하층 민중들의 생활속에 뿌리를 깊이 내리고 있다.

이러한 중국의 민간신앙은 1949년 이래로 "봉건잔여세력"으로 정치적 타격을 받아 왔으며 특히 문화대혁명 기간에는 봉건미신으로 몰려 회멸적인 타격을 받았다. 20세기 80년대에 이르러서 드디어 활기를 되찾게 되었고 오늘날 그 회복속도나 영향범위는 새로운 부흥을 꿈꾸는 불교나 기독교를 많이 능가하고 있다 할 수 있다.

중국의 민간신앙 현황을 살펴보면 다음과 같은 현상들을 쉽게 찾아볼 수 있다. 개혁개방정책을 실시한 이래로 민간신앙의 중요한 내용 중의 하나인 조상숭배를 중심으로 한 대규모 조상묘지복원 및 제사활동은 가는 곳마다 볼 수 있다. 특히 조상묘지건축은 사회문제로 대두되고 있다. 1996년 절강성 온주시(浙江省溫州市)만 하더라도 산 좋고 물 좋은 관광지역에 호화로운 수분(壽墳)이 20여만 개 신축되었다 한다. 더욱이 이러한 묘지의 소유자는 대체로 "졸부"나 지방의 부패관리들이므로 많은 사회적 지적을 받고 있다.

중국의 도시들의 골목길에서는 특히 농촌들은 무사(巫師), 신한(神漢), 점쟁이, 관상쟁이들을 흔히 볼 수 있다. 또한 중국의 농촌동네에 가면 신축된 신사(神祠), 묘당(廟堂)도 흔히 찾아 볼 수 있다. 절강성만 하더라도 이러한 신축된 신사(神祠), 묘당(廟堂)이 불교나 기독교 교당의 10배를 넘는다 한다. 절강성에서는 불법건축으로 이러한 민간신앙 관련 건물들을 철거한 바 있는데 그 수는 17,900개에 달한다.[1]

중국을 자주 다니는 외국인들에게 쉽게 눈에 뜨이는 현상으로서 중국의 호텔, 식당, 여관의 입구에는 재신인 복록수성(福祿壽星) 노인상을 모시거나 관운장의 초상을 안치하는 곳이 많아짐을 느낄 수 있을 것이다.

그리고 민간신앙 관련 서적이 시가에서 많이 유통되고 있는데 1997년 춘절(구정)기간의 시장조사에 의하면 북경시만 하더라도 이러한 서적이 220여 종 유통되고 있다는 조사결과가 나왔다.

이상과 같은 간단한 소개를 통하여도 알 수 있듯이 중국의 민간신앙은 그 내용이 세계와 인생의 모든 면을 담고 있어 중국전통문화의 거대한 아문화(亞文化)체계를 이루고 있다. 비록 장기간에 걸쳐 봉건미신으로 몰려 많은 타격을 받아 왔지만 어떠한 정치수단도 이 오래된 관념과 신앙을 철저히 소멸할 수는 없었다. 역사적으로 도교를 대표로 한 중국종교들은 늘 민간신앙의 세력과 방식을 빌어 자체세력의 중국사회에서의 전파를 도모하기도 하였다. 외래종교인 불교나 기독교도 중국사회에서 사회정치세력의 탄압을 받거나 교세가 위축될 때는 민간신앙과 융합하는 방식을 통하여 교세를 확보하곤 하였다. 이런 과정 중에서 민간신앙이라는 이 거대한 문화체계는 기존 종교들의 교리관념, 수행방식 등을 흡수, 분해, 개조하여 자체체계를 더욱 풍성하게 하여 더욱 더 민중생활 속으로 들어갈 수 있게 되었다. 이를테면 불교의 윤회(輪回)관념, 인과보응(因果報應)사상, 도교의 신선(神仙)사상과 수많은 양생방법, 기독교의 천당지옥(天堂地獄)관념 등을 통속화하여 소화함으로써 지속적인 생명력을 키

1　高師寧著,『신흥종교초탐』, 중국사회과학출판사, 2006.10, p.280.

위왔다. 그러므로 중국사회에 있어서의 민간신앙은 사라진 적이 없
으며 오늘날 새롭게 대두함은 그 자체신앙세력의 회복일 뿐만 아니
라 전통종교의 회복 및 새로운 형태의 종교집단들의 형성, 어느 것
할 것 없이 민간신앙이 닦아 놓은 폭넓은 토대 위에서 이루어지고 있
다 해도 과언이 아닐 것이다. 뿐만 아니라 민간신앙은 중국사회의 새
로운 발전단계에서 그 특유의 방식으로 많은 새로운 형태의 신앙을
형성하고 있어 주목받고 있다.

3. 새로운 민간신앙의 형성과 기본특징

오늘날 중국사회의 민간신앙을 고찰함에 더욱 주목해야 할 것
은 제신(諸神)신앙이 곳곳에서 부활함과 동시에 갖가지 새로운 신
(神)들이 나타나고 있다는 점이다. 그 중에는 역사인물, 특히 근·현
대 역사 속에서 민중들의 존중을 받아 왔던 인물들이 새로운 신으로
부가되어 등장하고 있다. 중국 대도시에서 달리고 있는 택시들 중에
는 모택동이나 주은래의 작은 초상을 장식한 광경을 흔히 볼 수 있
다. 이는 모택동이나 주은래와 같은 정치인물에 대한 정치적 숭배가
아니라 사고없는 무사한 인생 즉 "일생평안(一生平安)"을 기원하기
위하여서라고 한다. 이는 문화대혁명을 겪은 세대들에 흔히 나타나
는 현상임에 더욱 주목된다. 하나의 예를 더 든다면 섬서성(陝西省)
횡산(橫山)지역에는 삼현묘(三賢廟), 삼로전(三老殿)이라는 신축한
묘전(廟殿)이 몇 곳 있는데 그 속에는 모택동, 주은래, 주덕(朱德)의
초상을 모셔 화제가 되고 있다. 또한 적지 않은 묘전(廟殿)들에는 신
대(神臺)의 잡신들 속에 모택동 동상이 자리를 같이하고 있음을 발
견할 수 있다.[2]

---

2 『京師論衡』, 북경사범대학출판사, 2002.08, p.29.

이상과 같이 새로운 형태의 민간신앙의 형성을 민중들의 자발적인 행위라고 한다면 공제(公祭)풍조는 민간신앙을 사회주류 가치관과 접목시키고 민간신앙을 합리화하는 경향을 보여주는 정부행위로 규정지어야할 것이다. 10여년 전부터 시작된 인문시조(人文始祖)황제공제(黃帝公祭) 활동은 정부의 적극적인 지지와 참여로 해마다 대규모로 이루어지고 있다. 중국의 각지에서는 이러한 영향을 받아 지방정부사업의 중요한 내용으로 공제활동을 벌이고 있다. 공제대상은 삼황오제(三黃五帝)로부터 신화 속의 인물에 이르기까지 자기 지역과 조금이라도 관련 있다면 일일이 모셔 제사를 지낸다는 것이다. 이로 인한 신화인물 빼앗기, 역사인물 빼앗기 싸움이 때로는 치열해지고 있다. 신화속의 여와(女媧, 사람을 만들었다는 상고 시대 신화 전설의 주인공), 역사 인물 제갈공명(諸葛孔明) 등의 경우가 바로 그러하다. 전통문화를 이용하여 지방경제를 부흥시키고자 하는 이러한 정부의 시도는 객관적으로 민간종교신앙의 부활과 새로운 발전의 가장 유력한 추동력이 되고 있다 할 것이다.

이러한 민간신앙형성의 특징을 개괄하여 보면 민중들의 자발성(自發性), 분산성(分散性), 보편성(普遍性)과 공리성(功利性)이 그 특징이 된다.

이러한 민간신앙의 부흥과 새로운 전개는 사회적, 문화적 현상으로만 남아 있지 않는다. 때로는 그 어떠한 계기로 말미암아 공감대를 형성하여 새로운 준 종교집단 혹은 종교집단을 형성하기도 한다.

4. 중국사회컬트(Cult)집단의 형성과 그 사회영향

1) 컬트집단의 형성과 그 유형

현대중국사회의 민간신앙을 소개하면서 새롭게 형성된 컬트(Cult)집단을 포함시키는 것은 타당치 않다는 지적이 나올 수 있으므로 그에 대한 설명을 간략히 붙이고 넘어가기로 한다. 컬트(Cult)집단을 중국학계에서는 흔히 "민간교문(民間教門)" 또는 "민간비밀교문(民間秘密門)"이라 부르기도 하고 최근에 와서는 사교(邪教)라고 부르기도 한다. 역사적으로 중국 사회에서 적지 않은 컬트집단들이 나타났다. 청말·민국 초기만 하더라도 적지 않은 컬트집단들이 사회에서 활약하였는데 그것을 모아 회도문(會道門)이라고 지칭하기도 하였다. 이러한 지칭에서 알 수 있듯이 역사적으로 중국사회의 컬트집단은 대체로 민간신앙을 토대로 형성되었음을 알 수 있다. 그리고 표면상 기성종교의 이름을 빌던 아니면 외래종교의 허울을 쓰던 그 형성과 전개과정을 보면 민간신앙적 성격이 농후하기 때문이다. 중화인민공화국이 성립된 후 1953년에 이르러 중국정부는 전국적인 회도문(會道門) 숙청운동을 벌여 중국대륙에서는 이러한 집단들이 그 종적을 감추고 만다.

1980년에 이르러 상대적으로 관대한 종교정책으로 말미암아 수많은 민간신앙이 곳곳에서 대두하고 전통종교는 새롭게 부활한다. 이러한 사회적 종교적 배경으로 말미암아 적지 않은 컬트집단이 새롭게 형성되었다. 이를테면 호함파(呼喊派), 피립왕(被立王), 주신교(主神教), 전범위교회(全範圍教會), 신약교회(新約教會), 달미선교회(達米宣教會), 천부의 자식(天父之子女), 문도회(門徒會), 영령교(靈靈教), 삼반부인파(三班仆人派), 관음법문(觀音法門), 원돈법문(圓頓法門), 법륜공(法輪功)등이 있다. 그 중 호함파(呼喊派), 피립왕(被立王), 주신교(主神教), 문도회(門徒會), 전범위교회(全範圍教會), 영령교(靈靈教) 등은 기독교의 이름을 빌어 형성한 민간신앙집단이며 관음법문(觀音法門), 원돈법문(圓頓法門), 법륜공(法輪功)등은 불교와 도교의 개념과 기공 등 수행법의 이름을 빌어 형성된 민간종교집단들이다. 그리고 그 중에는 미국에서 전래된 호함파(呼喊派), 천부의 자식(天父之子女)이 있는가 하면 대만에서 전래된 신약교회(新約教會), 관음법문(觀音法門)이 있으며 한국에서 전래되었

다고하는 달미선교회(達米宣教會)도 있다. 그 중 호함파(呼喊派)는
중국 내에서 전파되는 과정 중 상수교(常受教), 중화대륙행정집사점
(中華大陸行政執事站), 피립왕(被立王), 주신교(主神教), 동방번개
(東方閃電) 등으로 분파된다. 이상 집단들을 유형화한다면 다음과
같이 분류할 수 있을 것이다.

(1) 기독교와 서양문화를 배경으로 한 민간종교집단.

피립왕(被立王)의 예를 들어 보자. 1988년 호함파(呼喊派)의 골
간으로 활약하던 오양명(吳揚明)은 중문판 <성경> 누가복음 중의
"피립(被立)"이라는 표현을 따서 피립왕(被立王)으로 자칭한다. 즉
자신은 예수의 화신이라는 것이다. 그는 "성경에 나오는 예수의 시
대는 이미 지났고 피립왕(被立王)의 시대가 도래하였으며 피립왕
(被立王)이야말로 유일진신(唯一眞神)이라는 것이다." 그는 또한
"세계말일이 다가오고 있는 때 피립왕(被立王)을 믿지 않는 자는 구
원을 못받을 것이다"라고 강조하면서 2000년이 도래하기 전에 현 정
부를 뒤엎고 신천신지의 신국(新天新地之神國)을 건설한다고 하
여 교납봉헌(交納奉獻)의 명목으로 신도들로부터 많은 재물을 모
았을 뿐만 아니라 수십 명의 여신도를 강간하였다.

(2) 유불선 등 동방 종교문화 전통을 배경으로 한 집단.

원돈법문(圓頓法門)이 그 대표적인 집단이다. 1998년 관음법문
(觀音法門)의 강사로 활약하던 허성강(許成江)은 중국동북의 길림
시에서 홍법(弘法)학습반을 조직하면서 자신이 수행해 온 원돈법문
(圓頓法門)을 내놓는다. 그는 그의 <諸經論圓頓> 중에서 "석가부처
님께서 말법시기를 예언하면서 원돈법문 (圓頓法門)이 세상을 구할
것이다라고 하셨는데 자신이 바로 이 원돈법문 (圓頓法門)을 지니고
현세에 강림한 교주(教主)이다."라고 강조하면서 "현재 세상은 마왕
(魔王)이 통치하고 있어 말겁(末劫)이 올 수밖에 없다. 그러므로 원

돈을 공양하는 자만이 말겁에서 구원을 받을 것이다."라고 주장하였다. 그는 원돈법문(圓頓法門)을 빌어 수행집단을 형성하여 신도들로부터 재물을 모으다가 당국에 체포된다.

(3) "특이공능소유자" 중심으로 형성된 집단.

예를 들면 1986년 중국 서부 청해성 연극단의 배우로 활약하던 장향옥(張香玉)은 자신이 특이공능소유자라고 자칭하면서 "자연중심공법(自然中心功法)"을 펴낸다. 그는 자연중심공법을 홍보하기 위하여 북경으로 들어와 자연중심공연구소를 개설하고 "우주어(宇宙語), 우주노래(宇宙歌)"를 지어내 적지 않은 신중을 모아 공법을 전수하면서 재물을 모으기도 하였다.

2) 컬트집단의 활동 특징과 사회영향

이러한 집단들의 분포와 활동범위를 보면 기독교이름으로 활동하는 집단들은 거의가 농촌중심으로 활약하고 유불선이나 현대과학을 배경으로 한 집단들은 도시중심으로 활동하고 있다. 이는 이러한 컬트집단들이 민간신앙을 토대로 출범했음을 알 수 있을 뿐만 아니라 중국사회의 현대 민간신앙 형성과 전개의 특징과 매우 일치하는 모습을 보인다.

그 활동특징과 사회적인 영향을 고찰하여 보면 다음과 같다.

이러한 컬트집단들은 주로 경제실체 혹은 연수기지(研修基地)를 중심으로 활동을 전개한다. 예를 들면 자동차정비소, 미용원, 재봉점, 기공훈련센터, 무술훈련센터 등 형태에 의거하여 경제적 기반을 다짐과 동시에 사회적인 동향을 살펴가면서 활동을 전개한다. 그리고 포교 대상과 방식도 다양하다. 이러한 컬트집단들은 다양한 포교 계획과 방식으로 교세를 확장한다. 그 포교대상으로서는 (1) 사회하층 노약자 (2) 기존의 종교 신도 (3) 현 정부와 사회에 불만이 많은 사람들 등이다. 특히 기독교와 천주교를 집중적으로 공격하면서 그

기층 신도들을 대상으로 포교한다. 포교방식으로서는 현 사회에서 가능한 모든 방식을 동원한다. 이를테면 금전, 여색, 고급화장품, 해외여행, 사회적 승진, 교내직위 등등이다. 컬트집단들의 이러한 사회활동은 다음과 같은 적지 않은 사회문제를 야기시켰다.

(1) 사회분열과 가정을 파괴한다. 문도회(門徒會)는 "동양적 풍속을 타파하고 하나님 중심의 사회를 새롭게 건설하고자"하며 이를 믿지 않는 민중들을 "외방인(外邦人)"으로 칭한다. 또한 신도들로 하여금 "외방인"들과의 결혼, 협조, 왕래를 금할 것을 요구하고 있다. 주신교(主神教)는 신도들에게 가족구성원들의 전원 입교를 강요하며 입교를 거부하는 친인척들과의 거래를 금함으로써 많은 가정들이 파탄되었다.

(2) 정상적 사회질서를 파괴하여 사회문제를 초래한다. 문도회(門徒會)는 세계말일이 오면 문도회(門徒會)에 입교한 자는 신의 덕택으로 승천(昇天)하여 사복량(賜福粮)을 먹고 살 수 있으므로 농사를 힘들게 지을 필요가 없다고 한다. 그 영향으로 말미암아 적지 않은 신도들은 농기구를 팔아버리고 기도에만 열중하여 나중에 어려운 생활난을 겪게 된다. 또한 어린 신도들에게 기도만 열심히 하면 공부하지 않아도 모든 것을 자통(自通)할 수 있기에 학교에 갈 필요가 없다고 선전한다.

(3) 현 정권을 공격하고 와해(瓦解)시킨다. 적지 않은 컬트집단들은 공산당 기관과 현 정권에 침투하여 요인들을 포섭하여 입교시킨다. 문도회(門徒會)의 교내 규정을 보면 다음과 같다. "구(區) 혹은 향(鄉)급 간부 한 사람을 포섭하여 입교시키면 400위엔을 장려하고, 공청단원 한 사람을 입교시키면 500위엔을 장려하고, 공산당원이나 현급(縣級)간부 한 사람을 입교시키면 장려금 100위엔이다." 이로 인하여 섬서성(陝西省) 내 어느 한 지역에서는 1990년 3월 통계에 의하면 문도회(門徒會)에 가입한 공산당원은 무려 241명에 달하며, 공청단원은 143명, 촌 간부는 82명이다.

(4) 기존 종교에 대한 공격, 특히 기독교 명목을 띤 집단들은 거의가 현존 기독교 교회를 공격하거나 성경에 대한 나름대로의 해석을 가함으로써 종교간 긴장감을 불러일으킨다.

(5) 국제화·정치화를 지향한다. 컬트집단들이 어느 정도 규모를 갖추면 인권이나 종교자유의 명목하에 국내정책의 종교 피해자로 국제사회에 나타난다. 이렇게 되면 국제적으로 인권단체들의 동정을 받을 수 있고 또한 해외 반중국 세력들의 정치도구가 되어 그 교세를 확보할 가능성이 있기 때문이다.

5. 민간신앙 부흥과 새로운 전개의 요인

민간신앙은 중하층 민중들 속에 뿌리내리고 있는 정신신앙으로써 그 주요 활동무대는 농촌이다. 중국의 광대한 농촌의 교육, 의료, 과학기술의 보급이 뒤처져 있다는 것은 주지의 사실이다. 구체적으로 말하자면 중국 13억 인구 중의 8억은 농민이고 2억은 문맹이며 광대한 농촌들에는 의료시설이 결핍할 뿐만 아니라 8억 농민대상의 기본 의료보험이라는 보장 제도마저 구비되지 않은 상태이다. 현대 과학기술이나 사회발전의 혜택을 받을 수 없으므로 인생을 숙명에 맡길 수밖에 없는 상황이다. 오늘날 그나마 교육을 받고 현대 과학기술을 조금이라도 장악한 젊은 층들은 농촌에서 도시로 몰려들고 있다. 그러므로 민간신앙은 그 미신 색채와 더불어 농촌에서 부활하고 기세를 부리게 되는 것이다.

그리고 중국의 경제발전과 더불어 연해지역 중심으로 사회성원들의 물질생활의 질은 날로 높아지고 있다. 그러나 물질적 생활은 결코 모든 정신적 욕구를 만족시킬 수는 없는 것이다. 물질생활을 추구하는 사회적 풍조는 오히려 적지 않은 병패를 초래하였다. 즉 도덕성 상실, 가치관의 혼란, 정신적 기황, 부패, 타락 등 현상들이 수없이 나

타나기 시작하였다. 이러한 사회상황은 치열한 사회경쟁에 참여할
자신을 잃은 많은 사람들의 불만을 자아냈을 뿐만 아니라 외적인 초
능력의 소지자가 나타나 호우(護祐)해 주기를 고대하게 된다. 20세
기 80년대 이래 중국사회의 종교 상황, 특히 민간종교 상황은 이러한
사회배경에서 형성되고 있는 민중들의 종교의식과 밀접한 관계를
갖고 있다 할 수 있다.

　　민간신앙의 부흥은 전통종교의 보수화·타락 등 세속화 경향과
도 갈라놓을 수 없다. 오늘날 중국 전통종교가 어느 정도 부흥세를
보이고 있으나 그 내용을 자세히 살펴보면 전통적인 법맥이나 도통
을 이어 새 시대에서 전개한다기보다 적지 않은 경우 전통 교단들의
현세이익 추구과정에서 보인 단기간의 흥성일지도 모른다. 이러한
상황에 비춰 중국종교는 신종교 시대에 이미 들어서 있다고 판단하
고 싶다. 전통불교의 흥성은 역사전통을 이은 일부 사찰 외에는 불교
계 신종교로, 도교의 흥성은 전통도교 계통에서 파생된 신흥종교로,
기독교 교세의 확장은 대도시의 일부 전통적 교회를 제외하고는 이
미 현대 중국식 기독교로 변모함을 확연히 보여주고 있기 때문이다.
그러므로 현대중국사회에 있어서의 종교란 이러한 상황 안에서 형
성·전개되고 있어 그 발전 향방이 주목된다.

　　그리고 해외 신종교 및 민간신앙단체들의 영향도 무시할 수 없
다. 중국의 개방정책으로 말미암아 수많은 해외의 기업체·문화단
체들이 중국사회에서 활약할 기회를 얻게 되었다. 글로벌화, 정보
화 시대를 맞아 해외 전통종교나 신흥종교들의 중국 내 활약도 중
국 종교시장의 활성화에 적지 않은 역할을 하고 있다. 기업체·가
정 또는 개개인에 의한 민간신앙활동도 적지않은 비율을 차지하고
있다. 그와 동시에 중국사회 각 계층에는 망교자(望敎者)로 불리우
는 종교 갈망자들이 적지 않음을 잊어서는 아니 될 것이다. 현대중
국사회에 있어서의 민간신앙활동은 계속하여 전통적 신앙내용을
중심으로 새로운 내용과 형식을 부여하면서 더욱 복잡다양하게 전

개될 것이다.

6. 맺는 말

　이상 현대 중국사회의 민간신앙 현황을 소개하고 그 이해를 도모하기 위하여 형성요인에 대하여서도 간단한 분석을 해 보았다. 사실상 중국사회에 있어서의 종교문제는 결코 가볍게 거론될 화제가 아니다. 역사적으로 중국사회는 유가사상을 정치이념으로 삼아 왔기에 중국전통문화의 기본 특징은 인문정신이 강조되며 세속적인 예악(禮樂) 교육과 수신(修身)을 통한 인격 완성을 강조하여 왔다. 그러므로 중국역사에서 종교에 대해 그 신앙보다 교화(教化)에 주안점을 두어 왔다 할 수 있다. 역대 정치 통치자나 사회 엘리트계층에서는 유불선 삼교병용정책을 실시하면서 "불교로 마음을 다스리고 도교로 몸을 다스리며 유교로 세상을 다스린다"고 자랑스럽게 말하곤 했다. 그러므로 중국 전통문화 속에는 종교신앙의 관념이 상대적으로 희박하다 할 수 있다. 종교를 신앙한다 할지라도 적지 않은 사람들은 실용적이고 공리적인 태도를 취하고 있어 종교신앙의 신성함과 경건성이 많이 결여되어 있었다.

　그런데 19세기에 이르러 서양종교인 천주교, 기독교가 서양문명과 더불어 중국에 전래되어 급속하게 확산되면서 중국인들로 하여금 종교의 신앙적 가치에 관심을 모으게 하였다. 그러나 이와 동시에 전래된 서양의 유물주의 무신론과 근대과학정신은 중국인들로 하여금 혼란에 빠지게 하였다. 수많은 논쟁 끝에 중국사회는 끝내 반종교의 길을 선택한다. 이로부터 중국사회에서는 종교를 미신적이고 우매하며 낙후한 정신생활로 비판하고 억누르며 심지어는 인위적으로 소멸시키려고까지 하였다. 문화대혁명 시기에 이르러 이러한 행위는 극에 달한다. 요컨대, 상당히 오랜 기간 중국인들의 종교에 대한 인식은 매우 유치하고 단순했음을 알 수 있다.

　　최근 30여 년간 중국사회의 종교현상에 대한 사상 관념적 변화는 놀라울 만큼 큰 변화를 가져왔다. 만약 이러한 관념상의 변화가 없었더라면 위에서 소개한 그러한 중국사회 종교활동의 신속한 발전과 복잡다양한 양상은 찾아볼 수 없을 것이다. 현대중국사회에 있어서의 전통종교나 민간신앙의 부흥과 발전은 개혁개방정책의 중국사회발전의 결실이라 해야 할 것이다.

　　오늘날 중국의 많은 사람들은 종교신앙 문제에 대한 잘못된 인식을 반성하고 인류문명으로서의 종교와 개인 정신생활로서의 종교의 가치를 새롭게 인식하기 시작한다. 종교의 발생과 존재 이유를 더욱 심층적인 인성(人性)적 근원·정감적 요구·심리적인 복잡한 요소 등의 차원에서 받아들이기 시작한다. 그러나 중국의 종교상황은 이상 소개한 바와 같이 복잡하다. 오늘날 중국사회에 있어서의 종교는 상당히 오랜 기간에 걸쳐 종교에 대한 인식이 유치하고 단순했던 중국민중들의 정신생활에 어떤 영향을 미칠지 오늘날 중국종교의 전개를 지켜보며 그 앞에는 수많은 과제들이 놓여 있음을 심심히 느낀다.

(『신종교연구』 제20집, 2009.4)

第二十章

中國佛教부흥의 길

1. 중국의 종교현황과 불교 부흥의 사회적 요인

1) 변혁기의 중국불교

불교는 인간들의 생로병사 등 고통에 대한 성찰을 통해 생사를 초월하는 것을 핵심취지로 한 종교이다. 또한 불교는 시대, 민족, 계급, 지역을 뛰어넘는 초월적인 특성을 갖고 있다. 불교는 그 해결하고자 하는 문제들이 존재하는 이상, 즉 인간들의 생로병사 등의 고뇌를 이겨내고자 하는 종교적 수요가 있는 한 존재할 것이며 그 역할을 수행할 것이다.

역사상 불교가 성행했던 시기들을 두루 살펴보면 아래와 같은 두 가지 특징을 가지고 있다. 하나는 일반민중들의 고난이 각별히 심중했던 역사 시기, 다른 하나는 사회 안정을 이루고 물질생활과 문화생활이 풍요로운 시기이다. 예를 들면 수당 시기가 그 후자의 예가 될 것이며 청말 20세기 초의 불교 부흥이 그 전자의 예로 되겠다.

20세기 전반 중국 사회상황은 전란의 연속이었고 외세침략과 자연재해로 말미암아 민중들은 더 없는 고난 속에서 허덕였다. 그들의 고해에서 해탈하고자 하는 정신적 갈망과 모든 노력은 불교와 같은 종교만이 그 정확한 해탈의 길을 제시해 줄 수 있다고 인정받았기 때문에 불교의 부흥을 맞게 된 것이다.

한 사회가 안정되고 평화로우며 물질생활이 상당한 수준에 도달했을 때, 정신적 욕구도 그에 따라 높아지기 마련이다. 또한 이런 시기일수록 인간들의 정신적 공허가 잇따른다. 20세기 80년대 이후로 중국사회는 개혁개방정책을 실시하여 경제발전을 시도하여 왔다. 경제발전은 일반민중들에게 전례없는 물질적 혜택을 가져다 주었다.

그러나 물질적 생활은 결코 정신적 욕구를 만족시킬 수는 없는 것이다. 물질생활을 추구하는 사회적 경향은 오히려 적지 않은 병폐를 초래하였다. 즉 도덕성 상실, 가치관의 혼란, 정신적 공황, 부패, 타락 등 현상들이 나타나기 시작하였다. 이러한 사회 상황으로 말미암아 20세기 80년대 이래 중국 대륙의 불교는 다시 한번 부흥의 기회를 맞게 되었고 새 세기에 이르러 그 성황은 세인들의 놀라움을 자아내고 있다.

(1) 현대 중국의 종교 현황

중국은 다종교 국가이다. 그 중 현존하는 5대 종교, 즉 불교, 도교, 가톨릭, 기독교, 이슬람교 신앙자수는 중국정부의 통계에 의하면 1억을 넘고 있다.

그 외에도 살만교(薩滿敎), 동정교(東正敎), 동파교(東巴敎) 등 수많은 민간 종교 신앙이 존재하고 있다. 중국정부가 2001년에 실시한 제5차 국정조사의 공식발표에 의하면 총 인구는 12.9억 명이다. 이로 미루어 볼 때 전 인구의 10%가 종교 신앙을 갖고 있는 것이 된다.

또한 중국은 다민족 국가이다. 전 인구의 92%를 점하는 한민족 외에도 55개 소수 민족이 생활하고 있다. 그 중 지리적으로 서남, 서북지역에 집거하고 있는 22개 민족은 전 민족이 한결같이 종교를 가지고 있다. 그 외의 많은 민족들의 정신생활 상황은 복잡 다양하다. 그러면 아래에 인구, 민족과 5대 종교와의 관계를 중심으로 현대 중국종교의 현황을 소개하기로 한다.

도교(道敎)는 중국 본토에서 발생한 종교로서 1,700년의 역사를 자랑하고 있다. 역사상 도교신앙은 한민족 중심으로 전개되어 왔으나, 오늘날 그 영향은 그 전통 지역을 벗어나 중국전역 나아가서는 해외의 적지 않은 지역에까지 미치고 있다. 현재 중국 내 도교 궁관(宮觀)은 전국 각지에 160여좌 현존하고 있고, 도사(道士), 도고(道姑)는 2만6천 명에 달한다.

도교는 주로 크게 전진도(全眞道)와 정일도(正一道) 2파로 나뉘어 신앙되고 있는데, 그 신앙자의 대부분은 농촌에 분포되어 있으며, 또한 민간신앙과 뒤섞여 있어 정확한 신도수의 파악은 어렵다.

도교에 가까운 민간종교 신앙자수를 포함하여 도교 신도는 1억 8,000만 명에 달한다는 통계도 나와 있다. 현재 노장사상에 심취되어 있는 지식계층이나 기공(氣功) 애호가들까지 포함한다면 그 영향이 어느 정도인지 가늠할 수 있을 것이다.

기원 8세기에 중국으로 유입된 이슬람교는 주로 중국의 서북지역을 중심으로 20개 소수민족이 신앙하고 있다. 예를 들면 회족, 위글족, 하사크족, 우즈베크족, 타타르족, 타시크족, 칼카스족, 동향족, 사라족, 보안족 등으로서 약 1,700만 명에 달한다. 그 외에 몽골족, 장족, 백족, 타이족의 일부분도 이슬람교를 신앙하고 있다. 현존하는 청진사(淸眞寺)는 약 3만좌가 되며 이맘(伊瑪目)과 아꿍(阿訇, 이슬람교 성직자)은 약 5만 명이며 전국 각지에 경학원을 9개소 설립하여 경영하고 있다. 80년대 이후로 문화대혁명 때 파괴되었던 종교시설 등을 많이 복구하였으며 국제적으로 아랍세계와의 왕래도 빈번하여 해마다 전세계로 메카참배를 떠나는 신도 단체들을 흔히 볼 수 있다.

법문사 불지사리 참예법회에 참가한 불자들.

백림사 여름방학 불교수학캠프에 참가한 대학생들.

가톨릭은 기원 7세기에 중국에 전해졌으나 큰 영향을 미치지 못하였고 1840년 아편전쟁 이후로 대폭 전입되어 뿌리를 내리게 되었다. 그 신도는 주로 중국의 동부 연해지역에 많이 분포되어 있다. 현재 중국 천주교회는 100개 교구로 나뉘어져 있으며 신도는 500만 명에 달한다. 현재 개방된 성당은 약 5,000곳 있으며 성직자는 4,300명에 달한다. 그리고 전국 각지에 신학원 12개와 수도원 10개를 갖고 있다. 개혁개방 정책과 더불어 80년대 이후 중국 천주교회는 청년신부 1,500여 명을 양성하였으며 그 중 100여 명은 이미 해외로 파견되어 수학 중이다. 그 외 수녀 300명이 초원(初願)을 발하였고 해마다 7만 명에 달하는 신도들이 세례를 받는다 한다. 북경교구만 하더라도 매년 1,000명 이상의 신도들이 세례를 받으러 온다고 한다. 그 외 중국천주교회는 80년대 이후로 성경 300만권을 인쇄 발행하였다고 전해지고 있다.

기독교는 기원 7세기 초에 중국으로 전입되었으나 역시 큰 영향을 미치지 못했고 아편전쟁 이후에 가톨릭과 함께 중국대륙에 전파되기 시작하였다. 기독교도 주로 동부지역을 중심으로 신도들이 집중되어 있다. 성직자 수는 약 2만 명으로서 그 중 목사 전도사 1만 6천 명, 교당은 1만 2천개, 소규모 회당(會堂)만 하더라도 3만 곳 이상 있는 것으로 추정된다. 기독교는 전국 각지에 신학원을 18개 갖고 있다. 80년대 이래로 각 교회가 발행한 성경 수는 3,000만권에 달한다 한다.

상해를 예로 들면 규모가 큰 교당만 하더라도 164좌 있는데 그 중 3분의 2는 개혁개방 이후에 새로 설립된 것이다. 현재 상해시의 신도 총수는 20만 명에 달하며 이는 개혁개방 전의 5배에 달한다. 가톨릭과 기독교는 근년에 들어 신앙자 수가 대폭 늘어나고 있고 지하교회, 지하신도와 같은 표현이 있듯이 실제 통계보다는 더욱 많을 것으로 추정된다. 최근 들어 도시를 중심으로 활약하던 기독교는 농촌으로 대폭 전파되어 주목받고 있다.

물론, 상술한 5대종교 이외에도 지역, 기업체, 가정 또는 개개인에 의한 민간신앙도 적지 않은 비율을 차지할 것이다. 그리고 건강을 목적으로 한 기공수련의 영향에 의한 불교, 도교 신앙자 수도 대폭 늘어나고 있다. 그와 동시에 중국 사회 각 계층에는 망교자(望教者)로 불리는 종교 갈망자들이 적지 않음을 잊어서는 아니 될 것이다. 그 외 글로벌화, 정보화 시대를 맞아 해외 전통종교나 신흥종교들의 중국 내 활약도 중국 종교를 활성화 하는데 적지 않은 역할을 하고 있다.

(2) 중국 불교의 현황

중국사회의 격변 중에서 시대 조류의 물결을 타고 부흥의 기회를 맞은 중국불교는 새로운 시대, 사회상황과 여러 가지 도전에 적극 응하여 새로운 전환을 시도하고 있다. 전통종교 중의 하나인 불교를 3대 어계(중국어계, 티베트어계, 파리어계)로 나누어 고찰하여 보면, 중국어계 불교는 한민족 중심으로 전개되어 왔고, 그 외의 티베트어계 불교, 파리어계 불교는 지역적으로 모두 소수민족 집거 지역이기에 민족적 특색을 많이 띠고 있다. 그 중에서 티베트어계 불교는 중국 서부지역의 장족, 몽골족, 토족, 위글족, 나시족, 보미족, 문파족 등 민족을 중심으로, 신도수는 약 700만 명에 달한다. 파리어계 불교는 중국 서남지역의 타이족, 부랑족, 덕앙족, 와족, 아창족 등 민족을 중심으로 신도수는 150만 명에 달한다.

따라서 소수민족 지역만 하더라도 불교 신앙자 수는 850만 명을 넘는다. 티베트 불교만 하더라도 현재 사원 300좌에 출가승려 12만 명, 그 중 활불(活佛) 1,700명이 있다. 파리어계 불교는 비구 장로(長老) 도합 1만 명이 넘으며 사원 160좌가 있다. 이러한 지역의 불교는 동시에 민족 종교이기도 하기에 그 종교적 전통이 별로 단절된 바 없고 종교적 분위기 또한 농후하다. 그에 반해 한족지역의 불교는 중국 사회의 역사적 전개 과정 중에서 많은 풍파를 겪어 왔고 때로는 그 종교적 분위기마저 찾아보기 어려웠다.

80년대 이후로 중국불교는 개혁개방 정책과 더불어 역사적 전환기를 맞이하게 되었다. 1949년 이후 주지하는 원인으로 말미암아 중국불교계는 곡절을 겪지 않을 수 없었고 특히 문화대혁명 중에는 심대한 타격을 받았다. 많은 승려들이 강제로 환속되었고 많은 사찰들은 문을 닫거나 파괴되었으며 불교 전적(典籍)들은 발견되기만 하면 불살라 버렸다. 이러한 법난(法難)을 겪었음에도 불구하고 80년대 이후로 20년에 걸쳐 많은 승려들을 양성하였고 50년대 이전에 활약하던 고승, 대거사(大局士), 불교학자들이 새롭게 활약하기 시작하였다. 그리하여 중국의 제종교 중에서 제일 빠른 회복과 활약상을 보이고 있다.

현재 중국불교는 홍전(弘傳)의 중심을 산림(山林)에서 도시로, 불교의 사회적 기초는 농민과 지방에서 도시의 상공업자, 문화 지식 계층으로, 불교 교단의 구조는 사찰 승려중심, 즉 승주속종(僧主俗從)에서 승속화합(僧俗和合)으로 적극 전환하고 있으며 그와 동시에 재가거사들의 불교계 내외의 활약이 나날이 커지고 있다.

즉 중국불교는 중국 사회현실에 맞춰 인간불교의 이념을 토대로 적극적으로 시대와 사회에 적응하고자 노력하고 있다. 인간불교의 실천은 불교로 하여금 사승(寺僧) 불교에서 해방되어 사회 각 계층 민중불교로 전환하고 있다. 최근 20년간 중국 각지에서는 수많은 사원들이 재건되거나 신축되었고 승니(僧尼) 수는 1982년의 2만 6천 명에서 20만 명으로 늘어났고 중국 불학원을 대표로 한 불교 고급 교육기관이 20여 개 창설되어 수천 명에 달하는 불교 인재들을 동시에 양성하고 있다.

오늘날 중국 불교사찰들을 돌아볼 때 불학원 출신 젊은 주지, 방장들을 흔히 찾아 볼 수 있다. 불교의 영향은 불교계 내에만 국한 되지 않고 문화계・지식계의 폭넓은 관심을 모으고 있다. 여름방학마다 저명한 사찰들에서 열리는 대학생 불교수행 여름캠프 등 활동은 참가신청자가 너무 많아 골치 아플 정도이다. 북경대학의 고급경영자 MBA코스에는 불교법사들의 불학 특별강의와 수행체험과목도 설치되어 있다.

한민족계 불교는 그 분포가 넓고, 사원에 의한 엄격한 등록제도가 확립되지 않아 도교와 마찬가지로 그 신도수는 정확하게 파악할 수 없는 상황이지만 불교 신도가 도교신자를 훨씬 넘는다고 추정하여도 무방할 것이다. 불교 문화계만 하더라도《법음(法音)》,《선(禪)》《불교문화(佛教文化)》,《불학연구(佛學研究)》,《광동불교(廣東佛教)》,《복건불교(福建佛教)》 등 30여종의 불교 간행물이 창간 발행되고 있고, 그 외에 천여 종에 달하는 불교 서적이 출판되어 있다. 불교미술 불교음악 불교영상 등은 중국 문화시장의 앞자리를 장식하고 있다.

그리고 200여 명에 달하는 불교 전문 연구 학자대오가 형성되어 불교연구에 전념함과 동시에 많은 불교연구 전문 인재들을 양성하고 있다. 개혁개방 이래 불교계와 경제계와의 관계도 나날이 밀접해지고 있다. 전통적인 불교와 관광경제를 갈라놓을 수 없다는 현실 외에도 불교와 관련된 많은 산업들이 일어나고 있다. 또한 중국불교는 국제화의 길을 적극적으로 모색하고 있으며 여러 나라 불교계와의 왕래도 전례 없이 빈번하다. 물론 이런 과정 중 부분적으로 사찰과 불교도들의 병폐도 나타나고 있다. 승단의 신앙화, 계율무시, 금전향락주의 등 현세이익을 추구하는 경향도 없지 않다. 그러나 상술한 바와 같이 불교와 중국사회의 발전은 시대적 추세이다. 20세기 후반기 중국불교는 더없이 소중한 부흥의 기회를 맞았을 뿐만 아니라 수백 년간 볼 수 없었던 성황을 이루고 있다.

(3) 중국불교 부흥의 전통적 우세

불교는 역사적 발전 속에서 많은 상이한 학파와 종파를 형성하여 팔만사천의 법문을 이루었다. 그 중에는 자력 수행에 의해 해탈을

중국 하이난도에 세워진 최고관음상. (높이 108m, 총투자액 8억원)

추구하는 선종이 있는가 하면 타력을 중시하는 정토종, 밀종(密宗)
이 있다. 출세 지향이 뚜렷한 출세간법이 있는가 하면 세속생활을 도
모하는 세간법도 있다. 또한 출세간과 인간세상을 융통하는 대승법
이 있는가 하면 철리(哲理)가 극히 심오하고 치밀한 중관(中觀) 유
가(瑜伽), 삼론(三論), 화엄(華嚴) 등 철학사상도 있다. 그리고 저차
원의 신앙에 적응한 보문시현(普門示現)이 있고 민중들의 정신적·
심리적 요구에 응해주는 불보살 숭배도 있다. 이로 볼 때 불교는 인
간사회의 많은 신앙적 요구를 만족시켜 줄 수 있는 요소를 갖추고 있
다. 불교교의의 이러한 특징들은 불교로 하여금 강력한 생명력을 갖
게 하였고 법난을 거듭하면서도 재생할 수 있었던 것이다.

불교는 교의가 심오하고 법문이 많을 뿐만 아니라 인문과 이성
정신을 두루 갖추고 있어 현대인들의 정신적 욕구를 만족시킬 수 있
다. 불교는 잡신(雜神)을 믿지 아니하며 제법무아(諸法無我)를 고양
하고, 중생은 개유성불(皆有佛性)하여 평등함을 주장하고, 이락중생

(利樂衆生) 함으로써 인문주의와 무신론 정신을 갖고 있다.

불교의 신앙은 의법수지(依法修持)하여 몸소 그 진리를 터득함을 중시하기에 현대과학의 실사구시 (實事求是))와 실증을 중시하는 정신 및 방법과 매우 일치한다. 불교의 세계에 대한 적지 않은 설법에서는 '우주는 무한히 크며 지미무실(至微無實)하고, 심식(心識)은 다차원으로 나뉘어진다' 등의 주장도 있다. 이러한 주장은 현대과학의 새로운 발견과 연구 성과들을 방불케 한다. 불교의 이러한 요소들은 현시대정신과 모순되지 않으며 현대사회에 쉽게 적응하는 사상적 보장이 된다.

중국에 전해진 불교는 계리계기(契理契機)의 홍법(弘法) 원칙에 의하여 중국의 현실상황에 근거하여 대담하게 인도 불교 교의와 제도의 전통을 혁신하여 중국불교의 다수 종파와 사원 총림(叢林)제도를 확립하였다. 불교의 중국적 전개는 자신을 부단히 성찰하여 중국사회에 적응하고 중국문화와 융합하는 과정이다. 이러한 계리계기(契理契機)의 전통은 중국 불교로 하여금 더욱더 생명력을 갖게 하였고 시대에 발맞춤할 수 있는 생리기질을 갖추게 하였다. 그러므로 불교는 그 전통적 우세를 갖고 있음과 동시에 청춘의 생명력을 지닌 종교이기도 하다.

중국불교는 수당 성세(盛世) 이후로 쇠퇴의 길을 걸어 왔으나 모든 것을 상실한 것은 아니다. 청말에서 중화인민공화국 성립에 이르기까지 전국에 한전(漢傳) 불교사원은 26만 여좌에 달하였고 승니의 총수는 395만 명에 달하였다. 그리고 제종 제파는 모두 계승자가 계속하여 배출되었다. 비록 사회적인 요인으로 말미암아 불교계의 풍기가 어느 정도 문란할 때도 있었지만 출가인들은 독신, 금욕, 소식 전통을 지켜왔고 재가거사들 중에도 불교 계율을 엄격히 지켜온 예를 흔히 볼 수 있다. 이 시기에 제창된 인간불교의 전통은 오늘에 이르기까지 그 맥을 잇고 있다. 즉 중국불교는 많은 어려운 상황 속에서도 그 종풍을 계승하여 왔으며 승려 양성을 잊지 않았다.

불교는 그 전파 과정 중 각 지역의 민족문화와 융합하여 공존 공생하여 왔으므로 커다란 전통우세와 문화적 우세를 갖고 있다. 불교는 비록 외래문화이기는 하지만 중국 대륙에서 2,000여 년간 전파되는 과정 중 본토문화에 적극 적응하여 중국적 불교로 변모함으로써 중국 전통문화의 중요한 구성 요소가 되었다. 수많은 중국 민중들은 불교를 신앙하여 왔고, 중국의 철학, 종교, 민속, 문화, 예술, 과학, 건축, 언어 등 문화요소와 분야에 깊이 침투되어 그 영향 또한 심원하다. 특히 여래불, 관음보살 등의 무한한 법력, 자비, 지혜 등의 형상은 《서유기 (西遊記)》와 같은 문학 작품들에 의하여 널리 알려졌고 새세대 청소년들의 흥미를 자아내고 있다. 중국의 광대한 산천에는 가는 곳마다 불교 사찰이 있어 관광객들에게 인문경관을 통하여 불교의 메시지를 전해주고 있다. 그러므로 불교의 전통우세, 문화우세는 여타 외래종교들과 비할 바 없고 또한 신사조나 외래 현대문화와도 비할 바 없다.

중국불교의 역사적 전통 중에는 농선불이(農禪不二)의 경제전통이 있다. 당대 백장 회해 선사(百丈懷海禪師)의 "일일부작 일일불식(一日不作 一日不吃)"은 오늘에 이르기까지 미담으로 전해지고 있다. 농선병거(農禪併擧), 상선병거(商禪併擧)의 전통은 중국불교로 하여금 사회에 의탁하지 않고도 독자적 발전의 길을 걸을 수 있게 하였다. 개혁개방의 경제정책은 불교계에 사찰경제를 부흥시키고 불교 부흥에 경제적 토대를 닦게 하였다. 이 또한 중국 불교 부흥의 중요한 요인 중의 하나가 될 것이다.

(4) 중국 불교부흥의 사회적 요인

중국의 개혁개방 정책에 따른 종교정책과 정치, 경제, 사회 환경 속에서 불교는 새로운 부흥의 기회를 맞게 되었다. 새로운 종교정책이 실시됨에 따라 문화대혁명 시기에 파괴되었던 사찰들은 정부와 사회의 지원으로 점차 복구되었고 환속되었던 승려들은 정부의 도움을 받아 사찰을 되찾게 되었으며 불교관련 서적들의 대량 출판은 대중 일반들의 불교에 대한 관심을 불러 일으켰다.

20세기 말 불교 부흥의 또 하나의 요인은 역대로 불교를 압제하여 오던 유교문화 전제체제의 해체일 것이다. 제국주의와 봉건주의를 반대하는 역사 물결속에서 유가사상은 봉건 정치체제의 핵심이념으로 커다란 충격을 받았다. 근대의 5.4운동으로부터 문화대혁명에 이르기까지 유교문화는 철저한 타격을 받았고 2,000여 년에 이른 그 우세를 상실하게 되었다. 이와 반대로 봉건성·정치성을 지니지 않은 초시대적·초계급적인 불교는 많은 지식계층과 일반민중들의 관심을 모으게 되었다. 특히 80년대 이래 경제발전에 따른 신앙위기는 종교 붐을 불러일으켰고 불교는 많은 청소년들의 눈길을 끌었다.

중국 불교부흥의 또 하나의 사회적 요인은 현대 과학기술 문명에 대한 성찰에서 비롯된 동양전통에 대한 중시일 것이다. 물질문명이 고도로 발전하면서 나타난 인간성 상실, 도덕타락 등은 서양문명에 대한 종말을 예언하였으며 동양 전통문화에 많은 관심을 표하였다. 60년대 이후 서양문화계에서 시작된 이러한 문화반성 사조는 동양문명의 중요한 사상요소인 불교 특히는 선종에 관심을 모으게 하였다. 이에 따라 인도, 동남아 등 지역에서는 불교 부흥운동이 시작되었고 중국 문화계에서도 이러한 사조의 영향으로 말미암아 전통 불교 회복과 부흥에 관심을 모아 왔다. 80년대 초 중국대륙에서는 기공, 인체과학 붐 등이 일어났고 이러한 사조는 불교의 수행법에 많은 관심을 모으게 하였다. 이 과정을 거처 적지 않은 사람들이 불법에 관심을 갖게 되었고 이런 관심 속에서 "기공의 귀결점은 불교다"라는 결론적인 표현까지 나오게 되었다. 오늘날 대륙 승니들 중에는 기공수련으로부터 불학에 관심을 갖게 되었고 나아가 가사를 걸치게 된 경우도 흔히 볼 수 있다.

그리고 개혁개방 정책으로 말미암아 대만, 홍콩, 동남아 등 지역

의 화인(華人) 불교계가 중국 대륙불교 부흥의 강력한 기연(機緣)이
되어 왔다. 역사적으로 상술한 지역들의 불교는 중국 대륙불교와 깊
은 연원관계를 갖고 있다. 80년대 이후 중국 대륙불교 회복 과정 중
상술한 지역들의 불교계는 여러모로 대륙 불교발전의 강력한 조연
(助緣)이 되어왔다.

2. 현대중국사회에 있어서의 관음신앙(觀音信仰)

보살신앙은 대승불교 중의 중요한 내용의 한 부분이다. 많은 불
보살 중에서 석가모니불, 아미타불과 관세음보살, 지장보살(地藏菩
薩) 등은 세간에 제일 많이 알려져 있을 뿐만 아니라 또한 세인들의
존경을 가장 높이 받고 있는 불보살들이다. 그 중에서 아미타불은 극
락정토로 이끌어 주고 관세음보살신앙은 현세고난을 구제하는 기복
법문(法門)으로써 세상 사람들, 특히 사회 하층 불자들에게 널리 신
앙되고 있다. 중국에는 석가모니불을 모르는 사람은 있을지라도 아
미타불과 관세음보살을 모르는 사람은 거의 없다. 불자들은 입만 열
면 나무아미타불과 관세음보살을 중얼거린다.

일반적으로 대승불교의 보살신앙은 타력(他力)신앙으로써 생
사해탈하여 불국정토에 왕생함을 근본 목표로 한다. 아미타신앙이
나 미륵신앙을 막론하고 모두가 그러하다. 그러므로 중생들은 현실
생활 속에서 고난을 겪더라도 최종적으로 생사윤회의 고를 벗어날
수 있기만을 기대한다. 그러나 관음신앙은 이와는 달리 현세에서 중
생들의 고통을 살펴 그에게 은혜를 베푸는 것이다. 그러므로 관세음
(觀世音)이라고도 한다. 중생들이 이처럼 관음보살을 신앙하게 된
것은 바로 관음보살이 우리 생활 가까이에서 수시로 중생들의 고통
을 헤아려주고 자비를 베풀어 주기 때문일 것이다.

1) 관음보살의 도량(道場)

　　중국 고대 문학명작《서유기(西遊記)》를 읽어 본 독자라면 그
중에서 관세음보살이 거처하고 있는 보산선경(寶山仙境)을 기억하
고 있을 것이다. 이것이 바로 중국의 4대 불교명산 중의 하나인 관세
음보살도량-보타산(普陀山)이다. 보타산이라는 이름은《화엄경(華
嚴經)》속에 나오는 보타락가(補陀洛迦)에서 비롯된다. 이 경의 기록
에 의하면 인도 남부에 보타락가라는 산이 있고 그곳에는 유명한 보
살 한 사람이 살고 있었는데 그가 바로 관자재(觀自在)이다. 이 산은
바다 위에 위치하여 많은 보물들로 이루어졌고 산에는 도처에 과일
나무와 아름다운 꽃들이 사시사철 피어 있다. 관세음보살은 그 중에
서 결가부좌(結跏趺坐)하여 사처에서 몰려온 많은 보살들에게 그의
대자비법(大慈悲法)을 설하곤 한다. 불교가 중국에 전파됨에 따라
불자들은 남인도바다의 <해천불국(海天佛國)>을 연상하여 중국 남
방의 동해바다에 또 하나의 관음도량 보타산을 구축했던 것이다.

　　보타산은 절강성 주산도(舟山島)의 동남연화양(東南蓮花洋)에
자리하고 있으며 세계에 어업의 중요한 진(鎭)으로 이름을 널리 알
린 심가문(沈家門)과 바다를 사이에 두고 마주하고 있다. 명·청 시
기 보타산에는 소수의 오가는 어민들을 위한 상점 이외에는 거의 고
정된 주민이 없고 그 당시 주택이라 하면 모두 사찰이었고 고정된 주
민이라 하면 모두 승려들이었다. 1936년의 통계자료에 의하면 12km²
의 이 작은 섬에는 이미 보제(普濟)·법우(法雨)·혜제(慧濟) 삼대
사찰과 28 개의 선원(禪院)이 있었으며 128여 세대가 살고 있었다.
승니수는 1,878명에 달하였으며 매년 국내외에서 모여드는 유승(遊
僧)들만 하여도 천명이 넘는다.

　　보타산이 진정으로 <관음도량>으로 변모한 것은 당대중(唐代
中)년간으로 추정된다. 당대중년간에 인도로부터 승려가 이곳에 와
관음상에 예불하고 갔다는 기록으로 미루어 보아 관음신앙은 이미
이곳에서 뿌리를 내리기 시작한 것이다. 관음도량형성에 관하여 많

중국의 무용수가 연출한 천수천안관세음보살

은 전설들이 전해지고 있는데 여기에서 그중 대표적인 전설 하나만 소개하고자 한다.

양진명(梁眞明) 2년 일본 구법승 혜악(慧锷)이 오대산에 문수보살을 참배하러 왔다가 관음성상(觀音聖像)을 보고 그 청정하고 장엄함에 끌려 일본에 모실 것을 결심한다. 그리고 절의 주인이 동의하지 않을 것 같아 이 성상을 몰래 가져갔다. 혜악은 이 성상을 얻고 나서 즉시 배를 사서 귀국길에 오른다. 배가 주산(舟山)해면의 신라교에 이르렀을 때 갑자기 바다 속에서 철로 만들어진 연화(鐵蓮花)가 수없이 솟아나와 가는 길을 막아 버렸다. 관음상을 모신 배는 보타산

주변을 3일간 돌면서 바다로 향할 수가 없었다. 해악은 이런 신기한 장면을 보고 더 이상 떠나갈 수 없게 되자 그 자리에서 관음상 앞에 무릎을 꿇고 참회한다. 해악이 참회하는 중 철연(鐵蓮)은 온데간데 없이 사라졌고 배는 쏜살같이 달려 주산도(周山島) 조음동(潮音洞) 옆에 멈춰 섰다. 해악은 산에 올라가 부근에 사는 장씨(張氏) 어부에게 모든 사연을 알려주었다. 그러자 장씨어부는 자기가 살고 있는 오막사리를 내놓아 관음상을 모시도록 하였다. 혜악도 이 산에 남아 관음상을 모시기로 결심하였다. 민중들은 이 관음상을 공양하고 있는 오막사리를 <떠나지 않는 관음원(不肯去觀音院)>이라고 불렀다 한다. 이때부터 이곳에서는 집집마다 관음상을 모시게 되었고 보타산은 명실공히 관음보살의 도량이 되었다.

중국에는 보타산 외에 또 세상에 널리 알려진 관음도량이 하나 있다. 그곳은 바로 티베트의 라싸시 중심에 자리잡고 있는 포탈라궁이다. 티베트에는 장족(藏族)이 바로 관음의 화신으로 나툰 민족이라는 전설이 있다. 장족사(藏族史)에서는 유명한 임금 및 고승들을 관음의 화신이라고 인정하고 있을 뿐만 아니라 그들은 세계는 한 송이 연꽃이며 티벳의 라싸가 바로 이 연꽃의 화심(花心)으로써 관음의 정토라는 것이다. 이러한 불교신앙을 바탕으로 포탈라궁이 건축되었다 한다. 위에서 소개한 바와 같이 포탈라궁의 이름도 보타산의 이름과 같이 범어의 보타락가에서 비롯된다. 포탈라궁은 지금까지는 그 지리적 교통상의 불편으로 말미암아 사실상 티벳불교의 중심 사원의 역할만 해왔지만 2006년 6월부터 북경-라싸간 관광열차가 개통됨에 따라 티베트의 관음도량-포탈라궁은 불교에 대한 세계적 관심을 불러일으킬 것으로 예상된다. 이와 같이 관음도량은 중국 내에 수없이 많이 나타났다. 관음보살의 대자비원력(大慈悲願力)은 이 사바(娑婆)세계와 특별한 인연을 맺고 대비(大悲)로 중생들을 제도하고 연에 따라 시현(示現)하기에 그 어느 곳이든 관음보살의 도량이 아니겠는가?

2) 현대중국사회의 관음신앙

(1) 보타산의 관음신앙

중국의 개혁개방 정책과 더불어 관음신앙은 날이 갈수록 사회 일반의 관심을 모으고 있고, 관음도량으로 예불(禮佛)하러 오는 사람들은 날로 많아지고 있다. 특히 음력 2월 19일, 6월 19일, 9월 19일, 이 세 날은 향불이 가장 왕성한 날들이다. 왜냐하면 2월 19일은 관세음의 탄생일이고 6월 19일은 관세음이 성도한 날이며 9월 19일은 관세음이 출가한 날이기 때문이다. 그 중에서 9월 19일이 제일 성대하다. 매번 향기(香期)만 되면 주산(舟山) 여러 섬의 선남신녀(善男信女)들은 보타산에 모여와 참배하고 향을 올린다. 많을 때는 하루에도 수만 명에 달한다. 이날 불자들의 활동은 대체로 같으며 주요 활동절차는 다음과 같다.

조산진향(朝山進香) : 음력 9월 17, 18일이면 각 성의 불자들이 보타산에 모여 각 사원마다 예물을 올리는데 심지어 길가의 작은 불상들에도 잊지 않고 향을 올린다. 그때가 되면 보타산은 인산인해를 이루며 향의 연기에 감싸이게 된다.

축수보불(祝壽普佛): 음력 9월 18일 밤과 19일 새벽에는 보타산의 각 사원의 승중들은 주지의 영솔하에 가사를 입고 법기를 들고 대전앞에 모여 송경하면서 불사를 행한다. 그러면 선남신녀들도 따라서 같이 예배(禮拜)하고 경불(敬佛)한다.

좌야숙산(坐夜宿山) : 음력 18일 밤에 승중들은 불사를 마치고 나서는 사원에 앉아서 밤을 새운다. 이것을 <숙산>이라고 한다. 이 활동은 관세음에 대한 성심성의를 보여주기 위한 것으로써 대체로 보제(普濟)·법우(法雨)·혜제(慧濟) 3대 사원에 집중하여 진행한다. 숙산이 행해질 때 사원의 대전·후전·편전, 심지어 사랑방, 노천광장에까지도 사람들로 꼭 차게 된다.

등산예불(登山禮佛): 좌야숙산 외 수천 명의 신도들은 심야에 청향(淸香)을 손에 들고 불경을 송독하면서 3보에 한 번씩 큰 절을

중국현대무용의 진수를 보여주는 천수관음

하면서 보타산의 불정산(佛頂山)에 올라간다. 이는 <두주향(頭炷香)>
을 꼽기 위해서이다.

전체전공(全體傳供): 음력 19일 점심 때 각 사원의 승중들은 다
시 집중하여 송경 참배하고 나서 모두 함께 〈소재식(素齋食)〉을 공
양한다. 이를 또 〈경불(敬佛)〉이라고도 한다.

환원불사(還愿佛事): 향기(香期)를 중심으로 7일간 각 곳의 선
남신녀들은 환원의식을 가진다. 보타산으로 갈 수 없는 사람들은 본
지방에서 법사들을 초청하여 환원 의식을 가지기도 한다.

역사적으로 그처럼 영향이 컸던 관음신앙은 1949년 이후로 한

동안 중국인들의 생활속에서 사라지기도 했었다. 사원 내의 소수 승려들 외에는 관음보살을 내놓고 신앙할 수 없었기 때문이다. 뿐만 아니라 <문화대혁명> 때 보타산의 관음도량은 철저하게 파괴당했고 관음보살상도 어느 하나 보전된 것이 없다. 그리하여 사원에는 40여 명의 행동이 불편한 노승과 불구자들만 남아 있었고 그 외의 승려들은 모두 고향에 돌아가 정부의 감시하에 노동개조를 하거나 환속하게 되었다.

1979년 중국정부가 종교정책을 재실시함에 따라 보타산의 3대사(寺)와 6대원(院)등 주요한 종교 활동 장소들이 복구되기 시작하였고 관음도량을 찾아오는 불자들도 많아지기 시작하였다. 산에 들어오는 향객과 관광객 수도 급속히 늘어났다. 통계에 의하면 1979년은 11만명에 불과하였으나 1998년에 이르러서 는 100만에 달하였다. 물론 그 중에는 관광객이 다수를 차지하지만 불교에 매력을 느껴 참배하러 오는 새로운 불자들도 적지 않았다. 옛날에 향객들은 주로 노인과 부녀들이 위주였지만 근년에 들어 의외로 적지 않은 청년들이 참배하러 오고 있다.

역사적으로 주산군도(舟山群島)는 생활환경이 열악하기로 유명했다. 그리하여 이곳 어민들은 자기집에 관음보살을 모실 뿐만 아니라 바다로 나갈 때 심지어 멀리 해외로 이민을 가면서도 관음상을 지니고 다녔다. 이곳 어민들에 있어 관음보살은 자신의 생명과 선박의 안전을 보우하는 해신(海神)으로 간직되어 왔다. 이로 인하여 관음신앙은 중국내 뿐만 아니라 주산어민들이 흩어져 가는 세계각지에 전파되었다. 그러므로 아시아 이외의 많은 국가와 지역들에서도 관음신앙이 성행하고 있음을 볼 수 있다. 근 20년 간 일부 유럽의 국가들에서도 성행되기 시작하였다. 그 근원을 찾아보면 거의가 보타산관음도량과 밀접한 관계를 맺고 있다. 보타산 관리국에서 제공한 자료에 의하면 개혁개방 이래 보타산에서는 국내외 향객과 관광객, 2,303만 명을 접대하였고 1987년부터 15년간 해마다 백만 명이 넘는 불자와 관광객들을 맞았다. 그 중 필리핀·싱가포르·말레이시아·오스트레일리아·인도네시아·타이·베트남·미얀마·일본·독일·영국·미국 등 59개 국가와 홍콩·대만·마카오 등 지방에서 온 불자와 관광객들만 하여도 30여만 명에 달한다.

보타산관리국 국장 장보화(蔣寶華)는 "보타산에서 지난해에 접대한 향객과 관광객들만 하여도 186만에 달하고 평균 접대량이 기타 명산을 훨씬 초월하였으며 이처럼 관음신앙의 매력은 상상을 초월한다. 그래서 보타산은 중국불교 4대 명산 중의 으뜸이다."라고 자랑스레 말하면서 앞으로의 계획을 다음과 같이 밝혔다. 보타산에서는 만불보탑(萬佛寶塔)·보타강경당(寶陀講經堂)을 건축하고 있고 그 총투자액은 2억 위엔에 달하며 관음정토의 성경(聖境)의 환경을 보호하기 위하여 성에서는 환경을 오염하는 자동차 사용을 금하고 있다. 뿐만 아니라 해마다 11월에는 국제 보타산 남해관음법회를 개최하고 보타산 불학원에서는 중국불교계에서 처음으로 중국불학원 교육학원을 설립하며 동시에 불교 박물관을 건립할 것이라고 밝히고 있다.

(2) 중국 현대무용의 정상-천수관음(千手觀音)

불교는 중국에서 전개과정 중 중국전통문화와 융합하여 그 내용과 형식이 더욱 풍부하고 또한 새롭게 발전하여 왔다. 그중 제일 이체를 띠는 부분이 아마도 불교미술 불교음악과 불교무용 등일 것이다. 2005년 CCTV의 춘절만회(설맞이 예술공연)에서 많은 사람들의 인기를 끈 것이 하나 있었는데 그것이 바로 21명의 장애인 예술인들이 출연한 무용 〈천수관음(千手觀音)〉이다. 독자들은 지금까지 사찰이나 박물관의 벽화들을 통하여 수많은 관음상에 접해왔을 것이다. 또한 승무(僧舞)를 통하여 불교 고전무용에도 접했을 것이다. 최근 들어 불교를 소재로 한 현대무용도 가끔 감상할 수 있다. 그러나 관음보살의 대자대비를 이와 같이 생동하고 매력적으로 표현한 예술작품은 중국역사상 처음이며 세계적으로 보기 드물다. 이 무용은 시청자들의 미적 시각을 만족시켜 주었을 뿐만 아니라 더욱이 사람들의 심령을 흔들어 놓았다. 이 무용에 출연한 21명의 여성 예술인들 모두가 소리 없는 세계에서 살고 있고 언어표현 능력마저 상실한 어린 장애인들이라는 것이다. 그들의 평균 연령은 17세이며 제일 어린 아이는 13세밖에 안 된다. 지난 일년 간 텔레비전을 마주할 때마다 그 아름다운 천수관음의 형상은 중국인들의 눈앞에서 사라진 적이 없었다고까지 평론가들은 말하고 있다. 그 예술적 창의성과 매력은 시청자들로 하여금 관세음보살의 구원의 손길이 늘 우리의 가까이에 와닿고 있음을 절실히 느끼게 한다. 개혁개방의 현대중국사회에서 관음보살의 대자대비(大慈大悲)를 구현한 한 예술작품이 수많은 중국대중들의 공명을 불러일으키게 된다는 그 예술적 매력 외에 깊은 사회적 종교적 원인이 있음을 잊어서는 안 될 것이다.

(3) 세계 제일의 관음상—남해해상관음상(南海海上觀音像)

중국의 저명한 석굴이나 사원을 방문하면 모양이 다른 관음조각상이나 벽화를 볼 수 있는데 한마디로 관세음보살의 형상이 꼭 어떠한지 말하기 어렵다. 사실상 관세음보살은 일정한 형상을 갖고 있지 않고 또 그 모양은 인연에 따라 시현(示現)하기에 세상에는 관세음형상이 헤아릴 수 없이 많이 존재한다고 해야 할 것이다. 관세음보살의 이런 특성은 예술가들에게 창조의 넓은 공간을 제공하여 주었다. 그들은 불경과 민간 전설에 의하여 성관음(聖觀音)·자재관음(自在觀音)·십일면관음(十一面觀音)·천수관음(千手觀音)·적수관음(滴水觀音)·수월관음(水月觀音)·독경관음(讀經觀音)·승용관음(乘龍觀音)·백의관음(白衣觀音)·송자관음(送子觀音) 등 수백 가지 형상을 창조해냈다. 그리하여 수많은 보살들 중 관세음보살의 형상이 제일 풍부하고 다채로운 대보살로 부각되었다.

불교가 처음 중국으로 전해 왔을 때는 그 형상이 대장부상(大丈

夫相)이었다. 후에 관음신앙이 중국문화와 융합됨에 따라 점차적으로 여성으로 형상화되어 완전히 중국화되었다. 이는 실로 중국 불교의 또 하나의 새로운 창조라 하지 않을 수 없다. 이런 창조는 우연이 아니라 아래와 같은 깊은 종교적 문화적 배경에서 비롯된다고 생각한다. 첫째, 불교경전과 민간전설에 관세음보살은 항상 여성으로 화신하여 중생을 제도(濟度)하였기 때문이다. 둘째, 중국의 여신신앙과 결합하여 불상 중에 여성형상이 미약한 것을 보충하고자 한 것은 아닌지? 셋째, 인류의 위대한 모성애(母性愛)와 결합하여 관세음보살의 대자대비한 정신을 체현하고자 했다고 할 수 있을 것이다. 넷째, 역사나 현실을 막론하고 불자들 중에는 여성신도가 대다수를 차지한다. 이 여성신도들의 종교적 욕구를 만족시키기 위하여 관세음보살의 형상이 여성상으로 나타났을 것이다. 특히 그 지역 민족 시대를 대표하는 신운(神韻)을 지닌 미인상으로 말이다. 그리하여 중국 문화계에는 "서양에는 비너스가 있고 동방에는 관세음이 있다."는 말이 널리 전해지고 있다.

2005년 4월 24일(음력 3월 16일) 아침 8시 30분 중국의 해남도 남해바다에서 관음상개광대전(觀音像開光大典)이 성대히 봉행되었다. 중국내외 108명 고승 대덕들이 이곳에 모여 세계 최고의 관음상을 공동으로 개광하는 대법회였다. 남해해상관음상은 전 중국 불교협회회장 조박초 거사가 친히 장소를 선택한 것이다. 성휘(聖輝) 법사의 소개에 의하면 남해해상관음상 불사 공정은 1995년에 준비작업을 시작하여 1999년에 정부의 허가를 받아 같은 해에 건축하기 시작하였다고 한다. 총 투자액 8억 위엔에 달한다고 한다.

소개에 의하면 108m에 달하는 남해 바다 위의 관음상은 세계에서 제일 큰 하얀 옷을 입은 관음상이다. 남산해상관음상을 건축하기 전에는 88m에 달하는 중국 무석영산(無錫靈山)의 큰 불상이 제일 높았다. 관음성상의 연화보좌의 높이는 10m이고 모두 4층으로 구성되었다. 매 층마다 모양이 똑같은 27개 연꽃잎이 있는데 도합 108개의

삼면삼두삼견(三面三頭三肩)백의관음 남해해상관음상(南海海上觀音像)
(높이 108m)

연꽃잎으로 이루어졌다. 남해해상관음상 공정을 맡은 남경항천진광
(南京航天晨光) 주식회사 부총공정사 사세국(撒世國)씨의 소개에
의하면 남해해상관음상은 세계적 독창성을 3가지 갖고 있다고 한다.
첫째는 해상 108m의 높이가 세계에서 어떤 조상 건축보다 높다는
것, 미국 뉴욕의 자유의 여신상보다 12m나 높다고 의미심장하게 말
하고 있다. 둘째는 3면을 향한 <백의관음(白衣觀音)> 형상은 불교
조상 중에서 보기 드물다는 것, 셋째는 1만 5천㎡에 달하는 해상원통
보전(海上圓通寶殿)을 갖추었다는 것이다.

　　해상원통보전은 관음성상의 밑부분인데 그 높이는 30m이고 지
하 1층과 지상 6층으로 나뉜다. 지하 1층은 지장궁(地藏宮)으로서 각
종 불교법기와 진귀한 기물(器物)들을 저장하고 전시하며 위층 전당
은 중국 전역의 신중(信衆)들이 영청(迎請)한 99,999좌의 관음상을

조성해 모시고 있다. 해상원통보전내의 8개 금강호법주(金剛護法柱)는 직접 관음상의 무게를 지탱하고 있는데 매개 금강호법주의 직경은 1.5m 이고 길이는 21m이다.

남해해상관음상은 해변과 280m 떨어진 바다에 건축되어 있다. 관음상은 직경이 120m인 금강주(金剛洲) 즉 관음섬 위에 우뚝 서있다. 관음상은 발밑에 108개 연꽃잎을 밟고 있으며 연화좌(蓮花座)아래는 금강대(金剛臺)이며 금강대내에는 면적이 1만 5천m²에 달하는 원통보전이다. 금강주 즉 관음섬은 길이가 280m 되는 〈보제교(普濟橋)〉에 의하여 해안과 연결되어 있다. 해안에는 면적이 6만m²에 달하는 관음광장 및 광장 양측의 주제공원(主題公园) 등으로 근 30만m²에 달하는 <관음정원경구(觀音淨苑景區)>를 이루고 있다. 남해해상관음상의 제일 큰 특징은 삼면삼두삼견(三面三頭三肩)으로 이루어졌고 이들은 각각 지혜(智慧)·자비(慈悲)·평화(平和)를 상징한다고 한다.

대승불교신앙 중 보살신앙은 민중들의 정신생활과 가장 밀접한 관계를 갖고 있다. 경제의 고속 성장을 이루고 있는 현대 중국 사회에 있어서의 관음신앙의 이상과 같은 부흥은 무엇을 의미하고 있는지, 또한 중국 불교가 짊어지고 가야 할 시대적 사명은 무엇인지 참으로 생각하지 않을 수 없는 중요한 문제들이다.

3. 현대 중국사회에 있어서의 지장신앙(地藏信仰)

1) 중국의 민중불교와 지장신앙

중국의 민중불교신앙은 미륵신앙 미타신앙 관음신앙 문수신앙 지장신앙 등을 중심으로 전개되어 왔다. 그중 관음신앙과 미타신앙이 넓은 범위에서 성행하였고 문수신앙과 지장신앙이 독자적인 전개를 하여 오늘에 이른다.

　　지장보살신앙(地藏菩薩)에 관한 전설은 일찍 인도에서 기원하여 후일 중국으로 전해왔다. 오늘날에 이르기까지 인도에서 전파된 실상은 알 수 없으나 지장신앙은 기원전후에 대승불교에 의하여 파생되었음을 추정하여 볼 수 있다. 역사상황에 비춰 볼 때 그 당시 다불(多佛)신앙과 다보살(多菩薩)신앙이 인도에서 성행하였다. 아미타불(阿彌陀佛)·관세음(觀世音)보살 등 불보살신앙이 선후하여 나타났다. 그러나 불교가 인도에서 몰락됨에 따라 이러한 불보살신앙도 그 자취를 감추고 말았다.

　　지장보살신앙이 언제 어떠한 경로를 거쳐 중국에 유입되었는가에 관하여서는 중국불교계에서도 이렇다할 답을 얻지 못하고 있다. 단지 수대(隋代)이전에 이미 지장신앙이 중국에서 유행되기 시작하였다는 사실은 여러 역사문헌들을 통하여 알 수 있다. 북조때 번역된 <대방등대집경>의 <수미장품>에 이미 지장보살에 대한 언급이 있었고 수대의 삼계종(三階宗), 혹은 삼계교(三階敎)라고도 하는 종파의 종조 (宗祖)인 신행(信行)이 《대집지장십윤경(大集地藏十輪經)》을 인용하여 지장보살예찬(地藏普薩禮贊)을 지은 바가 있다. 그의 저작 삼계불법(三階佛法)이 바로 십윤경(十輪經)을 인용하여 지은 것이다. 《대방광십 윤경(大方廣十輪經)》은 북량(北凉)때 번역된 것으로 추정하고 있다. 만약 이것이 사실이라면 지장신앙에 관한 경전(經典)이 수백 년쯤 전에 벌써 중국에 전입되었고 그 후로 점차적으로 유통되고 전파되었다고 할 수 있다. 《십윤경(十經輪)》은 당대에 이르러 현장에 의하여 다시 번역되어 그 이름을 <대승대집지장십윤경(大乘大集地藏十輪經)>이라고 고쳤다.

　　지장신앙을 소개한 불경중에는 《지장보살본원경》과 《점찰선악업보경(占察善惡業報經)》이 있는데 후자는 제등(提燈)에 의하여 번역되었다고 하지만 이 경은 위경(僞經)의 의혹이 많이 제기되고 있다. 이 경은 인도에서 전해진 것이 아니라 중국에서 꾸며낸 위경이라고 한다면 지장신앙이 일찍 중국불교계에 미친 영향을 가늠할 수 있을 것이다. 그 외에 또《지장보살발심인연십왕경(地藏菩薩發心因緣十王經)》이라고 하는 성도부장천(成都府藏川)이 서술한 경이 있는데 이 경도 역시 위경(僞經)의 의혹을 벗어나지 못하고 있다. 여기서 알 수 있듯이 지장신앙은 수대에 이미 중국 불교계에서 유행되었고 당대에 이르러 널리 보급된다.

주지하는 바와 같이 지장보살은 그의 위대한 서원으로 수많은 중생들을 구원의 길로 이끌어왔다. 즉 중생을 다 제도하고 보리를 이룰 것이며 지옥이 빌 때까지 성불하지 않으리! <지장보살본원경>을 보면 "나는 구원겁래로 부처님의 뜻을 이어 불가사의한 힘으로 지혜를 갖추었으며 나의 분신이 백천만억 항하사 세계에 백천만억 몸으로 화하여 그 몸마다 많은 육도 중생을 제도하여 삼보에 귀의하게 하며 영원히 생사를 여의고 열반에 이르게 한다."라고 그의 서원의 내용이 상세히 해석되어 있다. 이러한 서원뿐만 아니라 지장신앙에는 부모를 지옥에서 구원한다는 효도사상도 내포되어 있어 유교적 윤리가치 기초를 지닌 중국 일반 민중들의 더욱 열렬한 환영을 받게 되었다.

그러므로 중국불교계에는 오대(五代)로부터 송대에 이르기까지 지장보살의 소위 영험기(靈驗記)를 편집하기 시작하였는데 주로 그 어느 사람이 어려운 상황에서 지장보살을 뵙고 여러 가지 이익을 얻었다는 내용들이 많이 수록되어 있다. 이런 전설에 가까운 영험기들은 오늘날까지도 불교신도들 사이에서 전해지고 있다. 예를 들면 여러 가지로 생활난을 겪고 있는 불교 여신도 집의 앞, 뒤문이 모두 닫혀 있는데 백발이 성성한 노승이 그 여신도 집에 들어와 있는 것이었다. 이 노승은 그녀더러 구화산에 있는 등불에 기름을 넣어 달라고 부탁하고는 집문을 나서자마자 온데간데없이 사라져 버렸다. 그때로부터 그녀의 생활은 하루하루 좋아지기 시작하였고 얼마 지난 후에야 그녀는 구화산에는 종래로 이런 백세에 가까운 노승이 없음을 알고 꼭 지장왕보살이 그를 구원하러 왕림하신 것이 틀림없다고 생각하게 된다. 또 예를 들면 어느 한 사람이 피부병으로 오랫동안 고통에 허덕이고 있는데 한 괴이한 사나이가 길가에서 책 한 권을 건네주었다. 바로《지장보살 본원경(本願經)》이였다. 그는 이 책을 읽고 나서 점차 건강을 회복하게 되었다고 한다. 이러한 전설에 가까운 영험기의 존재는 지장신앙이 중국의 민간에서 확고한 위치를 차지하고 있음을 말해준다. 이러한 민간신앙적 내용들을 살펴보면 그 중 적지 않은 내용들은 지장보살도량으로 불리우는 구화산 지장신앙에서 비롯된다.

2) 지장보살도량 구화산

구화산은 안휘성 청양현성(靑陽縣城) 서남쪽에 위치하고 있다. 사방둘레는 약 120km가 된다. 구화산은 모두 99개 산봉이 있는데 그 중 천태(天台)·연화(蓮花)·천주(天柱)·시왕(十王) 등 9봉이 제일 웅장하다. 해발 1,342미터인 시왕봉(十王峯)은 옛적부터 "동남 제일 산(東南第一山)"이라는 칭호가 있다. 구화산은 한(漢)대에는 능양산(陵陽山)이라고 불리웠고, 양(梁)대에는 책산이라고 일컬었으며, 당(唐) 초에는 구자산(九子山)이라고 이름하기도 하였다. 그런데 당대 시인 이태백(李太白)이 시를 지어 이 절경을 경찬하면서 아홉 개의 봉우리를 연화에 비유한데서 구화산으로 불리우기 시작하였다. 기이한 봉우리와 깎아지른 듯한 절벽이 짙푸르게 높이 솟아 있는 구화산은 연평균기온이 13.4도이며 여름은 무덥지 않고 겨울은 온화하다. 이 아름다운 풍경 속의 봉우리와 봉우리 사이에는 불교사원들이 빼곡이 자리잡고 있다. 구화산 불교 전성기(全盛期) 때는 사찰 150여 개에 승려 4천여 명에 달하였다. 현재는 사찰 80개에 승려 70여 명이 수도하고 있다.

이러한 절경 속에 김지장(金地藏)으로 불리우는 구화산 불교도량의 개척자 신라인 김교각 법사의 육신을 봉안한 호국육신탑이 자리하고 있다. 육신탑(肉身塔)은 육신보전이라고도 부른다. 이 탑은

김지장의 육신보전

김지장 보살이 99세에 좌화(坐化)한 뒤에 등신불이 된 그 육신을 안치한 곳이다. 그러기에 또 지장탑(地藏塔)이라고 부르기도 한다.

'육신탑'은 명나라 만력 연간에 나라에서 호국육신탑(護國肉身塔)으로 이름을 지정받았고 청나라 강희 23년(1684)에 군수 유성룡(喻成龍)이 중수하였으며, 함풍(咸豐) 7년에 화재를 입어, 동치(同治)연간에 중수하였다.

육신보전은 금벽(金碧)이 휘황찬란하고 기세가 장엄하기 그지없다. 보전안은 백옥(白玉)으로 바닥을 깔았고 지붕은 철기와로 이어졌으며 네 주위에는 돌기둥과 나무로 조각한 화랑이 있다. 보전의 앞 평대 (平台)의 아래는 가파른 돌계단 84층이 있으니 구구팔십일(九九八十一)에다 3층을 더 보탠 수이다. 탑전 (塔殿)은 방형(方形)이며 보전 안에는 나무로 만든 보탑이 있고 한백옥으로 된 보탑의 기초는 모두 일곱 층에다 팔각형을 이루고 있다. 그 보탑안에 지장보살의 육신이 안치되어 있는 3층 석탑이 있다.

구화산의 화성사(化城寺)

중국의 불자들은 음력 7월 30일을 지장보살이 나투신 날로 기념하여 왔다. 이 날자는 아마 신라왕자 김교각이 구화산에서 7월 30일에 원적(圓寂)한데서 비롯된다고 봐야 할 것이다. 지금도 중국남방의 많은 불자들은 음력 7월 30일 밤(소월은 29일이면 자신의 집 마당이나 부근의 토지 위에 향을 피워 지장보살 탄신을 기념한다. 특히 장강유역에는 가는 곳마다 지장왕묘·지장암(地藏庵)을 볼 수 있다. 그 중에 공봉하고 있는 지장의 모습도 또한 서로 다르다. 검은 얼굴이 있는가 하면 하얀 얼굴도 있고 수려한 모습이 있는가 하면 괴이한 모습도 적지 않다. 하지만 어느 하나 없이 모두 가사를 입은 비구(比丘)모습이다. 즉 승모(僧帽)를 쓰고 가사를 입고 손에는 석장(錫杖)을 들고, 한 괴물 위에 올라타고 있는 모습이 제일 많다. 그 괴물이 바로 신라 김교각이 백견(白犬)을 타고 구화산에 오른 그 <선청(善聽)>인 것이다. 이로 알 수 있듯이 지장신앙은 인도에서 전해왔으나 신라왕자 김교각이 구화산 도량을 개척함에 따라 중국에서 새롭게 전개된 것이다. 아래에 김교각은 어떤 인물인가를 간략히 소개하고 넘어가기로 하겠다.

3) 신라왕자 김교각

김교각이 입당(入唐)하기 전 신라에 있어서의 행적에 대한 중국의 문헌기록에는 "신라왕자(新羅王子)", "신라왕족(新羅王族)" 또는 "신라왕자, 김씨근속(金氏近屬)" 등등의 몇 글자밖에 남아 있지 않다. 학자들은 이를 《삼국사기(三國史記) 신라본기(新羅本記)》에 비춰 여러 가지로 추정하고 있다. 그중 김교각이 입당하기 전 당수위(唐守衛)로 장안으로 다녀갔으며 그 과정 중에서 중국의 유교문화와 불교문화를 깊이 접하게 되었고 신라로 돌아온 후 가족적 불화로 말미암아 출가하여 구법의 길에 오르게 되었다라는 출가동기설까지도 대담히 거론되고 있다.

이러한 추리의 전제는 김교각이 신라 성덕왕(聖德王)의 장자 김수충(金守忠)이라는 점에서 출발한다. 《삼국사기》 신라본기에는 성덕왕은 아들 다섯이 있었는데 장자 김수충, 차자(次子) 중경(重慶), 삼자(三子) 승경(承慶), 사자(四子) 헌영(憲英), 오자(五子)의 이름은 기록에 남아 있지 않다. 이를 주장하는 학자들은 "그 중 김교각의 출생년대와 신세가 김교각 출가 전의 상황과 극히 유사하다는 것이다. 그러므로 김수충은 김교각이라고 추정할 수 있다."(《김지장연구(金地藏研究)》 p.62 黃山書社)고 지적하면서 김수충은 왕이기는 하나 장자로서 성덕왕 정실의 아들이 아니므로 충경이나 승경처럼 태자가 되지 못하였으므로 성덕 13년에 당숙위(唐宿衛)로 파견된다. 16년에 당현종(唐玄宗)으로부터 태감직(太監職)을 수여받고 귀국하여 보니 중경(重慶)이 태자로 위임되었고 성정왕후(成貞王后)는 소외시되어 있으므로 왕족생활을 포기하고 출가하여 구도의 길에 오르게 되었다고 지적하고 있다. 그러나 이 문제에 있어서 우리가 의거

할 만한 자료는 위에서 이야기한 몇 가지 중국문헌밖에 없다. 비관경 (費冠卿)의 기재에는 "신라왕자김씨근속(新羅王族金氏近屬)"으로 되어 있고 송(宋)《고승전(高僧傳)》에는 "신라왕지지속(新羅王之支 屬)"으로 기재되어 있으며 최근 주채당(主采堂)의 논문《김지장연 구》에 의하면 구화산 남양매촌 문창각(南楊梅村文昌閣)《등유회비 지(燈油會碑志)》청 함풍(清咸豐) 3년각(刻)이라는 비문을 발견하 였는데 "지장왕신라국지저왕이니라(地藏王新羅國之儲王貳也)"로 기재되어 있다. 즉 김교각은 성덕왕의 둘째 아들 김중경이라는 것이 다. 이에 관하여 한국고대사료에서는 관련기록을 아직 찾아볼 수 없 으므로 역사환경에 비추어 지속적인 검토를 해 나아가야 할 것이다.

김교각은 24세에 당으로 들어왔으므로 신라문화를 한몸에 지닌 혈기 왕성한 구도자였다. 뿐만 아니라 당으로 들어와 명사명소(名師 名所)를 편력하면서 중국문화 특히 불교 발전 상황을 학습 고찰한 뒤 비교적 성숙된 사상을 지니고 독보적인 수행실천을 전개하고자 편벽한 구화산을 선택하였을 것으로 추론할 수 있다. 물론 이 과정 중에서 여러 가지로 많은 애로와 고초를 겪었을 것이다. 이는 같은 신라인 무상(無相)이나 혜초(慧超)의 행적을 살펴보면 가히 이해할 수 있을 것이다. 기존의 자료들은 이 과정에 대하여 소홀히 대한 듯 한 느낌이 없지 않다. 그리하여 김교각은 입당한 즉시 천리를 멀다하 지 않고 구화산을 향한 것으로 기재되어 있으나 이에는 역사 현실에 비추어 보충되어야 할 부분이 적지 않다. 김교각의 시《송동자하산 (送童子下山)》이 이 부분의 공백을 다소나마 메워 주고 있다. "중생 활 쓸쓸해 집생각 나더냐, 정든 절 나와 구화산 떠나는 동자야! 죽마 지우 언제나 그리워하더니, 금같은 불도의 땅도 너를 붙잡지 못하는 구나. 첨병곡의 달구경도 이로써 마지막, 자명구의 꽃놀이도 이로써 마지막. 이별의 마당에서 눈물 흘린들 무엇하랴, 노승은 안개와 구름 벗삼아 살리라!" 금같은 불도의 땅에 대한 굳은 신념과 "노승(老僧)" 이라는 표현은 시간적으로만 보아도 그의 인생편력 경험과 사상 성

숙을 의미하며 적적한 불문생활에 대한 묘사는 구화산이 불교도량
으로 알려지기 전임을 말해주고 있다.

구화산 도량 개척에서 김교각 입적에 이르기까지 기존자료와
전설에 의하면 김교각의 피나는 노력과 신도들의 성실한 신앙심에
의하여 성황을 이룬다. 김교각이 구화산에 홀로 들어가 편벽한 곳에
동굴을 발견하여 자리잡고 구도수행을 시작한다. 촌부 제갈절(諸葛
節)이라는 노인이 석굴에서 홀로 백토를 먹으면서 수행하는 김교각
을 발견하고 그에 감동되어 촌민들과 함께 김교각에게 절을 지어주
었고 구화산의 산주인인 민양화(閔讓和)는 김교각이 부처님 모실 땅
을 청구하자 김교각이 가사를 펼치는 대로 땅을 시주하였다. 뿐만 아
니라 어린 공자(公子)를 출가시켰으며 끝내에는 자신도 출가하였다.
지금도 구화산의 지장보살 좌우에 시위하고 있는 두 사람이 바로 아
들 도명과 산주민공(山主閔公)이다. 그때로부터 어진 관리들과 인근
백성들은 불교에 귀의하는 자가 많아졌고 또 김교각에 관한 소식은
신라에까지 전하여져 많은 신라승들이 찾아왔다(東僧雲集). 그 중
김교각의 소식을 듣고 신라로 데려가려고 구화산으로 찾아온 그의
두 삼촌은 김지장의 고행에 감동되어 신라로 돌아가지 않았을 뿐더
러 지방백성들의 공경을 받는 승려가 되어 입적한 후에 지방백성들
은 이를 기념하여 이승전(二僧殿)을 지었으며 이승회(二僧會)라는
민속명절까지 성행하여지게 되었다. 전하는 말에 의하면 이승회(二
僧會)란 김교각의 두 삼촌을 가리킨다. 그들은 구화산에 머물고 있
었는데 수도에는 열중하지 않고 늘 주색에 빠져 있어 김교각은 두 삼
촌을 산밖으로 내쫓았다.

그러나 어디까지나 머나먼 신라에서 찾아온 삼촌인 만큼 산문
지키는 일을 맡게 하였다. 그렇게 되자 두 삼촌은 낮이면 열심히 산
문을 지키고 밤이면 산문 밖에 나가 동네사람들과 같이 술을 즐기곤
했다. 구화산을 찾아오는 불자들도 산속 깊은 곳에 머무는 김교각을
못 만나면 돌아가는 길에 그 두 삼촌을 만나는 것으로 만족해 하였

구화산의 이승전(二僧殿)

다. 참으로 승속(僧俗) 모두가 가볍게 접할 수 있고 좋아하는 이승(二僧)이었다. 이승 (二僧)이 세상을 뜨게 되자 산밖의 촌민들은 해마다 이승회(二僧會) 날이 오면 술과 고기안주를 푸짐히 차려 놓고 구화산승려들을 청하여 승속(僧俗)없이 이승을 기리며 질벅하게 한잔 한다고 한다.

김교각은 남대(南臺)에 앉아서 향을 피우고 사대부경(四大部經)을 읽었고 참선을 하였으며 때로는 농사를 짓고 차나무를 가꾸기도 하였다. 정원 10년(794년) 김교각은 갑자기 제자들을 불러놓고 작별인사를 하였다. 비관경에 의하면 그가 입적할 때 산이 울리고 벼랑에서 돌이 굴러내렸다 한다. 그의 육신은 가부좌한 채로 함에 넣어두었는데 3년 만에 뚜껑을 열어보니 피부는 살아있는 사람처럼 부드러웠고 팔다리를 들어보니 금쇠소리가 나므로 이는 불경에 기재된 지장보살이 이 세상에 나투신 것이 틀림없다고 인정하였다. 그때로부터 그를 지장보살 또는 김지장이라 불렀으며 그의 육신을 구화산 신광령(神光嶺)에 모셔 육신보전을 건립하였다. 이로 인하여 구화산은 지장도량으로 변모하기 시작하였고 구화산은 중국지장 신앙의 성지로 이름을 떨치게 되어 중국 4대 불교명산 중의 하나이며 지장보살의 도량으로 되었다. 명대 왕양명(王陽明)이 지은 시에 이른 바와 같이, "바다건너 고향나라 떠나, 영귀(營貴)를 버리고 고공(苦空)을 찾았더라. 두 나무 아래에 집을 지어 수행하였기에, 백화속에 탑을 세워 봉안하였도다."

4) 오늘의 구화산

문화대혁명이 끝난 뒤인 1982년 구화산은 중국에서 첫 번째로 국가급 명승지역으로 지정받았고 풍경구 특별허가를 받았다. 그때로부터 구화산은 다시 활기를 띠게 되었으며 불국토를 찾아오는 불자들과 관광객들로 붐비기 시작하였다.

필자는 수차에 걸쳐 구화산에 거처하는 과정 중에 구화산에는 매우 특이한 장례문화를 갖고 있다는 것을 주목하게 되었다. 그곳 사람들은《강장(缸葬)》이라고 한다. 강장은 아마 구화산 등신불신앙과 직접적인 관계를 갖고 있을 것이다.

소개에 의하면 구화산에 머무는 고승이 시적(示寂)하면 곧바로 다비식(화장)을 거행하지 않고 큰 기와로 만든 독안에 넣어 둔다. 독에 넣을 때 시적할 때 모습대로 보존함과 동시에 시체주위에 목탄을 쌓아 넣는다. 대체로 3년 후에 독을 열어 보는데 만일 시체들이 독안에서 썩기 시작하였으면 목탄으로 화장한다. 그런데 수도에 전념한 고승 중에서 극히 드물게 그 시체나 자세가 변하지 않는 경우가 있다고 한다. 즉《육신보살》등신불이 된다.

현재 구화산에는 월신보전(月身寶殿)에 밀봉된 지장보살의 육신 외에 기타 13명의 등신불이 남아 있는데 모두 불자와 관광객들이 직접 목격할 수 있다.

또한 구화산은 예로부터 여러 가지 광석이 풍부한 보배산이다. 구화산에서 생산한 방해석(方解石) 백운석(白雲石) · 석회석(石灰

石)등 광석들은 주로 구화산 풍경구역 및 주변 향(鄕)·진(鎭)에 분
포되어 있다. 광업경제는 이 지역 경제의 주축을 이루고 있다. 그러
나 이에 따른 생태환경의 파괴와 오염을 초래하게 되자 안휘성 청양
현(淸陽縣) 국토자원부문에서는 구화산을 보호하기 위하여 지난해
구화산 지역의 76개 광산기업의《채광허가증》을 취소하였다. 또한
2003년 SASS사태 때는 불교성지를 보호하기 위하여 봉산하기까지
하였다.

최근 안휘일보의 보도에 의하면 해내외 각계 인사들의 관심 속
에서 구화산에 높이 99미터에 달하는 지장보살 노천동상을 건립한
다는 것이다. 이미 2003년 11월 13일에 정식으로 건설하기 시작한 이
공정은 총투자 3억 위엔에 달한다 한다. 지장보살 노천동상의 높이
는 99미터인데, 이는 구화산의 99개 산봉과 김지장의 99세 입적이라
는 깊은 뜻을 담고 있다.

멀지 않은 장래에 세계적으로 제일 큰 지장상이 "연화불국(蓮
花佛國)" 구화산에 우뚝 솟아 지장도량을 찾아오는 불자들을 반겨
줄 것이며 이곳을 찾아오는 한국불자들이라면 더욱 깊은 감명을 받
을 것이다.

4. 글로벌시대의 소림사

1) 천년고찰소림사(千年古刹少林寺)

소림사라고 하면 독자들에게는 익숙하면서도 신비로운 이름일
것이다. 선종조정(禪宗祖庭) 무술성지(武術聖地)로써의 소림사는
불교계는 물론 무협지 영상작품들에 의하여 세상에 널리 알려져 있
기 때문이다. 그러므로 소림사의 진정한 역사와 오늘날의 새로운 변
모에 관심을 갖는 독자들 또한 적지 않으리라 믿는다. 역사상 수많은
전설 속에 살아온 소림사는 새 시대를 맞으며 새로운 전설로 분분하

고 세인들의 더없는 흥미와 관심을 모으고 있다.

북위효창(北魏孝昌) 3년, 즉 기원 527년에 남천축 (南天竺) 고승 보리달마(菩提達摩)가 소림사에 와서 면벽 9년(面壁九年)을 하면서 처음으로 선종을 전하여 중국선종의 초조(初祖)로 존대받았다. 그리하여 소림사는 선종(禪宗)의 조정(祖庭)으로 되었다. 북주건덕 3년(北周建德 기원 574년), 무제(武帝)의 폐불에 의하여 소림사도 훼멸당했다. 대상(大象)년간(기원589~581년)에 북주정제(北周静帝)가 불교를 회복하였기에 외지로 망명하였던 소림사의 승려들은 다시 소림사로 돌아오게 되었으며 이름을 섭고사로 고쳤다.

수문제(隋文帝)는 불교를 숭상하여 다시 이름을 소림사로 고쳤다. 수말당초(隋末唐初)에 소림사의 13곤승(棍僧)들이 진왕 이세민(秦王李世民)을 구하여 공을 세웠기에 당 초기부터 개원(開元)년간(기원 618~714년)에 이르기까지 당조제제(唐朝諸帝)의 보호와 지지 하에 소림사는 대규모로 재건 확충하여 누대전각(樓臺殿閣) 오천에 달하였으며 승려 수는 이천여 명에 달하였다. 소림사는 당조황실의 큰 사원으로써 '천하제일명찰(天下第一名刹)'로 불리웠다.

원대(元代)는 불교의 중흥시기이다. 원세조 홀필렬(元世祖忽必烈)은 조동(曹洞) 일대종사(一代宗師) 복유(福裕) 법사를 소림사의 주지(住持)로 임명하여 전국 사원을 통솔하게 하였다.

명조(明代)에 이르러 소림사의 무술은 세계에 널리 이름을 날렸다. 가경(嘉慶)년간(기원 1522~1566년)에 소림사는 여러 번 조정에 협조하여 왜구(倭寇)를 몰아내는 공을 세움으로써 성대한 재건을 할 수 있는 기회를 얻게 되었다. 명조 말기에 이르러 소림사는 농민봉기를 탄압하는데 참여하여 봉기군들의 보복을 받게 되어 40여 년간 불황을 겪게 되었다.

청대에 이르러 강희(康熙)황제는 소림사를 중히 여겨 친히 소림사 산문의 편액을 썼다. 오늘 우리가 볼 수 있는 산문 위에 걸려 있는 <少林寺>가 바로 강희황제의 필적이다. 1928년 군벌 석유삼(石友

三)이 소림사를 불살라 버리는 바람에 200여 칸 전당(殿堂)과 귀중한 문물(文物)들이 삽시간에 잿더미로 변했다. 이로부터 소림사는 다시 쇠퇴의 길에 들어서게 되었다.

새 중국이 건립됨에 따라 소림사는 다시 회복하게 되었다. 하지만 문화대혁명 때 다시 홍위병들이 파괴하여 심중한 파손을 당하였다. 문화대혁명이 끝난 후인 1983년 소림사는 전국 중점 사원으로 지정받았으며 그때로부터 오늘에 이르기까지 새로운 부흥의 기회를 맞게 되었다.

2) 소림사(少林寺)의 변혁

(1) 소림의 개혁을 이끈 석영신

문화대혁명이 끝난 후, 소림사는 석영신(釋永信)의 지도 아래 여러 가지 개혁을 시도하여 역사적으로 전례 없는 기상(氣象)이 나타나게 되었으며 중국내외 사회 각계의 주목을 끌게 되었다. 소림사의 개혁은 사람들에게 관심의 초점이 되었으며 그에 대한 의논 또한 분분하다. 불교계 내외에 적지 않은 사람들이 의아해하며 '상당히 앞섰구나!'라고 감탄하였다.

그 논의의 초점은 젊은 방장(方丈), 현대 CEO로 불리는 석영신(釋永信)에 집중되고 있다. 석영신이 CEO로 불리게 된 것은 3년 전 미국의 탐색(Discovery)이라는 TV방송국에서 석영신(釋永信)에 관한 '신소림방장(新少林方丈)'이라는 보도를 한 적이 있는데 거기에 영문으로 방장(方丈)을 'CEO'로 번역한데서 비롯된다. 사실상 소림 방장은 무협지나 현실 사원생활을 막론하고 모두 더없이 중요한 인물이다. 청대 강희(康熙) 5년에 제28대 방장 해관(海寬)이 입적한 후로 소림사는 줄곧 지도자가 없었다. 즉 이후 320년 동안 방장의 자리가 비어 있었다. 그리고 청대중기 후 병난(兵亂)의 화까지 입게 되었다.

가장 최근의 것으로는 바로 군벌 풍계(馮系)의 부하인 석우삼

(石友三)이 소림사를 44일간 불살라 버린 것이다. 1942년 하남(河南)
에는 흉년이 들어 많은 백성들이 목숨을 잃었으며 승려들도 사찰을
버리고 사방으로 뿔뿔이 도망쳤다. 소림사에는 다만 행동이 불편하
여 떠날 수 없는 노승들과 비적들의 폭탄에 맞아 눈먼 젊은 사미(沙
彌) 한 사람이 남아 연명하고 있었다. 소림사의 생계는 맹승(盲僧)이
당나귀 꼬리를 잡고 매일 100여리 산길을 왕복하면서 산남의 석탄을
북산 상점에 팔아 입에 풀칠을 하는 것으로 유지하였다.

'문화대혁명' 때 100여명의 홍위병들이 소림사에 쳐들어와 불
상을 훼손하고 전당(殿堂)과 비석을 폭탄으로 없애려고 했을 때 줄
곧 소림사를 지켜온 행정스님이 불상을 안고 '불상과 생사를 같이 할
것이다'라고 맹세하고 나서 훼사멸불(毀寺滅佛)의 비극을 면했다
한다.

중국에서 개혁개방 정책을 실시한 후 사원을 승려들에게 맡겨
관리하게 하였다. 소림사는 20여 마지기의 밭을 경작하고, 관광객들
에게 입장권을 팔 수 있었기에 고찰(古刹)은 드디어 활력을 띠기 시
작하였다. 1982년 영화《소림사》가 상영됨에 따라 소림중흥의 막을
열게 되었다. 그로부터 사회에서 '소림 붐'이 일어났고 때로는 하루
관광객이 10만을 초과하였으며 적지 않은 사람과 단체들의 시주를
받아 사원을 다시 건축하였다. 1986년 12월 행정 법사는 방장으로 승
진하였다. 이는 소림사 백년 이래 없었던 가장 기쁜 일이다.

1987년 석영신은 중병을 앓고 있는 행정방장의 소임을 이어 받
아 소림사를 거느리게 되었다. 금년 39세인 석영신은 안휘성(安徽
省) 영상(潁上) 출신으로써 1981년에 소림사에 출가하였다. 석영신
은 1987년 22세로 의발(衣鉢)을 받아 소림사 주지(主持)가 되었으며
1999년 33세에 방장으로 승진하였다. 그는 소림사에 친히 소림무술
대(少林武術隊)를 창건하였으며 후일에 무승단(武僧團)으로 이름을
고쳤다. 무승단은 1989년부터 초청을 받아 세계각지를 방문하였으
며 세계적으로 '소림공부(少林功夫) 붐'을 일으켰다. 1999년 'CEO'에

취임한 석영신은 법무정법(法無定法)을 주창하며 소림사의 개혁에 본격적으로 나섰다.

1996년 그는 중국 내 불교사원 중에서 맨 처음으로 홈페이지를 만들어 국내외에 소림사를 선전하기 시작하였다. 그때는 중국 내의 많은 사람들이 아직 인터넷이 무엇인지도 모르고 있는 시기였다. 처음으로 소림무술을 무대에 올린 것도 바로 석영신이었다. 사람들은 의아한 눈길로 무대 위에서 날아다니는 신승(神僧)들을 보고 아연해졌다. 그는 또한 처음으로 무대극의 형식으로 소림무술을 세상에 보여준 사람이다. 석영신은 '나는 국제적으로 가장 유명한 작곡 · 무대미술과 감독을 청하였다. 감독은 오스카상까지 받은 사람이다.'라고 자랑스레 이야기하곤 한다.

방장 석영신은 60여 개 나라를 순회공연하고 돌아와 다음의 계획은 세계 각 나라 수도의 중심광장에서 소림무술을 연출할 것이며 할리우드의 협조를 받아 미국의 도박도시인 라스베가스에서 '제일 호화로운' 소림무술 무대극을 내놓을 것이라고 계획을 밝혀 중국 내 언론들의 놀라움을 자아내기도 하였다. 기자들의 물음에 소림사 'CEO'는 답하기를 "라스베가스가 도박도시인 것은 틀림없지만 또한 유람승지이기도 하다. 또한 그곳에는 세계 각국의 제일 우수한 예술가들이 모여 들기에 세계 주류 패션문화를 형성하고 있다. 이는 우리에게 더없이 좋은 장소와 기회를 마련하여 준 것이다." 중국에서 '세계주류패션문화'와 대화를 하겠다고 나선 사람이 뜻밖에도 소림사의 승려였다는 것을 그 누가 상상할 수 있으랴!

소림사의 여러 가지 행동에 중국 사회각계는 의론이 분분하다. 사회일반에서는 의아한 눈길로 소림사의 움직임을 바라보는가 하면 불교계 내에서 는 석영신을 질책하는 사람들까지 나오고 있다.

역사적으로 소림사에 있어서의 무술은 선(禪)을 수행하는 중요한 법문(法門)중의 하나에 지나지 않는다. 선(禪)은 정(靜)한 것이고 무(武)는 동(動)한 것이다. 소림무술은 이 동(動)과 정(靜)을 유기적

CCTV에 출연하는 소림방장 석영신(釋永信)

으로 결합하여 수행자들로 하여금 무술기교의 습득과 연마를 거쳐
심신수양(身心修養)을 목표로 하는 것이다. 그러므로 많은 사람들의
오해를 지적하면서 석영신은 천하제일은 선(天下第一是禪)이지. 권
(拳)이 아니라고 지적한다.

석영신은 외계에서 소림사에 대한 인상이 한 개 무관(武館) 혹
은 예술단체라고 하는 것 을 제일 금기했다. 석영신의 입장에서 보면
소림무술은 다만 집을 지키고 사원을 보호하는 기능에 불과한 소기
(小技)이다. 즉 소림사를 나뭇잎이 무성한 큰 나무에 비한다면 소림
무술은 이 큰 나무의 한 작은 가지에 지나지 않는다. 그는 중생들이
더욱 많은 관심을 소림사의 1500년 역사와 수많은 고승들이 남긴
'선종조정(禪宗祖庭)'의 내용에 둘 것을 기대한다고 한다. 소림사의
유구한 역사와 독특한 문화, 이것이 바로 석영신이 자신있게 국내외
에 보일 수 있는 최대의 자본이라는 것이다.

지난해 중국의 언론들은 '석영신이 여러 번 소림승려들을 거느
리고 출국하여 접촉한 것은 모두 각 나라의 주류사회라고 자칭하였
다.'라는 보도를 하였다. 그래서 언론의 화살은 석영신에게로 집중
되었다. 즉 '불교는 중생(衆生)평등을 강조하는데 자네는 무엇 때문

에 항상 주류 사회에만 눈길을 돌리는가?'라는 것이다.

석영신은 이에 대하여 몹시 억울함을 표한다. "우리들의 활동에 대하여 그들은 흥취를 갖고 있다… 우리들은 세계에 소림문화를 전파하고 있을 뿐만 아니라 중국의 우수한 전통문화도 전파하고 있다."

비록 이렇다 할지라도 석영신은 지금 소림사에서 부득불 무술에 의탁하여 명성을 떨칠 수밖에 없다는 현실을 회피하지 않았다. 심지어 무술을 통하여 승려들을 모집하고 있다. 국제적으로 보면 어떤 나라에서는 기독교 배경을 갖고 있는가 하면 이슬람교 배경을 갖고 있기도 하고 혹은 기타 종교 배경을 갖고 있다. 때문에 그들 앞에서 직접 불교 이야기를 펼치면 필연코 거절당하고 말 것이다. 현재 우리들의 외국어 수준으로 불교를 설명하기보다 형상적인 언어인 '소림공부(少林功夫)'를 사용하는 것이 더욱 효과적이다. 이것은 아주 값싸고 효과적인 법문(法門)이다. 중국 내에서도 마찬가지로 사람들로 하여금 먼저 무술을 통하여 소림을 알게 하고 소림을 통하여 불교를 이해하게 할 수밖에 없는 것이다.

'CEO'인 석영신은 상당히 분명한 역사와 국제적 시야를 갖고 있다. 이런 시간과 공간의 교차점에서 석영신은 불교의 쇠퇴에 대하여 강렬한 위기감을 갖고 있다. 비록 중국에는 1억을 넘는 불교신도를 갖고 있지만 오늘날의 중국은 서방으로부터 불어온 세찬 현대 상업문명의 충격을 받고 있다는 것은 주지하는 사실이다. 분명히 석영신은 소림 무술이 말법(末法)시대 방편으로서의 효과에 대하여 충분하게 인식하고 있다. 동시에 그는 소림 무술의 영혼이 불교에 있다는 것을 지적하고 있지 않은가.

홍교(弘敎)에 대하여 석영신은 사람들이 소림사에 대한 주목이 많으면 많을수록 좋으며 따르는 사람이 많으면 많을수록 좋겠다고 희망한다. 하지만 오늘날 사회상황이 난잡하여 갈피를 잡을 수 없도록 이미 자신의 통제범위를 벗어나고 있다. 소림사 주변에는 70여 개

소림사 비적(秘籍)을 공개하고 있는 무승(武僧)

소림사 이름으로 차린 무술학교들이 있는가 하면 또한 다른 많은 가게들도 생겨나고 있다. 심지어 '소림양육점(少林羊肉店)'이라는 이름을 걸고 장사하는 사람들도 있다. 그들은 모두 소림에 의탁하여 치부(致富)하고자 한다. 석영신의 소개에 의하면 진정한 소림승려는 160여 명에 불과하지만 국제문화교류의 요구에 맞추어 적지 않은 경우 가짜 소림승려들이 그 자리를 메우고 있다. 하남보풍현(河南寶豐縣)의 한 마을만 하더라도 소림방장으로 자칭하는 사람이 몇 명이 있다고 한다. 그리고 오스트레일리아의 한 회사에서도 가짜 소림방장 가짜 소림무승단(少林武僧團)을 꾸며냈다고 한다. 세상이 어떻든 석영신은 불교가 응당 자신있고 용감하게 나서야 한다고 지적한다. "외래종교와 외래문화의 충격에 만약 불교가 여전히 문을 닫아걸고 자기밖에 모르는 격으로 지낸다면 우리의 신도, 우리의 문화, 심지어 우리의 승원(僧源)을 잃게 된다."

석영신이 불사(佛事)에 안주하지 않고 도처를 돌아다닌다는 비판에 대하여 그는 '우리 출가한 사람들이 불학을 학습하고 수행하는

것은 늘 산속이나 사원에 앉아서 청정한 산문 앞에서 향이나 팔고 입
장권이나 받아들이는 것은 아니다. 우리도 주동적으로 중생들의 일
상생활 속으로 들어가야 한다. 불교가 피세(避世)하지 않는다는 것
을 이해시켜야 한다. 만약 불교가 피세했다면 벌써 멸망되었을지도
모른다.'

석영신은 불교 승려들에게 밖으로 나가서 보라(普羅) 대중들과
대화할 것을 주창하고 있다. 그 결과 한꺼번에 300명의 외국 제자들
을 받아들이기도 하였다.

"역사적으로 보면 불교는 가장 선진적이고 가장 현대적인 전파
수단을 이용하여 왔다. 불교는 중국에서 제일 처음으로 낙양지귀(洛
陽紙貴)할 정도로 불경문서를 베꼈다. 그리고 가장 일찍 연자(鉛字)
인쇄 방법을 사용하였으며 비석을 조각하고 탑을 세우는 것은 더 말
할 것도 없다. 불교가 중국에서 흥성할 수 있었던 것은 바로 시대 상
황에 발을 맞추었기 때문이다."라고 지적하고 있다.

(2) 상표 소림사(商標 少林寺)

최근 몇 년 소림무술의 전파에 따라 '소림'이라는 진귀한 문화
유산이 날로 국제화·상품화되고 있다. 기민한 상인들은 '소림' 두
글자 뒤에 묻힌 거대한 상업이익을 겨누어 분분히 '소림' 상표를 다
투어 등록하고 있다. 현재 중국 상표 특허사무소에서 전 세계 5대주
11개 나라와 지방에 대하여 전문 조사한 결과 중국 홍콩 외에 기타
국가와 지방에서 앞다투어 '소림' 혹은 '소림사'로 상표를 등록하고
있으며 그 수는 모두 117종에 달하고 있고 평균 국가마다 10여 종이
나 된다. 그 중 일본과 오스트레일리아가 제일 많다. 그리고 아메리
카 서해안만 하더라도 소림사 이름을 가진 사찰이 3곳이나 있다. 유
럽, 오스트리아의 수도 빈과 헝가리 수도 부다페스트에도 '소림사'
라는 상표가 나돌고 있다. 그런데 이런 소림사들은 중국숭산(嵩山)
의 소림사와 아무런 관련이 없다.

일찍이 10여 년 전부터 소림사는 각계 상업가들이 소림사의 이름을 도용하는데 대하여 머리를 앓고 있었다. 많은 사례 가운데 가장 심했던 사건은 '소림햄' 광고였다. 1993년 하남라하(河南漯河)의 통조림 식품회사에서는 '소림햄'의 광고를 냈는데 광고에는 소림사 산문의 편액이 나왔을 뿐만 아니라 영화 '소림사'의 음악을 배경으로 그 씩씩한 리듬에 맞춰 무수한 햄이 소림사의 산문 속에서 씽씽 날아 나오는 화면이 눈앞에 안기는 것이었다. 처음에는 소림사에서 이에 대하여 전혀 모르고 있었으나 후에 많은 불교관련 단체와 불자들이 분분히 중국불교협회에 소림사에서 상업기업들의 이런 행위를 응낙한데 대하여 항의를 하였다. 그 상세한 상황을 알게 된 소림사에서는 참다못해 그 회사를 상대로 법적인 소송을 걸었다. 1996년 5월 17일 법원에서 피고는 즉시로 '소림햄'의 생산과 판매를 정지할 것이며 공개적으로 사과하라는 마지막 판결을 내렸다.

그 당시 소송을 건 것은 순수한 종교 감정을 기초로 한 것이었다. 즉 다만 '소림' 혹은 소림사를 상표로 쓰지 못함을 요구했을 뿐이지 그 회사들이 '소림'을 상표로 등록하고 사용함에 대하여서는 규명하지 않았다. 소림사 광고 소송기사가 언론에 보도되자 상업가들의 '소림'을 상표로 등록하는 행위를 금하지 못했을 뿐만 아니라 오히려 '소림' 상표를 등록 도용하는 사람들이 무리를 지어 몰려들었다. 통계에 의하면 현재 중국 내의 식품·의약품을 포함한 여러 업종에서 '소림 '상표를 사용하는 기업은 수십 개에 달한다. 외국에서 사용되고 있는 '소림'과 관련된 상표는 100여 개가 넘는다고 한다. 그 중 '소림공부(少林功夫)'가 제일 많이 사용되고 있는 것으로 알려지고 있다. 만약 인터넷에서 찾아보면 '소림무술학교'라는 학생모집 광고만 하여도 수없이 많다. 이런 학교에서는 모두 정통 소림무술을 가르친다고 선전하고 있으나 사실상 소림사와는 아무런 관련도 없다. 2000년의 시드니 올림픽에서는 4명의 소림방장이 각기 소림 무승단을 거느리고 동시에 등장하는 사건까지 발생하였다.

이런 악의적인 침해에 소림사는 다시 침묵을 지킬 수가 없었다. 1998년 7월 소림사에서는 하남 소림사 실업발전주식회사를 만들어 소림(소림사)의 무형재산을 체계적으로 관리·보호하기로 하였다. 그리고 국가 공상행정관리총국 상표총국에 '소림'·'소림사'를 상표로 등록하였다. 4년간 노력을 거쳐 2002년 8월 말까지 소림사는 29종류, 43개 상표를 공식 등록하였다. 그리고 하남성 공상국의 추천으로 현재 국가 공상행정관리총국에 '전국지명상표'라는 영예칭호도 신청해 놓고 있다.

소림사는 중국 내 상표등록에 열중할 뿐만 아니라 국외에도 상표를 적극 등록하고 있다. "우리에 대하여 이보다 더 효과적인 방법이 없다. 우리는 국외에서는 상표에 대한 보호를 통하여 소림사의 권익을 쟁취하고 있다." 해외에서 새롭게 상표를 등록함과 동시에 해외에 이미 등록된 상표는 그 단체들을 찾아 대리 혹은 협조 협정을 맺는다. 예를 들면 독일의 소림사를 상표로 등록한 한 단체외는 독일에 공동으로 소림문화센터를 설립하며 장기대리 권리를 수여하고, 동시에 2명 소림사 무승을 장기적으로 독일에 파견하여 무술을 교수할 것 등이다. 이러한 노력에 의하여 EU 15개국에서 등록한 11종류의 '소림' 상표를 무상으로 중국 숭산 소림사에 넘기게 되었고 오스트레일리아에서는 6종류 5개 '소림' 상표의 신청권을 다시 찾아왔다.

(3) 세계 문화 유산 등록을 신청

소림무술을 유엔의 '인류구두(口頭)및 비물질적 문화유산의 대표작품'에 신청할 것이다. 현재 신청사업은 이미 시작되었다. 이 소식은 다시 한 번 중국내외의 소림사에 대한 관심을 불러 일으켰다.

소림무술은 건축된 그날부터 오늘까지 1500여 년의 역사를 갖고 있는 하남 숭산 소림사에서 탄생되었다. 소림사 내에 전해 내려온 권보(拳譜)의 기재에 의하면 소림무술은 모두 708조가 있다. 그 중

권술(拳術)과 기계(器械)무술은 552조이며, 그 외에 또 생포·격두(格斗)·골(骨)·점혈(点穴)·기공(氣功) 등 각종 공법(功法)이 156조 있다. 현재 남아있는 것은 545조, 그 중 연습할 수 있는 것은 200조가 있다. 예를 들면 이지선(二指禪)·타산문(打山門)·동자공(童子功), 그리고 소림 72절기(絕技) 중의 부분적인 단항공법(單項功法) 강관 열기·오창자신(五槍刺身)·철포산(鐵布山) 등이다.

석영신 방장의 소개에 의하면 소림무술은 소림 승인들이 선(禪)을 습득하는 도경 중의 하나이다. 지금 소림사에서 소림무술의 교습 사승(教習師承) 방식을 회복하고 있다. 이미 초보적으로 12분 고승을 선정하고 학생을 모집하여 소림무술을 전하며 50명 소림무술의 계승인을 명확히 하였다. 석영신은 1500년 역사를 갖고 있는 소림무술은 중국 불교선종(禪宗)문화의 독특한 표현의 하나라고 지적하였다. 그는 또 소림사는 '소림무술'의 종교적인 문화와 가치에 대한 연구를 몹시 중시하고 있다고 하였다. 무승단(武僧團) 외에도 사원 내에 소림무술도서음상관(少林武術音像館)·소림문화연구원을 차렸으며 계통적으로 소림선(少林禪)·무(武)·의(醫)·예술 등 소림문화에 대한 연구를 진행하고 있다. 그리고 소림무술국제학술토론회를 조직하고 문화·예술단체와 협조하여 소림무술 무대극, 소림무술 등 형식으로 대내외에 소림무술을 알리고 있다.

이미 '소림무술'은 중화민족전통문화의 하나의 상표로 되고 있으며 광범한 호소력과 영향력을 갖고 있다. 1500여년의 역사와 문화를 토대로 형성된 선학(禪學)·무술·의학·예술 등을 겸한 소림 문화, 특히 불교호법신(護法神) 신앙을 핵심으로 선종지혜가 응결된 '소림무술' 문화는 중국 전통 문화의 진기한 보물이다. 당장의 급선무가 바로 세계문화유산 신청에 양호한 기초를 닦기 위하여 진일보시키는 일이다. 그 문화의 품질을 제고시키고 그 심각한 내용을 정확히 인식하며 연구와 보호에 더욱 힘써서 그 영향력을 확대하여야 하는 것이다. 석영신 방장은 소림사의 힘에만 의탁해서는 소림사의 전

세계화에 대한 보호를 완성할 수 없다고 하였다. 다만 적당한 방식을 통하여 국가와 정부의 힘으로 소림문화유산의 급별을 올려야 한다. 그는 동시에 유엔관련 부문의 큰 지지를 받을 수 있을 것을 희망하고 있다. 그는 또 "만일 소림공부(少林功夫)가 세계문화유산으로 확정되면 이 전통문화계통의 연구에 대한 보호에 유리한 기회가 될 것이다."고 지적하였다.

5. 법문사(法門寺)의 기적

1) 법문사의 연혁

　　법문사는 섬서성 부풍현성(陝西省扶風縣城)에서 북쪽으로 10여 키로 떨어진 법문진(法門鎭)에 자리잡고 있다. 법문사는 동한(東漢) 영제(靈帝) 때에 건립된 것으로 전해지므로 그 역사는 오늘에 이르기까지 1,700여 년에 이르고 있다. 후일 석가여래(釋迦如來)의 지 골 사리(指骨舍利)를 봉안(奉安)하게 되어 세상에 이름을 널리 알리 게 되었다. 불교내의 전적 (典籍)의 기록에 의하면 석가모니불이 입멸한 후 인도의 아쇼카왕(阿育王)은 불법을 널리 전파하기 위하여 불타(佛陀)의 사리(舍利)를 남염부제(南閻浮提)에 분배해 주면서 사리(舍利)를 받은 곳에서는 모두 탑을 세워 공양하게 하였다. 중국에는 이런 사리탑이 모두 15곳 있는데 법문탑(法門塔)은 그중 다섯 번째로 세운 탑이다. 사실상 법문탑이 있게 됨에 따라 법문사가 창건되었으며 원명은 아쇼카왕사(阿育王寺)라고 하였다. 수대(隋代)에 이르러 〈성보도량(成寶道場)〉으로 이름을 바꾸고 당초기에 와서 〈법문사(法門寺)〉로 고쳤다. 원위(元魏)와 수(隋) 초기에 사원을 다시 확전하였으며 당고종(唐高宗) 현경(顯慶)년간에 이르러 괴림궁이십사원(瑰琳宮二十四院)을 건축하게 된다. 원래 불탑의 이름은 모두들 〈성총(聖冢)〉이라 불렀는데 당 정관(貞觀)년간에 사급(四級)보탑을 새로 세워 이름을 〈호국진신보탑(護國眞身寶塔)〉이라 하였다. 측천무후(則天武後) 장안 4년(704)에는 낙양(洛陽)에 명당(明堂)을 세우고 불사리를 봉안케 하였으며 숙종(肅宗) 때에는 내도량(內道場)에 봉안하였고 덕종(德宗)은 불골사리를 궁중에 모시기도 하였다. 당대의 법문사는 사실상 황가(皇家)사원으로 되었을 뿐만 아니라 전국적으로 모두가 우러러보는 불교성지(聖地)가 되었다. 후에 당나라가 멸망함에 따라 <불지사리 (佛指舍利)도 온데간데없이 자취를 감추고 말았다.

송대에 이르러 법문사의 규모는 역사이래 최대로 확대되었으며 송휘종(宋徽宗)은 친히 〈황제불국(皇帝佛國)〉이라는 편액을 써와 법문사의 산문 위에 걸게 하였다. 명(明)·청(淸)대에 이르러 법문사는 쇠퇴의 길에 들어서게 된다. 명대 융경 3년(隆慶 三年 1569년)에 목탑은 무너졌는데 만력 7년(萬歷 七年 1579년)부터 30년에 걸쳐 다시 십삼층 팔면석탑을 세웠다. 그 높이는 47미터이고 설계나 기술이 정교하고 세밀하여 장관이었다. 청대 순치 11년(順治十一年 1654) 지진으로 인하여 탑에 크게 흠이 생겼으나 일제 침략전쟁으로 말미암아 복구되지 못하였다.

중화인민공화국이 성립된 후인 1953년에 부풍(扶風)불교계의 대표인 왕정평(王正平)·이병탁(李秉鐸) 등 거사들의 노력으로 백마사(白馬寺)에 계시는 양경(良卿) 법사를 법문사로 청해 왔다. 양경(良卿) 법사가 법문사에 온 후로부터 도량(道場)은 나날이 흥성해지기 시작하였다. 1966년 문화대혁명의 〈법난(法難)〉이 시작되면서 법문사는 심중한 피해를 입게 된다. 법문사를 자신의 힘으로 지킬 수 없게 되자 양경(良卿) 법사는 여름날 밤 자신의 몸을 불태워 순교(殉敎) 한다. 1981년 8월 24일 명대 만력(萬歷)년 간에 세운 돌탑은 수백년의 간난고초를 거쳐 부식되어 우뢰소리와 더불어 묘하게 반쪽만 남기고 무너져 버렸다. 반쪽만 남아있는 탑신은 그 당시 중국불교계의 처참한 상황의 상징이라 하여도 과언이 아닐 것이다. 처절히 서있

는 반쪽 탑신은 불교계 내외의 폭넓은 관심을 모으게 되었고 1987년
에 이르러 중국정부는 드디어 법률탑의 재건을 시작하였다. 탑 기초
공사 중 우연히 당의종(唐懿宗) 함통(咸通) 15년에 봉한 탑 기초 밑
의 지궁(地宮)을 발견하게 된다. 더욱 놀라운 것은 법문사 지하궁에
서 천여 년간 자취를 감추었던 전설 중의 〈불지사리(佛指舍利)〉를
발견하게 된다. 이는 세계 불교계를 놀라게 했을 뿐만 아니라 법난으
로 침체되어 있던 중국불교교계에 더없는 법력(法力)과 자신을 심어
주게 되었다.

　　지하궁에서는 그와 동시에 당 황실이 동봉한 2,000여 가지 보물
과 수많은 진품(珍品)이 발견되었다. 이때로부터 해마다 중국 내외
의 불자들은 이곳에 모여와 수십 차례에 걸쳐 〈석가여래진신사리참
례법회(釋迦如來眞身舍利瞻禮法會)〉를 연다. 이로부터 법문사는
법원(法元)의 새로운 한 페이지를 펼치게 되었다.

2) 법문사 박물관

　　법문사 지하궁의 중대한 발견은 20세기 세계적으로 가장 중대
한 고고학 발견 중의 하나로 인정받고 있다. 전문가들의 감정에 의하
면 법문사 지하궁에서 출토된 희귀한 보물들 중에는 〈세계 제일〉로
꼽히는 문물만 하여도 십여 개나 된다 한다. 예를 들면 지하궁에서
출토한 4개의 불지사리(佛指舍利 그중 3개는 影骨임)는 석가모니 부
처의 진신사리(眞身舍利)라는 것이 문헌과 비문에 의하여 입증되었
고 오늘날 세계 불교계의 최고 성물(聖物)로 간주된다. 법문사 지하
궁은 세계적으로 그 역사나 규모에 있어 최고로 꼽히는 불탑 지하궁
이다. 지하궁 문물들은 만다라밀종의규(曼茶羅密宗儀規)에 의하여
소장되어 있어 더욱 놀라게 한다. 지하궁에서 발굴된 2.5만 매에 달
하는 화폐 중에서 13매 대모(玳瑁) 화폐는 현재 세상에 알려진 제일
진귀한 화폐종류 중의 하나이다. 그리고 지하궁에 소장된 길이가
1.96m에 달하는 류금(鎏金) 영진신장(迎眞身杖)은 그 크기나 공예에

법문사박물관

있어 제작이 가장 정미로운 불교법기(法器)로 인정받고 있다. 그 외에도 지하궁 중에서 발견한 13개의 궁정전문용 비색자(秘色瓷)는 비문기재로 증명된 바와 같이 세계에서 발견된 최초의 가장 아름다운 궁정자기(宮廷 瓷器)이다. 또한 지하궁에서 나타난 당대의 700여 가지 견직물 중에는 능(綾)·라(羅)·주(綢)·단 (緞)·사(紗)·기(綺)·면(綿)·증(繒)등 10여 가지 품목이 있고 적금(赤金)·적은(赤銀)·평수(平秀)·첩수(貼繡)·직금(織金)·직은(織銀)·반금(盤金)등 10여 종의 공예를 엿볼 수 있다. 이 또한 세계적으로 고대 견직품과 공예품 가운데 가장 많은 고고학 발견이 된다. 불지사리(佛指舍利)를 보존한 팔중보함(八重寶函) 위의 금강계대만다라회(金剛界大曼茶羅會)의 도상(圖像)은 현재 세계에서 최초로 발견된 밀종 만다라단장도(曼茶羅壇場圖)이다.

　중국 불교계는 정부와 관계부문들의 지지를 얻어 지하궁에서 출토한 불지사리와 2,000여 종의 진귀한 문물(文物)들을 과학적으로 보호하고 연구하고자 법문사를 재건하는 동시에 문물보관·진열전람(陳列展覽)과 학술연구 등을 포함한 법문사 박물관을 건축하기로 결정하였다.

1998년 11월 9일, 법문사 박물관은 드디어 개관하게 되었다. 그
면적은 도합 2,800여 평방미터에 달하며 <법문사>·<사리각(舍利
閣)>·<대당진보(大唐珍寶)> 등 세 개의 전시청으로 이루어져 있다.
법문사 지하궁 문물들의 출토를 정리하는 사업에 줄곧 종사하여 온
한금과(韓金科) 거사가 법문사 박물관 초대관장으로 임명되었다. 그
는 법문사 박물관은 박물관의 기능을 갖출 뿐만 아니라 중국을 대표
하는 불교도량 불교연구센터로 발전시키겠다고 사업취지를 밝히고
있다.

3) 법문학 연구

법문사 지하궁의 진귀한 보물들이 출토된 후 얼마 되지 않아 중
국불교협회회장 조박초(趙朴初) 거사는 법문사 역사에 대하여 종합
적으로 연구할 것을 제기해 왔다. 중국의 저명한 동방학연구가 북경
대학 계선림(季羨林) 교수도 법률학은 돈황학(敦煌學)에 못지 않은
새로운 국제학술연구분야로 부상할 것이라고 지적한다.

1988년 박물관이 세워진 그날부터 법문사에서는 역사·고고·
종교·문학 등 방면의 권위있는 전문학자들을 초청하여 법문사 문
화연구원을 발족하였다. 전문가들은 법문학을 8가지·80개 연구과
제로 세분하여 체계적인 연구에 착수하였다.

10여 년간 법문사 문화연구원은 법문사문화에 대하여 다차원
다시각적인 연구를 활발히 벌여 왔다. 선후로 90 국제 법문사 역사문
화 학술토론회·92 국제 법문사 불교문화 학술토론회·93 법문사
문학필회(文學筆會)·94 국제 법문사 당대 차문화 학술대회·95 법
문사 비색자(秘色瓷)국제학술회의(상해)·96 법문사 당밀만다라
(唐密 曼茶羅)문화 국제학술 토론회·98 법문사 당문화 국제학술회
의·2001 법문사 문화좌담회·2002 법문사 차문화 학술토론회(항
주杭州) 등 다양한 주제의 학술회의를 개최하여 법문사 관련 학술 논
문 600여 편이 발표되었고 전문연구 저술 50여 종이 공식 출판되었다.

그 중 적지 않은 연구과제는 이미 중요한 성과를 이루어 국내외 학계의 주목을 받고 있다. 이로 볼 때 법률학은 이미 국제학술계의 인정을 받았을 뿐만 아니라 중요한 위치를 차지하고 있음을 알 수 있다.

1995년 1월 8일 신화통신사(新華通信社)에서는 법문사에 관한 또 하나의 중요한 소식을 보도하였다. 즉 석가모니 불지골사리 등 진품들이 출토된 법문사 지하궁의 비밀이 중국 불교문화연구소 소장 오립민(吳立民) 교수 등 전문가들에 의해 해독되었다는 것이다. 법문사 지하궁은 원래 불골사리를 공양하는 당대 밀만다라(密曼茶羅)라는 것이 해명된 것이다. 이에 대하여 중국불교협회회장 조박초(趙朴初) 거사는 "이는 불지사리가 발견된 것과 동등한 가치를 지닌 세계적 의의가 있는 극히 중요한 발견이다."라고 극찬하였다.

불전(佛典)에 의하면 불교에서 말하는 만다라(曼茶羅)는 단장(壇場) 혹은 도량(道場)을 말한다. 밀만다라(密曼茶羅)는 당대 불교 밀종이 제불(諸佛)을 한 곳에 모셔 놓고 구법수행하고 실천하는 도량이라는 것이다. 몇마디 간단한 소개로 많은 사람들로 하여금 <당밀만다라(唐密曼茶羅)>가 무엇인지 알 수 있게 하는 것은 분명히 불가능할 것이다. 신비한 <밀만다라(密曼茶羅)>를 직관적이고 구체적으로 대중들에게 알리기 위하여 법문사 박물관에서는 오립민(吳立民) 등 학자들의 지지하에 <법문사 지하궁 당밀만다라(唐密曼茶羅) 문화진열관>을 창건하였으며 1995년 3월 26일부터 대내외 불자들과 관광객들을 맞아들였다. 이 진열은 두 부분으로 구성되었는데 그 중 한 부분은 벽화의 형식으로 동서길이 22m로 1987년 4월 법문사 지하궁을 열기 전의 면모로 재현하였다. 그 당시에는 불문 고승·황실 성원 외에는 아무도 볼 수 없었던 당밀만다라(唐密曼茶羅) 세계를 사람들 앞에 여실하게 펼쳐 주었다. 다른 한 부분은 남북으로 80m의 지하실 안에 당대 밀만다라(密曼茶羅)의 제일 대표적인 오륜탑(五輪塔)을 재건한 것이다.

정방형 층단(層壇) 위에 45존 보살상과 팔중보함(八重寶函)이

반쪽만 남아 서있는 법문사 불전신사리탑

안치되어 있으며 여러 폭의 벽화와 대형조각상이 설치되어 있다. 이 문화재 진열로 법문사가 다시 한번 세상에 이름이 알려지는 계기가 되었으며 심오한 불교문화의 정수를 빛내 주었다.

또한 법문사 박물관에서는 선후로 국내외 많은 박물관들과 학술연구와 협조관계를 맺었다. 해외만 하더라도 영국대영박물관·일본 교또박물관·아메리카칼네이유리박물관·일본 불교대학교 등 백여 개 국제적으로 영향이 큰 학술단체들과 광범위한 문화 교류관계를 맺었다.

법문사 박물관에서는 또 영상제작을 통하여 대중들에게 법문사 문화를 전파하고 있다. 선후로 다큐멘터리 <법문사의 비밀>·영화 <용비법문 (龍飛法門)>·16집 드라마 <법문사의 추측>·40집 드라마 <대당(大唐)법문사>·30집 드라마 혼계법문(魂系法門) 등이 대

내외에서 상영됨에 따라 법문사의 기적은 세인들의 더욱 많은 관심
과 눈길을 끌고 있다.

4) 법문사 불지사리(佛指舍利)의 영접과 공양

2005년 5월 25일 법문사에서 공양하고 있는 불지사리는 홍콩의
후이잔중심(會展中心)에 영봉(迎奉)되었다. 이번 불지사리가 홍콩
에 가게 된 것은 1994년 태국에 가서 공양하고 2002년 대만 지역에서
공양한 후 세 번째로 법문사를 떠나게 된 것이다.

불지사리가 법문사를 떠나는 날 〈불지사리홍콩공봉공송법회
(佛指舍利香港供奉恭送法會)〉가 법문사에서 성대히 거행되었다. 홍
콩과 중국 대륙의 수천 명의 불자들과 대중들은 법문사의 대웅보전
(大雄寶殿)에 모여 법문규칙에 따라 법회에 참가하였다. 불지진신사
리는 세계에서도 하나밖에 없는 진귀한 불교성물(聖物)로써 평소 사
찰에서만 공양하고 다른 곳은 경솔히 떠나지 않는다.

그러나 1994년 11월부터 이듬해 2월까지 중국과 태국 간의 불
교교류와 우정을 도모하기 위하여 태국 국왕과 승왕(僧王)의 요청에
응하여 중국정부의 허락을 받고 처음으로 불지사리를 전세기로 태
국의 방콕에 호송하였다. 태국에서 85일간 공양하였는데 그 성황은
이루다 말할 수 없다. 태국정부는 국무부총리와 공군총사령관을 중
국에 파견하여 불골사리를 영접하게 하였으며 태국국왕과 승왕(僧
王)을 비롯한 정부와 민간각계 대표 수천 명이 영접의식에 참가하였
으며 불지사리를 참배하고자 수많은 불자들이 전국각지에서 몰려
왔다.

2002년 불지사리가 대만에서 순회공양하는 동안 가는 곳마다
수만 명에 달하는 불자들과 일반 민중들이 참배하고 공양하는 그 장
면은 성대하고 또한 장엄하였다.

사실상 불지사리는 세계적으로 현존하는 유일한 진신 불골사리
이다. 이는 불교의 성물(聖物)이며 중요한 문물로써 불지사리에 대

한 영봉공양은 그 기록이 있기 시작해서부터 줄곧 세인들의 이목을 끌어왔다. 역사상 불지사리 영봉공양은 그 전통이 유구하다.

문헌기록에 의하면 법문사에서 처음으로 불지사리를 개봉하여 공양한 것은 기원 555년이었다. 즉 원위 2년(元魏二年)이다. 그때 중국 북방에서는 전란이 끊임없어서 백성들은 기아와 불안 속에서 나날을 지냈다. 사회환경이 열악할수록 백성들의 불교에 대한 기대와 신념은 나날이 진지하여져 갔다. 불지사리 영봉공양은 바로 불지사리를 영봉하여 공양하면 국태민안(國泰民安) 할 것이라는 기대에서 비롯된 것이다.

당태종 이세민 재위기간 보탑을 수리(631년)할 때 지하궁에서 불지사리를 발견하고 법문사에 공양하게 하였다. 그때부터 당대 역대 임금들은 국가와 사회 상황에 비춰 불지사리를 개봉하여 공양하곤 하였다. 그래서 민간에서는 불지사리를 〈삼십년일개(三十年一開)〉하면 풍작을 얻고 전란이 사라진다(歲谷稔而兵革息)라는 말이 전해지기도 하였다.

당태종의 아들 당고종은 기원 659년에 법문사로부터 불골사리를 동서울(東都) 낙양의 황궁에 모셔다 공양하였다. 이때로부터 불지사리를 황궁에 공양하는 행사가 빈번해졌다. 무주(武周) 4년(704년)부터 중종(中宗) 경용(景龍) 2년간(788년) 당대에 있어 불교를 숭상하는 첫 번째 고조가 일어날 때도 궁중에 불골사리를 영봉하였다. 측천무후 때는 명을 내려 먼저 불지사리를 장안 숭복사(崇福寺)에 영접하고 다시 동도(東都) 지금의 낙양에 영접하여 명당(明堂)에 안치하게 하였다.

그 후 불지사리를 공양한 것은 당대 안사지란(安史之亂)이 일어났을 때였다. 반란이 쉽게 평정되지 못하자 당숙종(唐肅宗)은 상원 원년(上元元年 760년) 명을 내려 불골사리를 장안 내도량(황궁)에 청하여 공양하였다.

당현종 원화(元和) 14년(819년) 현종은 법문사 지하궁 탑문을

석가모니불진신사리영골
(釋迦牟尼佛眞身舍利靈骨)

열어 친히 성등(聖燈)을 공양하였다. 전하는 바에 의하면 현종은 밤에 불지사리가 눈부시게 빛을 내는 것을 친히 보았다고 한다. 그래서 문무백관들이 모두 큰 절을 하여 이것을 축하하는데 형부시랑(刑部侍郎) 한유(韓愈)만은 이를 축하하기는 커녕 〈간불골표(諫佛骨表)〉를 써 올려 이를 비난하고 나서 좌천당하는 운명을 맞게 되었다. 당대에 마지막으로 불지사리를 공양한 임금은 당의종(唐懿宗)이다. 함통(咸通) 14년(873년) 불지사리를 영봉하기 위하여 만 명 넘는 불자들이 모인 가운데 황제는 문무백관의 호응하에 친히 장안 안복문(安福門)까지 나와 큰 절로 영접하였다.

기원 874년 법문사 법문탑 기초 밑의 지하궁의 문은 비밀리에 영원이 닫혀 버렸다. 그때부터 불지사리는 그 종적을 감추어버렸고, 수많은 불자들이 불지사리를 찾아 공양하고자 갖은 노력을 다하여 왔으나 그 노력은 모두 수포로 돌아가고 말았다. 그때 이후 1987년 4월 범문사 지하궁이 다시 발견되기까지 무릇 1,113년의 세월이 흘러갔다. 불지사리 영봉공양의 이러한 역사전통으로 말미암아 현재 법문사에는 불지사리를 영봉하고자하는 세계각지의 영봉청구가 쇄도하고 있다 한다. 중국불교가 새로운 부흥의 첫 발자국을 내딛는 때 불지사리의 재발견은 결코 우연한 사건이 아닐 것이다. 불지사리를 공양하고 있는 법문사는 새로운 세기 중국 불교부흥과 발전에 더욱 큰 기여를 할 것이다.

6. 한산사(寒山寺)의 자선마켓

1) 한산사의 연혁

한산사(寒山寺)는 소주성(蘇州城) 서창(西閶) 한산사 풍교(楓橋)의 서남에서 멀지 않은 곳에 자리하고 있다. 즉 중국고대 경항대운하(京杭大運河)를 향하여 동서향으로 자리 잡은 한산사는 현재 강소소주(江蘇蘇州) 금창구 풍교진(楓橋鎭)에 소속되어 있다. 전하는 바에 의하면 한산사는 양무제(梁武帝) 년간(기원502~509)에 세워졌다고 하나 그것은 전설에 불과하고 육조시기(六朝時期)의 양대천감(梁代天監) 년간(502~519)에 설립되었다는 기록이 확실할 것이다.

한산사는 처음 〈묘리보명탑원(妙利普明塔院)〉이라고 불리웠다. 불교건축을 대표하는 건물들로서는 주로 탑(塔)과 불전(佛殿)이 있다. 탑이란 당대(唐代)에 성파(城坡) 혹은 탑파(塔婆)로 번역되었는데 사실은 고대인도의 무덤을 가리킨다. 불교계에서는 이런 탑에 불사리(舍利)를 공양하고 이후 불교신도들의 숭배대상이 된다. 중국에서는 불탑을 대체로 목탑(누각형탑이라고도 한다)·묘탑(墓塔)·밀연탑(密蓮塔)·라마탑(喇嘛塔)·금강보좌탑(金剛寶座塔) 5가지로 나눈다. 상식적으로는 불탑과 조사탑(祖師塔) 두 가지로 나눠 부르기도 한다. 중국에서 불교사원을 탑으로 명명한 예는 흔히 보지만 탑원(塔院)으로 명명하는 예는 많지 않다. 탑원은 대체로 그 유형이 주로 조사탑(祖師塔)인데 〈묘리보명탑원(妙利普明塔院)〉이 그 유형에

속하는 사원으로써 입적한 승려의 무덤에 탑을 세우고 그 옆에 간단한 승사(僧舍)를 건축하여 신자들로 하여금 향불을 돌볼 수 있게 하고 있다.

보명(普明)은 천태 지자 대사(天台智者)의 제자로써 보명선사(普明禪師)를 가리킨다. 《속고승전(續高僧傳)》19권의 기록에 의하면 보명의 본명은 법종(法宗)이고 속성(俗姓)은 주(朱)씨이며 회계(會稽) 사람이다. 진태건(陈太建) 14년(582) 천태산(天台山)에 들어가 지자 대사(智者大師)의 설법을 듣고 불교에 귀의하게 되었다. 지자 대사(智者大師) 생전에는 지자(智者)를 따라 금릉(金陵)·노산(盧山)·양주(楊州) 등지를 다니면서 이름을 널리 알렸다. 지자 대사(智者大師)가 입적한 후에 그 유언에 따라 수양제 대업원년(605년)에 천태산 국청사(國淸寺)를 건립하였다. 소주(蘇州) 풍교(楓橋)는 당 시 남북수로와 육로의 교차점으로써 풍교 옆에 그의 사리탑을 세운 것은 충분히 이해가 가는 일이다. 그의 평생 업적을 살펴보면 일심전력으로 수행하는 외에 지자(智者) 대사를 도와 30여 개 사원을 건축하였으며 또한 교화(敎化)에 열성적이어서 이곳에서 많은 활동을 벌인 것 같다.

당태종 초년(627~649)에 한산자(寒山子)와 습득(拾得)이라고 하는 시승(詩僧) 두 사람이 여기 와서 거주한 적이 있다. 한산(寒山)과 습득(拾得)은 중국 불교사에 있어서 특이한 인물들이다. 그들은 은사(隱士)요 시인(詩人)이며, 도가 높은 고승(高僧)이었다.

송고승전(宋高僧傳)에 의하면 "한산자(寒山子)는 빈자(貧者)이며 풍광(飆狂)한 사람이다." 그는 늘 남루한 가사를 몸에 걸치고 봇나무 모자를 쓰며 발에는 나무 신을 신었고 모습은 앙상하게 야위어 있었다. 그는 국청사(國淸寺)에서 사귄 습득(拾得)과 같이 〈보명탑원(普明塔院)〉에 와 은거하고 있었다. 습득(拾得)은 고아(孤兒)인데 국청사(國淸寺)의 명승 풍간선사(豐干禪師)가 적성도(赤城道)에서 주워 왔음으로 습득(拾得)이라고 이름 하였다. 이 두 사람은 시에 능한 풍류객이자 고승으로써《한산자집(寒山子集)》이 세상에 전해지고 있다. 그들의 시는 불교의 진리를 알기 쉽게 표현했을 뿐만 아니라 낭만이 넘쳐 중국에서는 남녀노소를 불문하고 그 시들을 즐기지 않은 사람이 없다. 그러므로 "집에 한산시가 있으면 경전을 안 읽어도 되며 병풍위에 한산시를 올려놓고 때때로 읽는다.(家有寒山詩, 勝汝看經卷, 書放屛風上, 時時看一遍)"라는 말이 전해질 정도이다. 한산(寒山)과 습득(拾得)은 후일에 화합이승(和合二聖)으로 높이 추대받으며, 한산사의 이름도 그에서 비롯된다. 즉 당현종 년간에 저명한 선사(禪師) 승희천(僧希遷)(700~790)이 한산사에 와 머물면서 가란(伽欄)을 창건함에 따라 한산사라고 이름을 바꾸기에 이른다. 그때의 한산사는 당(唐) 요광효(姚廣孝)의《한산사중흥기(寒山寺重興記)》에 따르면 '산과 물 사이에 자리 잡은 사원은 그윽하기 그지없사오니 이곳을 찾는 사람들은 하루를 헛되이 보내지 않으리라!(寺當山水之間, 不甚幽邃, 來遊者無虛日)'라고 기록되어 있다.

그러나 한산(寒山)과 습득(拾得)의 행적에 대한 재평가로 말미암아 송인종(宋仁宗) 가우(嘉祐)(1056~1063)년간에 이름을 〈보명선원(普明禪院)〉으로 고쳤고, 남송고종(南宋高宗) 년간(1131~1162)에는 풍교사(楓橋寺)라고 하였다. 원대(元代)에 이르러 다시 한산사라고 부르게 되는데 원대(元代) 시인 고영(顧英), 탕중우(湯仲友) 등의 시 가운데에서 그 증거를 찾을 수 있다. 또한 명대에 이르러 성조영락(成祖永樂) 3년 심곡욱 선사(深谷旭禪師)에 의해 한산(寒山)과 습득(拾得)의 상(像)이 제작된다. 오늘날 한산사에 소장되어 있는 한산(寒山)과 습득(拾得)의 상(像)은 청대(淸代)에 제작된 것으로써 평화롭고 유머러스하며 환희(歡喜)의 웃음으로 가득 차있어 참으로 매력적이다.

한산사는 한산(寒山)과 습득(拾得)으로 인해 천하에 널리 알려진 외에 당대(唐代) 저명한 시인 장계(張繼)의 시에 의하여 더욱 유명해졌다. 당현종 천보(天寶) 년간(742~756) 시인 장계는 장안으로 과거를 보러 갔다가 낙방하고 돌아온다. 초가을 어느 날 밤 그는 배를 타고 한산사 문 앞의 풍교(楓橋)를 지나게 된다. 가을바람에 명월이 도도한데 한산사로부터 야반(夜半)을 알리는 범종(梵鐘)소리가 은은히 들려온다. 이에 낙방하고 돌아오는 시인 장계는 그 처절한 심정을 달래고자 천고에 전해지는 시 <풍교야박(楓橋夜泊)>을 짓는다. '고소성밖 한산사(姑蘇城外寒山寺), 심야의 종소리 객선으로 들려온다.(夜半鐘聲到客船)' 이때로부터 한산사의 분야(分夜)의 종소리는 천하에 알려졌고, 한산사는 문객들로 붐비어 천하명찰이 되었다.

신해혁명부터 1949년까지 중국은 외세의 침략과 내란으로 말미암아 정상적인 사회질서를 찾을 수 없었고 백성들은 유리실소(流離失所)한 생활을 할 수밖에 없었다. 한산사도 향불이 거의 사라지고, 승려들도 각처로 흩어져 갔다. 특히 소주(蘇州)가 일본군에 점령되었을 때 한산사는 일본군의 군용창고로 쓰였으며 다만 2~3명의 승려가 한 구석을 지키고 있을 뿐이었다. 그들은 생활을 유지하기 위하여 그림과 시를 베껴 파는 것으로 겨우 입에 풀칠을 하였다. 얼마 안 되어 천하에 이름을 널리 알렸던 한산사는 끝내 승려 한 사람도 없는 텅 빈 폐사가 되었다.

1949년 중화인민공화국의 성립초기에 인민정부는 그 즉시로 한산사를 문관회(文管會)에 맡겨 관리하게 하였다. 원래의 주지(住持) 과풍(果豐) 법사를 모셔왔으나 끝내 생활을 보장받지 못하여 얼마 지나지 않아 다시 떠나가고 말았다.

1954년 연림(演林) 법사가 한산사에 입주하여 향을 지피기 시작하며 마침내 한산사는 다시 사찰로 인정받게 되었다. 1966~1976까지의 문화대혁명 법난 때는 불상과 법기(法器)들을 모두 파괴당하였고 귀중한 문물들은 도난당하거나 각처로 흩어졌다. 1976년 가을, 중국불교협회회장인 조박초(趙朴初) 거사가 한산사에 와 복구사업을 지도하기 시작하여 각처로 흩어졌던 승려들은 다시 몰려들기 시작

소주풍교(蘇州楓橋)옆에 자리잡고 있는 한산사

하였다. 같은 해 11월 17일, 한산사의 정지(淨持)・성공(性空)・과풍
(果豐)・법인(法忍) 등 네 명의 승려는 문화대혁명이 끝난 후 처음으
로 가사를 입고 17명의 승려들로 구성된 <일본사회교육 우호중국방
문단>일행을 접대하게 되었다. 80년대에 들어서 한산사는 정부의
지지 하에 전면 복구공사를 가속화하였다. 같은 해에 서원율사(西園
律寺)로부터 유실되었던 석가(釋迦)・가섭(迦葉)・아난(阿難)・미
륵(彌勒) 및 한산습득(寒山拾得) 등의 조 각상을 다시 모셔 왔고〈용
장(龍藏)〉도 갖춰 놓았다. 그리하여 한산사는 다시 불보(佛寶) 즉 불
상(佛像), 법보(法寶) 즉 장경(藏經), 승보(僧寶) 즉 승중 (僧衆) 삼보
(三寶)를 두루 갖추게 되어 천년고찰은 다시 활기를 띠게 되었고 풍
교(楓橋)에는 한산사의 야반(夜半)을 알리는 종소리가 다시 들려오
게 되었다.

2) 한산사의 자선마켓

한산사는 1980년대 이래 사찰의 총림제도를 회 복하였고 성공
(性空) 방장의 인솔하에 한산사의 이문회우(以文會友)의 전통을 이
어받아 많은 문화사업을 전개하여 왔다. 특히 성공(性空) 방장은 서

예와 문장에 능하여 해내외 불자들과 문화계의 환대를 받고 있다. 역사적으로 한산사는 한산, 습득과 같은 풍류승려나 장계(張繼)와 같이 사회에서 실의(失意)한 빈곤한 문객들이 모여드는 사찰로 유명했던 것이 중국의 개혁개방 정책과 한산사의 특유한 문화적 명성으로 말미암아 현재 한 해에 찾아드는 관광객들만 하여도 100만을 넘으며 또한 해내외 불자들의 시주 등으로 경제적 여유를 갖게 되었다. 그때부터 한산사는 홍익사회의 문화사업과 자선사업을 적극 전개해 왔다.

2004년 4월 28일, 조용했던 풍교거리는 법회도 아닌 이날 갑자기 사람들로 붐비고 흥청거리기 시작하였다. 이는 한산사에서 처음으로 중국내 종교 자선마켓을 개장하는 날이다. 개업한 첫날에 소주의 200여 세대 빈곤호(貧困戶)들은 인민폐 60원에 달하는 쌀과 기름 등 생활필수품들을 무료로 분배 받았다.

실은 한산사에서는 많은 자선사업을 벌리던 중 도움 범위를 확대하여 소주시 빈곤층들의 일상생활을 더욱 실질적으로 돕기 위하여 소주시정부 민정부문의 협조하에 불교자선단체 〈한산사자선센터〉를 설립하고 그 산하에 한산사자선(寒山寺慈善超市) 마켓을 창설하였던 것이다. 창설 취지는 "수요에 따라 구조하고 다방면에서 서로 도우며 도움이 필요한 사람들에게 물질적으로 돕고 정신적으로 해탈시킨다(按需捐助, 多方互助, 物質扶困, 精神解困)". 즉 그 목적은 바로 도움이 필요한 중생들에게 더욱 실질적인 도움을 주는 동시에 불교의 자비 정신을 더욱 직접적 또한 깨끗하게 전하고자 하는데 있다

이렇게 한산자선마켓은 정식으로 개업하게 되었다. 〈한산사자선초시(寒山寺慈善超市)〉의 간판은 한산사의 법주(法主) 성공(性空) 스님께서 친히 쓴 것이다. 마켓의 면적은 300여 평방미터이며 일상용 품과 일상의약품 200여 종이 놓여 있다. 이 마켓에서는 현금거래를 일체 하지 않는다. 이 자선마켓에서는 〈물자신구권(物資申購券)〉을 달마다 자신구조 대상들에게 배부한다. 구조대상자는 달마다 일

"만인 합동하여
만인 인연 맺자"
슬로건이 한눈에
들어오는 한산사
자선마켓의 일각

인당 60원(인민폐)에 달하는 생활용품을 수요에 따라 가져갈 수 있다. 자선상품을 시주한 사람은 자기 이름을 그 물품에 표기하고 신령자(申領者)도 역시 자기 이름을 남긴다. 이렇게 되면 시주자는 자선마트를 통하여 피시주자의 어려운 상황을 알 수 있고 직접적인 교류가 가능하여질 뿐만 아니라 상호 신뢰관계를 형성할 수 있다. 또한 몸이 불편한 구조대상자들에게는 집까지 무료로 배달한다. 자신구조자 선정에 있어서는 소주시 민정(民政)기관의 도움을 받아 저보호(低保戶)·큰 병으로 곤란한 가정생활이 어려운 불구자·경제적으로 궁지에 빠진 실업자·돌발사고로 어려움을 겪고 있는 가정 등이 망라된다. 한산사에서는 장기적으로 공급이 필요한 물품은 관련단체나 시주자들에게 장기적 도움을 요청한다. 예를 들면, 구조를 받고 있는 구조 대상들에게 매 달마다 쌀을 받을 수 있도록 한산사 자선슈퍼마켓에서는 인근 해안현과 연계하여 〈자선초시장소한산사(慈善超市江蘇寒山寺)〉로 명명한 쌀을 전문 지정하여 공급을 받는다. 한산사의 이러한 활동은 불교계와 사회와의 관계를 밀접하게 하였고, 불자들이나 사회적으로 한산사라는 불교단체에 대한 신뢰가 깊어졌다. 과거에 자선명목으로 일어났던 많은 병폐를 일소하고 사회적으로 불교의 위상을 회복하는데도 참으로 좋은 방편효과를 보게 되었다.

물론 자선마켓을 경영함에 있어 한산사의 자선기금이 그 기본적인 역할을 하고 있다. 한산사의 자선마켓의 운영을 맡고 있는 존법 법사(存法法師)에 의하면 자선마켓을 잘 운영해 나가기 위하여 한산사에서는 해마다 일부분 자금을 내어 마켓의 기본 물품 구매에 쓰고 있으며 그와 동시에 소주시 자선관련 기관과 단체들과도 협력하여 자선마켓의 발전에 양호한 분위기를 마련하고자 노력하고 있다. 한산사에서는 자선마켓의 더욱 원활하고 효과적인 운영을 위하여 사회적으로 모든 불자들과 애심(愛心)가진 단체 개인들이 자선마켓 경영에 참여할 것을 호소한다. 그리하여 한산사에서는 〈자선정난만가(慈善情暖萬家)활동〉·〈자선(慈善)1원 기부활동〉·〈고아들에게 애심 심어주기 활동〉 등 각종 자선활동을 벌여 영향력을 확대함으로써 더욱 많은 사람들로 하여금 한산자선마켓을 이용하고 한산자선 마켓 활동에 적극 참여하여 더욱 많은 빈곤한 사람들이 한산사자선마켓의 도움을 받을 수 있게 하고자 노력하고 있다. 즉 만인 합동하여 만인 인연 맺자(萬人合同, 結萬人緣)는 것이다. 불완전통계에 의하면 한산사에서는 1980년 이래로 사회에 기부한 자선자금만 하더라도 천만 원(인민폐)이 넘으며 근년에는 해마다 150여만 원(인민폐)에 달한다고 한다. 현 주지 추상 법사(秋爽法師)는 "한산사 자선마트라는 교량역할을 통하여 더욱 많은 빈곤층에 실질적인 도움을 주는 동시에 불교의 자선정신의 진수와 따뜻함이 사회적으로 널리 전해지기를 기대한다"고 말하고 있다. 한산사의 이러한 거동은 중국 불교계 내외에 광범한 주목과 호평을 받고 있다. 최근 사회적으로도 이러한 경영방식을 도입하는 자선단체들이 많아지고 있다 한다.

3) 한산사의 종소리

역사 기록에 의하면 당송(唐宋)때로부터 소주의 사원들은 밤중에 종치는 전통이 있는데 그것을 분야종(分夜鐘)이라 불렀다. 특히 한산사에서는 해마다 섣달 그믐날 밤 새해를 알리는 종을 치는데 법사가 마지막 한 번 종소리를 울릴 때 마침 새해를 맞는 시각이 되는 것이다. 민간에서는 한산사의 새해 종소리를 들으면 과거 한 해 동안 쌓였던 모든 번뇌가 깨끗이 사라지고 경쾌한 마음으로 새해를 맞을 수 있다는 전설까지 전해지고 있다. 그리고 앞에서 소개한 장계(張繼)의 유명한 시 풍교야박(楓橋夜泊)은 중국과 일본의 소학교 교과서에까지 수록되어 있으므로 오늘날에 이르기까지 한산사의 종소리는 해내외에 널리 알려져 있다.

1979년의 섣달 그믐날 밤 참으로 오래간만에 새해를 맞는 한산사의 종소리가 들려 왔다. 이 소식은 많은 언론매체들에 보도되어 삽시에 한산사 종소리 붐을 불러 일으켰다. 그때로부터 지금까지 한 산사에서는 해마다 당종(撞鐘) 활동을 벌여왔다. 이는 문화대혁명이 끝난 후로 중국불교계에서 제일 일찍 시작하고 규모도 제일 큰 불교이벤트 중의 하나이다. 섣달 그믐날 밤에 법사는 종을 108번 친다. 종을 108번 울리는 것은 한해의 12개월, 24개 절기(節氣), 72개후(候)(중국고대에 1년을 360일로 계산하고 매 다섯날을 한 개 후(候)라고 하였다.)가 있기에 그것을 합하면 108이기 때문이다. 또한 불교적으로 해석한다면 인간들은 일생 중 108번뇌를 겪게 되는데 섣달 그믐날 밤에 108번의 종소리를 들으면 번뇌를 층층으로 풀 수 있다는 것이다. 한산사에서는 법사가 108번 종소리를 울린 후에는 참가자들이 친히 자기 손으로 새해의 행운종소리를 울릴 수 있다

한산사의 종소리는 종루(锺樓)의 청동유두종(靑銅乳頭鐘)에서 울려 나온다. 1979년부터 1999년까지 한산사의 섣달 그믐날 밤의 종소리는 모두 성공(性空) 방장께서 울렸으나 2000년부터 성공 법사는 80세를 맞게 되어 34세의 추상(秋爽) 법사가 담당하게 되었다. 추상(秋爽) 법사는 종을 치는데 그 힘과 절주를 장악하기 위하여 무려 1년을 배웠다 한다. 다년간 한산사의 새해를 맞는 종소리는 1초의 오차

도 생기지 않았다고 한다. 2000년 그믐날 밤의 종소리는 CCTV에서 생중계하고 소주 전신국(電信局)에서는 인터넷으로 직접 방송하기도 하였다.

해마다 한산사의 종소리를 듣고자 해내외에서 수많은 불자와 관광객들이 소주로 몰려든다. 한산사에서는 이 활동을 더욱 효과적으로 조직하기 위하여 1998년부터 현장 입장권 3,500장을 중국내외의 관광객들에게 판매하여 왔는데 최근 들어 수백 개의 기업들이 그 입장권을 둘러싸고 경쟁을 벌이고 있어 난색을 표하고 있다. 한산사에서는 소주 현지 시민과 더욱 많은 관광객들이 직접 종소리를 듣게 하기 위하여 한산사에 스피커 시설을 확충하기도 하였다. 그믐날 저녁 타종행사가 끝나면 한산사 주변에서는 각종 공연이 시작되고 승속(僧俗)이 함께 새해를 맞는 기쁨을 나눈다.

한산사의 종소리 이벤트는 한산사의 창의적인 자선마켓과 함께 나날이 그 영향이 커져가고 있다. 한산사의 그 청정하고 은은히 들려오는 종소리는 시방세계(十方世界)에 불교의 메시지를 전해줌과 동시에 중국불교의 새로운 부흥과 발전을 예고하고 있는 듯하다.

7. 백림사(柏林寺)의 부흥

베이징에서 고속도로를 타고 남쪽으로 260여 Km를 가면 하북성(河北省)의 조현(趙縣)에 도착한다. 조현에는 세상에 널리 알려진 중요한 역사 유적 두 곳이 있다. 하나는 세계에서 처음으로 건축된 아치형 조주교(趙州橋)이고 또 다른 하나는 중국북방불교에서 제일 영향이 큰 사원(寺院) 중의 하나인 백림선사(柏林禪寺)이다. 백림사는 한헌제(汉献帝) 건안년간(196~220)에 창건되었으며 처음에는 관음원(觀音院)이라고 하였는데, 사원이 군성(郡城)의 동쪽에 자리잡고 있기에 동원(東院)이라고도 불리웠다. 송초기에는 영안선원(永

安禪院)으로 고쳐 불렀으며 원대(元代)에 이르러 조정으로부터 백림선사란 이름을 받아 오늘에 이르고 있다. 기록에 의하면 현장 법사도 이 사원에서 고승 도심 법사(道深法師)로부터 《성실론(成實論)》을 반년 간 공부했다고 한다. 기원 858년 조주종심선사(趙州從諗禪師)가 83세의 고령으로 이 사원에 거주하면서 종풍을 명백히 밝혀주어 중국선종의 대표적 사찰이 되었다. 많은 선종 대덕과 문파들 중에서 당말기의 저명한 고승인 조주종심으로 인해 조주선이 독자적인 선풍을 형성함으로써 중국불교사에 중요한 역사적 위치를 차지하고 있다. 그러므로 백림사(柏林寺)는 조주선사와 떼어서 생각할 수 없는 사찰이다.

조주선사의 생애에 대한 기록은 많은 문헌들에서 엿볼 수 있는데 최초의 기록은 952년의 《조당집(祖堂集)·조주》일 것이고 가장 상세하게 소개된 기록은 당 보대(保大)11년 낙양동원(洛陽東院)의 혜통(惠通)이 저술한 《조주진제선사행장》이다. 그 외 《송고승전·당조주동원종심전(唐趙州東院從諗傳)》《경덕전등록·조주동원종심선사(趙州東院從諗禪師)》·《오등회원(五燈會元)·조주진제선사》 등 많은 문헌들에도 기록이 남아 있다. 이런 자료들의 내용들을 〈조주어록〉을 중심으로 정리하면 아래와 같다.

조주종심의 속성은 호씨(郝氏)이고 당대력 13년(778)에 조주(산동성조현) 호향(郝鄕)에서 태어났다. 만년에 조주관음원에 거주하여 선풍을 일으켜 후일 '조주'라고 존대받았다. 그는 어렸을 때부터 단독으로 행동하기를 좋아하였으며 일찍 집을 떠나 출가하여 조주호통원(曹州扈通院)의 스승을 따라 수행하였다. 그는 남천보원(南泉普愿)의 재덕이 그 당시 으뜸이라는 소문을 듣고 스승과 함께 지양(池陽: 오늘의 안휘성귀지)으로 찾아갔다. 남천보원은 회양(懷讓)에서 마조도일(馬祖道一)과 함께 수련하여 득도한 대선사였다.

종심(從諗)은 남천보원을 처음 만났을 때 그의 특별함을 느꼈다. 그는 자기의 스승이 먼저 들어가서 예의를 행하고 나서야 들어가

조주선사탑

서 참배하였다. 남천보원은 종심이 들어오는 것을 보고 그에게 묻기를 "들어오는 이 어디서 오느냐?" 종심은 답하기를 "서상원(瑞像院)에서 옵니다." 그러자 또 묻기를 "서상(瑞像)을 보았느냐?" 종심은 답하기를 "서상은 아직 본 적 없지만 누워 계시는 여래는 보았습니다." 남천은 여기까지 듣자 벌떡 일어나면서 또 묻는다. "자네는 주인 있는 사미인가 아니면 주인 없는 사미인가?" 종심은 그 말에 답하기를 "유주 (有州)사미입니다." "어느 분이 자네의 주인인가?" 종심은 그 물음에 "지금 봄의 첫 달로써 아직 춥사오니 복회(伏懷) 스님 존체기거(尊體起居)가 만복하기를 기원하옵나이다."라고 공손하게 답하였다. 종심의 교묘한 응답에 남천은 깊은 인상을 받았다. 그래서 그는 그 즉시 사람을 불러 "이 사미를 다른 곳에 배치하라"라고 분부하였다. 여기서 남천보원은 종심의 남다름을 한 눈에 알아보았다(一見之下, 靑目有加).

《조주록》의 〈사재남천작로두(師在南泉作爐頭)〉에서 알 수 있듯이 조주는 남천 슬하에서 불을 지피고 밥을 짓는 부목으로 일했다.

이는 고생스럽고도 인내성이 필요하며 대중들에게 은혜를 베푼다는 한마음을 갖고 해야만 하는 중요한 수행이다. 이는 마치 육조(六祖)가 오조(五祖)에게서 쌀을 찧는 일을 부여받았던 것처럼 의지를 단련할 수 있을 뿐만 아니라 복덕도 함양할 수 있는 좋은 기회이다. 그 동안 조주는 일심전력으로 참선하여 후일 승산 수미단에서 구족계를 받는다.

종심은 남천문하에서 10여 년간 머물면서 남다르게 뛰어난 근기와 기개로 남천의 지대한 칭찬을 받았다. 남천이 입적한(834년) 후 종심은 순사문도(巡師問道)의 긴긴 행각의 길에 들어선다.《조주화상어록》의 기록에 의하면 그는 황벽(黃檗)을 참배하고 보수(寶壽)도 찾아갔고 도오(道吾)를 방문하였고 주유(茱萸)도 만났다. 더욱 쉽지 않은 것은 그가 참방한 사우 중에는 혜능(慧能) 문하의 칭원계(靑原系)와 남악계(南岳系)뿐만 아니라 북종신수(北宗神秀) 문하의 대덕들도 포함된다. 그는 항상 "7세 아동이라 할지라도 나를 초월하였다면 나는 즉시 그에게 조언을 구하며 백세의 노인이라 할지라도 나보다 못하면 나는 그를 가르쳐줄 것이다."고 말했다.

조주는 고승들을 참방함에 수고를 아끼지 않았고 80여 세까지 줄곧 계속하였다. 선문중에는 〈조주가 여든에도 행각하는 것은 다만 마음속에 아직 이루지 못한 것을 이루기 위해서이다〉라고 하는 말이 전해지기도 했다. 이는 선사들이 조주의 정신을 따라 배워 참구하라는 격언인 것이다. 사실상 조주는 일찍 남천문하에서 현지(玄旨)를 깨쳤으나 그가 계속하여 광범하게 참학하는 것은 한 방면으로 심성을 수련하여 더욱 많은 권교방편(權巧方便)을 장악하기 위해서이고, 다른 한 면은 연(緣)이 있는 지역을 찾아 선풍을 일으키기 위해서이다.

그는 여든이 넘어서 여러 사람들의 요청으로 조주에 와서 저명한 조주교와 10여리 떨어져 있는 관음원(觀音院)에 거주하였다. 그리하여 조주선은 북방에서 크게 홍전(弘傳)되기 시작하였다.

조주화상은 기원 897년에 120세로 입적 하였다. 그의 뒤를 이은
선사들로써는 홍주엄양존자·양주광효원혜각선사·용주국청원봉
선사·무주목진종랑선사·무주신건선사·항주다복화상·익주서
목화상 등이 있다.

1) 백림사의 중창

근대에 이르러 북양군벌들의 전란으로 말미암아 백림고찰은 심
중한 피해를 입었고 승려들은 사방으로 흩어졌다. 1938년부터 폐허
에 가까운 고찰에는 친매(親昧) 법사(1888~1971)가 홀로 수행하고
있었다. 1945년 친매(親昧) 법사가 사찰을 떠난 뒤로 사찰은 황무지
가 되었고 조주탑만이 외로이 서 있었다.

1987년 10월 중국불교협회 상무이사로 있던 정혜(淨慧) 법사는
백림사 옛터를 찾아 왔다. 잡초 무성한 옛터에 처절하게 서있는 조주
탑을 바라보는 정혜 법사의 눈에서는 눈물이 하염없이 흘러 내렸다.
조주선은 역사상 얼마나 찬란했던가! 1988년 5월, 하북성불교협회
회장으로 임명받은 정혜 법사는 백림사 부흥을 발원하여 백림사유
적지에 백림사불자안양원(柏林寺佛慈安養院)을 건립하였다. 이때
부터 백림사는 전면적인 부흥의 길에 들어서게 되었다.

10여 년간의 노력으로 조주종심의 탑을 새로 중수하고 300여 그
루의 백화나무를 심었으며 대전(大殿)·종고루(鐘鼓樓)·관음전(觀
音殿)·선당(禪堂) 등을 다시 건립하였다. 2003년에 완공된 만불루
(萬佛樓)는 일층이 대웅보전(大雄寶殿)이고 이층은 만불루이며 건
물 높이는 37m이고 건축면적은 8,000여m²에 달하여 천여 명이 동시
에 참석하는 대형 법회활동을 진행할 수 있다. 전 사찰의 면적은 도
합 100무(畝)에 달하며 건축면적은 2만여m²에 달한다. 오늘의 백림
사 전당들을 바라보노라면 마치 불국의 범경(梵境)을 방불케 하며
중국 북방의 대찰로 변모하였다. 오늘날 조주조정(趙州祖庭)인 백림
선사(柏林禪寺)는 중국불교부흥의 돌풍을 일으킨 대표적인 사찰로

써 그 발전방향은 세인들의 많은 주목을 받고 있다.

정혜 법사는 대중들을 거느리고 사찰을 재건하였을 뿐만 아니라 승단을 건립하고 엄격한 총림제도를 확립하였다. 현재 백림사에는 승려 도합 140여 명이 있으며 그 중 젊은 승려들이 골간을 이루며 그 들의 수준은 중국 제사찰 중에서 으뜸이다. 즉 대학교 졸업이상 학력자가 20여 명 되며 그중에는 석사·박사를 마친 고학력자도 적지 않다. 이들은 문화대혁명후의 개혁개방시대에 불문을 찾아온 구도자들이라는 점이 더욱 주목된다. 이러한 인재들의 힘을 입어 백림사는 중국의 그 어느 사찰보다 더욱 신속한 발전을 가져왔고 불교문화사업을 폭넓게 전개하고 있다.

첫째, 근 10여 년간 백림사에서는 불교서적을 대량 출간하여 전국적으로 유통하고 있다. 백림사의 지지하에 하북성 불교협회에서는 개혁개방이래 중국 국내에서 처음으로 1989년에 불교전문지인 《선(禪)》을 창간하였다. 이 불교지는 이미 66번을 발행하여 중국내 불교문화계에 중요한 위치를 차지하고 있다. 그 외 해마다 수십 종류의 불교서적 을 출판하는 동시에 각종 경상(經像)과 법물(法物) 들을 유통하고 있다.

둘째, 백림사에서는 정기적으로 삼귀오계(三歸五戒) 및 재가보살계를 전수하며 강경법회를 열어 불자들의 수행을 도모하고 있다. 그때마다 백림사는 불자들로 인산인해를 이루어 성황을 이룬다.

셋째, 백림사는 하북성 선학연구원과 하북성불학원을 창건하여 승재(僧才)를 양성하고 불교학술연구를 적극 추진하고 있다. 하북성 불학원은 1999년 하북성 불교협회에서 창건하고 백림사에서 맡아 운영하는 불학원이다. 학제는 3년이고 현재 재학승려는 60여 명에 달하며 교수진은 국내외 저명한 불교학자들로 구성되어 있다. 또한 현재 정혜 법사(淨慧法師)가 편찬한 《조주선총서》·선학연구소의 《중국선종전적총휘(中國禪宗典籍總彙)》의 전자색인데이터베이스도 완성되었다. 백림사 생활선 홈페이지도 선을 이해하는 중요한 창구 역할을 하고 있다.

　넷째, 국제간의 불교계의 우호적 교류의 선두에서 활약하고 있다. 조주선은 역사적으로 중국 선종사에서 매우 중요한 위치를 차지하고 있을 뿐만 아니라 오늘날에 이르기까지 세계 각국에서 선을 공부하는 사람들에게 커다란 영향을 미치고 있다. 많은 해외불자들은 백림사의 재건과 <조주선>·<생활선>의 선양에 큰 관심을 표하고 있다. 예를 들면 일본에서는 선종을 공부하는 적지 않은 사찰과 단체들이 모두 백림사를 조정(祖庭)으로 간직하고 있으며 해마다 중요한 법회가 열릴 때마다 대표단을 파견하여 참석하러 오곤 한다. 일본 조동종의 한 승려는 1993년부터 1999년까지 백림사에서 수학하기도 하였다.

　중·한·일 삼국불교우호교류협의회의 알선으로 근년에 일본과 한국에서 여러 차례 선수행 체험단을 파견하여 백림사에 와서 수행체험을 하기도 하였다.

　그 외에 외국의 불교단체들에서도 정기적으로 선수행단과 참례단을 파견하고 있다. 또한 백림사에서는 해마다 선사들을 세계각지에 파견하여 생활 선수행을 지도하기도 한다.

2) 백림사와 생활선(生活禪)

　앞에서 소개한 바와 같이 조주선풍은 남천보원과 마조도일에서 비롯된다. 마조는 평생을 거쳐 '평상심은 도(平常心是道)'라는 이념을 강조하여 온 일대 선사이다. 여기에서 말하는 평상심이란 무조작(無造作) 무시비(無是非) 무취사(無取得舍) 무단상(無斷常) 평범무성(平凡無聖)을 가리킨다. 즉 인간의 본심을 가리키는 것이다. 조주선사는 이러한 생활선의 이념에 입각하여 일대 선풍을 일으켰던 것이다. 그는 〈차마시러 가라〉는 화두와 같이 더없이 평범한 말속에 선기(禪機)를 담곤 했다. 근대에 이르러 허운(虛雲) 법사는 생활선과 시대적 상황에 입각하여 인간불교의 주장을 내놓는다. 이로 인하여

조주선의 이념은 전쟁과 동란의 근대중국사회에서도 그 맥을 이을
수 있었다. 조주의 이러한 선풍은 오늘날까지 그 맥을 잇고 있다. 백
림사 재건을 발원한 정혜 법사가 바로 그런 선풍의 계승자인 것이다.
정혜 법사는 허운(虛雲) 법사의 수제자로서 시대의 거대한 변화발전
에 발맞춰 조주선사의 '평상심이 바로 도(道)이다'라는 선풍(禪風)을
'생활선(生活禪)의 이념으로 제창하여 새로운 선풍을 일으키고 있
다. 그는 불교의 많은 법문 중에서' 명심견성(明心見性)하여 궁극에
생사(生死)를 해탈할 수 있을 뿐만 아니라 또한 현대인 생활환경에
알맞는 수행방법'이 생활선이라고 한다. 그 취지는 〈전통계리(契理)
를 계승하고 시대 계기(契機)에 적응하며 정법에 입각하여 선학을
선양하고 지혜를 개발하며 도덕성을 제고시키고 인생을 각오하여
사회에 공헌한다〉는 것이다. 즉 〈생활선〉은 〈선의 정신·선의 지혜
를 보편적으로 생활에 융합시켜 생활 중에서 선적 초월을 실현하며
선의 경지·선의 정신·선의 매력을 체현한다〉하며 또한, 〈일상생
활 속에서 선의 기쁨을 얻고 선의 기쁨 속에서 생활을 찾는다〉는 것
이다. 백림사의 각종 법사활동 중에서 그는 사부대중들에게 〈신앙생
활속에서 실천하고 수행을 현실에서 실천하며 불법을 인간에 융합
시키고 개인을 대중 속에 융합시켜야 한다〉고 호소하고 있다. 그는
이러한 생활선 수행을 통하여 〈대중들이 인정하고 대중들이 참여하
며 대중들이 성취하여 대중들이 함께 그 기쁨을 나누어야 한다〉고
강조하고 있다. 그는 항상 제자들과 불자들에게 언제나 착한 마음을
가져야 하고 좋은 일을 해야 하며 선행의 모범이 되어 수행과 교무를
잘함과 동시에 적극적으로 국가·사회·민중에 유익한 사업에 종사
하여야 한다고 말한다. 현재 이러한 생활선 이념과 실천은 불교계뿐
만 아니라 중국사회 일반의 광범한 인정을 받고 있다.

3) 생활선(生活禪) 여름캠프

백림사에서는 1993년부터 2005년까지 〈생활선 여름캠프〉를 개

최하여 왔다. 〈생활선 여름캠프〉란 사회에서 불교에 관심을 갖는 불자들 특히는 대학생들을 그 주요대상으로 여름방학에 개최한다. 활동 내용은 주로 선행강좌 불교예의·수행절차와 법칙을 학습함과 동시에 아침저녁으로 부처님 전에 예불하고 삼보가(三寶歌)를 부르며 선사의 개시에 따라 좌선수행을 체험하고 전등법좌(불상 앞에서 등을 켜고 참회하며 소원을 비는 의식의 일종)하며 백림야화(柏林夜話) 즉 좌담을 함과 동시에 삼귀(三歸)와 오계를 전수하는 등의 내용들이 포함되어 있다. 최초에는 매기 250여 명을 대상으로 개최하여 왔는데 최근에는 신청자들이 쇄도하여 인터넷강좌까지 설치하여 실시하고 있다. 참가자들 중에는 북경대학 청화대학 등 일류대학들의 재학생들이 있는가 하면 홍콩·대만·일본·싱가포르·인도네시아·영국·프랑스 등의 국가와 지역에서 찾아온 불자들도 적지 않다. 조주선은 사회생활을 떠나지 않는 수행을 주장한다. 백림선사에서는 이 처럼 독특한 방식으로 조주선풍을 다시 일으켜 중생들로 하여금 현실 생활 속에서 선을 즐기고 즐기는 과정에서 불교의 진리를 체득케 하고 있다. 이런 활동을 통하여 더욱 많은 중생들에게 불법을 알리고 또한 더욱 많은 기쁨과 지혜를 안겨주고자 하는 것이 이 활동의 취지인 것이다. 2005년까지 14차에 걸쳐 국내외 약 4천 명의 대학생들과 불자들이 선수행체험을 하게 되었다. 이로 인하여 적지 않은 대학들 에서는 선수행 학생서클이 생겨났고 백림사의 선사들을 직접 초청하여 지도를 받기도 한다.

4) 백림사의 젊은 방장-명해 법사(明海法師)

2003년 정혜 법사는 백림사 방장자리를 젊은 명해 법사(明海法師)에게 넘겨주어 백림사는 불교계 내외의 더욱 많은 관심을 모으고 있다. 올해 나이 36세인 명해 법사는 1995년 베이징대학 철학과를 졸업하고 얼마 안되어 하북성 조현(趙縣)에서 출가하였다. 그는 대학 시절 학업에 출중하였을 뿐만 아니라 활달하고 노래 잘 부르는 학생회 임원으로 활약하였다. 그러던 어느 날 그는 친구와 같이 북경시 중심에 자리잡고 있는 광제사를 방문하게 되었는데 승려들의 진지한 구도생활 태도와 자애로운 모습에 매력을 느끼고 출가를 결심하였던 것이다. 출가한 사실을 알게 된 어머니는 속히 환속할 것을 극구 요청하였다. 어머니를 설득할 수 없게 되자 명해는 손을 베어내어 부모님께 드리겠다고 나서자, 어머니는 마지못해 수락하였다 한다. 그는 정혜 법사를 스승으로 모시고 10여 년간 수행에 정진함과 동시에 백림사 재건에 동분서주하여 왔다. 뿐만 아니라 생활선을 사회적으로 널리 알리기 위하여 많은 심혈을 기울여 왔다. 때로는 대학들의 요청을 받아 강단에 서는가 하면, 영어에 능한 그는 세계 각국을 순방하며 불자들의 생활선 지도를 하기도 하였다. 현재 명해 법사는 외국에 많은 사형제들과 제자들을 두고 있다.

　　명해 법사의 말에 의하면 "내가 출가하자마자 저의 스승은 스위스의 제자 한 사람을 받았는데 그녀의 법호는 명계(明契)이며 1999년에 출가한 첫 번째의 외국 비구니승이다. 그는 수행에 게을리하지 않아 선 수행에 진전이 빨랐다. 귀국한 후 그는 스위스 종교계의 사회활동에 적극 참가하여 생활선을 전파하고 있다. 2004년에는 또 두 명의 외국친구가 여기서 출가하였다. 한 사람은 스웨덴에서 왔는데 정혜 법사는 그에게 명보(明寶)라는 법명을 지어 주었다. 다른 한 사람은 프랑스의 파리에서 온 단니올인데 그녀의 법명은 명경(明慶)이다. 그후에도 많은 외국인들이 백림사에서 출가하였으며 진지한 수행을 거친 후 자기의 조국으로 돌아가 생활선을 전하고 있다. 나는 생활선은 중국뿐만 아니라 세계각지의 사회생활 속에 융화되어 현대인들의 정신생활을 이끌 수 있다고 믿는다"고 말했다.

　　여기서 명해 법사가 말하는 명계(明契)는 본명이 마리 궁심이며 올해 70세이다. 젊었을 때 그는 일본에서 불교를 접하고 후에 영국에서 선 수행을 체험하였는데 자신의 체험에 만족하지 못하여 중국에 와서 많은 곡절을 겪고서야 마침내 백림선사의 정혜 대사(淨慧大師)

를 만나게 되었던 것이다. 그는 백림사와 끊을 수 없는 인연을 맺어 〈백림선사를 자기의 집으로 생각하고 있기에 해마다 한 번씩 돌아와 수행하곤 한다. 생활선은 참으로 현대인들의 심신건강에 유익하다. 현재 나는 스위스에 사원 한 채를 지어 백림사 생활선의 수행방법을 스위스의 젊은이들에게 알려주고 있다.〉라고 감회를 밝혔다.

백림선사에서는 스위스·프랑스·헝가리 등 외국의 요청을 받아 매년 선사들을 파견하여 그곳의 불교활동을 현지 지도하고 있다. 생활 중에서 수행하고 수행 중에서 생활하는 것이 바로 '생활선'의 정신이다. 현재 백림사에는 독일·프랑스·캐나다·한국·일본 등 지역의 불자들이 수없이 많이 찾아온다고 한다. 명해 법사는 생활선의 국제화의 가능성을 이야기하면서 필자에게 다음과 같은 이야기를 들려주었다. 〈한 번은 생활선 여름훈련 캠프 때 나는 영국의 한 사회학자를 접대하였는데 그가 바로 세계적으로 저명한 종교사회학자인 에일린 바커이다. 그는 자기 소개를 하면서 어떠한 종교도 믿지 않는다고 한마디 덧붙였다. 그의 수많은 물음에 나는 모두 영어로 상세히 대답하여 주었다. 그는 백림사에 대한 깊은 인상을 안고 귀국하였다. 얼마가 지나 그는 편지를 보내왔는데 자신은 백림사에서 큰 수확을 얻었다고 하였다. 그리고 그는 편지에서 자신이 앓아서 병원에 갔을 때 진찰표의 종교신앙을 묻는 난에 선종(禪宗, Zenbuddhism)이라고 적어 넣었다고 알려 왔다〉 백림사에는 명해(明海)와 같은 현대교육을 받고 국제적 시각을 가진 젊은 승려들이 적지 않다. 또한 이 활기 넘치는 승단을 찾아오는 젊은 구도자들도 끊이지 않는다. 이들이야 말로 중국불교의 진정한 희망인 것이다.

천년의 시공을 넘어선 21세기에 조주선은 그 맥을 잇게 되었고 백림사의 이와 같은 부흥은 사람들로 하여금 조주선의 불가사의와 불법의 불가사의를 새삼스럽게 느끼게 하고 있다.

(이상 글 7편은 대한천태종『金剛』잡지 요청 연재임, 2006년)

日文部分

第二十一章

元暁『大乗起信論疏』の思想特徴について

　『大乗起信論』は、六世紀半ば頃中国の仏教界に現れてから、長らく中国の思想家たちに重視されることになる。『大乗起信論』の思想評価を巡って、各派の理論家たちは我先に評価を行い、異常なほどに関心を示した。従って、今日に至るまで、『大乗起信論』に対する研究著述は百種類を超え、評価も隔たりが大きく、なかなか一致を見ない状態である。その中で歴史上、隋浄影寺慧遠(532~592)の『大乗起信論義疏』二巻、新羅元暁(617~686)の『大乗起信論疏』二巻、及び唐の法藏(643~712)の『大乗起信論義記』三巻が世に広く伝わり、その影響は深遠である。特に、元暁の『大乗起信論疏』の思想は格別なところがあって、歴代の思想家たちの注目を集めるようになった。

　元暁は、『起信論』の思想を積極的に肯定し、常ならぬ情熱をその研究に注いだ。元暁の『起信論』を巡る著述だけでも七部ある。

　1、『大乗起信論疏』(二巻)

　2、『大乗起信論別記』(一巻)

　3、『大乗起信論宗要』(一巻)

4、『大乗起信論大記』(一巻)

5、『大乗起信論料簡』(一巻)

6、『大乗起信論一道章』(一巻)

7、『大乗起信論二障章』(一巻)

　以上七部の中で、現存しているのは、世人に"海東疏"と称される『大乗起信論疏』と、「為自而記耳、不敢望宣通世」との『大乗起信論別記』のみである。この二部は『韓国佛教全書』第一巻に収められている。その他はすべて流失している。

　したがって、本文では、元暁の『大乗起信論疏』(以下略して『疏』とする)と『大乗起信論別記』(以下略して『別記』とする)を中心に、元暁の起信論観を考察することにする。元暁の『疏』と『別記』の中で説かれている大乗仏教観と思想方法は、元暁哲学思想の根本的な特徴——和爵を集中的に表していると思われる。和静思想は、元暁の数多い著述と多様な宗教実践の中で、始終一貫した思想となって現れるのである。だから、元暁の『疏』と『別記』に対する研究は元暁仙教思想を全体的に把握する前提と基礎になるのであろう。

1. 『大乗起信論』の思想淵源

　『大乗起信論』が歴代の思想家たちの注目を浴びるようになった理由は、主にその独特な思想にあると思われる。『起信論』は、"真常唯心"の一心に依拠して、その思想体系を構築している。『起信論』が依拠しているいわゆる"真常唯心"の説は、もともと『起信論』の作者の発明ではなく、外にその歴史的淵源がある。

　台湾の著名な仙学家印順法師は、「印度之仏教」という一書の中で、次のように述べている。

真常心之淵源極早，而是否吻合仏意，実有可研究者。真常心之初意，即于六識之心心相続中，想見其内在之不変常浄。後分為七心，或以意界為常而六識生滅;或立根本識而六識従之生，即真常唯心，自応為意界及根本識矣。此真常心，即輪回之主体，縛脱之連系，乃漸与真我論合。仙説「本生」，輒説「彼時某某者，即我身是。」「自作自受」，仙亦曾説之。犢子系乃起而説不可説我;説転部立勝義我。此依五蘊設施，彼真心唯依心立，然于「真常唯心論」中，不復有分別焉![1]

　『起信論』が世に現れてから、"真常唯心論"が仏意に合うか否かが、常に『起信論』の思想評価の主な問題の一つとなっている。ことに、後の『起信論』真偽を問う論弁で、この問題はさらに目立つようになった。『起信論』偽経説を主張する学者のうちに、一部の学者たちは、"真常唯心論"が仙意に合わないとまで言い切り、『起信論』の価値を損ねようとした者もいる。しかし、印順は、最初の「六識之心心相続中」に、「内在不変常浄」があると想定し、それから、さらに七識論の中に一つの"根本識"があるという説が生まれる、と認識している。このように、一つの基本的な意象が"漸与真我論合"して"真常"と勝義我の分別がなくなる。以上、"真常唯心"説の形成過程を簡略に紹介した。

　そして、その思想の淵源については、大乗性空思想に依頼すると、印順は鋭く指摘している。

　「真常心而進為真常唯心論」実有頼性空大乗之啓発。性空者之一切皆空，不自為常住来。仏説縁起，常識見其為実在，以理智而観察之，探其究竟之真実，則知……一切無実性。……以一

1　郭朋　『印順仏学思想研究』、P109.

切空之啓発，真常心乃一変。真常浄者，一切一味相，于一法通達即一切通達;以是而諸法実相之常浄，与心性之真常浄合。常浄之心，一躍而為万有之実体矣。[2]

　　すなわち諸法実相は性空で常浄とも呼ぶ。常海と心性之真常が妙合し、常浄之心は仏法実相の一心となるわけである。すると、"帰一心源"は仏教の根本的な要求になるのである。

　　大乗仙教には、"真常唯心論"思想に関する経典が数少なくない。例えば、『如来藏経』、『法鼓経』、『大涅槃経』、『勝髪経』、『不増不減経』、『無上依経』、『楞伽経』、『密厳経』、『囲覚経』などがある。これらの経典は、中国仙教の発展史に大いに影響をあたえた経典である。その中でも、『楞伽経』は『起信論』の誕生に決定的な役割を果たしている。

　　隋代になって、『楞伽経』は中国で漢沢本が二種類現れた。一つは、劉宗の求那跋陀羅訳本で、もう一つは元魏の菩提流支訳本である。その外に、唐代に現れた実叉難陀訳本がある。前の二種類の訳本は中国で広く伝わり、その影響も甚だ深遠である。後者は時代的に『起信論』の現われと直接的な関係がないのでここでは取り扱わないことにする

　　『楞伽経』は、"如来藏阿頼耶識"緑起説を説き、「如来藏名藏識、与七識倶生」と解いている。ここでの藏識は、つまり阿頼耶識である。このように、如来藏と阿頼耶識はここで一つになってしまう。「如来藏名阿頼耶識」の故、即ち「阿頼耶識中藏如来之性」の為、阿頼耶識は清浄な存在となる。しかも、七識は間断があるが、如来藏は間断がないので、衆生の一切の苦楽の感受が可能になる。又、如来藏は虚妄慣習を累積して成り、次々と押し寄せる波濤のことく、

　2　同上、P109.

無明の住処に依頼する七識と同時に起こるので、有情なる一切の蘊処界法は生滅を繰り返し、無明七識の動作は止まない。それで衆生は生死に安じて解脱を怠るのである。

『起信論』は、『楞伽経』の思想の影響によって、"真如緑起説"を提出する。『起信論』は一心二門の構造を設けることによって、衆生の心は元来"離妄念而有其体"であると主張し、それを真如というのである。真如は清浄で、真実識知で、不可思議の無量の功徳を具足している。しかし、本浄の真如が無名の風に揺られているから、衆生輪回と脱解が問題となるのである。

『起信論』の中で、真如と無明は互いに対立し、また薫染しあう関係にある。『起信論』の作者は主観上では真如門と生滅門の相即不離性、生滅と不生不滅の"非一非異"の関係を強調し、一心を用いて一切の存在を統抵しようと試みたのである。しかし、客観的には無明の存在を肯定することになってしまう。そこで、結果的には、『起信論』は真如と無明、即ち真心と妄心の二元構造の中で展開されることになる。これは大乗仏教の主張する伝統的な"心性本浄、客塵所染"とは相違するところがある。なぜならば、"心性本浄"は仏法実相で、客塵は無明の風の薫染によって、生じたに過ぎない。従って、衆生解脱の道は、"客塵"の除却により"本浄"の"心性"を頭わすことを目標とするからである。しかし、『起信論』の作者は、"客塵"は生まれつきのもので、"本浄"の心と同時に現れると見なしているようである。したがって、

『起信論』の作者がいかに自らその一元性を主張しようとも、二元論の嫌疑を払拭することができなくなる。それであっても上で分析した通り、『起信論』が"真常唯心"思想に依拠していることはいうまでもない。ちなみに、ここで極めて重要な問題点として取り上げざる得ないのは、『起信論』の作者が依拠する魏訳の『楞伽経』の翻訳にかんする先学たちが取り上げた"加字混文"の誤訳が存在することである。こ

れは『起信論』研究においてはさけられない問題であろう。この問題に
関しては後で詳しく分析することにする。

　要するに、『起信論』を、“真常唯心論”が中国仙教の発展過程
の中で実った大きな成果とみなすことができるということである。『起信
論』は自己の特徴を持しているものの、いわゆる“心性本浄、客塵所
染”という仙教の伝統的な主張と、根本的には一致しているからであ
る。

　これに関しては『起信論』の一心の構造の分析を通しても証明で
きるだろう。

2. 一心の構造

　まず、元暁がとのように『起信論』の全体的性質を把握したかを
考察してみることにする。元暁は『別記』の大意文の中で、次のように
述べている。

　其為論也，無所不立，無所不破。如中観論十二門論等，遍
破諸執，亦破于破，而不還許能破所破，是謂往而不遍論也。其
瑜伽摂大乗等、通立深浅，判于法門，而不融遣自所立法，是謂
与而不奪論也。今此論者，既智既に，亦玄亦博，無不立而自遣，
無不破而還許。而還許者，頭彼往者

　往極而遍立，而自遣者，明此与者窮与而奪。是謂諸論之祖
宗，群静之評主也。[3]

　元暁は『起信論』を、中観と唯識の対立を調和させるために成立

---

　3 『韓国仏教全書』第一巻 『大乗起信論疏記会本』、P733.

した経典と見なしている。そして、中観は"破而不立"であり、唯識は"立而不破"である、と指摘している。しかし、大乗総摂説を説く『起信論』は、立破無碍の中で矛盾を調和し、そして対立を超越して"無不立而自遣、無不破而還許"という境地に至ることを主旨としている。これこそ、元暁が『起信論』を"群静之評主"と称した所以である。元暁の以上のような評価から分かるように、元暁は仏教思想の弁証発展の内実と『起信論』自体の特徴を正確に把握していたのである。

　龍樹を代表とする中観学派は、現実は縁起によるもので、相対的で、無自性的な存在である、と認識していた。従って、"是空不可得、空不可得之空、乃為勝義空"と解している。中観学派が唱える空は世俗に即した中道之実相であり、絶対的否定によってで証得された勝義空である。元暁の言葉を借用すれば、つまり「遍破諸執、亦破于破」によって得た空である。これに対して無着、世親を代表とする唯識学派は、現実は人々の間違った認識による産物で、即ち能遍計之心が所遍計之法に対して執着した結果である、と認識していたのである。現実は縁生法で、言い換えると「依他起性」であるだけに、人々の間違った認識を正す可能性を示唆しているのである。人々が「依他起性」に依拠して、間違った認識を正す時、やっと清浄法が頭現する(圓成実性)。元暁の言う如く、「通立深浅判于法門、而不融遣自所立法」というわけである。

　以上から分かるように、中観と唯識二派の根本趣旨は、否定あるいは肯定という方法によって勝義空を得ようとするところにある。しかし、二派の根本的な違いを問うとすれば、つまるところ各自の所持する立場と方法にある。かいつまんでいうと、現実否定の方法で、空を証得するか、それとも現実に依拠して空を証得するかの区別である。つまり、二派の根本的な対立は、空を証得するための現実に対して所持する態度にあったのである。すなわち、現実を空と見なすか、それとも有と見なすかである。これこそ、仏教史上いわゆる"空有之弁"の根源であるのである。このように、一つの対立は、印度から中国へと引き続き、中国で成実と倶舎二派の間の対立に現れるようになった。中国の仏教思潮の影響を受けて、新羅仏教界においてもこのような対立が生じていないとも限らない、と著者には思われる。

空と有の対立を調和するために、『起信論』は独特な一心二門の構造を設けている。『論』によると、

依一心法，有二種門。云何為二，一者心真如門，二者心生滅門。
是二種門皆各総摂一切法。此義云何，以是二門不相離故。[4]

これは『起信論』の総網目で、『起信論』の本体と現象の関係に対する総説である。ここで、一心は万物の元であり、本体であると同時に、また一切の生滅境界を統抵している。したがって、一心における本体と現象、静と動に対する分析と考察が可能になるのである。

元暁によれば一心二門の構造は『楞伽経』によって発展してきた。

如経本言，寂滅者名為一心，一心者名如来藏，此言心真如門者，即釈彼経寂滅者名為一心也。心生減者，此積経中一心者名如来藏也。所以然者，以一切法無生無滅，本来寂静，唯是一心，如是名為心真如門。[5]

さらに、
所言法者謂衆生心，是心則撫一切世間法出世間法、依于此

---

4 同書、P740.
5 同書、P741.

心，題示摩詞衍義。何義故，是心真如相即示摩河衍故，日生滅
因縁相能示摩詞衍自体相用故。[6]

　一心は本体で、真如である。しかも真如は真如門にあるばかり
でなく、生滅門内にも存在し、その役割を果たしている。

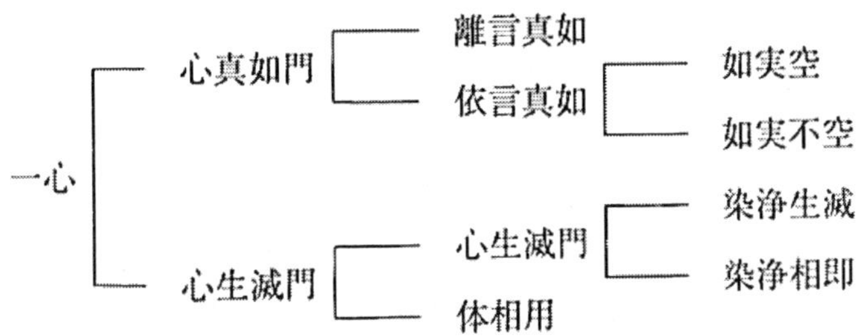

　"所言法者謂衆生心"ということから、上の構造は衆生心の構造
図にもなる。そこで、この構造について具体的に分析してみよう。
　『起信論』は、真如を離言真如と依言真如と二分する。さて、離
言真如とは何であるう?
　『論』によると、

　心真如者，即是一境界大総相法門体。所謂心性不生不滅，
一切諸法唯依忘念而有差別。若離心念，則無一切境界之相。是
故一切法従本已来，離言説相，離名字相，離心縁相，畢竟平
等，無有変異，不可破壊，唯是一心，故名真如。[7]

　又、『疏』によると、

<hr>

6　同書、P739.
口7　同書、P743.

　　所以真如平等離者，以諸言説唯是仮名，故于実性不得不
絶。又彼言説但随妄念，故于真智不可不離。由是道理故説離
絶，故言乃至不可得故。

さらに、
此真如体無有可遺，以一切法悉皆真故，亦無可立。

　　したがって、「当知一切法，不可説，不可念，故名真如」なの
である。このような不可念、不可説である超言絶相之真如は認識可
能であろうか。つまり、このような真如と有念、有説の衆生の現象界
とはとういう関係にあるのであろうか。元暁は理は"事之理"と考えてい
たので、絶言とは言わない。つまり、「当知理非絶言，非不絶言，
以是義故，理亦絶言，亦不絶言」というわけである。要約すると、真
如という本体は、現象の本質的な原理に当たるものなので、"真如離
言、亦不離言"というわけである。したがって、真如はついに認識可
能になったのでぁる。このように超言絶相なる真如は現象界外に超然
と存在しているのではなく、現象の本質として存在するのである。た
だし、衆生は主観と客観の対立の中で生活を営むので、真如は不可
言なる存在になるわけである。元暁は、人々が主観と客観の対立を
超越する時、つまり能説と可説、能念と可念の対立を超越する時こ
そ、"随順"、"得入"の境界に達すると考えていたのである。「経」の
言う如く、

　　若知一切法，虽説無有能説可説，虽念亦無能念可念，是名
随順。若離于念，名為得入。

　　かくして、真如は一切の絶対的な存在を超えた存在であるばかり
でなく、認識可能なものであることが分かるのである。

　『起信論』は依言真如を如実空と如実不空とに分けて解積してい
る。その中で、如実空は当然に離言絶相の存在であるが、如実不
空とは、何であろうか。

　「所言不空者，已頭法体空無妄故，即是真心，常恒不変，浄
法満足，故名不空，亦無有相可取，以離念境界，唯証相応。」[8]

　如実空を否定(破)的立場からの真如に対する解積とするなら
ば、如実不空は肯定的立場からの真如に対する解積であろう。肯定
と否定の方法で真如を理解するということは、起信論」の"無不立而自
遣、無不破而還許"とう立破無碍思想の特徴を表している、と思われ
る。しかし、如実空と如実不空、この二つの意義を設ける意図は何
であろう。これこそ、『起信論』の作者の巧妙な所である。つまり、真
如の絶対的な一面を強調する一方で、生滅門との相即関係のために
伏線を張っておいたのではなかろうか。
　さらに、生滅門の中の真如の"自体相用"を分析してみよう。『起
信論』は、一心が真如、生滅二門を設け、真如門の中に本体なる真
如が存在し、生滅門の中に自体相用なる三大が存在する、と説いて
いる。では三大とは何なのか?『論』によると、

　一者体大，謂一切法真実平等，不増減故。二者相大，謂如
来藏具足無量性功徳故。三者用大，能生一切世間善因果故。[9]

　ここで、なぜ真如門の中で真如を"体"と称し、生滅門の中の真
如を"自体"と称したのであろうか。元暁は、真如門の中で真如を"体"

8　同書、P744.
9　同書、P745.

と称し、生滅門の中で真如を"自体"と称したのには深い由緑があると
指摘している。その由緑とは、『疏』によると、

　　所言法者，謂衆生心者，自体名法。今大乗中一切諸法皆無
別体，唯用一心為其自体，故言法者謂衆生心也。[10]

　したがって、"自体"は衆生心の体を指し、生滅心の中に潜んで
いる如来之性であって、真如門の中の"体"は理の意義の体にすぎな
いのである。だとすれば、この"自体"と"体"の関係をどのように把握
すればいいのであろうか。元暁は「体大者在真如門内，相用二大在
生滅門」と説き、さらに、生滅門が真如を"自体"と称したのは、「但以
体従相故」と解釈しているのである。これは次に、衆生還滅と流転の
構造を解釈するための下敷きとなっている。このように、"真常"と衆生
心は奇妙な形で結合するようになったのである。
　相大とは?『論』によると、

　　従本以来，性自満足一切功徳，所謂自体有大智恵光明義
故，過照法界義故，真実知義故，自性清浄義故，常楽我浄義
故，清涼不変自在義故，具足如是過于恒河，不離不断，不一不
異不思議仏法，乃至満足無有所少義故，名為如来藏，亦名如来
法身。

　これは真如の特徴を説いた一節である。この一節から、"相大"
の内容と前述した真如門の中の如実不空との意味はまったく一致して
いることが察せられる。このように、『起信論』は、体の属性を論述す
ることによって、真如門と生滅門の"不相舎離性"をさらに強調したの

10　同書、P739.

である。

　又、"用大"とは?『論』によると、

　真如用者，所謂諸仏如来本在因地，発大慈悲，修諸波羅蜜携化衆生，立大誓願，尽欲度脱等衆生界，亦不限劫数尽于未来，以取一切衆生如己身故，而亦不取衆生相。此以何義，謂如実知一切衆生及与己身，真如平等，無別異故。以有如是大方便智，除滅無明，見本法身，自然而有不思議業種種之用，即与真如等一切処……。

　真如用に関して、元暁は『別記』の中で、"本行"、"本願"、"大方便"の三つに分けて解积し、真如の無所不在と生善果の主体の意義を説いたのである。解脱を求める者の立場からみると、これは衆生の解脱への信心を増強させたわけで、いわば"有法能起摩訶衍信根"というわけである。

　このように、『起信論』の生滅門の中の本体は、無明と関わり合って生滅心が生まれるのである。また、『論』によると、

　又此一心体是本覚，而随無明動作生滅，故于此門如来之性隠而不頭，名如来藏。如経言如来藏者是善不善因，能興造一切趣生，譬如伎兒変頭諸趣。如是等義在生滅門，故言一心者名如来藏……[11]

　このように、真如なる本体は、現象の中に深く隠れて頭れない。そして、無明の動作にしたがって生滅するので、如来藏は受け身の一面を持っているだけでなく、不可思議な無量功徳を具えてい

11　同書、P740.

る。つまり如来藏は還滅の根拠であるばかりでなく、流転の根本でもあるのである。元暁はここで、如来藏の藏性は衆生成仙の根拠であり、決して無視しかねることである、と強調している。元暁は、『疏』の中で、

　　当知非但取生滅心為生滅門，心生滅者，依如来藏故有生滅心，……当知非但取生滅心為生滅門，通取生滅自体及生滅相，皆在生滅門内義也。

　ここで、我々は生滅門中の真如の名が消え去って、如来藏に代わったことに察せられるであろう。そのわけについて、元暁は『別記』の中で次のように解積している。

　　真如門中所説理者，……、于此門(真如門)中，仮立真如実際等名，如大品等諸般若経説，生滅門内所摂理者，……于此門(生滅門)中，仮立仏性本覚等名，如涅槃華厳経等。

　したがって、このような術語の使用からも、また『起信論』の作者の中観、唯識思想の調和への努力が察せられる。
　以上、真如門の中の真如、生滅門の中の如来藏及び生滅と無明の関係に対して考察してみた。また、元暁は『疏』と『別記』の中で、真如門と生滅門の関係について、通相と別相の関係を用いて極めて精緻にまとめている。『疏』によると、

　　真如門者，染浄通相，通相之外，無別染浄，故得総惧染浄諸法。生滅門者，無所不該，故亦総摂一切諸法。

　さらに、『別記』の中では、以下の如く、詳細に述べている。

　真如門是諸法通相，通相外別無諸法，諸法皆為通相所摂。如微塵是瓦器通相，通相外別無瓦器，瓦器皆為微塵所摂。真如門亦如是。生滅門者，即此真如是善不善因与緑和合変作諸法。虽実変作諸法，而恒不壊真性。故于此門亦摂真如。二門相乖不相通者，則応真如門中摂理不摂事，生滅門中摂事而不摂理。而今二門互相融通，際限無分。是故皆各摂一切理事諸法，故言二門不相離故。[12]

　このように、染浄二門は不相離であれ、各総摂する一切法であれ、皆一心の範囲を逸脱することはないのである。つまり、「大乗法唯有一心，一心之外更無別法，但有無明迷自一心，起諸波浪流転六道，虽起六道之波，不出一心之海」というわけである。

　ところで、一心とはいったい何を指すのであろうか?上述した二門への認識を基に、元暁はさらに次のように指摘している。

　二門如是何為一心，謂染浄諸法其性無二，真妄二門不得有異，故名為一。此無二処，諸法中実，不同虚空，性自神解，故名為心。

　心真如門、心生誠門は皆一心に統携され圓融無碍になっている。『起信論』は一心二門の構造によって、中観、唯識両者の矛盾対立を調和し、“唯心”の一心の中に帰させ、“唯心”説の思想的地位を確保したのである。しかし、元暁は、一心が大乗之法である以上、以上のような解积だけでは、一心の本質を突き止めるには至らない、と考えていたのである。したがって、さらに、「然既無有二，何得有一，一無所有，就誰曰心。如是道理，離言絶慮，不知何以目之，強号為一心」と説いたのである。

　つまり、一心は“一無所有”であり、不二、不一の中道の実相、即ち空である。したがって、一心の本質は“無心”である。これは元暁思想の根本的な拠り所である。

　要するに、一心二門の構造に対する考察、ことに二門の関係に対する考察を通して、『起信論』における真如の特徴、真如と現象の関係及び元暁の評述について、考察してみた。本体は絶対的で、超言絶相の存在であるだけでなく、現象の中に存在し、現象界外に本体は存在しないのである。真如は認識可能である。生滅門の中の自体相用、即ち真如の本質、属性、役割等に対する解釈は世俗の衆生に向けて解脱成仙する浄法緑起の道を示したのである。しかも、無明之風の如来藏への作動により、生滅心が生まれるということから、衆生たちの解脱を怠る根源について分るようになったのである。元暁の『起信論』についての独自的な解积と補充は、彼の所持する根本的な立場が大乗法―空にあることを表している。元暁は、『起信論』の一心二門の構造をもって、空有対立を和会することを使命としたのである。これは『起信論』の一心二門の構造の意義をもっと高い次元へ発展させたといえるだろう。このような一心二門の総粋の下で、『起信論』における本体と現象は、生滅門の中の阿頼耶識の中で、真正面から向かい合うことになる。

3. 中観、唯識、唯心説に対する和諍

　元暁は、『起信論』の思想を更に正確に把握するために、宋訳の『楞伽経』(四巻経)と魏訳本の『楞伽経』(十巻経)について詳細な比較研究を行う。そして、その過程で二種の訳本における思想上のくい違いを発見するようになる。元暁は「四巻経雲，不離不転名如来

藏識，七識流転不滅……」と指摘し、「十巻経云，如来藏識不在阿
頼耶識中，是故七種識有生有滅……。」と述べている。
　元暁は、このような違いをまねいた根本的な原因は、翻訳にある
ことに気づき、「当知此二経文其本是一，但翻訳者異，故致使語有
不同耳。」と指摘している。『楞伽経』は、如来藏を阿頼耶識と見てい
るから、如来藏と阿頼耶識は結合すべきだと主張している。すなわち
『楞伽経』の原意を四巻経は正確に翻訳しているが、十巻経は如来
藏と阿頼耶識を別々に分けて考えているのであると指摘している。こ
のような違いがもたらした結果は決して無視できない。『楞伽経』を主
な参考経典とした『起信論』の作者は、上のことに対してどのように取
り扱っているのだろう?
　元暁は、次のように指摘している。

　四巻経云，阿黎耶識名如来藏，而与無明七識共俱。離無常
過，自性清浄，余七識者，念念不住，是生滅法，如是等文，同
明阿黎耶識本覚不生滅義。又四巻経云，刹那者名為識藏。十巻
云，如来藏阿黎耶識，共七種
識生。如是等文，是頭黎耶生滅不覚之義。

　元暁はこの二種類の訳本に対して、以上のようにまとめたうえ
で、「今此論主総括彼経始終之意，故言道此識有二種義也。」と一
句を加えている。
　つまり、『起信論』の作者は『楞伽経』を参考にする時、四巻本と
十巻本の違いを発見したものの、中観と唯識対立の調和を使命にし
ていたので、曖昧な解決方法を取った。その結果、想像を超える思
想的混乱をもたらすことになる。そうして、『起信論』の作者は折衷の
方法を取り、覚と不覚の二つの意味を設けたのである。
　このように、元暁は『起信論』と『楞伽経』とにおける思想関係上

の混濁点を見いだしたばかりでなく、『起信論』の作者が阿頼耶識の中で覚と不覚の二つの義を設けたことについても、合理的な解积を行っている。さらに、われわれは元曉における、もう一つの重要な観点をも発見することができる。即ち、『起信論』中国撰述説に対する肯定である。元曉は主観上は『起信論』を"馬鳴之妙術"とたたえているものの、上のような分析によって、客観上では『起信論』が中国に生まれたことを論証したことになる。この証明の過程について詳しく分析してみると次の通りである。

『楞伽経』は、印度から中国に伝わってきたが、『起信論』が世に出回るまでに、すでに宋訳本と魏訳本の二種類が存在していた。上述のとおりその二つの訳本の間には翻訳の問題に由来する大きな思想の違いが生じたのである。元曉によれば、『起信論』の作者は同時に二つの訳本を参考にしたばかりでなく、二種類の訳本の思想を全面的に詳しい分析を行ったうえで、

調和折衷の立場から出発し、『楞伽経』の思想を『起信論』の中に取り入れたことになる。ちなみに、元曉が依然として馬鳴の『起信論』の作者の地位を保とうとしたのは、恐らく『起信論』の権威性を考慮に入れたに違いない。

このようにして、『起信論』は新たな見解を提出することになる。『大乗起信論』(以下略して『論』とする。)によると、「心生滅者，依如来藏故有生滅心。所謂不生不滅与生滅和合，非一非異，名為阿頼耶識。」したがって、阿頼耶識は不生不滅と生滅を和合した結果となる。つまり、『起信論』の中で、本体と現象は阿頼耶識の中で正面交渉することになる。これは『起信論』思想の中で、もっとも核心的な部分である。

ここで、元曉のこの問題に対する基本的な観点について考えて見よう。

元曉は如来藏と生滅心の関係について、

当知此云有生滅心，正謂識藏。今通取所依如来藏与能依生
滅心，合為生滅門，故言心生滅者依如来藏，故有生滅心。非棄
如来藏而取生滅心為生滅門也。

　　まず、元暁は生滅と不生不滅を別々に考えることによって生じ
る、理論上の大きな食い違いを洞察し、「今通取所依如来藏与と能
依生滅心，合為生滅門」と強調したのである。
　　ここで、注意すべきことは、元暁が"所依"と"能依"を用いて如来
藏と生滅心の関係を説明した点である。"能"と"所"は同一心体の二
つの側面である故、元暁はここで、生滅門の中に生滅心だけがある
のではなく、如来藏も存在すると、強調しているのである。
　　元暁は如来藏と生滅心の"能所"の関係について説明するに際し
て、"海水と風"の喩えを用いて以下のように記す。

如大海水因風波動，水相風相不相舎離，乃至広説，此中水
之動是風相，動之湿是水相。水体挙動，故水不離風相。無動非
湿，故動不離水相。

　　元暁は、心の道理亦然と考えていた。不生滅心が全体的に動
いているから、心は生滅相を離れないのである。これは、つまり既に
取り上げた"以体従相"である。生滅之相は、これによって、すべ
て、神解されるのである。したがって、"生滅不離心相"なのである。
このような道理を不相離と称し、和合とも言う。
　　さらに、元暁は言い方を換えて、「此是不生滅心与生滅和合，
非謂生滅与不生不滅和合。」と言う。つまり、「不生不滅与生滅和合」
という言い方は正確性を欠いていて、「不生滅心の随緑部分と生滅和
合」というべきだと指摘した。なぜならば、不生不滅の真如には絶対
的な一面があり、生滅との結合はその随緑の一部分に過ぎないから

である。そして、元暁は“非一非異”の原理を持って、詳しく解积す
る。

　『疏』によると、「非一非異者，不生滅心挙体而動，故心与生滅
非異。而恒不失不生滅性，故生滅与心非一。」つまり、“不生滅心の
挙体而動”の部分のみ、生滅とは“非異”の関係にあるのである。しか
し、不生不滅の本体は依然不動なのである。さらに、元暁は『楞伽
経』十巻本を引用して、如来藏と阿頼耶識の“非一非異”性にいて説
明する。「如十巻経云、如来藏即阿頼耶識，共七識生。名転滅
相，故知転相在阿頼耶識。」これは、如来藏の随縁性質についての
説明である。

　又、『楞伽経』十巻本の中の自真相を引用して、如来藏の“清
浄”で、また随縁神解なる性質の説明を試みたのである。『疏』による
と、

　自真相者，十巻経云，中真名自相，本覚之心，不藉妄縁，
性自神解，名自真相，是約不一義門説也。又随無明風作生滅
時，神解之性与本不異，故亦得名自真相，是依不異義門説也。

　しかも、其の『別記』の中で、「当知自真者，不逼在不生滅」と
強調し、さらに如来藏と阿頼耶識の非異性を強調したのである。もう
一つの重要な根拠として取り上げるべきことは、元暁が『別記』の中
で、「黎耶識内生滅見相，名為転識，于中体，名為藏識」と述べて
いることである。元暁のこのような努力によって、阿頼耶識の中の“不
生不滅与生滅”の“非一非異”の関係が明らかになる。したがって、不
生不滅(空)と生滅(有)の対立がついに解決をみるようになったのであ
る。つまりは、元暁は『起信論』を通して、中観、唯識の対立を解決
しようと努力していたのである。
　中観の性空思想から派生し、如来藏説を代表とする“真常唯心”

思想は、如来之性は衆生の心の中に潜んでいると強調した故に、衆生にとっては簡潔でわかりやすく、大乗仏教理論界ばかりでなく、衆生の解脱の実践に、広範でかつ深遠な影響を与えることになる。しかも、実践中徐徐に理論体系を成し遂げ、中国で『大乗起信論』を標識として思想界での地位を確立したのである。すると、『起信論』を代表とする“真常唯心”思想と外の思想との対立が新たな現実問題となったのである。これは、和静を使命とする元暁に新たな課題を提出することになる。元暁は、『起信論』が継承した“真常唯心”の思想は中観思想と同じ源を持っていて、根本的には一致していると考えていた。ただし、“真常唯心”思想は主に実践を考慮にいれ、如来之性を衆生心の中に入れたに過ぎないのである。しかし、『起信論』思想と唯識思想の間には分岐点が多く、会通しなければもっと多い矛盾を生み出す可能性があったので、元暁は『別記』の中で、『起信論』思想と唯識思想の種々の対立を巡って、幅広く、且つ深く立ち入って解決を試みる。

　例えば、瑜伽論なとは阿頼耶識を異熟識と見て、一向生滅していると考えているが、『起信論』はなぜ、阿頼耶識に不生不滅の如来藏と有生有滅の無明という、二つの意味を設けているのか。と設問して、元暁は、これには各々に理があり、互いに背相反くものではない、と考え、以下のように述べている。

此細微心略有二義。若其為業煩悩所感義也，弁無令有，一向生滅。若論根本無明所動義也，熏静令動，動静一体。彼所論等，依深密経，為除是一是常之見，約業煩悩所感義門。故説此識，一向生滅，心心数法差別而転……。

今此論者，依楞伽経，為治真俗別体之執，就其無明所動義門，故説不生滅与生滅和合不異。然此無明所動之相，亦即為彼業惑所感，故二意虽異，識体無二也。

　唯識の抱えている問題は、"業煩悩所感"である。したがって、"弁無令有"なのである。しかし、『起信論』が解決すべき問題は"真俗別体之執"である。したがって、"設無明所動義，熏静令動"なのである。"無明所動之相、亦即為彼業惑所感"の故、二者の表現が互いに異なっていても、裏付けになる体は根本的に一致するのである。

　さらには、もし心体常住し、心相生滅するならば、体相は不離合して一識となっているか、それとも、心体はやはり常住するばかりではなく、生滅をするのであろうか、と問を設け、元暁は、これこそ本体に対する根源的な質疑であると指摘した上で、本当にこの深意を理解した人でなければ、この二者の理解はおほつかない、と述べる。元暁は「若論其常住，不随他成，曰体。論其無常，随他生滅，曰相。得言体常，相是無常」と云うのである。

　つまり、体の問題において、体と相を別々に分けて理解する必要がある。体は常であり、不動のものであるが、相は無常で、有動のものである。しかし、相の動に対してさらに具体的な解釈をしない限り、心体の生滅は依然疑わしい。したがって、元暁は、本当に"生滅"の意味を把握しない限り、この問題に対して正確な答が得られない、と考えていたのである。

　然言生滅者，非生之生，非滅之滅，故名生滅。是心之生，是心之滅，故乃名生滅，故得言心体生滅。如似水動，名為波，終不可説，是動非水之動。

　言い換えれば、生と滅ともに心体の属性であるということが分かれば、"心体生滅"の意味を本当に理解できるようになるのである。水の動きの如くなのである。

　しかし、元暁はこれはそれほど容易い問題ではないと見ている。

もし心体は不動するが、無明相だけが動するとすれば、われわれは
衆生解脱の根拠を失ってしまう。なぜならば、無明相は一向生滅で
あるが、心体は超凡不俗であるからである。そればかりではない。生
滅は常住するものではないので、心体を動かすと、真心は無常にな
るのではなかろうか?この問題について、元暁は"非一非異"の原理を
用いて以下のように答えている。

　　虽心体生滅，而恒心体常住，以不一不異故。所謂心体不二
而無一性，動静非一而無異性故。如水依相続門則有流動，依生
滅門，而恒不動，以不常不断故，所謂不度亦不滅故。

　　したがって、心は水の如き心の動静に対しても別々に分けて観
察してはいけないのである。そして、いつまでも心体の恒常不変の性
質にだけ執着してはいけないのである。なぜならば、心体は不二、
しかも無一の存在であるからである。こうして、われわれはついに心
体の本質についての認識をもつようになる。

　　しかし、問題はこれだけではない。もし心が随緑して生滅すると
すれば一心は生滅に依って多心になるのではないだろうか。これに
ついて、元暁は、「常心随無明緑，変作無常之心，而其常性恒自
不変。如是一心随無明緑，変作多衆生心，而其一心常自無二」と
述べている。つまり、本体が無明によって生滅心を起こしたとしても、心の体性は変らないのである。同じ道理で、一心は無明によっ
て様々な衆生心を起こされるが、一心の"本体"と衆生心の"自体"は
相互に一致しているので、"法者謂衆生心"というわけである。した
がって、一心が随緑して多心になったとはいえない。元暁は「涅槃経
」の中の比喩を引用して、絶対的な法体と数多い衆生自体の不二性
について説明をほどこしている。「一味之薬，随其有処，有種種
味，而其真味，停留在山。」要するに、『起信論』の主張と唯識思想

は根本的に一致しており、もし違いがあるとすれば、それは"方便"の
違いに過ぎない。

　元暁の非凡な努力によって、ついに唯識と唯心の対立は和会さ
れたのである。以上の考察から元暁の仙学思想の根本的な特徴は和
静であることが分かるだろう。では、その和静の目的とは何であろう。
言い換えると、元暁の仙学思想の根本的な立場は何であろう、という
ことになるが、元暁は『疏』の宗体文の中で、次のように述べている。

　　大乗之謂体也，蕭焉空寂，湛而冲玄，玄之又玄之，岂出万
像之表，寂之又寂之，犹在百家之談。非像表也，五眼不能見其
駆，在言里也，四弁不能談其状。欲言大矣，入無内而莫遣。欲
言微矣，苞無外而有余。引之于有，一如用之而空。獲之于無，
万物乗之而生。不知何以言之，強号之謂大乗。自非杜口大士，
目撃丈夫，誰能論大乗于離言，起深信于絶慮者哉。

　これは、いうまでもなく、大乗の性空之体についての描写であ
る。最後の「誰能論大乗于離言，起深信于絶慮者哉」こそ、元暁が
自ら持している立場の表白であるのである。したがって、其の根本的
な立場の拠り所は中観の中道空にあったことが分かるであろう。
　以上に述べた通り、元暁における、仏教の大乗思想は不二且
つ無一の"法空性"を証得することに根本的な宗旨をおいている、しか
し、衆生は無明障目である故、解脱を求めさるを得ず、それに応じ
て生まれたのが中観、唯識、唯心などの思想体系である。しかし、こ
れらの思想自体はすべて方便法門であって、仏法そのものではな
い。残念なことに思想界では常にこれを仏法そのものだとみなし、居
己排他に無我夢中で、引いては、"以用代体"の傾向まで現れ、ぁ
げくは衆生の解脱成仏の実践への大きな妨げになった事も少なくな
い。衆生の成仙途上の障碍を除外するために、元暁は『大乗起信論

』思想に依拠して、"立破無碍"の思想方法を用いて、中観、唯識、唯心思想の理論分岐を和会する努力をしたのである。そして、衆生に向かって「帰元無二路，方便有多門」という実践の道を示したのである。『起信論』を基にして、形成、発展を遂げた和静思想は、元暁の教学研究と宗教実践に、堅実な哲学基礎を築き上げたのである。

　このような理論成果はその後成立した華厳宗、禪宗などの多くの宗派の理論的根拠と実践の道しるべとなって多大な影響を与えたことは周知の通りで、ここでは言及しないことにする。

第二十二章

『金剛三昧経』と『金剛三昧経論』

　　インドから伝わった仏教が東アジアで展開する中、新羅仏教の最高レベルを誇った元暁(617-686)の仏学思想は今日に至るまでその影響は甚だ大きい。元暁は其の該博な学識と博大な仏教世界観に基づいて、大乗仏教の根本的な精神を一言に"帰一心源、饒益衆生"と概括している。心学としての仏教の現実解脱精神は自由を意味している。ところで、人間の精神生活の苦境における根本的な症候は結局のところ束縛にある、と世間の人々に認識させられた時、自由は基本的な宗教理念として、きわめて重要な意味をもつようになる。このような認識があってこそ、人々は束縛から解脱しようと努める。すなわち艱難な解脱実践を通して、元来の自由な状態を取り戻そうとするのである。このような自由状態にあってこそ人々は真理の光を見ることができ、自分自身も真理に近づいて、真理の化身になりつつあることに気がつくだろう。また真理の化身という覚悟者として、真理の開頭のために行った一切の努力は、衆生救済の実践活動を通して現れる。仏教の発展過程で提出された諸多の命題と実践原理は、覚悟者自身の体験の総合と解釈で、その根本的な目的は、つまるところ救度衆生にある。

　仏教が東アジアでの発展過程で生まれた『金剛三昧経』は、大乗仏教の数多い理論を総合し、解脱実践の原理を集中的に説いた典籍といえよう。現存している元暁の『金剛三昧経論』は、『金剛三昧経』を正しく解読し、元暁の解脱実践観を研究する際に得難い貴重な資料である。したがって、本文では主として『金剛三昧経』と「金剛三昧経論」との関係を中心に、その他の関連する資料をも参照しつつ、元暁の仏学思想における解脱実践観について考察することにする。

1. 『金剛三昧経』の成立

　最近、漢訳仏典に対する研究が深まるにつれて、『金剛三昧経』はますます学界で重視されるようになった。歴史上、『金剛三昧経』に対する注釈は三種類ある。即ち新羅元暁の「金剛三昧経論」(三巻)、明代圓澄の撰述による「金剛三昧経注釈」(四巻)及び清代の誅震の「金剛三昧経通宗記」(十三巻)である。後の二者はその出現が遅いだけでなく、影響もそれほど大きくない。したがって、元暁の「金剛三昧経論」は、『金剛三昧経』の研究の上で主な依拠資料として注目されるようになった。その後『金剛三昧経』の出現は元暁自身ときわめて深い関係を持っているという仮説が多く出され、『金剛三昧経』に関わる学者たちの疑問や論争の焦点は、初めて『金剛三昧経』に疏をつけた元暁自身に集中するようになった。

　『金剛三昧経』の経名が最初に現れたのは、梁代の僧祐の『出三蔵記集・新集安公涼土異経録第三』で、『金剛三昧経』一巻と記されている。その後の諸経録にもやはり記載があるが、全部闕本となっている。中唐時期の『開元釈教録』第四巻『北涼失訳部』の中では、『金剛三昧経』二巻或いは一巻と記されている。同記録巻十二の大

乗経単訳現存録には、「金剛三昧経二巻或一巻、北涼失訳拾遺編
入」と記載されている。つまり、中唐に至るまでこの経はほとんど世間
に知られていなかったと察せられる。そこで、『金剛三昧経』の「真偽
の弁」を引き起こすまでに至ったのである。

　やがて、近代になると、上述した記録を元に、学界では一般的
に『金剛三昧経』はかつて失われた経と見なされるようになって、それ
に疑問を抱く人はほとんどいなかった。しかし、日本の著名な仏教学
者宇井伯寿は菩提達摩の二入説(理入、行入)と『金剛三昧経』との関
係について論及する時、二入説は『金剛三昧経』に依るものとし、次
のように述べている。

　　恐怕達摩由此経引用了此名(二入)……由此看来，達摩的二入
四行説無疑是根拠『金剛三昧経』而来。而『金剛三昧経』是首次為
『出三蔵記集』的新集安公涼土異経録第三所録。因此，道安把它
視為涼土所訳之経，非北涼或西涼所訳。因此，訳所全然不明。
唯道安記録出現的寧康二年(374)以前訳本而已。[1]

　宇井は、『金剛三昧経』は真経訳本で、ただ訳された時間と場
所が不明であるだけだ、と考えていた。ここで注意すべきなのは、達
摩の二入説は『金剛三昧経』によるという見方である。なぜならば、二
入説は達摩に始まったのか、それとも『金剛三昧経』に始まったの
か、この問題が「真偽之弁」において極めて重要な問題となっている
からである。

　二十世紀の五十年代、日本の仏教学者水野弘元は『菩提達摩
の二入四行説と金剛三昧経』という一文[2]を発表し、新たな見解を提

1　水野弘元　「菩提達摩の二入四行説と金剛三昧経」・「印度学仏教学研究紀要」
　　六.
2　同上.

出している。水野は菩提達摩二入四行説と『金剛三昧経』の中の二入説との比較研究を通して、達摩の二入四行説は『金剛三昧経』より早いとする。その主な根拠として、『金剛三昧経』が南北朝から隋代にわたって中国仏教に出現した諸問題を網羅していることを取り上げている。例えば『金剛三昧経』の中には玄奘の唯識学に特有の用語や“江河淮海”等の中国地名も出現している。特に648年(貞観二十二年)玄奘は“末那識”等の用語を初めて取り入れ、唯識三十頌や呪文名の載った「般若心経」を漢訳している。水野はさらに、仮に元暁が疏を作った時間を彼の五十歳の年(655)と推定すれば、この経は648~655の七年の間に出現したのであろうと推断している。水野は『金剛三昧経』の作者について真正面から名をあげることはなかったが、元暁撰述説には真っ向から異議を唱えている。その理由として、(1)達摩の四行説と『金剛三昧経』中の行入の解釈が異なっていること、(2)宋の『高僧伝・元暁伝』の「龍宮得経」の龍宮は新羅を指すのではなく、山東や遼東を指す可能性が十分あること、(3)元暁が「疏」の中で明確に『金剛三昧経』は真経であると表示したこと、以上の三点を取り上げている。水野の論文が発表された後、『金剛三昧経』の偽撰説は学界で普遍的に受け入れられるようになった。しかし、『金剛三昧経』の作者について、いろいろ説が出されたが、根拠不足の故、『金剛三昧経』と『金剛三昧経論』の関係から学界の注意力はいっせいに元暁の身上に向けられるようになったのである。

　水野に次いで、韓国の金英泰、アメリカのバスウェルなどの研究は『金剛三昧経』の出現の地理的範囲をさらに新羅に絞るまでに至った。1993年、日本の著名な学者柳田聖山は「金剛三昧経研究」[3]を発表し、『金剛三昧経』は新羅で成立し、しかも元暁の撰述である、という見解を提出した。柳田は東亜細亜仏教の発展の脈絡を主な手が

3　韓国『白蓮仏教論集』三、1994年.

かりに、全面的な考察を行っている。柳田は、『金剛三昧経』の中にはすでに敦煌本「二入四行論」の内容と形式が含まれていることからも、達摩二入説は『金剛三昧経』に依るもので、達摩の学説ではない、と主張している。しかも、達摩の禅宗史上の位置から見ても、当時東山法門はまだ達摩を禅宗始祖とする法統を正式に確立していなかった、と指摘した。柳田は、『金剛三昧経』の出現は玄奘の唯識的な性相判別にとっては猛烈な打撃になったのではないか、と考えたのである。なるほど、その後、依『楞伽経』一派は達摩を始祖とする運動を起こした。このような反玄奘唯識運動の中で、依『楞伽経』派は、『金剛三昧経』に依拠して現存の敦煌本『二入四行論』を整理したのである。さて、『金剛三昧論』は何時、誰の手によって作られたものであろうか。柳田は海東仏教の発展大勢、元暁の玄奘唯識に対する態度、及び宋の『高僧伝・元暁伝』を根拠に、元暁は玄奘唯識学派に圧力を加えるために、まず『金剛三昧経論』を撰述した。肝腎の『金剛三昧経』は同時代の新羅の高僧大安が『金剛三昧経論』から取り出したものであるとする。つまるところ、『金剛三昧経』の作者は元暁である、ということになる。しかし、その論証は綿密さを欠き、その結論には些か唐突さを感じざるを得ない。とはいうものの、アジアにおける仏教の展開から見て、それなりの説得力がある。柳田の研究方向は、『金剛三昧経』の成立問題にとって少なからず価値のあるヒントと資料を提供してくれたのである。

　本文では、以上のような先学たちの研究成果を基に、主に宋の『高僧伝・黄龍寺元暁伝』に焦点をあて、分析してみることにする。さて、宋賛寧の『高僧伝・黄龍寺元暁伝』の中には次の一節がある。

　時国王置百座仁王経大会，遍捜碩徳，本州以名望挙進之。諸徳悪其為人，替王不納。居無何，王之夫人脳嬰痛腫，医工絶験。王及王子臣属祷請山川霊祠，無所不至。有巫覡言曰，苟遣人往他国求薬，是疾方瘳。王乃発使泛海入唐，募其医術。溟漲之中，忽見一翁由波濤躍出登舟。邀使人入海，睹宮殿厳麗。見竜王，王名鈐海。謂使者曰：汝国夫人是青帝第三女也。我宮中先有金剛三昧経，乃二覚圓，通示菩薩行也。今托仗夫人之病為増上縁，欲附此経出彼国流布耳。于是将三十来紙，重沓散経付授使人。復曰：此経渡海中恐罹魔事。王令持刀裂使人腨腸而内于中。用蝋紙纏藤以薬傅之，其腨如故。竜王言，可令大安聖者銓次綴縫，請元暁法師造疏講釈之。夫人疾愈無疑。仮使雪山阿伽陀薬力亦不過是。竜王送出海面，遂登舟帰国。時王聞而歓喜，乃先召大安聖者排次焉。大安者，不測之人也。形服特異，恒在市塵，撃銅鉢唱言大安大安之声，故号之也。王命安，安云：但将経来，不願入王宮闈。安得経，排来成八品。皆合仏意。安曰：速将付元暁講，余人則否。暁受斯経，正在本生湘州也。謂使人曰：此経以本始二覚為宗。為我備角乗，将案幾在両角之間，置其筆硯，始終于牛車，造疏成五卷。王請克日于黄龍寺敷演。時有薄徒窃盗新疏。以事白王，延于三日，重録成三卷，号為略疏。泊乎王臣道俗云佣法堂，暁乃宣吐有儀，解紛可則，称揚弾指，声沸于空。暁復昌言曰：昔日采百椽時虽不予会，今朝横一棟処唯我独能……疏有広略二本，俱行本土，略本流入中華，後有翻経三藏改之為論焉。

賛寧による以上の記述を詳しく分析して見ると、これは元暁と大安二人が『金剛三昧経』を世の中に流布させるために仮名に託して巧みに行ったあくどい悪戯であったことに気が付くだろう。

　まず、王夫人が病に伏し、巫覡の勧告に従って他国に医術を募る、というのは元暁の発想であろう。元暁は世学に通じている故、医術に長けていて、常に人の病を癒している。仏教を国教とする新羅社会で、国王が巫覡の話に耳を傾けるということは想像しかねる。
この段落の設定は、元暁の自分に対する(諸徳の態度)に対する皮肉
とも解釈できるだろう。これは元暁の破戒事件に微妙につながる。

　次に、他国に派遣された使者が途中で竜宮に招かれ、経を得
て帰って来る、という設定は元暁が入唐中に雨宿りに入った墳籠で、
悟道して途中に帰る、という体験を連想せざるをえない。しかも、い
わゆる竜宮得経の竜宮そのものも実際にあるはずがなく、それは元暁
が尊崇する龍樹の、竜宮から大乗仏典を得たという伝説から引用して
きたのであろう。

　　大龍菩薩……即接入海，入宮殿中，開七宝蔵，発七宝函。
以諸方等深奥経典無量妙法授之龍樹。[4]

　『高僧伝』の初めの部分では、元暁が「慕奘三蔵慈恩之門」入唐
すると言っておいて、文末に至っては、翻経三蔵が元暁の疏を「論」
に改めたという内容で終わる。まさに、これは柳田の主張どおり玄奘
唯識に対する猛烈な攻撃と言えよう。元暁の疏を作る態度は、極め
て慎重であることは現存の彼の著述からも察せられる。ところが、『金
剛三昧経』に疏をつける時に限っては、牛車に乗って疏を作ったの
か。しかも、経を講じた後、「昔日采百椽時虽不予会，今朝横一棟
処唯我独能」と自慢げに言ったという。これは、元暁と『金剛三昧経』
の関わりを仄めかすものである、としか思われない。ところで、大安と
いう人物にははっきりしない点が少なくない。その形跡から見て、元
暁に極似している。元暁は自らの正体を曝すことを恐れて大安を前に
押し出しているのではないだろうか。というのは、大安は経を得てそ
れを八品に排列しているが、仏意に背くものはなにひとつなかったの

4　金英泰　「元暁伝記と伝説研究」．

である。つまり、元暁は大安が散乱している経の整理を行っている、と人々に信じさせたかったに違いない。ひょっとすると、大安と元暁は同一の人物ではなかったか？ 以上のように、元暁が仏名を借りて、『金剛三昧経』を作るために力を尽くしたことが分かるが、その作為の痕跡は依然として浮き上がってくるのである。これは『大乗起信論疏』の中で、『起信論』が偽経であることを知りながら、"馬鳴之妙術"と称賛することと軌を一にするのである。ところで、賛寧の資料は概ね元暁に追随する新羅の門徒によるものであろう。伝によると、元暁は本生湘州にてその経を得、しかもこの経は本始二覚を講じた経である、と使人に対して言ったといわれる。しかし、使人とはまたどういう人物であったのか。

　以上、宋『高僧伝』元暁伝を中心に、元暁と『金剛三昧経』の関係について考察してみた。しかし、『金剛三昧経』が果たして元暁の撰述によるものかどうかについては、引き続き研究を深める必要を感じる。もし『金剛三昧経』が元暁によって作られたことが確実であれば、『金剛三昧経』の出現は水野の推測より後のことと思われる。元暁の現存の著述から察せられるように、元暁は常々、読者に自己の著述の内容を参照するように注意を促している。その例に、『起信論疏』や『二障儀』などがある。しかし、他の著述の中では「金剛三昧経論」についてほとんど触れていないのである。従って、「論」は元暁の晩年の作であろうとの推察が可能である。

2. 一心之源

　上述の如く、元暁と『金剛三昧経』の関係は極めて密接である。『金剛三昧経論』は、元暁が集中的に自らの解脱実践観を説いた重要な著作である。元暁の仏学思想についての研究が深まるにつれ

て、「金剛三昧経論」の価値はますます学界の重視を受けるように
なった。長い間、学界では元暁の仏学思想の核心が『起信論疏』に
あるのか。それとも『金剛三昧経』にあるのか、論争が止まなかった。
実は元暁の仏学思想体系の中で、二者は不可分の有機的組成部分
である。『起信論疏』は、『起信論』の中の真如の特性及びその現象
との関係に重みを置いているが、『金剛三昧経』は、衆生の解脱と幻
滅における実践原理の解釈に重点を置いている。仏教の根本的な使
命、即ち衆生を解脱成仏に導くという点からも、『金剛三昧経』の価
値の重要さは明らかである。したがって、『金剛三昧経』は元暁の仏
学思想の帰着点であり、"帰一心源、饒益衆生"という大乗仏教根本
理念の実現における実践教程であるといえよう。本文では『金剛三昧
経』の中で提出されている幾つかの重要な実践原理と元暁の『論』に
ついて分析してみることにする。

　『金剛三昧経』は、序品、無相生品、本覚利品、入実際品、
真性空品、如来蔵品及び総持品など八部分からなっている。元暁は
『論』の中で、序品を序分の中に、第二品から第七品までは正説分
に、総持品は流通分に帰した。元暁は通常、疏を作る時、先に大
意を述べ、それから、各々の品の講述に入る。元暁は、『金剛三昧
経』は"帰一心源、饒益衆生"を根本的な宗旨とする経典として取り
扱っている。従って、"帰"が、つまり解脱実践の問題が、この経に
よって解決すべき問題になるわけである。しかし、いかに"帰"すべき
か、という問題に答える前に、まず"帰"される処について、即ち一心
之源について説明をしておく必要性があったので、元暁は『論』の大
意分の中で、次のように述べている。

　夫一心之源，離有無而独浄；三空之海，融真俗而湛然。湛然
融二而不一，独浄離辺而非中。非中而離辺，故不有之法不即住
無，不無之相不即住有；不一而融二，故非真之事末始末俗，非俗

之理末始末真也。融二而不一，故真俗之性無所不立，染浄之相莫不備焉；離辺而非中，故有無之法無所不作，是非之義莫不周焉。而乃無破而無不破，無立而無不立，可謂無理之至理，不然之大然矣。[5]

元暁は、"一心之源"と"三空之海"を解脱の"帰所"として提出し、『金剛三昧経』の大意を概括しようとしたのである。つまり"一心之源"と"三空之海"の間には極めて深いつながりがあるからである。元暁は"金剛三昧"を解釈する時、

金剛三昧当知亦爾，実際為体，破穿為能，実際為体者，証理窮源故。[6]

と指摘している。又、

今此経中仏所入定，破一切法，皆無所得，是故名為金剛三昧。[7]

とも述べている。

というのは、一個人の解脱実践として、金剛三昧は"実際為体、破穿為能"なので、"不破而無不破"といえるが、一個人の解脱、つまり回帰心源と"大然"における"三空之海"は不二の体であり、しかも皆無所得であるので、"無立而無不立"である。『金剛三昧経』の大意文の核心は依然として元暁が一貫して主張している"真俗別体之執"を治して"真俗一如"の妙を会得することである。従って、元暁は

5 「韓国仏教全書」第一册、P604.

6 同上.

7 同上.

極力真俗之性の無所不立を主張しているが、真俗二者の関係は"融二而不一"である。なぜならば、一心之源の本質は非有非無なる空であるからである。であるならば、この経はいかに"心源"と解脱実践の関係を解決しようとしているのであろうか。

　元暁は『論』の第二弁経宗の中で、「此経宗要、有開有合、合而言之、一味観行為要、開而説之、十重法門為宗。」[8]と「経」の論理構造をまとめている。

　しかも、元暁は『論』の中で経名の解釈をするに当たって、『金剛三昧経』は三つの経名を持つと述べ、金剛三昧、摂大乗経及び無量義宗などを取り上げている。この三つの経名は『金剛三昧経』の全体特徴をうまく概括している。つまり、一味観行は金剛三昧を指し、十重法門は摂大乗経或いは無量義宗を指しているのである。『金剛三昧経』は一味観行と十重法門及び二者の関係をもって衆生が解脱の正しい道をわかりやすく表そうとしている。

　まず、一味観行から見ることにしよう。元暁は『論』の中で次のように述べている。

　于止観門、従初信解乃至等覚立為六行、六行満時、九識転頭、頭無垢識為浄法界、転余八識而成四智、五法既円、三身斯備、如是因果不離境智、境智無二唯是一味、如是一味観行為此経宗也。[9]

　すなわち、観行は一味をその対象とし、一味は観行の結果で、二者は因果関係にある。境智無二の時のみ、一味を体得することができる。これについて、元暁は以下のように詳しく論述している。

8　同上.
9　同上.

　　言観行者，観是横論通于境智，行是竪望亙其因果。果謂五
法圓満，因謂六行備足。智即本始両覚，境即真俗双泯，双泯而
不滅。[10]

　　智とは能観智を指し、即ち修行者自身である。境とはいわゆる
観境を指していて、認識すべき客体である。だとすれば、いわゆる
観境となる客体は何を指しているのであろうか。元暁は「藏于衆生心
中之如来藏」である、と明瞭に指摘している。

　　無生之行冥会無期，無相之法順成本利。利既是本利而無
得，故不動実際；際既是実際而離性，故真際亦空。諸仏如来于焉
而藏，一切菩薩于中随入，如是名為如来藏。[11]

　　所観之境が如来藏体である以上、衆生は外界に求めるものはな
く、ただ内にすなわち心に求めればいいのである。すなわち、

　　内行即無相無生，外化即本利入実，如是二利以霊万行，同
出真性，皆順真空……依此真性，万行斯備，入如来藏一味之
源。[12]

　　一味之源が一心之源であれば、内行外化というのは“帰一心
源、饒益衆生”にほかならない。このように、主体と客体、智と境は
一心の中で“不二”を実現するのである。
　　次に、十重法門の内容を見てみよう。

10　同上.
11　同上.
12　同上.

一門：一心中一念動，順一実，修一行，入一乗，住一道，用一覚，覚一味。

二門：不住二岸，以遣二衆，不著二我，以離二辺，通達二空，不墜二乗，俱融二諦，不違二入。

三門：自帰三仏而受三戒，順三大体得三解脱，等覚三地妙覚三身，入三空聚滅三有心。

四門：受四正勤入四神足，四大縁力四儀常利，超出四禅遠離四謗，四弘地中四智流出。

五門：于五除生具五十悪故，植五根而養五力，渉五空海跋五等位，俱五浄法度五道生。

六門：具修三度永除六垢。

七門：行七覚分滅七義科。

八門：八識海澄。

九門：九識流浄。

十門：始従十信乃至十地，百行備足，万法円満。[13]

以上は元暁が『金剛三昧経』の様々な法門を整理・概括したものである。元暁は、このような十門の相互の関係は、「然此後九門、皆入一門、一門有九、不出一観、所以開不増一、合不減十、不増不減為其宗要也。」[14]と述べている。

元暁は、衆生を引導するための実践の立場から、一味観行と十重法門の間の関係に対して、"一観"を用いて概括している。すなわち、

所以大乗法相、無所不撫、無量義宗莫不入之、名不虚称、斯之謂、合論一観。[15]

---

13 同書、P605.

14 同上.

15 同上.

一観、即ち一味観行で、観は境智に通じる。これは仏教修行
実践において重要な概念の一つである。したがって、元暁は様々な
解脱方法を一観に結びつけて融合したのである。一観を用いたの
は、直接一味と相応するためであって、これはもっと確実に『金剛三
昧経』の実践原理を把握するためであったのである。このような点から
も、元暁の仏学思想における実践を重んじる傾向が十分に察せられ
る。

3. 本覚と始覚

元暁は、現存している著述の中で、『金剛三昧経』は本覚と始
覚の関係を解釈した経典であることを繰り返して強調している。『金剛
三昧経』の覚思想を全面的な理解を得るには、まず元暁『大乗起信
論疏』の覚についての論述から着手しなければならない。なぜなら
ば、『金剛三昧経』の覚思想は「大乗起信論」及び「疏」の覚思想を基
盤に展開しているからである。

『大乗起信論』では阿頼耶識の中に覚と不覚の二義を設けてい
る。『起信論』では覚について次のように解釈している。

所言覚義者，謂心体離念，離念相者，等虚空界，無所不
逼。法界一相，即是如来平等法身，依此法身説名本覚。何以
故，本覚義者，対始覚義説，以始覚者即同本覚。[16]

以上から分かるように、覚は如来平等法身を指している。さら
に、覚は本覚と始覚の二つに分かれる。本覚は、即ち一心之源を指

---

16 同書、P748.

しているが、衆生の本覚が常に無明に妨げられている故、すべての
衆生が悟って覚の境地に至ることは不可能である。覚悟するには、
必ず苦しい解脱修行をしなければならない。衆生が修行を通して漸
次果を証得した時、衆生は本覚の状態に帰還することができる。且
つ、衆生は同一本覚である故、衆生成仏の鍵は始覚にある。始覚
について、『起信論』では、「始覚義者、依本覚故、而有不覚、依
不覚故、説有始覚。」[17]と述べている。

　始覚は本覚に依頼すると同時に不覚にも依頼する、といった言
い方は、本覚と始覚、また始覚と不覚の関係を説明する前提にな
る。いわゆる"始覚依本覚"は、本覚が始覚の動力であることを説いて
いる。従って、本覚は能生であって、始覚は本覚に依って生まれ
る。つまり、始覚は所生である。又、本覚は始覚に依って現れる
故、所化であるが、逆に始覚は能化である。従って、始覚依本覚と
いうのである。しかし、始覚依不覚は始覚の性質によって決定づけら
れる。不覚は本覚と対立する、つまり衆生が解脱を怠るのはすべて
無明不覚の妨げといえよう。従って、始覚の根本的な任務は無明の
障壁を排除し、衆生を本覚の心源の中へと導くことにある。無明を排
除し、衆生が解脱を遂げた時、始覚は本覚の位置に戻って、始覚
の任務はようやく円満に完成することになる。もし衆生が皆解脱を遂
げてしまうと、始覚はもはや存在の意味を失ってしまう。しかし、現実
世界で、衆生が存在する以上、始覚が失われることはありえない。
従って、"始覚依不覚"と言えるのである。

　始覚、そのものの構造も非常に複雑である。『起信論』によると
次のようである。

　　如凡夫人覚知前念起悪故，能止後念，令其不起，雖復名

覚，即是不覚故。如二乗観智，初発意菩薩等。覚于念異，念無異相，以舎粗分別執著相，名相似覚。如法身菩薩等，覚于念住，念無住相，以離分別粗念相故，名随分覚。如菩薩地尽，満足方便，一念相応，覚心初起，心無初相，以遠離微細念故，得見心性，心即常住，名究竟覚。是故，修多羅説若有衆生，能観無念者，則為向仏智故。[18]

　始覚は本覚に趣入する過程である故、『起信論』は始覚を四つの異なる階段、即ち不覚、相似覚、随分覚、究竟覚に分けている。いわゆる始覚四位である。前三位は非究竟覚に属し、本始二覚の一致を究竟覚と呼んでいる。

　元暁は『起信論疏』で、以上の始覚四位に対して、さらに能覚人、所覚相、覚利益、覚分斉など四つの次元から分析している。元暁は凡夫は能覚人だと考えていた。凡夫であっても、解脱の因果を深く信じているために、不覚に対しても基本的な認識を持つようになる。すなわち、無明煩悩の本質に対するある程度の認識を持っているのである。このような認識を基に、回心転意を始め、初歩的な修行実践に踏み切るのである。しかし、このような認識はあくまでも初歩的で、間断的な認識であるゆえに、現状に満足してはならない。実際にはこれは、不覚位の中の始覚である。しかし、相似覚の中で、小乗の阿羅漢、辟支仏或いは大乗の菩薩などはみな能覚人である。しかも、彼らはすでに我空に対して明確な認識を持っているので、もはや貪、瞋、痴、慢、疑、見など六種類の異相には執着しなくなっていて、この六相からは遠離しているが、根絶にまでは至っていない。従って、相似覚と称されている。随分覚位の中で、法身菩薩を目標とする菩薩を能覚人という。彼らは我空の道理を分かっているばかり

18　同書、P749.

でなく、法空の道理をも悟得しているのである。したがって、彼らの心の中では、我痴、我見、我愛、我慢などの住相はすでに消えているのである。このような状態の中では、もはや人我を区分することはないが、生相は依然として未消失のままである。これはほとんど成仏に近い段階である。この段階に至るまでは、衆生が漸次に赴く過程、つまり低いレベルから高いレベルへと邁進する過程である。究竟覚に至ると、本始二覚は等しく、人法二空、生相有尽すると同時に、能覚人は真理の化身になるのである。

　『金剛三昧経』は、まさにこのような『起信論』の覚思想の延長線上で、さらに実践の立場から始覚の本質と意義を分析したのである。元暁の『論』に現れる本覚利品によると、本覚利品は一心の生滅門を主とする、と認識されている。『起信論』の覚思想は一心二門の生滅門の中で展開されていることは周知のとおりであるが、ここで元暁は『起信論』の覚思想と『金剛三昧経』の覚思想の前後関係を明白に読者の前に示している。次に、『論』の覚思想の特徴について詳しく分析してみよう。『経』では、次のように述べている。

　　仏言，諸仙如来，常以一覚，而転諸識，入唵摩羅，何以故，一切衆生本覚，常以一覚，覚諸衆生，令其衆生，皆得本覚。[19]

　『論』では、また次のように述べている。

　　本覚，正是唵摩羅識。得本覚者，是釈入義。入本覚時，覚諸八識本来寂滅，覚究竟故。……此文顕本始二覚，謂一切衆生本覚等者，是本覚義，覚諸情識寂滅無生者，是始覚義，是顕始

覚即同本覚也。[20]

　元曉は、諸法空寂は"始覚之所覚"であり、諸識無生は"能覚之始覚"と見なしている。そして、"得本覚"は"入"である、と指摘している。これは実践の主体、実践の過程及び実践の結果に対する説明である。能覚は衆生であり、始覚は衆生の修業実践である故に、"入"によって、衆生は修行を通して得度することができる。これは、元曉が衆生解脱実践の立場から覚思想について基本的な立場を表明しているのである。『論』の中では、次のように述べている。

　一覚了義者，一心本覚如来蔵義。……一覚者，一切諸法，唯是一心，一切衆生同一本覚，由是義故，名為一覚。……如来所化一切衆生，莫作一心之流転故，皆説一味者，如来所説一切教法，無不令入一覚味故。

　元曉は、一心本覚は衆生心に深く潜んでいる如来蔵であると考えている。"一覚"を用いて如来蔵を表現しているのである。"一覚"は『金剛三昧経』の理論的な突破である。というのは、一覚は始覚をその成立の前提としているからである。仮に衆生の本覚が永遠に存在するものであれば、一覚は始覚の成果を意味し、始覚が本覚に入った結果である。衆生の本覚は如来蔵であっても、元曉は"入"を強調している。つまり、始覚は本覚から出発するものではなく、無明より出発し、一歩一歩と本覚に近づいていく、ということである。従って、元曉は一覚の意義は頓転入義にあって、転入した結果、始覚はついに本覚と同等になる、というのである。
　元曉は『論』で、「今随始覚、帰返心源、帰心源時、諸識不

<hr>

20　同書、P631.

起、識不起故、始覚円満」と概括しているが、ここで強調しているの
は一覚である。つまり始覚の円満状態である。『金剛三昧経』は、
『起信論』の覚思想を基に、一覚思想を提出することにより、究竟の
境地に至った衆生の解脱実践を重視する一覚の意義から見ても、仏
教における解脱理論の大きな進歩といえよう。

4. 理入と行入

　『金剛三昧経』の入実際品は主に、いかに趣入するか、という問
題について答えている。まず、入を理入と行入二つに分けて述べて
いる。
　「経」によると、

　大力菩薩，云何二入，不生于心，心本不生，云何存入。仏
言，二入者，一謂理入，二謂行入。理入者，深信衆生不異真
性，不一不共，但以客塵之所翳障，不去不来，凝住覚観，諦観
仏性，不有不無，無己無他，凡聖不二。金剛心地，堅住不移，
寂静無為，無有分別，是名理入。[21]

　又、「経論」では次のように述べている。

　理入者，順理信，未得証行，故名理入，位在地前。行入
者，証理修行，入無生行，故名行入，位在地上。理入文中，有
其四句，深信以下乃至翳障，是十信入。不一者，謂衆生相，不
異真性，而非一故；不共者，非亦一亦異故；不去不来，凝住覚観

21　同書、P641.

者，是十住入。悟衆生空，不来去于人空門，静住其心，覚察仏性，是十行位入。已得法空，依法空門，諦観仏性，不有法相，不無空性故；無己無他，凡聖不二者，是明十迴向位。理入已得，自他平等空故。心如金剛，堅住不退，梵網経中名十金剛，仁王経中名十堅心，是十回向之異名也。[22]

　　元暁は、理入は順理信解で、まだ修行により裏付けられていない、と考えていた。つまり、衆生は理論上の理解は得ているが、まだ実践を通して体得するまでには至っていない。行入とは、修行を通して証理する階段である。いつまでも理性認識の段階に止まるのではなく、さらにその理論を具体的な実践へと導かなければならない。しかし、元暁は鋭敏に実際品は顕真如門である、と指摘し、『金剛三昧経』の中で、理入は衆生の不異真性を深く信じると考え、これを"十信入"であると位置づけている。そして、何を信じるかといえば、諸衆生相・不異真性を信じると指摘している。ここで、衆生相不異真性は実は如来蔵を指しているのである。これは無相法品、本覚利品、真性空品の中での解釈と一致している。衆生たちに、すべての心に仏性があると信じさせるのは、衆生に解脱の根拠を提供することであって、解脱実践になくてはならない極めて重要な前提でもあるのである。一つの真性の存在方式は、不去不来、不有不無、無己無他、凡聖無二、寂静無為、無有分別である。元暁は真性のこのような特徴に対して、実践の立場から詳細に解釈している。つまり、修行階位から出発して、十真から十住、十行位及び十回向位にわたって一々詳しく解釈している。「経」の中で、理入の意義は真性の特徴に対する解釈、即ち究竟位を明らかにすることにある。元暁は解脱実践の衆生の立場を考慮に入れていたのである。

22　同上.

次に行入を分析してみよう。「経」によると、

　行入者，心不傾倚，影無流易，于所有処，静念無求，風鼓
不動，猶如大地，捐離心我。救度衆生，無生無相，不取不舎，
菩薩心無出入，無出入心，入不入故，名為入。[23]

　又、「経論」によれば

　是明地上証入之行。心不傾倚者，如理智心，不攀縁故，攀
縁之心不生起故。影無流易者，如離之境，離三際故，流変境像
不復現故。所有一切世間福楽，乃至菩提大涅槃之果，于是一
切，皆無願求，通達平等，無此彼故。故非境界風所鼓動，是明
自利行入，令他行入，以証二空。離人法相故，能普遍救度一
切，虽心無生，亦無境相，而不取寂滅之性，恒不舎一切衆生。
以之故言不取不舎，如是二行，名為行入。……此是第二通彼所
難。証理之心，遠離生滅，無始無終故，心無出入。無出入已，
亦無昔日出入之心故，無出入心去昔有出入之心，入此不出入
心，故言入不入，故名為入，如是前難得善通也。[24]

　元暁は、証入之行は最終的には平等に通達して、彼此の区別
なく、境界風によって動かない、しかも、このような行は両方面の意
義を持っている、と考えていた。その一つは自利行入であり、もう一
つは令他行入である。つまり、不取真性之相の一方で、不捨普度衆
生する、即ち"帰一心源、饒益衆生"というわけである。しかし、入の
本質は無入之入である。なぜならば、衆生心は出入があるが、真心

23　同書、P642.
24　同上.

は出入がないからである。つまり、"有出入心入於不出入心"というわけである。前述した如く、元暁は入実際品は顕真如門である、と考えていたのである。

「経」によると、

虚空世界，内外不測，六行之士，乃能知之……大力菩薩言，云何六行，願為説之。仏云，一者十信行，二者十住行，三者十行行，四者十向行，五者十地行，六者等覚行，如是行者，乃能之。[25]

亦、『論』によると、

此是第三別顕階位，唯顕行位，除其果位，所以不取妙覚之地。此六行中，前四位是理入階降，後二位者，行入差別。[26]

元暁は、十信行、十住行、十行行、十回向は理入の階段であって、十地行と等覚行は行入階段であると解釈している。従って、理入は行入の低級段階であって、二入の中で行入がより重要であることを強調している。しかし、実践における二入はいずれもなくてはならない重要な存在である。理行の二入が無くして、虚空無相なる境界は証得しかねるのである。なぜならば、理行の二入の実践を通せずには、人法二空を悟得するどころか、能所平等無二の一心之源に到達することも不可能であるからである。

「経論」では次のように述べている。

---

25 同書、P644.
26 同上.

　　不住二岸，以遣二衆，不著二我，以離二辺，通達二空，不墜二我，倶融二諦，不違二入。[27]

　ここでの二岸は此岸と彼岸、二衆は己衆と他衆、二我は人我二法、二辺は有無或いは真俗、二空は人空と我空、二諦は真諦と俗諦を指している。以上の全ての対立は、理行二入の実践を通して克服或いは超越が可能である。つまり、"不違二入"してこそ、"不住一岸、……倶融二諦"の結果になるわけである。衆生が解脱実践を通して"入不出入心"の時、理行二入は"妙契環中"するのである。

　以上、元暁と『金剛三昧経』との関係、元暁「論」の中の一心之源の構造と意義及び本覚と始覚、理入と行入などの仏教実践原理について考察して見た。元暁の「論」は、『経』を基に、さらに"帰一心源、饒益衆生"の大綱を核に、主に始覚の具体的な原則と方法について探究したものである。元暁が二入における実践階位論の中で、行入を十地行と等覚行といった高い階位に位置づけたのは、つまるところ、このような元暁の実践論原則の具体的な現れなのである。元暁の解脱実践論は『起信論』思想と『金剛三昧経』の実践原理を基に成り立っている。『金剛三昧経』と元暁の『論』は同時に世間に流布している故、『金剛三昧経』の後世に対する影響中で、元暁の『経論』思想の影響が強く見られるのは不可避である。元暁の大乗諸教派の理論を融合して、衆生解脱の実践に取り込もうとする思想傾向は、後の禪宗の発展にも極めて重要な影響をあたえた。

(大阪経済法科大学『東アジア研究』第32号、2001)

27　同書、P645.

第二十三章

元暁と隋唐仏教の諸教判

　教判とは教相判釈を指し、判教とも称す。教判は仏教が中国で展開する過程で形成された仏教諸学派、宗派の組織理論である。一つの学派あるいは宗派の形成において、それぞれの宗派に所属されている理論家たちは、其の尊奉する経典が仏教の諸経典の中で処する優越な位置を強調する必要を強く感じたのだろう。自家の理論や信仰が仏陀の最高理念を載せた経典であること、つまり仏陀の根本的な精神の開頭であることを表明するのである。これは宗派林立の仏教社会で生き残り、且つ自家自派が仏教界内での合法的な位置を確保するための、重要な手段の一つでもあった。仏教宗派の形成と発展による仏教教判論理の活性化は仏教哲学の本格的な展開と探求に有益なものであった。しかし、各派が自派の象徴となる経典の優越性を強調しすぎると、"居己排他"の現象が起こり兼ねない。したがって、教判はたちまちその客観性を失い、各学派、宗派間の理論分岐の焦点となったのである。しかも、各派の主張には主観的な色彩が濃厚であって、このような現象がますます激しくなっていくにつれて、その功利的な一面が仏教の大乗教義の根本的な精神の開頭、探究の妨げになったのである。したがって、百家の諍論を会通する至公なる教判思想の出現が必然となったのである。まさにこのような歴史的な時期に、元暁(617-686)は中国隋唐時代、韓国における三国及び統一新羅期に新羅仏教界で活躍した偉大な思想家で、中国の仏教教判争論を会通しようと和諍論理を展開し、その教判論は新羅だけでなく、中国仏教界にも大きな影響を及ぼしたのである。

本文では、主に中国隋唐仏教の諸教判の形成と発展を背景に、現存する元暁著述によって元暁教判思想の特徴を元暁の中国諸教判に対する会通を通じて考察することにする。

1. 中国の諸教判

印度から伝わってきた仏教は、中国の伝統思想との衝突と融合を経て、中国の識者たちと一般に受け入れられるようになった。南北朝時代には仏典漢訳作業とともに仏典研究の時期を迎えるようになり、仏典に対する理解の食い違いによって、仏教諸学派及び宗派が現れるようになったのである。この時期には、すでに大小の学派や宗派が林立していたが、その詳しい状況、即ち各宗派の活動などに関する資料は今になってほとんど知られていない状態である。隋の天台智顗の「法華玄義」の記載によると、この時期に南三北七、合わせて十教判があったようである。また、唐の法蔵の「華厳五教章」にも、この時期には合わせて十家の教判があると記載されている。実際には、おそらく十家に止まらなかったのであろう。なぜならば、この二師が指しているのは全部影響が割合に大きいものに限っているからである。ところで、ここでは主に天台智顗の記載基づいて、南三北七の十教判を紹介することする。

いわゆる“南三北七”とは、長江流域を中心とする南方の三教判

と黄河流域を中心とする北方の七教判を指している。ところで、両地
における仏教伝播と仏典研究の差異、及び伝統思想、風俗など文
化諸要素の影響から各自の教判は自然に異なる特色をもつようになっ
たのである。

　　まず、南方の三教判を紹介することにしよう。南方教判の共通
的な特徴は、頓、漸、不定三教判を立てている。頓教とは「華厳経」
を指している。漸教は有相教と無相教に分かれて、いわゆる有相教
は小乗仏教即ち三蔵教を指しているし、無相教は大乗般若及び常住
教を指している。つまり、無相教は「般若経」「法華経」「涅槃経」等の
ことである。不定教は「勝鬘経」「金光明経」などを指している。以上
は南方教判の共通する点である。しかし、漸教に対する理解と判釈
のうえで、各教判の間に意見が分かれていて、分岐が甚だしい。
従って、各派の漸教に対する態度は、自然に各教判を区分する重
要な依拠となるようになった。

　　南方の三教判とは、具体的に虎丘山岌法師の三教判、宗慶法
師の三教四時判及び僧柔、慧次二師と観師の三教五時判を指して
いる。虎丘山岌師の身元は明らかではないが、おおむね竺道生一
派の門人だと思われる。その教判は漸教を有相教、無相教と常住教
に分けている。この中で、有相教は仏が成道した後、最初の一二年
間説いた法である。つまり「阿含経」など小乗仏教を指している。無相
教は上述した仏陀の成仏した二年後から説いた法で、即ち方等、般
若、法華など諸大乗教である。常住教は仏が涅槃する前、最後に
説いた法であって、「涅槃経」を指している。

　　しかし、宗慶法師の三教四時判は、前者と異なっている。漸教
を有相教、無相教、同帰教、常住教など四つの教派に分けていた
のである。ここから知られるように、岌法師の漸教は宗慶法師の教判
より同帰教が一つ増えているのである。同帰教の名は万善同帰を主
張する「法華経」から名乗っている。したがって、宗慶法師の教判は

「法華経」「涅槃経」を諸仏典の中で最高価値の経典と見なしているのである。ちなみに、宗慶法師その人物については身元がはっきりしないところが少なくない。

　宋斉時代の僧柔、慧次及び道場寺に住まいをもつ羅什門中の十哲の一人である慧観などはみな「法華経」と「涅槃経」を研究する学者である。そのためか、彼らの主張する三教五時判は宗慶法師の教判に抑揚教というものが一つ加わっている。つまり、漸教を有相教、無相教、抑揚教、同帰教、常住教など五時に分けているのである。いわゆる抑揚教とは変貶抑揚のことであって、即ち"揚大乗、抑小乗"が主旨である。当然に彼らは法華、涅槃の教義を至高無上の理念として主張していたのである。この教判は、後に開善寺の智蔵と、光宅寺の法雲が継承しているのである。

　ところで、北方の七教判は北地師の五宗教、菩提流支の二字教、仏駄三蔵の四宗教、護身法師の五宗教、安凛法師の六宗教、北地禅師の二種の大乗教、北地師の一音教などを指している。まず、北地師の五宗教は人天教、有相教、無相教、同帰教、常住教を指している。人天教は提謂、波利経などを指し、有相教は仏陀が成道してから説いた十二年間の三蔵経を指し、無相教は「般若経」を指し、同帰教は「涅槃経」を指している。これは北地師が常に用いる教判である。実は、南方の教判とあまり差がないのである。菩提流支の二字教は仏教を二分した教判、即ち半字教と満字教に分けている。半字教とは小乗を指し、満字教は大乗を指しているのである。仏陀三蔵の四宗教は仏教を因縁宗、仮名宗、誑相宗、常宗四種類に分けている。因縁宗は阿毘曇論を指し、仮名宗は成実論を指し、誑相宗は大品般若或いは三論を指し、常宗は涅槃、華厳、常住仏性経などを指している。護身法師の五宗教は仏教を因縁宗、仮名宗、不真宗、真実宗、法界宗など五宗をさしている。この中で、因縁宗と仮名宗は仏駄三蔵の教判と同じであり、不真宗は仏駄三蔵の誑相宗と一致する。そして、真実宗は『涅槃経』を指し、法界宗は「華厳経」を指している。この教判は「華厳経」を最高経典と見なしているのである。安凛法師の六宗教は因縁、仮名、誑相、常宗、真実、圓宗など六宗を指している。その中で、前の四種は仏駄三蔵の教判と同じである。真言宗は『法華経』を指し、圓宗は「大集経」を指している。しかも、『大集経』を最高経典と見なしているのである。ところで、北地禪師の二種大乗経は大乗経を二分して得た有相教と無相教を指している。北地師の一音教は、仏陀が説法する際、一音を以て大小乗教義を説いていたということであるが、衆生のそれに対する理解の違いから、自ずとその結果も違うというのである。以上、北方七教判を紹介した。

　他に、曇無讖の声聞蔵、菩薩蔵二教判；光統律師の三教判、即ち、漸、頓、圓三教；浄影寺慧遠の漸、頓の二教判；真諦三蔵の四教判；周顒の三宗論；曇済の七宗論等々がある。

　要するに、南北朝時代は仏教経典研究と講授時代である。各学派や宗派は、自家の依頼する経典の位置を確立させるために、先を争って教判を設けるようになったのである。このような傾向はさらに中国で仏教がもっとも繁盛した時代—隋唐にまで続いていたのである。隋代の天台智顗は五時八教を提出しているが、その刺激を受けて三論、華厳、唯識、浄土等の宗派は我先に自家自宗の教判体系を持ち出すようになったのである。その中で、天台宗と華厳宗は中国仏教の代表的な宗派として、その教判思想は中国仏教の教判学説の発展に大いに貢献したと言えよう。とりわけ天台宗の教判体系はもっとも綿密で体系的である。

　天台宗の教判はいわゆる五時八教である。五時とは仏陀一代の説法を五つの異なる時期に分けて、各時期の説法を時間順に華厳時、阿含時、方等時、般若時、法華涅槃時に並べた屯のである。八教とは、上述した五つの時期の説法を化儀四教と化法四教に分け

たものである。化儀は教化の儀式を指し、具体的には頓教、漸教、
秘密教、不定教に分けている。化法は教義の内容を指していて、具
体的には蔵教、通教、別教、圓教を指している。蔵教は三蔵経を
指し、通教は三乗共同の教義を指し、別教は主に大乗教の中で次
序階段を宣揚する教義となる不共之教を指し、圓教は理事圓融の中
道実相の教義を指しているのである。天台宗においては、主として諸
法実相を主張しているため、化法四教はとりわけ重要である。実相は
空、仮、中の三諦を用いて説明できる。『中論』の三諦偈によると、諸
法を空、仮、中と見なし、"以空看則三諦皆空，以仮看則三諦悉
仮，以中看則三諦皆中。"である。したがって、圓融三諦或いは一境
三諦ともいう。天台宗教判は中国仏教教判学説発展においての最高
段階ともいえ、後の諸宗派の教判に莫大な影響を与えたのである。

　引き続き華厳宗の教判体系を紹介することにしよう。智顗以前の
諸教判は基本的に『華厳経』の価値と重要性を肯定している。しか
し、智顗以後に出現した諸教判は随分変わっている。各宗派がみな
その宗祖の立場から経典を選んでいたので、自己に据えて他を排斥
する、という色彩がさらに濃くなっていた。智顗が華厳の価値を肯定
しているとしても、やはり諸法実相の立場から法華と涅槃を教判の首
位に置いたのである。吉蔵も同様に華厳の重要性を強調してはいる
が、法華は依然として最っとも重要な位置におかれている。そして、
玄奘は極力に「解深密経」を崇拝し、華厳に対しては言及しなかった
のである。ところで面白いのは、窺基は深密、法華を華厳と同等視
している。

　華厳宗の実際上の創始者である法蔵は、唯識などの諸教判の
刺激を受け、「華厳経」における圓融無碍教義の価値の重要性を説く
ために五教十宗判を提出している。五教とは小乗教、大乗始教、大
乗終教、大乗頓教、大乗圓教を指している。十宗とは、一、我法倶
有宗；二、法有我無宗；三、法無去来宗；四、現通仮実宗；五、

俗妄真実宗；六、諸法但名宗；七、一切皆空宗；八、真徳不空宗；九、相想倶色宗；十、圓明具徳宗を指している。前の六宗は小乗で、後の四宗は大乗である。実際に、この十宗は窺基の八宗に二宗を加えて成り立ってたのである。

　以上、元暁教判思想を考察する前に、先学たちの研究成果を踏まえ、中国仏教の諸教判の形成と発展及び主な内容について概略に紹介することにした。

2. 元暁の諸教判に対する会通

　中国において形成且つ発展を遂げた仏教教判思想は、直接に隣りの新羅仏教の発展に影響を与えたのである。仏教理論家としての元暁は、中国の諸教判説の発展に深い関心をもっていた。これは釈尊の根本精神を理解且つ解脱実践に関わる重要な問題であると認識していたからであろう。従って、彼は諸教判学説研究に精力を注ぎ、直接教判論争に身を投じたのである。すなわち、元暁は和諍という一貫した立場から、諸教判の分岐を会通することに努めたのである。

　元暁の現存する著述の中で割と集中的にその教判観を反映している著述は「法華経宗要」、「涅槃経宗要」、「大慧度経宗要」などである。これらの著述で、元暁は諸教判の理論上の分岐を分析した上で、さらにその会通を試みたのである。ところで、元暁の教判に対する論述が上記した著述に散在しているために、全面且つ系統的に元暁の教判思想を把握するには、少なからず困難をもたらした。しかも、逸失している元暁の「晋訳華厳経疏」は恐らく彼が集中的にその教判観を表明した著述であろう、と思われる。法蔵の『華厳経探玄記』巻一、李通玄の「新華厳経論」巻三、慧苑の「華厳経刊定記」巻一、澄観の「華厳経」巻十二、ほかに新羅の表員の「華厳経文義要決問答」巻四など、みんな「晋訳華厳経疏」の中から元暁の四教判及びそれに関する論述を引用している。最近、元暁の教判思想に関して韓国仏教学界で南東信の「元暁の教判論とその歴史的位置」、そして申賢淑の「元暁の教学観──四種教判論を中心に」と金俊経の「元暁の教判観研究」という素晴らしい研究が行われて来た。このような研究業績を踏まえて、元暁の中国諸教判に対する評価と会通から分析することにする。

1) 南北諸教判に対する破断

　元暁は「涅槃経宗要」で、主に南北の諸師の教判を分析且つ会通しようとしている。「涅槃経宗要」によると

　問：南北二説，何者為失。
　答：若執一辺，謂一向而者，二説皆失。若就随分，無其義者，二説倶得。所以然者，仏説般若等諸教義広大甚深通復，不可定限于一辺故。[1]

　元暁は、"若執一辺則一無所得"になるが、逆に"若就随分"であれば、"二説倶得"すると考えていたのである。又「涅槃経宗要」で天台大師の口を借りて、次のように述べている。

　又如天台智者問神人言，北立四宗会経意不。神人答曰：失多得少。
　又問成実論師，立五教称仏意不。神人答曰：小勝四宗猶多過失。[2]

---

1 「韓国仏教全書」第一巻、P547、一九七九年.

　　つまり、南方成実論の五時教判は仏陀の説法を五つの時期に
分けているが、これは妥当ではないというのである。しかも、北方諸
師の五宗科の分類も不適切だというのである。二者皆非というなら、
どうしたら良かろう。元暁は"若就随分，無其義者，二説俱得"と考え
ていたのである。つまり教判とは教化衆生の方便に過ぎないので、
"破執随機"してこそ、"会仏意，通経旨"することができ、"執一辺"し
てはいけない、ということである。

2)　成実、唯識教判に対する平章

　　元暁は『大慧度経宗要』の中で次のように述べている。

　　次第五教判者，分別仏教諸説不同，今且略出二説，平章是
非。[3]

　　ここでの二説とは、成実論師の二教門五時説と唯識教判の三種
法輪説を指している。元暁は同書の中で、成実論師の教判について
次のように述べている。

　　有人説，言一化教門不出二道，一者頓教，二者漸教。漸教
之内有其五時。一四諦教、二無相教、三抑揚教、四一乗教、五
常住教。由浅入深，漸次而説。今此経等諸般若経在第二時，名
無相教。[4]

　　又、『大慧度経宗要』で唯識教判について概括してから、二教
判の相違と会通の可能性について指摘している。

2　同上、P547.

3　同上、P486.

4　同上、P486.

　ここで、問題になるのは般若、大品経を不了義経の列に配損したことである。元暁は、これは間違った配摂だと考え、この錯誤を直すために、「大慧度経宗要」で詳細な分析を行っていたのである。まず、元暁は間違いを直すには、了義と不了義を正確に認識することが平章の前提だと考えていたのである。

　世尊初于一時，在波羅泥斯仙人墜処施鹿林中，唯為発趣声聞乗者，以四諦相転正法輪。雖有甚奇甚為希有，而是法輪有上有容，是未了義，是諸静論安足処所。世尊在昔第二時中，唯為発趣修大乗者，依一切法空無自性、無生無滅，本来寂静，自性涅槃，以隠密相転正法輪。而是法輪，亦是有上是未了義，是諸静論安足処所。世尊于今第三時，普為発趣一切大乗者，依一切法空無自性，無生無滅……性以顕了相転正法輪，無上無容是其了義，非諸静論安足処所。今此大品拝諸般若皆是二法輪所摂。[5]

　続いて、七義を取り上げて般若、大品経が了義経であることを説明したのである。七義とは、畢定義、非一衆多義、無諍処義、一切乗者義、非如化義、無自性義、究竟了義である。本文ではその中の畢定義、無諍処義、究竟了義を例に挙げ、簡略な説明をしておく。

(1) 畢定義

　成実論師の教判では、「般若経」を『法華経』の次に即ち第二時に排列している。元暁はこのような配置は「般若経」の実質が分からないためだと考えていた。つまり、仏陀が説法する際、「般若経」と「法華経」は前後、高低の区分が無かったはずである。これに対して、

5　同上、P486.

元暁は「大慧度経宗要」で、『大智度論』の畢定品を取り上げて次のように説明している。

如此論釈畢定品言，須菩提聞法華経説，若于仏所作小功徳，乃至南一称戲咲有無仏，漸漸必当作仏……以是験知説，是経時在法華後，即示第二時者，不応道理也。[6]

(2) 無諍処義

前で述べた如く、唯識教判は「解深密経」を最高価値の経典としている。そして、『般若経』は不了義経の中の第二法輪に入れておいたのである。元暁はこれは間違った配置だと考えていた。つまり、「般若経」は有諍処を講ずる経典ではなく、無諍処を講じる経典であるから、『解深密経』とともに了義経の位置に排列すべきだと考えていたのである。二経の説法の角度が互いに異なっていても、実際に二経はみな無諍処の原理を講じていることからも、二者の根本的な違いはないのである。したがって、二者は無諍処を講ずる第三法輪の位置に配置すべきだ、と主張したのである。

(3) 究竟了義

最後に、元暁は「華厳経」を引用して、般若経は華厳経とともに究竟了義を講ずる経典であることを説明したのである。

当知此経同彼華厳，無上無容究竟了義，但其教門各各異一耳。[7]

つまり、経旨の理解と判釈は経門の相違により影響されてはいけない、表から見るには教門は多いが、本質上"異一"の関係にある、

---

6 同上、P486.
7 同上、P486.

というのである。したがって、元暁は以下のような結論を下したのである。

　　問：是二師説，何者為実。
　　答：二種法輪，是就一途，亦有道理。然其判此大品経等皆属第二時摂，第二法輪者，理不必然，違経論故。[8]

3)　法相、三論宗教判に対する和会

　『起信論疏』及び「大乗起信論別記」で、元暁は中観、唯識教義の理論分岐を和諍するために甚だ工夫をしているのである。つまり、元暁は唯識系における法相宗の三種法輪説と中観系における三論宗の三種法輪説を和会させようとしいたのである。

　二教判の分岐の焦点は『法華経』の了義、不了義にあった。即ち「是法華経，何教所携，為是了義，為不了義」なのである。

　法相宗の三時教説は『法華経』を不了義だと考えているが、三論宗の三種法輪説は了義だと考えている。この分岐に対して、元暁は「法華経宗要」で設問して和会を試みる。

　　問：若立初師義者，後師所引文云何和会。

　　彼師通日，諸一乗教所説諸文皆為護彼不定性者，皆是方便，故不相違。[9]

　つまり、二師の説は皆一乗教で、不定性の問題を論じている。従って、全部方便教法というわけである。それだけではなく、

　　法華論文及宝性論亦為述後方便教意，智度論文説阿羅漢生

8　同上、P486.
9　同上、P486.

净土者，是約不定種性声聞。由是道理，亦不相違。[10]

したがって、教判を立てる前に経旨を正しく把握することが何より大事である。

4) 天台教判に対する評価

天台智顗は南北諸教判を総合して"五時八教"を確立し、北方の諸教判を化法四教に、南方の諸教判を化儀四教に概括した上で"五時"を開いたのである。しかし、元暁は、南方諸教判が仏意に従って五時教判を立てているのに対して、北方諸教判は教旨に従って四宗科の教判説を立てていると指摘し、その偏執を論破した上に、諸教判の相異を和会させようと試みる。しかし、現存する著述から元暁の天台教判についての詳細な評価がほとんど見られない故、ここで詳しく紹介することはできない。しかし、わずかながら、現存する「涅槃経宗要」に元暁が全体的に天台教判に対して評価した文字が残っている。

然天台智者禪惠倶通，挙世所重，凡聖難測。是知仏意深遠無限，而欲以四宗科于経旨，亦以五時限于仏意，是猶以螺酌海，用管窺天者耳。[11]

これは天台智顗を称賛すると同時に、徹底的に南北教判を否定する極めて矛盾的な言い方である。李永子博士は「これは智顗の偉大さを称賛しただけでなく、凡人に「法華経」は了義経であることを知らせている」[12]と指摘しているのに対し、李箕永博士は「元暁の指摘を智顗を含めた諸教判に対する批判と見なすべきだ」[13]と考えていたの

10　同上、P486.
11　同上、P547.
12　李永子『元暁的会通思想研究』、『東国大論文集』第二十、一九八五年.

である。中国仏教思想家の中で、智顗のように諸教判説を会通し、法華一乗に帰結させたものは極めて珍しいといえよう。元暁は智顗が一乗仏教運動の提唱者であることに充分な肯定を与えたうえに、智顗がある特定した経典を根本的な依拠としている為に、彼の一乗仏教実践は局限性があると指摘しているのではなかろうか。もっと根本的立場から指摘するならば、元暁は天台の五時の教判が仏一代の説法として、五十年間の説法活動とその内容を時間順に追って華厳、阿含、方等、般若、法華、涅槃の順に説かれてはいるが、その根本的な目的はこれをもって仏法の真実を明かすことにあっで、釈尊の衆生教化の方法や階程に関する方便を智顗の知恵によって仏一代の説法に仮托して説明したものに過ぎないと考えていたと思われる。そういう意味では、これは元暁の天台教判に対する評価というより、本質上教判学説自体に対する否定と見なすことができよう。

　要するに、元暁は其の和諍の立場から出発して、諸教判間の分岐を和会することを使命としている。元暁は各宗派の教判を評価する時、頗る慎重な態度を示している。決して全般否定したり、あるいは無原則的に肯定したりしてはいない。元暁によると、教判の意義は"方便教法"である。仏意教旨に対する理解と判釈上の錯誤は、互いに異なる段階におかれた衆生に対する教化に好ましくない結果をもたらしかねないので、偏狭的な認識は正しく直し、教判間の分岐は会通する必要があると主張している。つまり、元暁の教判会通の根本的な宗旨は、一つの学派や宗派を建立することではなく、教判間の分岐を除却し、最終的には一仏乗に戻ることであったのである。このような傾向は彼の四教判の中でもっとも明らかに現れている。

13　李箕永　『中国古代仏教と新羅仏教』、韓国仏教研究院、一九八二年.

3. 元曉四教判の実質

　前述の如く、元曉は基本的に教判を否定しているが、後学たち
が彼の『晋訳華厳経疏』から引用した内容を見ると、元曉も自己の教
判体系を提出していたのである。新羅の表員の「華厳経文義要訣問
答」は割に詳細に元曉の四教判の内容を紹介している。

　唐新羅元曉法師亦立四教。一、三乗別教。二、三乗通教。
三、一乗分教。四、一乗満教。三乗其学名三乗教，于中未明法
空，名別相教。通説法空是為通教，不共二乗名一乗教，于中未
顕普法，名随分教。究明普法，名圓満教。

　ここで、三乗別教は四諦経、縁起経などを指している。三乗通教
は般若経、解深密経等を指し、一乗分教は瓔珞経、梵綱経などを指
し、一乗満教は華厳経、普賢経などを指している。李箕永博士は、
元曉が三乗別教、三乗通教のような内容を用いているところからも分か
るように、彼は恐らく"南三"の一人である慧観の影響を受けていると考
えていた。しかも、分、満二教の用法は概ね曇無讖の半、満及び智
顗の通、別、圓教から取っているのではないかと指摘している。
　元曉の四教判の特徴の一つとして、「深密経」と『般若経』を平等
視したことが取り上げられるが、その理由について、前の中国諸教判
の和会ですでに説明して置いただけでなく、『起信論疏』及び「別記」
でもう充分な論述をしておいたつもりで、ここでは省略することにす
る。元曉の四教判のもう一つの重要な特徴は、瓔珞経、梵綱経など
大乗戒律経典を高い位置に排列したことである。これは他の諸教判
にはめったに見えない現象である。その他に、『楞伽経』、「起信論」
「宝性論」など縁起経を同じレベルに排列している。この点について
も、『大乗起信疏』と『大乗起信論別記』で充分な根拠を得ることがで

きよう。

　元暁の四教判においてもっとも目立つ特徴として、「華厳経」を至高無上に位置づけたことを取り上げられよう。これは笈多以後、諸教判が『華厳経』を無視したことに対しての修正であろう。それと同時に、元暁が『華厳経疏』で四教判を提出した点から、元暁の仏教思想と華厳思想は極めて密接な関係を保っていることが分かる。

　以上のように、元暁の四教判は表面上他の諸教判とあまり大きな区別がなさそうに見えるが、一つだけ注意に値する概念——普法がある。四教判で、普法は一乗満教の概括、説明に用いている。普法に対する解釈は、元暁の現存する著述からは知られていないが、幸いに表員が彼の『華厳経文義要訣問答』巻二に、普法義という名で一章を設けて元暁の普法について詳しく紹介している。

　まず、表員は普法について次のように規定する。

　普者薄也，謂遍義，是普也。法自体義，軌則義，謂一切法相入相是。[14]

　続いて、表員は元暁の普法について紹介する。

　言相入者，謂一切世界入一微塵，一微塵入一切世界。三世諸劫入一刹那，一刹那入三世諸劫。如大小促相入，余一切相入亦爾。如説相是亦爾。謂一切法及一切門，一是一切，一切是一，如是広蕩，名為普法。[15]

　これは元暁が華厳経義を用いて解釈した普法義である。それか

14　『元暁研究論文集』第十八巻、中央僧伽大学出刊、金俊経　「元暁の教判観研究」、P305、一九九三年.
15　同上.

ら、元暁の華厳教義についての説明を見ることにしよう。「東文選」巻
八三には元暁の『晋訳華厳経序』を収録しているが、序で元暁は華
厳思想を次のように概括している。これはより深く普法義を理解するの
に役に立つ、と思われる。

　　原夫無障碍法界法門者，無法而無不法，非門而無不門也。而
乃非大非小，非促非奢，不動不静，不一不多。由非大故，作極微
而無遺。非以小故，為大虚而有余。非促之故，能含三世劫波。非
奢之故，学体入一刹。不動不静故，生死為涅槃，涅槃為生死。不
一不多故，一法是一切法，一切法是一法，如是無障無碍之法。[16]

　　上述から、元暁の華厳宗趣に対する論述と表員が引用した元暁
の普法義は、内容上完全に一致していることがわかる。それだけで
なく、圓融無碍という華厳教義に対する概括と『大乗起信論別記』で
大乗之体についての表述も一致していることがわかろう。ここから、元
暁の和諍思想の中で華厳思想が極めて重要な位置にあることも察せ
られる。元暁の四教判で、一乗を分、満を用いて分けた根拠は「華
厳経」の無碍法界之体、円融無碍である。つまり、元暁は円融無碍
の思想方法を用いて法門における一と多、大と小、動と静及び生滅
と涅槃の関係を把握し、諸教判の仏意、経旨に対する理解の偏狭さ
を正そうとしたのである。さらに、一乗であれ、三乗であれ、分教で
あれ、満教であれ、皆衆生解脱の方便であって、各教判の間には
無障無碍で、一切法は一法で、一法はまた一切法、という道理を裏
付けようとしたのである。
　　以上から分かるように、元暁が四教判で、一乗と三乗、通と
別、分と満に分けたのは、諸教判を会通するためであって、自己の

---

16 『東文選』巻八三.

教判体系を設けるためではなかったのである。

　以上、元暁が諸教判に対する評価と会通及び元暁の四教判について考察してみた。元暁の教判観は、彼の大乗仏教観の重要な一部分であり、和諍思想の教判学説分野での具体的な現れでもある。仏意、経旨における排他的で、独断的な判釈は和諍思想に許されるものではない。しかし、元暁の智顗に対する矛盾な態度から、智顗の一乗仏教思想が元暁に与えた影響が察せられる。"立而無得，破而無失"と称する"立破無碍"の和諍方法は、依然として元暁が教判論争を解決する思想方法になっているのである。

　元暁は『涅槃経宗要』で次のように述べている。

　原夫涅槃之為道也，無道而至遠，証斯道者，弥寂弥喧。弥喧之故，普震八音，逼虚空而不息；弥寂之故，遠離十相，同真際而湛然。由至遠故，随教逝之綿，歴千劫而不臻；由至近故，忘言尋之不過一念而自会也。[17]

　これは、元暁が涅槃の"無道而無非道"原理を説いた一段落である。"無道而無非道"は仏道を証した者にとっては道でないものがないという仏教思想の根本的な原理である。同時に、元暁思想の核心的な原理でもある。続けて、元暁は「涅槃経宗要」で以下のように述べている。

　大体大用，無二無別，既無彼岸可到，何有此岸可離。無所離故，無所不離，乃為大滅。無所到故，無所不到，方是大度。[18]

---

17 『韓国仏教全書』第一巻、P524.
18 同上、P524.

　これは元暁が"無道"の方法を用いて、"無非道"を具現したものである。したがって、元暁の体用一如の根本的な立場が分かろう。此岸から彼岸に渡る、ということは此岸への執着を克服するためであって、彼岸への執着を主張するものではないのである。此岸は可離するが、"亦無所不離、無所離"ということから"無不到、無所到"というわけである。これは元暁の涅槃に対する理解であるばかりでなく、同時に仏教実践の問題を解決する根本的な方法でもある。元暁は諸教判を和会する時、やはり"無法而無不法"、"無門而無不門"という根本的な立場から出発しているのである。したがって、元暁は「華厳経疏序」で次のように指摘している。

　今是経者，斯乃圓満無上頓教，法輪広開法界法門，顕示無辺行徳。行徳無畏而示之階階故，可以造修矣；法門無涯開之的的故，可以進趨矣。趨入彼門者，即無所入故，無所不入也。修行此徳者，即無所得故，無所不得也。[19]

　元暁から見ると、華厳教は頓教であって、いずれの階位も認めないのである。階位を設けた理由は法門無涯の故である。階位があっても趨入は無入可入でもある。従って、根本的には階位を否定しているのである。元暁は「大乗起信論別記」宗体文の中で"誰論大乗于無乗"と述べている。つまり、衆生は皆仏性を持っていて、既に仏乗に乗っている故に、三乗、一乗と区別することはなにことかというのである。元暁の世界においては、仏乗無乗、無乗仏乗というわけで、その根本的な目的は本当の大乗を建立するためである。しかし、元暁が相互に対立する諸教判を無乗に導いていく為には、当然に"方便"が必要になるのである。これこそ、元暁が四教判を提出した

19　同上、P495.

所以であろう。正に李鐘益博士が『元暁の根本思想』一書の中で指
摘したように、「元暁は「法華宗要」で仏陀の成仏から涅槃に至るまで
の間に説法した一言一句は皆一仏乗であると主張しているが、これは
印度、中国、チベット仏教で前所未聞の大革命といわざるを得な
い。」[20]

(『大阪経済法科大学論集』第81号 創立30周年記念号、

2001年12月)

<hr>

20 李鐘益『元暁の根本思想』、東方思想研究院、一九九七年.

第二十四章

東アジア文明の諸相
——東アジア文明認識における若干の問題

　アジアは人類文明の重要な発祥地であり、数千年にわたる発展の中でアジアの人は文明において輝かしい成果を上げて来た。東アジアはひとつの地域であるだけでなく、さまざまな文化が融合する「ボーダー」でもある。東アジアは「視覚領域」ないし「方法」としても見られる。東アジアでは、先史時代の人類の発祥と初期文明より、化石のような東アジア文明の古層が形成され、これをベースにして東アジアの精神文化は、古代中国社会において比較的早く始まり、哲学と人文的情緒に富んだ思想文化体系を徐々に形成した。

　中国の精神文化は周辺地域に広がる過程で、朝鮮半島、日本、その他の国・地域の固有の国家、および地域文化と徐々に融合し、東アジアの精神文化の確固たる根を育て、長い相互交流と融合を経て、東アジア文明はますます統一された精神的気質と文化的魅力を示し、独特の精神的および文化的魅力を呈するようになった。

　歴史的に、東アジアの「漢字文化圏」は世界で最も活力のある地域だった。今日、かつての世界の「文明の中心」が相次いで疲弊し、「東昇西降」(アジアの隆盛と欧米の衰微)という趨勢の下、東アジアは、全世界で最も経済発展が急速に進んだ地域となり、社会全体の文化的允展において最も劇的な変化を遂げた地域にもなった。

実際、東アジア文明の豊かな内実と自信に満ちた開放的な態度は、近代以来、人類が生み出したほとんどすべての思想とその潮流を東アジアに集め、副合し、新しいものを生み出し、発展させてきた。

グローバル時代において、東アジアは環太平洋地域の文化圏における政治と文化の重要な策源地でもあり、東アジア文明は人類の精神文明を再構築し、リードすると信じられている。したがって、東アジア文明の精神的価値に関する包括的、体系的かつ詳細な研究を展開することは非常に重要であり、必要であり、差し迫ったものなのである。

1. 東アジアの「道文化圏」

「東アジア文化圏」を話題に論じるならば、まず、東アジア文化の中心メンバーとしての中国が、その文化を拡散させる以前に、北方遊牧民族が朝鮮半島、日本文化と密接な関係を持っていたことについて議論する必要がある。学術界においては長い間、「枢軸時代」以前の言語、自然宗教、民族形成などの問題についてほとんど注目されておらず、成果も比較的少ない。これは東アジア地域の「枢軸時代」の文明を論議する際、いくばくかの影響を与えるものである。

考古学の記録によると、紀元前四世紀以前に、この地域の生産と文化活動は遊牧文化の特徴を持っていたことが明らかとなっている。周知のとおり、朝鮮半島と日本は、長い間北方遊牧民と密接な内在的関係を持ってきた。民族の人類学的特徴もそうだが、歴史言

語学の視点、つまり古代朝鮮語、古代日本語、アルタイ語との近縁
関係の痕跡、さらには神話、精神信仰、特に北方において深い影
響を与えたシャーマニズム文化からもこの点を証明できる。

　紀元前四世紀以降、大陸の中原地域から朝鮮半島や日本への
北方遊牧文化の影響はしだいに途絶えるようになり、日本と朝鮮がし
だいに中原文明に向かい、後の東アジアの特色ある文化圏を形成す
る基礎を築いた。紀元前三世紀以降、東アジア社会は急速な発展
の段階に入った。大陸には帝国が出現したが、半島と列島は青銅器
文明をほとんど飛び越えて直接鉄器時代に入り、劇的な社会的変化
が見られた。精神および文化レベルにおいては、祭祀などの宗教活
動が日本人の原初の社会生活に割り振られた。この過程において東
アジア地域にはそれぞれ原初の文明形態が形成された。

　日本文化の発芽と形成は、長い歴史を経てきた。これまでの縄
文・弥生·古墳文化の研究から見ると、日本の原初の文化は、初期
の日本人が外部の自然と闘い、自ら物質的生活を求め、豊かにする
中で生み出されたものである。また相対的に閉鎖的な島国日本は、
いったん外の世界と接触すれば、外来の高度な文化がすぐに導入さ
れ、それが日本文化の成長ホルモンとなり、社会の進歩を促進させ
た。

　中国大陸は早くに発展しており、朝鮮“”日本と同時期に発展し
たのではない。したがって、大陸の強大な文明に対抗し、自身の独
立を獲得するためには、中国文明のような歴史が必要であり、主観
的な意識で国史を書く必要があった。六八一年、天武天皇の勅命か
ら三十九年の歳月を経て、七二〇年に『日本書紀』三十巻が完成し
た。『日本書紀』の歴史観では、日本の天皇は「天命によって授けら
れた正統な天皇」であることが強調されている。中国の歴史観では、
「天命」とは、黄帝を筆頭に代々受け継がれてきた天子を指す。

　『日本書紀』の歴史観では、「天命」は天照大神の孫である天津

無岩霍瓊瓊初尊(あまつひこひこほのににぎのみこと)に初めて与えられた。この神は南九州の高千穂峰に空から降臨し、その曾孫である神日本磐余彦天皇(かんやまといわれびこのすめらみこと＝神武天皇)は、紀元前六六〇年に8原宮で王位を継承し、日本の歴史上最初の天皇になった。

　このことからもわかるように、日本社会の発展は「アニミズム」の段階から脱却し、「神」は意志を持った「神」になっただけでなく、社会的集合の対象となった。したがって、『日本書紀』の「天命」は大陸式の表現を借りているが、実際には非常に宗教色の強い「神の命」であり、基本的に日本固有の「神権」文明の性質を規定している。原始的な信仰によって特徴づけられるこの文化は、後の日本の国教である神道の形成に強固な宗教的および文化的土壌を提供した。

　『日本書紀』の記録によると、日本列島とアジア大陸の住民との交流は、建国から長い年月を経て始まった。七世紀以前は中国との公式な接触はほとんどなく、日本の建匡はアジア大陸の影響をまったく受けていなかったと言える。『日本書紀』が外の文明との関係を無視しなければならない理由は、少なくとも漢字の導入(少数の文物の導入はあったが)まで、日本の文明が中国大陸の文明の影響を受けていないことを証明するためであった。日本の独自の文明に独創性があった点は否定できず、歴史の中で洗練され、レベルアップし、独自の民族文化的特質を形成するようになった。

　古代中国も、長期にわたる「アニミズム」の時代を経験し、独自の文明を徐々に形成していった。殷、商、周の各王朝を経て秦の諸子百家が競いあった後、文明体系は次第に成熟し、完全なものとなった。中でも道家思想は中華民族の文明の特徴を形成するための重要な哲学的基礎を築いただけでなく、その後の道教の形成と発展の理論的根拠を提供した。文明のタイプから言えば、道家思想と道教は、日本の神道と似ている面がなくはない。

　七世紀に朝鮮半島に中国の道教が正式に伝わる以前に、朝鮮半島ではすでに原初の仙道が普及しており、その文化的形態は中国の道教や日本の神道と類似していた。中国、日本、韓国の「道文化」は非常に均一性に富んでいた(日木文化研究所がすでに専門的な研究を行い、初歩的な成果を得ている)。つまり、当時は比較的生産力のレベルが低く、交通手段も発達していない状況下にあり、世界各地の異なる文明の中心地間の交流がほとんど行われていなかった。まさにこの時期にさまざまな国の原初の文化に基づいた東アジア「道文化」の特質と基礎が形成されたのである。

　このように、七世紀以前に形成された東アジア文明の深層鉱脈は連綿として今日に至り、本論ではそれを東アジアの「道文化圏」と呼ぶ。「道文化」は東アジア文明の初期形態であり、化石のような文明の礎であると言える。前述のように、東アジアにおける「道文化圏」の歴史的存在は客観的である。「道文化」は自然と親和性を持ち、民衆生活に深く根ざし、さまざまな民間信仰と混在しながら生き複雑で多層的なものとして表出するが、静かに自然に任せ、人と争わない。このことから、歴史的に東アジアの「道文化圏」は、その姿が現われたり隠れたりする状態に置かれるので、他の宗教や社会思想によってしばしば隠れてしまい、今日に至るまで社会や学術界から見落とされている。

　日本の文化庁の『宗教年鑑』における神道の定義を借用すると、そこには「いわゆる神道とは、日本固有の宗教に基づいて発祥し、発展した宗教の総称である。広い意味で、神道は神、霊、または伝統的な宗教的慣行についての信仰に限定されず、生活の中で広く受け継がれている態度や生き方を含んでいる」とある。ここからも分かるように、神道は日本の土着の宗教であるだけでなく、その理念は日本民族の血脈に浸透しているのである。

　次に中国の道教について。道教は、中国固有の宗教として、古代中国の鬼神崇拝の観念に基づいており、黄道教や老道教を理論的基盤としており、戦国時代以来の仙人の法術が変化、発展したものであり、「道」を最高の信仰とした。生命の価値を積極的に追求し、自己を向上させ、他人に善を施す宗教である。中国の「道文化」の影響は非常に広く深いため、他の宗教や文化的類別には到底納まらない。歴史的に、東アジアの三カ国の道文化体系は、儒教ほど政治的に強力ではなく、仏教のように「高貴で立派」なものにも及ばなかった。だから、東アジアにおける「道文化圏」の存在と価値はまだ十分に明らかになっていない。しかし、「尊道貴生」(道を尊び生を貴ぶ)、「返朴自然」(素朴な自然に回帰する)、「道通真境」(道は真実の境地に通じる)を人生の価値として追求する精神文化の紐帯は、東アジア人がお互いに同じ気持ちで憧れる文明境界となっている。

2. 東アジアの「漢字文化圏」

　周知のように、漢字の日本への伝播には二種類のルートがある。一つは中国から文物を介して伝えられたもの、もう一つは朝鮮半島からの、いわゆる「渡来人」によって直接伝えられたものである。中国の文物から日本に伝わったという事実は、今日の日本の考古学的発見から確認することができる。たとえば、弥生時代後期を代表する福岡県の御床松原遺跡や新町遺跡から出土した「半両」の字が刻まれた銅銭がある。また、山口県や長崎県で発掘された弥生時代後期の文化を代表する遺跡からも、「五銖」「貨泉」の文字が刻まれた銅貨が多数出土している。「半両」と「五銖」の銅銭は、わが国の秦漢時代に流通した銅銭であり、「貨泉」の文字が刻まれた銅銭は王莽の新王朝の時期のものである。銅銭以外に、中国からの文物として、漢字が刻まれた銅鏡、刀、印綬などがある。これらは、日本人が目にした最初の漢字であるはずである。しかし、当時の日本人にとっては図画や装飾に過ぎず、同じ時期、日本国内に出現した陶器に刻まれた図画や記号を連想させるものだったであろう。よって、漢字は情報を伝える役割や象徴的な意味を持たなかった。

　その後、『後漢書』東夷伝の「建武中元二年(五七年)、倭の奴国、奉貢朝賀す。使人自ら大夫と称す。倭国の極南界なり。光武、賜ふに印綬を以てす」という記載が示すように、西暦一世紀の後漢時代に、光武帝が「倭の奴国」に金印を授けた。印章には「漢の委の奴国王」(「委」は「倭」の略字)の漢字が入っている。また、日本の使節が自らを「大夫」と呼んでいたことからも、漢字は両国間のコミュニケーションの有効な媒体になり始めていた。このことから、中国を中心とする東アジア世界において、古代中国はまさに朝貢・冊封の制度を通じた緩やかな交流を媒介として、一種の国際関係を確立した。こうした政治戦略が客観的に見て東アジア域内の文明の伝播と交流を推し進めた。

　漢字は古代中国文明の代表的な記号であり、表意文字として豊富な意味合いと多機能を備えている。ここで問題を一つ議論しなければならない。国内の学術界では、「中国と日本は同文同種」、「日本は儒教の国である」という見解が古くから支持されてきたが、その根拠は通常、漢字が日本に早く伝来し、日本人が漢字を知っており、使用することから一、彼らが自然に儒教の価値観を受け入れたこととされている。しかし、これには議論の余地がある。

　漢字が中国の文物や法律や制度をもたらし、儒学の思想を内包していることは否定できないが、漢字の持つ内容や機能は、置かれている社会的・文化的環境によって異なる。中国の歴史において、漢字の持つ内容は非常に豊かで、すべてを網羅していると言える。したがって、コミュニケーション媒体としての漢字の機能を狭く理解すると、上述の文化への解釈の誤解につながるだけでなく、誤りにさえ

なりかねない。日本の歴史において、漢字は公式の歴史文書で直接
使用されるだけでなく、日本固有の言語系統に統合され、非常に豊
富な内容を有している。奈良、平安、室町、鎌倉の長い歴史の中
で、漢字は仏教の受容と促進に非常に重要な貢献をしてきた。しか
し、儒教に関する内容は、上流階級の貴族の間で流行するか、寺
院における識字や教養科目として扱われるのみであった。儒学は役
人や知識人によって広く尊重されたが、普及しなかった。日本の歴
史の中で、儒学が公式に完全に肯定され、広められたのは日本最
後の武家政権、徳川時代においてであった。

　朝鮮半島では、仏教は三国時代に伝来し、新羅，高麗による
統一の後、大乗仏教が広く普及し、研究されたが、その代表的な成
果の一つが、漢訳『朝鮮大蔵経』の編纂，刊行である。朝鮮は公式
に儒学の価値を推奨しているが、儒学が社会の中心的価値となった
のは朝鮮王朝に入-0てからである。つまり、漢字の伝来は儒学の完
全な受容を意味するものではなく、三国時代、新羅時代、高麗時代
には仏教が常に社会、精神生活の支配的な地位を占めていたので
ある。これは基本的に日本の状況と一致している。したがって、漢字
の歴史的貢献は皆無とは言えないが、さまざまな時代の、さまざまな
社会的、文化的環境によって受け入れられ、伝承されてきた内容を
詳細に分析する必要がある。東アジアでは、漢字はそれぞれの国の
歴史意識と文明の進歩に重要な貢献をしてきた。

3. 東アジアにおける「大乗仏教文化圏」

　仏教はインドで誕生したが、中国に伝わる中で中国の知識人は
国外の僧侶と協力して多くの経典を中国語に翻訳し、その過程で中
国の伝統文化と融合し、隋唐時代にはさまざまな宗派が大乗仏教を

新たな高みに発展させた。中国仏教は朝鮮半島と日本に広がり、長い土着化の過程を経て、独自の大乗仏教文化体系が朝鮮半島に形成された。その伝統は今日まで続いている。韓国の人口の約三分の一が仏教を信じている。日本では、いわゆる「神仏習合」の時代を経て、次第に日本的な仏教が形成され、今日に至っている。

　東アジアにおける大乗仏教の普及と発展の歴史を振り返ると、仏教が東アジアの大多数に受け入れられてきたのにはいくつかの理由がある^まず「道文化」をベースとして「高貴で立派」な仏教を受け入れる文化的、心理的基盤があったことだ。仏教は漢代に西域から中国に伝わった。漢王朝の武帝は西域を開き、中国と中央アジアとの通商路を開き、仏教は西域からシルクロードを通じて東アジアに広がった。仏教が伝来した初期、中国人は、道教哲学を知的背景として仏教を理解し、仏教を長寿の法術ととらえ、黄帝や老子、およびその他の土着の神々とともに仏教を信仰していた。

　前漢から後漢にかけて、道教が民間で盛んになったことから中国で仏教が非常に急速に広まった。漢や魏の時代には依然として固有の不老長寿の宗教を頼りにしており、魏晋時代において仏教は「玄風大暢」(玄学[形而上学]の大流行)を背景として上流階級に広く普及し、隋唐時代に頂点に達した。

　中国への仏教の伝来には、理解の違い、論争、さまざまな社会的抵抗がなかったわけではないが、全体的に見れば、中国社会は、異なる文化を受け入れることに対して開かれた心と態度を示した。前述の「道文化」の要素は、中国から朝鮮半島や日本への仏教の伝来にも重要な役割を果たした。韓国の原初の仙教と日本の原初の神道は、仏教の受容に優れた文化的土台を提供した。このほか、形成されていた「漢字文化圏」の功績は突出しており、大陸で翻訳された多数の漢文経典が続々と朝鮮半島と日本に流れ込んできた。また、仏教の伝播の中で、東アジア諸国は互いに密接な関係を築いただけでなく、独自の個性を発展させ、この相互作用と相互向上により、東アジアにおける「大乗仏教圏」の早期形成が促進されたのである。日本の僧侶が遣隋使や遣唐使によって中国に仏法を求めて以来、中国と日本の間を往来する多くの仏教僧がいつの時代にも存在し、中国と日本の文化交流の輝かしいルートを構築し、その影響は大きい。朝鮮半島においては新羅時代に多くの僧侶が中国に渡来し、新羅・高麗による統一時代以降は数千人もの仏教僧が巾国に渡来し、多くの功労者が生涯中国に住み、中国仏教の発展に尽力した。たとえば、玄奘三蔵の偉大な弟子である円測、九華山道教寺院の開拓者である金喬覚、仏法を求めて海路でインドに渡った恵超などである。

　長期的な交流と、共に発展する過程で、大乗仏教を核とする東アジアの「大乗仏教文化圏」が徐々に形成された。それゆえに中国仏教協会会長の趙僕初は中日韓の仏教のこのような特殊な相互関係とルートを、東アジア仏教文明普及の「黄金通道」(黄金のルート)と呼んだ。

　仏教は東アジアの各民族の歴史意識と社会的進歩に重要な貢献をしてきた。しかし、指摘すべきは東アジアの仏教は相互に密接に関連しており、一体化していた点である。したがって、学術界は東アジアの仏教全体を研究の視野に入れる必要がある。現在の学術界では、中国仏教史、朝鮮半島仏教史、日本仏教史を別の学問領域と見なして分離する傾向がある^東アジアの仏教研究の分野で世界に先んじている日本でも同様で、少なからぬ学者がこの三者を明確に区別している。

　日本には宇井伯寿の『仏教汎論』や、平川彰の『インド・中国・日本仏教通史』といった、東アジア諸国の仏教を考察範囲に入れたものもあるが、これらの著作は各地域の仏教を依然として独立した存在として見なしている。つまり、東アジア諸国における仏教間の内在的連関性には十分な注意が払われていないのである。その理由は、研究者に「大乗仏教圏」全体についての学術的視野が欠けているからだ。一九九〇年代以降、日本の仏教学者である高崎直道や木村清孝が仏教学研究において「東アジア仏教の視点」の問題を提起し、関連する学者を組織して全五巻からなる『シリーズ・東アジア仏教』を編纂した。その成果はもちろん重視されるべきである。東アジアにおける仏教の普及と発展は、東アジアの「道文化圏」の自発的で独立した形成とは異なり、活発な相互作用と共に向上した特徴を持っているからである。

4. 東アジアにおける「儒教文化圏」

　儒教文化の歴史は二千五百年近くある。儒教は長い歴史の中で絶え間なく進化、発展してきた。南宋の朱熹に代表される儒学者によって構築された儒教思想体系は、その後の中国社会や朝鮮半島、および日本に大きな影響を与えてきた。朱子学は多くの面において原初の儒学の思想をさらに発展させた。原初の儒学の学説には哲学的思索が欠けており、存在と消滅、名と実、真実と虚偽、認識論、および世界の起源に関する哲学的議論がなかった。朱子学は魏晋時代の玄学、仏教、道教の影響を受けており、哲学的思弁性を強め、儒教の哲学体系をさらに一歩進めた。宋王朝以降の中国社会では儒教が優勢になり、仏教と道教は衰退し、それは近代の反帝国主義と反封建主義の「五・四運動」まで続いた。

　十三世紀初頭、朱子学は朝鮮半島と日本に広まり始めた。日本は一歩一歩中国文化を学び、吸収しており、それは新儒学としての朱子学も例外ではなかった。朱子学が日本に紹介された後、寺院で儒学の古典を熟読していた一部の僧侶は、この新しい儒学の思想に心を向け、袈裟を脱ぎ捨て仏門を飛び出し、世俗社会の改革、実践に身を投じるようになり、朱子学は徳川幕府の公式な統治理念として確立した。

日本に漢字が伝えられて以来、日本の儒学はついに日の目を見るようになり、「繁栄」時代を迎え、長い「神儒習合」の過程を経て、幕末にしだいに周辺化されていった。

十三世紀初頭の朱子学の伝来により、長い間仏教勢力に抑圧されていた朝鮮の士大夫層は至宝を得たかのように熱心に研究し、積極的に実践するようになった。十五世紀初頭、支配層の提唱の下、朱子学は朝鮮で大きな進歩を遂げた。特に、李退渓と栗谷に代表される儒学者たちは、中国の朱子学を大きく推し広め、朱子学は朝鮮民族の精神文化の一部となった。朱子学の朝鮮半島への影響は、中国大陸における影響に劣らず、今日まで続いていると言える。朝鮮の朱子学も退渓学を通じて日本の思想界に大きな影響を与えた。もちろん、のちに朝鮮と日本に導入された陽明学派の影響を過小評価することはできないが。儒教の、この段階(中国の宋、明、清、朝鮮の朝鮮王朝、日本の徳川時代)における広範な普及、深い研究と発展は、東アジア地域のそれぞれの社会の核心的価値となり、ここにおいて東アジア「儒教文化圏」はついに形成されたということができる。日本は「儒教文化圏」に属すると主張する学者は少なくないが、実際、東アジア(ひとまずベトナムを除外する)における「儒教文化圏」の形成は、「道文化圏」や「大乗仏教文化圏」よりもはるかに遅いと言わざるを得ない。また、「漢字文化圏」と「儒教文化圏」を単純なイコールで結ぶべきではない。近代以降、東アジア社会における儒教の運命と影響はそれぞれ異なるものであったのである。

5. 「東アジア文化圏」

　　日本の歴史家である西嶋定生は、一九六二年に「六〜八世紀の東アジア」という論文で、初めて「漢字文化圏」という概念を提唱した。六世紀から八世紀は中国の隋唐時代であり、西嶋が言及した「漢字文化圏」とは、中国の皇帝によって冊封を受けた周辺民族が漢文を媒介として中国文化を本国に導入し、発展させ、独立した地域を確立させたというもので、これが西嶋の「東アジア世界論」の枠組みである^戦後の日本の学術界について言えば、「東アジア」概念の使用は、西嶋の東アジア世界論から意識的、または無意識的に影響を受けたものであり、大部分がこの理論に基づくか、その基本的な枠組みから派生した観点であった。ここで西嶋が、制度的な文明観によって「東アジア世界」を確立させようとしたのは誤りであった。つまり、大陸帝国の政治的な朝貢システムを基本的な結びつきとする「東アジア文化圏」を確認したのである。二〇〇〇年、早稲田大学教授の李成市も『東アジア文化圏の形成』という書籍を出版し、「東アジア文化圏」の概念を提唱した。

　　西嶋定生から李成市まで、みな等しく伝統的な朝貢，冊封論に沿って「漢字文化圏」、「儒教文化圏」から「東アジア文化圏」への変遷を完結させようとした。しかし、実際には、制度による文明化の歴史的特徴に基づいて東アジア文化圏を構築することに問題がないわけではない。南開大学教授の李卓は、日本は中国文化を選択的に吸収しており、その学習と吸収の方法には、積極的に模倣する、学んだ後に廃棄する、吸収して改良する、拒絶する、の四種類があると指摘している。唐代の班田、戸籍、科挙、暦法など中華の制度の導入も、固有の社会秩序の基礎のうえに成立したものであり、短期間輝かしかっただけで、次第に姿を消していった。

　　また、これらの成果は、東アジア文明の深層鉱脈である「道文化圏」や、かつて長期にわたって東アジアの精神文明を支配した「仏教文化圏」など、東アジアを代表する文明形態を充分に重視していない。精神文化は制度文化とは異なり、通常は制度文化の存在を超えるものであり、長期的な伝承性と継続性の特徴を持っている。また、東アジア文明における各民族の文化の違いについて、十分な注意が払われてこなかったことも指摘しておく必要がある。「東アジア文化圏」の構築は、やみくもに共通性を強調することはできず、相違点を無視してはならない。東アジアは歴史上、比較的安定した文明圏を形成してきた。この地域では、それぞれの地域が独自の文化的進化を遂げているだけでなく、他の地域との文化的融合が密接に行われているのである。このような歴史的事実と交流の法則を正視することが、文化圏を画定することの意義なのである。したがって、我々は東アジア諸国間の文化の違いや相互理解の価値と真剣に向き合う必要があり、時には各国の社会のさまざまな歴史的プロセスと文化の違いを理解することのほうが、共通点だけを認識するよりも、より重要なのである。相違点を区別し、共に向上することが我々の構築する「東アジア文化圏」の目標なのである。

　イギリスの著名な歴史家アーノルド，ジョセフ，トインビーは、国家至上主義の概念に反して歴史を研究し、文明こそが歴史の単位であると主張した。彼はかつって、文明間の関係には通常一定の親和性、母子間のような関係性があると認識していた。たとえば、古代中国文明、古代朝鮮文明、古代日本文明には母子間の親縁関係がある。このうち、どの文明も理想的な状態からかけ離れているので、いずれも傲慢になったり相手を軽蔑したりすることはできない。文明の歴史的地位を強調し、文明間の相関関係を強調し、文明の価値を強調する文明観は、「東アジア文化圏」の確認と推進に重要な実践的啓発をもたらす。

　要するに、「東アジア文化圏」とは、東アジア固有の「道文化」をベースとし、漢字を重要な媒体とし、仏教を精神の超越とし、儒教を人間道徳として積み重なり、深く融合し、それぞれが持ち味を発揮し、共に乗り越えていく文明システムなのである。

近代になると、西洋文明が東アジア社会に与えた衝撃と影響により、東アジア社会には深刻な分裂が現れ、それぞれの道を歩み始めた。東西文明の対立と融合が、この時期の東アジア諸国の主要課題となったのは疑う余地がない。「中体西用」、「東道西器」、「和魂洋才」というスローガンによって西洋文明の強い浸透を阻止することはできなかった。明治維新以降、百五十年あまりにわたる対立と統合を経て、「東アジア文化圏」は、既存の構造に重厚な西洋文明の要素が重なり合って融合し、それによって多元的で豊かなものとなった。東アジアの「西洋文明圏」の問題については、別稿にて詳細かつ体系的に論じる予定である。

悠久の歴史の大河において、人類史における代表的な文明が次々と東アジアにはるばる馳せ参じ、東アジアの代表的な文明と融合し、東アジア文明の精神的レベルと領域を高め、未来の人類文明のひな型が見え隠れするようになった。人類史上、主要文明の融合により東アジアは独自の繁栄を遂げ、二十一世紀の東アジアの台頭は世界の注目を集め、東アジア内の交流はより活発になった。世界中の文明との交流がより活発になり、東アジア文明の価値と精神的な魅力は一層際立ち、人類の未来を共有する共同体の構築に極めて重要な貢献をすることになるだろう。(木章は『世界宗教評論』第四輯[中国・宗教文化出版社、二〇二二年八月]に掲載された内容を加筆，修正のうえ翻訳したものである)

参考文献

1. 宇井伯寿『仏教汎論』岩波書店、一九六二年。
2. 南博著，劉延州訳『日本的自我|社会心理学家論日本』文匯出版社、一

九八九年。

3. 清水馨八郎『今、世界が注目する「日本文明」の真価』祥伝社黄金文庫、二〇〇二年。

4. 竹村公太郎『日本文明の謎を解く——二〇世紀を考えるヒント』清流書房、二〇〇三年。

5. 平川彰『インド・中国・日本仏教通史』春秋社、二〇〇六年。

6. 堀敏一『中国と古代東アジア世界!中華的世界と諸民族』岩波書店、一九九三年。

7. 李卓『"儒教国家"日本的実像!社会史視野的文化考察』北京大学出版局、二〇一三年。

8. アーノルド・ノ・トインビー著，郭小凌等訳『歴史研究(全二冊)』上海人民出版社、二〇一六年。

9. サミュエル・ハンティントン著、周琪訳『文明的衝突』新華出版社、二〇一三年。

10. ルースンヘネディクト著，崔樹菊，呂萬和訳『菊與刀』商務印書館、一九九〇年。

11. 李成市『東アジア文化圏の形成』山川出版社、二000年。

12. 村山節・浅井隆著，平文道ほか訳『東西方文明沈思録』中国国際放送社、二〇〇〇年。日本語翻訳：谷川雄一郎

(『東アジア理解講座』明石書店、2023年)

第二十五章

現代中国社会における
「宗教ブーム」に関する一考察

1. はじめに

　宗教とは人類歴史的産物である。宗教は意識形態であるととも
に社会現象であり、文化現象でもある。人類が精神生活を始めてか
ら今日に至るまで、宗教は精神生活にかかざるを得ない要素としてわ
れわれの生活に伴ってきたからである。それと同時に宗教は超歴史
的存在でもある。超歴史的存在という場合、人間の基本精神欲求、
心理欲求に応じて生まれた宗教は、その中の基本要素はもはや時空
を超え、人類文明の普遍的価値の一部分となって影響を与えている
からである。そうはいっても、宗教という存在は、特定の時代、特定
の民族、集団あるいは個人の心理的欲求に応じて役割を果すので、
その表現は多様である。特に、第二次世界大戦後に世界各地で発
生した「新宗教運動」及び六十年代からアメリカ、ヨーロッパ、日本な
ど経済発達国家と地域で活躍した新宗教はその数多く、複雑で、社
会の民衆の精神生活にいろいろな影響を及ぼしてきたということは、
現実上、人間の心の問題が大きな社会問題となっているという証拠で
もあろう。これはわれわれが歴史を顧みるときによく感じるメッセージで
ある。冷静な歴史、現実認識なしに人類将来に何をどう期待してい

いか、疑問を抱えざるを得ない。物質生活の豊かさとともに、人類の
文明のレベルを高めようするならば、人間の健全な精神生活、すな
わち、心の道徳レベルを高めなければならない。これこそ二十一世
紀われわれが抱えている一番大きな課題ではなかろうか。
　本文は、こういう歴史意識と現実をもとに中国内外の注目を受け
ている二十世紀八十年代から始まった中国社会の「宗教ブーム」を世
界宗教状況の大背景の中で考察することにする。

2. 現代中国社会の宗教状況

　中国政府が二〇〇一年に実施した第五回目国勢調査の公式発
表による総人口は12.9億人である。その中で、現存する五大宗教(仏
教、道教、カトリック、キリスト教、イスラム教)の信仰人数は一億を超
えている。すなわち、全人口の一割が宗教信仰を持っているというこ
とになる。中国は多民族国家で、全人口の92%は漢族、ほかの五十
五の少数民族が8%を占めている。五十五の少数民族の中で、全民
族をあげ信仰生活をする少数民族は二十二民族ある。それも地理的
に西南、西北地域に集中している。それでは、上述の人口、民族と
五大宗教との関係を中心に現状を紹介しておく。
　まず、中国の主な伝統宗教の一つである仏教の場合、三大語
系(漢語系、チベット系、パり語系)に分けて考察してみると、漢語系
仏教は漢族中心に展開、ほかのチベット語仏教、パり語仏教は信仰
民族と地域が全部少数民族地域であることがわかる。その中で、チ
ベット語系仏教は中国西部を中心に、チベット族、モンゴル族、土
族、裕固族、納西族、普米族、門巴族などで、信仰人数は約七百
万人である。パり語系仏教は中国西南地域を中心にタイ族、布朗
族、徳昂族、瓦族、阿昌族等で信仰人数は百五十万人である。し

たがって、少数民族地域だけでも仏教信仰者数が八百五十万人に達する。仏教の根深い漢族地域はその分布が広く、寺院による厳しい登録制度がないので、その数は正確に把握できない状況である。中国仏教の出家者で、僧尼は十七万人あまりで、現存寺院は9500座である。そして全国各地に仏学院(大学レベル)が十四ヶ所設立されている。

　次に、中国本土出身の道教は、その信仰者は漢族中心で、道士、道姑は六千人あまりで、宮観は各地に600座現存している。道教は主に全真道と正一道二派にわかれて信仰されているが、その信仰者の大部分が農村に分布、そして民間信仰と混ざっているので信仰者数の正確な把握はもっと難しい状況である。民間信仰者も合わせて道教信仰者数は一億八千万人に近いという統計数も出ている。(九十年)

　イスラム教もその分布が広く、信仰者数も少なくない。イスラム教は主に西北地域を中心に十ィ少数民族が信仰している。例えば、回族、ウイグル族、ハサク族、ウズベク族、タタル族、タジク族、カルカズ族、東郷族、サラ族、保安族などであって、約千七百万人に達する。他に、モンゴル族、チベット族、白族、タイ族の一部分もイスラム教を信仰している。その中、阿訇は約四万人で、清真寺は約2.6万座ある。そして、全国各地に経学院を九ヶ所開いている。

　カトリック教信仰者は主に東部沿海地域に多く、約三百八十万人で、その中神職者は約二千七百人で、教堂は4000座ある。そして、全国各地に神学院を11ヶ所と修女院を10ヶ所持っいる。

　キリスト教も主に東部を中心に信仰者が集中しているが、信仰者数は約一千万人で、その中牧師五千人、教堂は8000座で、小規模教堂は2万座以上あると予測される。キリスト教は全国各地に神学院を13ヶ所持っている。

　カトリック教とキリスト教は近年になって信仰者数が大幅増えて実

際の統計数よりもっと多いと思われる。そして、健身目的で気功修練
の影響による仏教、道教信徒数も増えている。これに関しては後文
で詳しく紹介する。

　もちろん、上述の五大宗教以外にも地域あるいは個々人による
民間信仰がないわけではない。例えば、孔子、孟子のような聖人に
対する個人崇拝や歴史上伝説、文学作品などの特定人物を崇拝対
象とした活動なども少なくない。

3. 宗教ブーム形成の背景

　上で紹介した五大宗教は歴史上中国社会、文化に深い影響を
与元た規模の大きいいわゆる伝統宗教である。この五大宗教は今日
に至るまで中国社会の宗教信仰においてそれなりの位置を占め、社
会に有益な役割を果している。

　ところが、二十世紀八十年代から中国一般民衆の中で宗教に対
する関心が高まり、それがいわゆる「宗教ブーム」にまで広がり、無視
できない社会現象となった。それでは、なぜ二十世紀八十年から中
国社会で宗教ブームが発生したのだろうか。次に、その現実状況と
歴史的原因を分析することにする。

　本論に入る前に、宗教本質に対する一般的理解を積明する必
要を感じる。宗教存在の根源性と人類歴史及び文化との関係に対す
る理解は「宗教ブーム」という社会現象を解明する前提になると思うか
らである。

　宗教信仰は人類の基本的精神欲求と心理需要である。人間の
人生には未来に対する未知数が多いため、内心的に将来に対して
不安を持つ時が多い。その中で、自分の弱小を感じた時には「全知
全能」の神様に対する依頼感が生じる。こういう人類の依頼感こそ宗

教存在の深刻な精神的且つ心理的根源であろう。

　宗教は人類に究極的な慰めを与える役割を果す。人生は有限であるが、人間たちの生に対する欲求は無限である。それでも生老病死から逃れないのが人生の現実である。宗教は荘厳浄土、天国等の存在を強調することによって、人々を死の恐れから慰めてくれる。すなわち、信徒たちに死後の彼岸に対する存在を認めさせ、憧れをもつことによって死に対する恐れから解放させようとするのである。

　宗教は信仰生活において倫理道徳を信徒に要求する。宗教倫理道徳はその完璧性を強調するため、人間生活に精神的追求の理想的目標を設定し、心理的に安定させ、生に対する希望と満足感をもたらしてくれる。伝統宗教のこれらの徳目は人類文明の主な内容の一つになっている。例えば、真、善、美、愛、平和などが宗教倫理の重要な道徳概念である。そして宗教は人間の審美要求をある程度満足してくれる。これは宗教の芸術、文学作品、建築などを通じて、人生の内容を豊かにし、情感的満足をもたらしてくれる。こういう道徳価値や審美享受は人類文明にかかざる要素となっていることは言うまでもないだろう。

　古代四大文明の一つを代表する中国は、こういう価値を積極的に創造、吸収、強調してきた。ところが、中国現代史上文化破壊の大革命が起こったことは周知のことである。二十世紀八十年代と言えば、「文化大革命」が終わってまもない時期である。十年にわたる「文革」はあらゆる分野に破滅的な結果を残した。特に、人々の精神生活は理性を失い、絶望的境地にまで至った。改革開放政策は民衆に思想開放を呼びかけ、経済成長を中心とする新しい社会発展を遂げようとしている。これは中国人たちが何十年も期待した政策であった。こういう割に自由な雰囲気の中で、悪夢から目が覚めたばかりの中国民衆は新しい一歩を踏み出さなければならない。そこで、あいついて「文化ブーム」「商売ブーム」「出国ブーム」、「下海ブーム」(公職を辞して商売に携わること)が現れ、社会は激動し始めた。その中の一つがいわゆる「宗教ブーム」であった。

　統計によると、中国の宗教信仰者の中で7割~8割は改革開放以後、入教した信徒である。二十世紀八十年代から始まった「文化ブーム」現象の一っとして、宗教関係の書籍も大量に出版された。例えば、『聖書物語』『コラン物語』『仏経物語』等の簡易な書籍から経典に至るまで一気にベストセーラーになったのである。その中で『聖書物語』だけでも100万冊以上売れたという。

　そして、宗教活動場所を訪れる人も急増している。仏教の寺刹や道教の宮観は景色のいい観光名所の役割を兼ねているのでいうまでもなく、都会の教会を訪れる人も増えている。一九九六年のクリスマスに北京市中心に位置する西什庫教堂だけでも一日に四万人が訪れたという。その中で、信教者は2割に過ぎなく、8割は非信仰者であるだけでなく、その中の3分の1は青年層だったことに注目しなければならない。言い換えると、その中の8割はいわゆる「望教者」と呼ばれる人たちである。

　文革時代までは徹底的に禁止されていた宗教のシンボル的な文物も一時人気物になりよく売れている。例えば、十字架、菩薩像、財神像、線香などの生産者に注文が殺到したという。

4. 宗教ブーム形成の原因

　これまで宗教や信仰は人々の心の内に場所を占め、安寧の支えをなすものであって、本来世の中を賑わすようなものではないという認識が一般的であった。しかし、このような宗教ブームが発生したにはそれなりの原因があるに違いない。まず、客観的原因として改革開

放政策すなわち思想解放による経済活動の活性化と割に自由で寛容
な文化政策による生活方式の自由と信仰の多元化であろう。改革開
放とは、国内における計画経済体制を市場経済体制に転換させるこ
とによって所得個人所有が認められ、人々は個人の価値実現に向け
選択の多様が可能になった。対外的には外国との経済、文化交流
活動が活発に行われ、人々はいろいろな新しい生活様式と文化、経
済価値間に接触して、人生の内容が豊かになり、特に精神生活で多
様性を見せるようになったのである。これは中国社会における歴史的
な進歩であって、肯定すべきことであろう。

　次に、これまでの安易な生活から競争社会に転換する中で、不
安、緊張、悩みが生じ、それを解決する方法の一つとして教会や寺
刹のような割に安易と思われる場所を求める人が多くなった。そし
て、市場経済による経済活動の中で人々のこういう心理に応じて金銭
目的で行われる宗教神秘性を持つ商品、占い、求神など伝統文化
の中で迷信として隠れていたものがしった。例えば、観光地などで宗
教関係の美術品を商品として大量に販売したり、観光客に宗教関係
経典や一般書を配布したりしている。

　そして、外来文化の影響も無視できない要素の一つであろう。
特に、青年たちの中には西洋の科学技術とともに西洋の思想、文
化、倫理道徳、価値観の影響が大きい。その中で、外資企業や合
作企業で働く若者たちに対する影響はもっと大きい。

　思想開放の政治的雰囲気の中で伝統宗教の活躍も宗教ブーム
形成の大きな要因であろう。伝統宗教の世俗化は世界的な潮流に
なっいる。伝統宗教は現世否定の絶対的価値への保守的な枠を打
ち破って積極的に社会事業に参与し、時代発展潮流に順応して、人
間性をもっと尊重し、世俗生活を無視しない道を選び始めたのであ
る。「人間仏教」の提唱、カトリックの現代化に向けての改革などがそ
れである。また、宗教間の対話、コミュニケーションも積極的に行わ

れ、伝統宗教の平和で、開放性を積極的にアビールするなどが特徴
的である。

　ほかに、いろいろな名目のもとでの準宗教活動、例えば気功修
練団体や「特異功能」者などの影響も無視できない側面である。そし
て、中国改革開放政策による文化交流の中で海外新宗教の中国内
での活動も青年たちに影響を及ぼしている。

5. 宗教ブームの問題点

　上述したように中国社会における宗教ブームは中国の特定な歴
史段階においての現実状況による民衆一部分の精神状況を反映した
ものではあるが、グロバール化が進むによる価値多元化の文脈の中
でもっと広い世界宗教状況から考察して見ると決して個別的現象でも
ないようである。

　日本の宗教史上にも「宗教ブーム」という言葉がよく用いられてい
る。たとえば、幕末維新期の第一次宗教ブーム、大正期ないし昭和
初期から敗戦後の第二次宗教プーム及び七十年代半ば以後の第三
次宗教ブーム、そして八十年代から九十年代にかけての宗教ブーム
などそれぞれ日本歴史上日本人の精神状況をある程度反映してい
る。「ブーム」という言葉は流行として読み取る人も少なくないかもしれ
ないが、特に宗教ブームの場合、それなりの真意味を内包しているこ
とを忘れてはいけないと思う。日本の八十年代から九十年代にかけて
の宗教ブームはオウム真理教事件をもたらす結果になったし、その後
のライフ・スペース(life space)事件も大騒ぎになったことを覚えている
だろう。

　一九七八年十一月十八日、アメリカの「人民聖殿教(The people's
Temple)」の九百人集団自殺事件、「天堂の門(Heaven's Gate)」による

三十九人の集団自殺、ヨーロッパで起こった「太陽聖殿教(The order of the solar Temple)」のフランス、スイス、カナダ各地での七十人以上の集団自殺事件など全部宗教を名乗った事件であった。

　二十世紀八十年代に始まった中国宗教ブームも社会的に無視できない事件を招く結果になった。たとえば、河南省などで流行した「呼喊派」、陝西省、四川省、湖北省等広い地域で活動した「門徒会」、安徽省の「被立王」、湖南省の「主神教」及び今日に至るまで千七百人の死者を出した「法輪功」などいずれも宗教ブームに乗って活躍し、社会に大きな被害をもたらしたのである。このような宗教の名を借りて、社会に登場するカルトの背景には「宗教ブーム」という大きな流れがあるのである。もちろん、ここで健全な新宗教や宗教信仰とカルトを区別して取り扱わなければならない。現代カルトの特徴と表現は様々ではあるが、分析して見ると次のような傾向をもっていると思われる。

　教主のカリスマ的な奇跡論、すなわち伝説や現代科学的手段を借りて、超人間的神力の所持者として現れるのが多い。幸福論において、現実を離れた幸福追求を信徒に強要する。脱会論でも健全な宗教の場合は、入会と脱会が自由であるのに対し、一度入会すると脱会を許さないどころか厳しい手段をもっと罰するのである。そこで、もっと注意すべき問題は終末論である。終末思想は現世を徹底的に否定する上で、教主のカリスマ的奇跡論に結びつけ、信徒を魅了する手段として使われ、また脱会不可の根拠としても利用されるからである。こういう人生の奇跡を求め、空想の中にしか存在しない幸福を追求して、閉鎖的な教団の中で外界と隔離した絶望的生活を営むカルト集団で、上述のような反社会、反文明的事件が起こるのは決して偶然ではない。

　また、健全な宗教信仰というのは精神生活を「浄化」し、社会安定にある程度役割を果すと思われるが、価値多元化を主張する現代社会で一部の青年層は、特定の宗教には「無関心」で自己中心的に信仰生活に執着する傾向をも見せている。これは、物質生活の豊かさに伴い、家族離れ、社会離れと同時に進んでいる現代宗教ブームの中で「個人隔離型」という割に普遍的な現象の一つでもある。

　中国の場合、こういう人を文化キリスト教者、個人望教者などとも呼ぶ。これは、特定の教団に所属して活動することに興味を持っていた過去の宗教ブームとは違う新しい現象であろう。歴史上、日本社会でも同様な現象が起こっていたと指摘されている。たとえば、昭和二十二年の世論調査では宗教を「信ずる」と答えた人は71.2%、「信じない」と答えた人は22.1%であったが、昭和四十七年に行われた「世界青年の意識調査」では「無関心」が74%、約八割が宗教に対して否定的な態度を表明している[1]。宗教そのものが個人化して生き続けている証拠であるという傾向だと指摘する学者が多い。中国の場合でも、一億以上の信教者の中に約3分の1は青年であるが、上述のように宗教に「無関心」だと言いながら、自分なりに信仰傾向を見せる青年が一部現れている。

6. 結び：宗教の未来について

　二十一世紀に入って、人類文明は大きな転換期を迎えている。これまで人類は文明を創造し、それとともに文明に創造されてきたが、文明を創造してきた人間の心が今日ほど議論の焦点になり、大きな社会問題となるとは思いもよらなかったことだろう。心の問題を論じるに当たり、宗教の問題を避けることはできまい。そして、最近頻発する国際紛争とテロ事件などは、その背景に宗教が少なからずか

1　阿部美哉『現代宗教の反近代性』、P30.

かわっていることは否定するわけにはいくまい。地域社会、グロパール化時代を迎えている国際社会の新たな秩序づくりに向けて、宗教乃至「宗教ブーム」のあり方とゆくえについて新たに検討する必要を強く感じざるを得ない。

　本論の冒頭で提起したように、まず宗教プームを考察するにおいて、歴史意識を持って、すなわち人類史発展の現代化とグローパル化という大背景の中で、孤立的ではなく、弁証的に、静止的ではなく、動態的に、単なる宗教学的ではなく、学際的な研究によってその原因を探って理性的に対処すべきだと思う。

　次に、教育の役割が重んじられなければならない。学校教育、社会教育及びメディアによる人間の健全な精神生活、健全な信仰に対する幅広い知識や道徳性レベルアップ及び心理的調整が必要である。特に、教育は宗教プームの中での信仰個人化傾向を示している青年層には積極的な意味をもつものと思われる。宗教信仰の個人化によって社会公徳の衰微が懸念されるからである。

　そして、社会においてはこれまで完備的でない宗教法に対する整えが何よりいちはやく行われなければならない。この事業は宗教学者、法学者、政治家、以外に全社会の知恵を集めて一速く解決すべき問題である。これによって一般民衆の信仰自由という基本権利が保証されるし、それと同時にカルト集団の社会に対する挑戦と被害を有効に防止することができるからである。

　更に、グローパル化が進む中で一個人の信仰問題が国際問題にまで繋がる傾向も出ている。宗教や「宗教ブーム」はもはや一国、一地域に限らない社会現象なので、国際的な学者たちの共同研究、各国関係組識による情報交流によるカルト防止の連携なども必要である。

　宗教信仰は人間の精神生活と心理的欲求である以上、人類が存在する限り、その存在の合理性を否定することはできないだろう。

新しい世紀宗教が信仰者たちを健全で社会に有益な精神生活に導いていけば、心の「浄化」、社会安定、明るい社会づくり、ひいては新しい人類文明創造に積極的な貢献をするものであろ。

参考文献

1. 『当代新興宗教』戴康生主編、東方出版社、一九九九年。
2. 「当代仏教」楊會文主編、東方出版社、一九九四年。
3. 「論邪教」社会問題シリーズ編集委員会、広西人民出版社、二〇〇一年。
4. 『民族衝突和宗教争端』楊景城、朱克柔主編、人民出版社、一九九六年。
5. 『現代宗教の反近代性』阿部美哉、玉川大学出版社、一九九六年。
6. 『終末思想に夢中な人たち』ダミア・トンプソン著、渡会和子訳、翔泳社、一九九九年。
7. 『ポストモダンの新宗教』島蘭進著、東京営出版、二〇〇一年。
8. 『宗教の未来』日本未来学会編、東京書籍、一九九四年。

（『大阪経済法科大学論集』第82号、2002年3月）

저 자 약 력

金　勳(김 훈)

北京大學外國語學院教授、北京大學博雅特聘教授。北京大學日本文化研究所所長、北京大學宗教文化研究院副院長、《世界宗教評論》主編。

主要研究方向：佛教哲學、世界新宗教、東亞文明史。

主要研究成果：《元曉佛學思想研究》(日文版，2002)、《現代日本的新宗教》(2003)、《韓國新宗教的源流與嬗變》(2006)、《信息化時代的宗教》(2015)、《玉枢宝经图像学研究》(2025)　等學術專門著作，此外80餘篇學術論文。

아시아종교연구원 총서 08

东亚文明史新论

초 판 인 쇄	2025년 12월 05일
초 판 발 행	2025년 12월 18일
저　　　자	金勳(김훈)
발 행 인	윤석현
발 행 처	박문사
책 임 편 집	최인노
등 록 번 호	제2009-11호
우 편 주 소	서울시 도봉구 우이천로 353
대 표 전 화	02) 992 / 3253
전　　　송	02) 991 / 1285
전 자 우 편	bakmunsa@hanmail.net

ⓒ 金勳, 2025 Printed in KOREA.

ISBN 979-11-7390-023-5　93200　　　　　정가 45,000원